격과 기능
－중세부터 오늘날까지의 주요 격 이론 연구－

격과 기능

중세부터 오늘날까지의 주요 격 이론 연구

기 세르바 Guy Serbat 지음 | 김지은 옮김

Cas et fonctions. Etude des principales doctrines casuelles du Moyen Age à nos jours

역락

머리말

이 책은 기 세르바(Guy Serbat)의 『Cas et fonctions. Etude des principales doctrines casuelles du Moyen Age à nos jours(격과 기능 — 중세부터 오늘날까지의 주요 격 이론 연구)』(Presses Universitaires de France, 1981)를 한국어로 옮긴 것이다. 출판된 지 40년이 더 지난 이 책을 우리말로 옮기게 된 이유는 격에 대한 이해의 폭을 넓히고자 하는 데 있다. 국내 학계에 격 관련 서적들이 적잖게 출판되어 있지만[1] 중세부터 오늘날까지의 주요 언어이론에서 격 문제를 어떻게 접근했는지를 체계적으로 소개한 연구서는 없다. 따라서 이 역서는 고대(그리스·로마) 시기에 이어 중세에서 18세기까지의 사변적 시대와 19세기의 비교-역사 언어학의 시대를 거쳐 20세기 구조주의 시대에 이르기까지의 주요 언어이론에서 격 문제를 라틴어[2] 자료를 중심으로 비판적으

---

1   이남순, 『국어의 부정격과 격표지 생략』(탑출판사, 1988); 배리 J. 블레이크 저(고석주 역), 『격』(한신문화사, 1998); H. L. Somers 저(우형식, 정유진 공역), 『격과 결합가 그리고 전산 언어학』(한국문화사, 1998); 김용하, 『한국어의 격과 어순의 최수주의 문법』(한국문화사, 1999); 성광수, 『격표현과 조사의 의미』(월인, 1999); 한국어학회, 『국어의 격과 조사』(월인, 1999); 고광주, 『국어의 능격성』(월인, 2001); 김지은, 『프랑스어의 능격성』(계명대학교 출판부, 2005); 클라우스 M. 벨게 저(이점출, 이성수 공역), 『결합가 이론과 격 이론 개론』 (한국문화사, 2006); 김의수, 『한국어의 격과 의미역: 명사구의 문법 기능 획득론』(태학사, 2007); 김원경, 『한국어의 격』(박문사, 2009); 최기용, 『한국어의 격과 조사의 생성 통사론』 (한국문화사, 2009) 등.

로 다루고 있다는 점에서 그 출판의 의의가 결코 작지 않다할 것이다.

이 책은 격에 대한 고대 이론을 간략히 소개한 서론에 이어 총 3부 10장으로 구성되어 있다. 각 장에 담긴 주요 내용은 다음과 같다.

서론에서는 이 책에서 다룰 전체 내용에 대한 개괄적 안내를 대신해 고대 시기, 곧 그리스 시기의 품사와 격 문제 등을 다룬 디오니시우스 트락스의 『문법의 기술』을 소개한 데 이어 로마 시기 바로의 『라틴어론』과 프리스키안의 『문법 강요』를 통해 라틴어의 격 문법을 간략하게 소개하고 있다.

1장에서는 중세(특히 13~15세기) 문법학자들이 아리스토텔레스 철학을 신학에 추가하고 인간 지식의 세계관 안에 언어를 위치시키는 스콜라 사상을 바탕으로 어떻게 사변적인 스콜라 문법을 발전시켰는지를 기술한다. 특히 장 르 다누아 등과 같은 «덴마크의» 문법학자들 외 중세 문법학자들이 스콜라 이론 내에서 어떻게 '주격, 호격, 속격, 여격, 대격, 탈격' 등과 같은 격 체계를 설명하는지를 보여준다.

2장에서는 상티우스의 『미네르바 혹은 라틴어에 관한 원인론』(1587)과 스키오피우스의 『철학적 문법』(1628)을 통해 중세의 스콜라주의를 넘어 명사와 격에 대한 16세기의 이성(*ratio*) 대 언어사용(*usus*) 간의 대립을 다루고 있다. 반스콜라주의 운동의 이 두 중심 개념 중 먼저 우위를 점한 것은 언어사용이지만, 16세기 중반쯤부터는 자연 상태(*natura*)와 근본적으로 동일한 이성이 우세한 자리를 차지하게 된다.

3장에서는 (16세기 상티우스의 라틴어 격에 대한 이성적 사유를 이어받은) 랑슬로의 『새로운 라틴어 학습법』(1664)과 아르노 & 랑슬로의 『일반이성문법』(1660)의 소개를 통해 17~18세기 포르루아얄 수도원을 중심으로 잉태된 이

---

2   "라틴어에 중심을 두는 것이 격에 관한 책에서는 아주 적절한데, 이는 격과 문법 관계의 전통적 개념들이 고대 그리스어와 라틴어에 관련해서 발달되었기 때문이다."[배리 J. 블레이크 저(고석주 역), 『격』(1998, p. ix) 참조].

성주의의 보편문법이 어떻게 발전되었는지 알아본다. 또한 《데카르트적》 이성주의 문법이 19세기 초까지 미친 영향은 무엇이며, 현대에 들어와 노암 촘스키를 통해 그것이 어떻게 거듭났는지도 알아본다.

4장에서는 19세기 브루크만, 오스토프, 델브뤼크, 파울 등의 소장문법학파 학자들에게는 오직 언어 사실만이 성찰의 대상이 된다는 것을 보여준다. 따라서 그들은 '탈격, 도구격, 처격, 여격, 속격, 대격, 주격 등'의 격 개념을 언어 사실에 바탕을 둔 과학적 엄격함으로 기술한다.

5장에서는 코펜하겐 언어학파의 창립자인 루이 옐름슬레우가 주장한 기능주의 언어분석이론, 곧 '글로스매틱스(glossematics)'에서는 격 체계가 어떻게 정립될 수 있는지를 비판적으로 다루고 있다. 6장에서는 프라그 학파를 창설한 야콥슨의 관점에서 본 《러시아어 격의 전반적 의미》가 기술되고 있다. 그는 격들이 조직되는 체계와 그 체계 안에서 각 격의 위치가 갖는 역할, 곧 격들의 대립이 갖는 역할에 따라 각 격이 가치를 부여받는다는 것을 밝히고 있다.

7장에서는 폴란드인 언어학자 쿠리우오비치의 라틴어 격에 대한 구조주의의 겉모습을 띤 고대 이론을 비판적으로 소개하고 있다. 그는 인도-유럽의 격을 통사적 기능과 의미적 기능의 두 가지 기능을 하는 《문법적》 격(N, Ac, G)과 《구체적》 격(I, L, Ab)의 두 그룹으로 나눈다. 통사적 기능은 《문법적》 격의 경우 일차적, 곧 기본적이라면 《구체적》 격의 경우는 이차적, 곧 보조적이다. 의미적 기능은 그 반대로 《구체적》 격의 경우 일차적이라면 《문법적》 격의 경우는 이차적이다. 이러한 쿠리우오비치의 이론은 공시적이지 않고 역사적 편견에 사로잡혀 있다고 비판되고 있다.

8장에서는 독일 언어학자 하프가 테니에르의 의존문법을 이어받아 술어가 갖는 결합가를 중심으로 라틴어 문장에서의 《행위적 기능》을 어떻게 분석할 수 있는지를 보여준다. 9장에서는 마르티네의 기능주의 통사론에서 최소 발화의 모든 요소가 핵인 동사 술어에 의존하여 어떻게 기능하는가를 기술하고 있다. 따라서 동사는 테니에르의 의존문법에서와 같이 기능 피라미드의 정점에 위치한다. 10장에서는 생성주의 언어학자인 필모어의 논설 「격을 위한 격」의 내용을 소개하면서 문장 심층구조에서의 《기본 항》을 구성하는 의미 격의 개념적 틀, 곧 격틀에 대해 비판적으로 논의하고 있다.

이렇듯, 이 책은 고대 시기에 이어 중세부터 오늘날까지의 주요 언어이론에서 격 문제를 어떻게 다루어왔는지를 주로 라틴어를 중심으로 비판적으로 접근한 연구서이다.

이 책에는 각주와 역주가 있다. 각주는 원서에 본래 있던 각주로 <각주>로 표시되고 있고, 역주는 독자의 이해를 돕고자 역자가 보탠 것으로 <역주>로 표시되고 있다. 그리고 이 책에서 언급된 책 이름과 학술지명은 『 』로, 논문 또는 작품명은 「 」로 표시했다. 원서에서 서명이나 학술지명 외 주요 개념과 라틴어 구절이나 문장의 예를 이탤릭으로 표시하고 있다. 우리는 서명이나 학술지명 외 구절이나 문장의 예를 표시한 이탤릭은 그대로 두고, 내용 전개상 주요 개념은 고딕으로 나타냈다. 본문 중에서 저자가 '문장이나 절' 그리고 '특정 단어나 어구'를 인용하거나 강조하는 데 사용한 《 》는 그대로 살려두었다. 그리고 찾아보기의 한국어 용어에 대응하는 본래 프랑스어 외 원어 용어를 소괄호( ) 속에 나타내었고 그 옆에 독자의 이해를 돕고자 영어 용어를 최대한 병기했다. 한편 이 책에 예시된 라틴어의 의미와 격 변화에 대한 설명을 <역주>로 다는 데에는 플랫폼 「네이버」 제공의 외국어 사전을 참고했음을 밝힌다.

번역하는 과정에 두 분의 도움이 컸다. 역자가 순전히 사전에 의존하여 1차 번역한 라틴어 어구와 문장을 꼼꼼하게 점검해 주신 성염 교수님[3]께

---

3   성염 교수님은 서강대학교 철학과 교수와 바티칸 교황청 대한민국 대사를 역임하셨고, 『라

감사드린다. 도움 감사 인사차 찾아뵌 휴천제에서의 담소, 함양 상림공원에서의 산책 등, 교수님 내외분과 함께한 소중한 시간은 잊을 수 없다. 프랑스 툴루즈 2대학 언어학과에 재직하고 계시는 최인주 교수님께 감사드린다. 교수님께서는 역자가 3차 수정 시까지 분명한 의미 파악을 위해 논의가 필요했던 18쪽에 달하는 질문서에 상세하게 답해주셔서 이 역서의 완성도를 높이는 데 결정적인 도움을 주셨다. 두 분 교수님께 깊은 감사의 마음을 전합니다. 그리고 이 책의 판권을 확보해주시고 출판을 흔쾌히 받아주신 도서출판 역락의 이대현 사장님, 편집과 교정을 책임지고 해주신 이태곤 이사님, 강윤경 대리님, 표지를 디자인해 주신 이경진 대리님 등 편집부의 노력에 감사의 마음을 표합니다. 마지막으로 이 역서의 초고를 꼼꼼히 읽어주고 자연스러운 우리말 표현에 대한 도움을 준 아내 김경희에게는 물론, 미국에서 프로그래밍 언어 공부 2년 차를 맞는 준묵에게도 고마운 마음을 전한다.

2022년 6월
김지은

틴어 첫걸음』(경세원 2001)과 『고급 라틴어』(경세원 2016)의 저자이시기도 하다.

차례

제3부 —— 구조주의: 《전체주의》 시대

약어 일람

A : agentif (행위격) ← 의미격

A : actant (행위자) : A1,A2, A3, A4,
　A5, A6, A7

Ab : ablatif (탈격)

Ac : accusatif (대격)
　Ac d'«objet» (목적어의 대격)
　Ac de «but» (목표의 대격)

B : bénéfactif (수혜격)

C : circonstant (상황어)

D : Datif (여격)
　D commodi (수혜의 여격)
　D incommodi (피해의 여격)

F : factitif (사역격)

G : génitif (속격)
　G partitif (부분적 속격)
　G de possession (소유의 속격)
　G «objectif» (객체의 속격)
　G «subjectif» (주체의 속격)

GN : groupe nominal (명사구)

GV : groupe verbal (동사구)

I = Instrumental (도구격)

IE : Indo-Européen
　(langue indo-européenne)
　(인도유럽어)

K : marque casuelle(case marker)
　(격 표지)

L : locatif (위치격)

M : modality (양태)

N : nominatif (주격)
　N uirtualis («잠재적 N»)
　N formalis («형식적 N»)

O : objectif (목적격)

V : vocatif (호격)

V : verb (서술어/동사)

서론

—

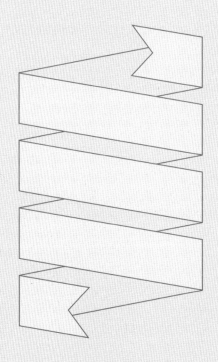

서론: 고대 이론의 개요

우리는, 고대 그리스인들이 《격 범주 자체의 전반적인 이론을 정립하는데》 성공하지 못한 것에 대해서 오늘날 루이 옐름슬레우[1]가 격에 대한 자신의 저서 도입부(p. 8)[2]에서 그들을 비난하는 것처럼, 그들에게 너무 지나치게 엄격하지는 않을 것이다. 어느 언어학자가 전반적인 격 이론의 정립에 성공했는가? 오히려 우리는 오늘날 대개의 경우―말하자면, 단순화하기 위해서―아리스토텔레스와 스토아학파[3]에 의해 개발된 개념적 장치로 추론을 한다는 것을 주목할 것이다. 그리스-라틴 전통은 너무나 중요하기에 우리의 추론을 뒷받침하는 가정과 방법을 밝히고 그 타당성을 확인하기 위해서는 위험을 무릅쓰고라도 그것을 참조하지 않을 수 없다. 그리하여 우리가 의식하는

---

1   옐름슬레우(Louis Hjelmslev, 1899~1965)는 1931년 코펜하겐 학파의 설립을 주도하고 기능주의 언어 분석 이론인 '글로스매틱스(glossematics)'라는 독창적 언어 이론으로 과학적 구조주의의 출현에 크게 기여한 덴마크의 언어학자이다〈역주〉.

2   옐름슬레우, 『격의 범주. 일반 문법 연구 La catégorie des cas. Étude de grammaire gén-érale』[Copenhague, 1935 & 1937](München: W. Fink, 1972: p. 8)〈각주〉.

3   스토아(Stoa)학파는 기원전 3세기 초에 제논(Zenon)에 의해 시작되어 기원후 2세기까지 이어진 그리스 로마 철학의 한 학파이다. 헬레니즘 문화에서 탄생해 절충적인 모습을 보이며, 윤리학을 중요하게 다루었고 유기적 유물론 또는 범신론의 입장에서 금욕과 극기를 통하여 자연에 순종하는 현인(賢人)의 생활을 이상으로 내세웠다. 후에 로마의 철학자 세네카 등이 이를 완성하였다(『표준국어대사전』 참조)〈역주〉.

시간개념이 언어에 그대로 충실하게 반영되지 않았다는 것을 깨닫지 못한 채, 그리고 또 이른바 «직설법 현재»라고 하는 형태가 동사의 엄밀히 비시간적 형태였다는 것도 깨닫지 못한 채, 모든 동사 형식이 필연적으로 과거, 현재 또는 미래의 시간적 개념을 표현한다고 그리스인들 이래로 계속 되풀이되어 기술되었다.[4] 게다가 격 관계의 경우, «격»의 명칭 자체에 대해서는 아무것도 말하지 않는 대신 «품사», «명사», «동사»의 기본 개념은 서양에서, 특히 그리스인들에 의해서 먼저 정의되고 공식화되었다. 문장을 주부/술부로 기본적으로 분석하는 것에 이의를 제기한 것은 20세기 이전에는 거의 없었다. 그러나 그에 반해 우리는 촘스키[5]의 첫 번째 모델이 가장 전통적인 문법에서 비롯된 «품사»의 함축적인 정의에 기반을 두고 있다는 것을 알 수 있다.

그래서 고대 문헌을 조사하는 것은 호기심이 많은 사람의 산책이 아니라 우리 자신의 뿌리를 드러내는 수단이다. 아리스토텔레스—이 이름이 관심과 비판을 집중시키기 때문에—는 관심을 끌지 못하는 선사시대의 안개 속에 사라진 것이 아니라 좋든 싫든 우리의 일상적인 성찰의 양식이자 도구이다.

그러나 우리는 이 책에서 고대인들(즉, 고대 그리스·로마인들)의 **격 이론**에

---

4   세르바(Guy Serbat), *Revue des Etudes latines*, 53, 1975, p. 367~390. *L'Information grammaticale*, 7, 1980〈각주〉.

5   촘스키(Noam Chomsky, 1928~)는 미국의 언어학자로서 변형생성문법의 창시자이다. 그는 언어의 표면형에 집착한 구조문법의 한계를 비판하고, 구상적인 표면구조의 이면에는 관념적인 또 하나의 구조, 곧 심층구조가 있다고 가정한 후, 전자의 표면구조는 후자의 심층구조로부터 변형에 의해 파생된다고 생각했다. 그는 심층구조상의 유한한 언어규칙을 가지고 우리가 표면구조상에서 무한히 실현하는 창조적 언어사용을 설명하고자 했다. 그는 변형생성문법을 알린 첫 저서 『통사 구조 *Syntactic Structures*』(1957)를 시작으로 수십 권에 이르는 언어학 저서를 출판했다. 또한 그는 언어학 분야뿐만 아니라, 1960년대 베트남전쟁 반대 운동을 시작으로 다양한 사회운동과 현실 비판에 앞장서는 실천적인 지식인이기도 하다 〈역주〉.

대해 이미 쓰여진 여러 장을 삭제하기로 결정했으므로 다음과 같은 매우 간략한 개요를 제시하는 것에 만족한다. 총서[6]에 의해 부과된 제한을 존중하려면 우리에게 더 밀접하게 영향을 미칠 수 있는 장들을 위해 더 많은 자리를 남겨두는 편이 더 나았다. 그 이유는 (종종 제대로 평가받지 못하는) 이들 장이 중세에서부터 오늘날까지 발전된 학설들을 밝혀주기 때문이다.

디오니시우스 트락스

디오니시우스 트락스[7]는 고대 문법[8]의 역사에서 우선 다음과 같은 이유로 특별한 위치를 차지하고 있다. 말하자면 그렇게 많은 작품들(특히 우리가 제목만 가지고 있는 스토아학파의 작품들) 이후 텍스트[9]로 읽을 수 있는 『기술(技術) Technē』[10]이 나타났다. 기원전 90년경에 쓰인 이 개론서는 이전의 모든 사조, 특히 아리스토텔레스 철학과 스토아철학의 합류점에 있다. 그러나 디오니시우스 트락스는 아리스타르코스[11]의 제자이기도 하다. 이 절충주의적 책

---

6 프랑스 대학 출판사(Presses Universitaires de France)의 '새로운 언어학(Linguistique nou-velle)' 총서를 말한다〈역주〉.

7 디오니시우스 트락스(Dionysius Thrax/Denys le Thrace, 기원전 170년~90년)는 알렉산드리아와 로도스에 활약했던 고대 그리스의 문법학자이다. 최고(最古)의 문법서인 『문법의 기술 Technē Grammatikē』은 그가 저술한 것으로 여겨지는 최초의 그리스어 문법서이다〈역주〉.

8 그리스인들의 문법에 대해서는 뒤 참고문헌에 있는 슈타인탈(H. Steinthal)(1890)(기본적인 소개), 슈미트(R. Schmidt)(1839)(스토아학파 중심), 그리고 로빈스(R.H. Robins)(1967)을 참조할 것〈각주〉.

9 렌츠 & 울릭(August Lentz & Gustav Uhlig)이 1965년 3권의 시리즈로 편집한 『그리스어 문법가 Grammatici graeci』(1883)(Olms, 1965) 참조〈각주〉.

10 『기술 Technē』는 디오니시우스 트락스가 저술한 것으로 여겨지는 고대 그리스의 최초의 문법서인 『문법의 기술(技術) Technē Grammatikē』을 말한다〈역주〉.

11 사모스의 아리스타르코스(Aristarchus of Samos, 기원전 310~230년경)는 고대 그리스 철학자이자 천문학자로 지구는 자전하면서 태양 주위를 공전한다고 처음으로 주장했다. 이것을

은 결정적인 작품으로 높이 평가받을 뿐만 아니라 셀 수 없이 많은 고전 주석자들을 먹여 살리면서 서양의 독립적인 문법을 만들어내는 데에 신기원을 이룬다. 문법은 더 이상 철학적 사변을 위한 조작의 영역이 되어서는 안 된다.[12] 문법은 《사람들이 실제로 사용하는 언어에 대한 경험적 지식》이 되어야 한다. 지난 이천년의 역사에서 볼 수 있는 것처럼 문법은 말하기는 쉽지만 작성하기는 어려운 경탄할만한 프로그램이다!

분석의 발달은 여기에서 아주 민감하다. 아리스토텔레스가 두세 개의 품사를 고려하고, 스토아학파의 철학자인 크리시포스[13]가 다섯 개의 품사만을 고려할 때 디오니시우스 트락스는 8개의 《품사》를 열거한다. (명사와 형용사를 통합하는) 이름(혹은 명칭, *onoma*)은 동사와는 대조적으로 먼저 《격》으로 정의된다. 아리스토텔레스의 경우 격(*ptōseis*)이 명사와 마찬가지로 동사의 모든 종류의 계열적 변이를 지칭하는 반면에, 디오니시우스 트락스에게 있어서는 격이 명사에만 부여된다. 『문법의 기술 *Technē Grammatikē*』의 구별은 확실히 중요한 통사적 결과를 수반한다. 그러나 이들 통사적 결과는 공식화되지는 않았다. 그것에 대한 정의는 여전히 형태론적 및 의미론적 수준에 있다.

구실로 스토아학파의 클레안테스는 그가 신성 모독을 하고 있다고 주장한다. 그의 저서 중 유일하게 남아있는 『태양과 달의 크기와 거리에 관하여 *On the Sizes and Distances of the Sun and Moon*』는 태양, 달, 지구의 상대적인 크기를 다루었다. 아리스타르코스의 태양 중심설은 1543년에 코페르니쿠스에 의해 부활되었는데 그가 때때로 고대의 코페르니쿠스라고 불리는 것은 이 때문이다〈역주〉.

12 콜라르(J. Collart)의 말에 따르면 문법은 더 이상 《철학의 종》이 되어서는 안 된다〈각주〉.

13 크리시포스(Chrysippus, 기원전 279~206)는 소아시아의 솔리(Soli) 출신으로 초기 그리스 스토아학파의 철학자이다. 클레안테스의 제자이자 후계자로, BC 230년 스토아학파의 세 번째 수장이 된다. 스토아 사상을 체계화하는 데 커다란 공적을 남겼다〈역주〉.

바로[14]

우리가 라틴어 문법에 관해 로마공화정 시대로부터 보존해 온 단 하나의 중요한 저술은 바로가 기원전 47년에서 43년 사이에 쓴 『라틴어론 *De Lingua Latina*』이다. 이 책의 8권에서 10권은 어휘의 어미변화에 할애되어 있다. 바로는 이 시대의 절충주의 학자를 비교적 잘 대표한다. 그는 스토아학파 문법가인 에일리우스 스틸로[15]의 제자인 동시에 아리스토텔레스 학파의 철학자인 아스칼론의 안티오쿠스[16]의 제자였다. 그의 책 『라틴어론』은 방법상의 문제가 여전히 분명하지 않아서 학교 교육용의 개론서라고는 자처하지 않는다. 오히려 그것은 통용되는 학설들에 대한 반대 심문을 수행한다. 그 원리는 찬반양론으로 토론하는 것이다. 바로의 비판을 받게 된 양측은 《변칙성》, 곧 비규칙성의 옹호자들과 《유추》, 곧 규칙성의 옹호자들이다.[17] 전자는 크라테스[18]와 스토아학파의 철학자들로 대체로 언어가 식별 가능한 구조에

---

14 바로(Marcus Terentius Varro, 기원전 116~27)는 로마 시대의 작가이자 과학자이다. 그의 글은 대부분 남아있지 않지만 라틴어 단어의 어원과 로마공화정 말기의 지식 조직에 대해서는 어느 정도 남아있다. 그는 공화정 말기의 내란에서 반 카이사르 입장을 취했으나 카이사르 사후에는 조용히 연구에 집중하면서 여생을 보냈다〈역주〉.

15 에일리우스 스틸로(Aelius Stilo, 기원전 154~74)는 로마공화정 시기 교육과 문학 작품으로 알려진 철학자이다. 그의 제자로는 바로(Varro)와 키케로(Cicero)가 있다〈역주〉.

16 아스칼론의 안티오쿠스(Antiochus d'Ascalon/Antiochus Of Ascalon, 기원전 120년경~68)은 그리스 철학자로 플라톤 철학, 아리스토텔레스 학파, 곧 페리파토스학파(Peripateticism: 소요(逍遙)학파)의 철학, 스토아철학(Stoicism)의 세 학파를 기반으로 철학적 체계를 구축했다. 스토아철학의 견해는 그의 사고에서 가장 중요한 역할을 했다〈역주〉.

17 아리스토텔레스 학파는 아리스토텔레스(기원전 384~322)가 보여 주었던 인문·자연에 걸친 학문적 보편성과 철학적인 통일성을 추구한 학파로 언어를 범주 논리에 따라 관습에 의한 규칙성 혹은 유추 현상으로 보는 데 반해, 헬레니즘 시대 ─ 알렉산더 대왕의 동방 원정을 시작한 기원전 334년에서 이집트의 프톨레마이오스 왕조가 종말을 고한 기원전 30년까지 약 300여 년의 시기 ─ 에 나타난 스토아학파는 언어를 명제 논리로 분석하면서 의성어와 음성상징을 통해 언어의 자연성, 곧 그 비규칙성 혹은 변칙성을 강조한다〈역주〉.

서 벗어난다고 주장했다. 후자는 《유추론자들》로 알렉산드리아의 문법학자들인 아리스타르코스와 비잔티움의 아리스토파네스[19]처럼 언어를 구조화하고 언어 사실에 질서를 부여하는 이성(*ratio*)[즉 로고스(*logos*)]이 존재한다고 생각했다.[20]

기원전 1세기와 2세기에 그리스 사상을 지배했던 이 다툼에서(그리고 여기서 매우 현대적인 말투가 감지된다), 바로는 자신이 절충적이라고 선언한다. 즉, 자신의 학구적인 연구를 위한 밤샘은 스토아학파의 클레안테스[21]의 등불에 의해서도, 유추론자인 아리스토파네스의 등불에 의해서도 밝혀졌다고 그는 말한다. 그러나 그는 비교적 유추론자들의 주장을 선호하는 쪽으로 기울어진다.

우리는 이 막대한 양의 토론 자료를 우리에게 물려준 바로에게 감사한다. 우리는 또한 바로 이후 역량 있는 라틴어 문법학자를 찾기 위해 몇 세기를 기다려야 했다는 것을 알게 된다. 마지막으로, 그의 이론은 자주 단호함과 독창성으로 두드러진다.

바로에 따르면 문법은 어원론, 굴절론 및 통사론이라는 세 부분이 유기적으로 연결되어 있다.[22] 굴절론(*declinatio*)의 엄청난 위치는 우리가 보기에 그

---

18 테베의 크라테스(Cratès de Thèbes)는 기원전 4세기 그리스 철학자로 스토아학파의 창시자인 제논의 스승으로도 알려져 있다〈역주〉.

19 비잔티움의 아리스토파네스(Aristophane de Byzance/Aristophanes of Byzantium, 기원전 257~180)는 고대 그리스의 문법가이자 비평가이면서 알렉산드리아도서관의 관장으로 일했다〈역주〉.

20 유추에 대해서는, 달만(H. Dahlmann), *RE*, Suppl. Bd VI, c. 1210, I . p. 37 이하. 참조〈각주〉.

21 클레안테스(Kleanthes/Cléanthe, 기원전 330~232)는 소아시아의 아소스 출신으로 고대 그리스 스토아학파의 창시자 제논의 후계자이자 철학자이다. 그의 저작으로 『제우스 찬가』가 있다〈역주〉.

22 『라틴어론』(8, 1). 통사론이 상실되면 굴절론의 형태학적 발전을 면밀히 조사하여 통사론적 함의를 인지할 필요가 있다〈각주〉.

것이 《보편적인 것》이기에 설명이 된다. 굴절론은 그것이 허용하는 보기 드문 **경제성**으로 인해 『라틴어론』에서 여기저기 문제가 되는 **명명자들**(*impositores*), 곧 제 언어의 뛰어난 창조자들에게 실제로 추천되었다. 이들 창조자는 제한된 수의 **기본 어휘**(*impositicia nomina*)를 공식화했다. 그러나 굴절법의 몇 되지 않는 절차를 통해 이 기본 어휘의 수는 엄청나게 증가될 수 있었다. (바로는 때때로 6, 36과 같은 일종의 산술적 현기증을 견디어내지 못했다. 즉 기본 어휘는 약 1,000개이지만 이 각각은 500개의 서로 구분되는 형태[칸막이(*discrimina*)] 또는 500,000개의 《어미가 변화된》 형태를 생성시킨다. 동사 접두사의 효과가 보태진다면 — 비록 그 수가 10개로 축소된다고 할지라도 — 그 형태는 500만 개에 이르게 된다.) 모든 궤변은 내버려 두고라도 우리는 바로가 언어의 근본적인 특징, 즉 그 목록이 상대적으로 제한된 문법 형태소의 엄청난 《생산성》을 정확하게 알아맞혔다고 말할 수 있다.

바로에게 있어서 현대적 의미의 어미변화(곧 굴절)는 《내재적인》 어미변화이다(《외재적인》 어미변화, 즉, 지시대상의 변화와 함께하는 어미변화는 무엇보다도 우리의 《파생》과 일치한다). 그것은 우리가 알고 있는 6개의 격으로 구성되어 있으며, 바로는 그것을 18개의 칸(6개의 격과 3개의 수)으로 된 표의 형태로 제시한다. 겉으로 보기에는 평범한 이 조작 방식은 사실상 매우 중요한 논쟁에 종지부를 찍는다. *domino*[23]가 여격(D)이기도 하면서 탈격(Ab)이라는 이유로 우리는 예를 들어 *dominus*가 단수에서 6개의 격을 갖는다고 인정해도 되는가? 이것은 고대 문법가들을 분열시키고(후대의 문법학자들은 하나의 격, 두 개의 격 등등을 갖는, 곧 《격이 하나인, 격이 두 개인, 격이 세 개인...》 낱말의 폭넓은 발전에 기여한다), 몇몇 근대 문법학자들을 난처하게 만든 중요한 문제이다. 예컨대, 1956년에 드 그루트(De Groot)는 (형태론적 측면에서) 다른 어형

---

23   *dominus*(통치자, 주인, 주재자, 주님, 가장, 남편)의 여격 혹은 탈격 단수〈역주〉.

변화표만큼이나 (통사론적) 격 체계가 있다고 주장했다!

통사적인 큰 변별성을 내세우면서 바로는 여기에서 *dominō* D와 Ab가 뒤섞이는 것처럼 보이는 *dominae*[24]/*dominā*의 병렬 대립을 볼 때 우리는 이 것들을 구분해야 한다고 생각한다. 형태론적 체계는 전체적으로 모호한 하 위체계를 수정하게끔 한다.

다른 점들에 대해서 바로는 동일한 상식과 동일한 명료성을 보여준다. 예를 들어 그는 라틴어의 7격(*septimus*), 더 나아가 8격(*octanus*)에 대해 많은 그의 후계자들 사이에서 활짝 필 근거 없는 가설들을 피한다. 그러나—우리 가 명시적인 통사론이 없을 때 판단할 권리가 있는 한—경우에 따라 무엇보 다도 의미적 근거가 있는 (알파벳 자모의) 명칭들이 있다는 것을 인식해야 한다[D=*casus dandi*(부여된 격)].

마지막으로 그는 그리스인들로부터 물려받은 이 편리한 언어 기원론적 (glottogonique) 가설에 만족해했다. 이 가설은 사물에 적합한 완벽하거나 거 의 완벽한 언어,[25] 곧 어원을 통해 재발견할 수 있는 조어(祖語)의 창조를 전설적인 명명자들(*impositores*)로 돌린다.

프리스키안[26]

바로와 초기 로마제국[27]의 문법가들—아우구스투스 황제 시기의 베리우

---

24 *dómĭna*(*여주인, 부인, 왕후*)의 주격 복수, 속격 단수, 여격 단수〈역주〉.

25 *impositores*(*명명자들*)에 기인한 결함에 대해서는 『라틴어론 *De Lingua Latina*』, 8, 7. 참조 〈각주〉.

26 프리스키안(Priscian/Priscianus Caesariensis/Priscien de Césarée, 기원후 470~?)은 라틴어 명이 프리스키아누스인 6세기의 라틴어 문법학자로 중세의 라틴어 교육을 위한 표준 교과 서인 『문법 강요 *Institutiones grammaticae*』(18권)의 저자이다〈역주〉.

27 초기 로마제국은 기원전 27년에서 서기 235년 또는 284년까지의 기간을 말한다〈역주〉.

스 플라쿠스,[28] 클라우디우스 황제 시기의 레미우스 팔라이몬,[29] 네로[30]와 베스파시아누스[31] 황제 시기의 플리니우스 세쿤두스[32] –에서부터 중세의 주석가들까지의 이어짐은 중단되지 않는다.[33] 그들 사이의 유사성이 명백하지

---

28 베리우스 플라쿠스(Marcus Verrius Flaccus, 55 BC~AD 20)는 로마의 초대 황제인 아우구스투스(Augustus, 63 BC~AD 14)와 제2대 황제인 티베리우스(Tiberius, 42 BC~AD 37) 시기의 문법학자이다〈역주〉.

29 렘미우스 팔라이몬(Quintus Remmius Palaemon)은 티베리우스와 클라우디우스(Claudius, 10 BC~AD 54) 황제 시기의 문법 학자이다〈역주〉.

30 네로(Nero, 서기 37~68)는 로마제국의 제5대 황제이자 율리우스-클라우디우스 왕조의 마지막 황제이다〈역주〉.

31 베스파시아누스(Caesar Vespasianus Augustus, 서기 9~79[제위 기간: 69~96])는 로마제국의 아홉 번째 황제이다〈역주〉.

32 가이우스 플리니우스 세쿤두스(Gaius Plinius Secundus/Pline l'Ancien, 서기 23~79)는 고대 로마의 군인으로, 작가이자 박물학자이다. 한편 그는 로마제국의 해외 영토 총독을 역임하는 한편, 자연계를 아우르는 백과사전 『박물지 Historia Naturalis』(77년)를 저술했다〈역주〉.

33 다음은 프리스키안 시기(6세기)까지의 참고자료로서, 때로는 아주 대략적으로 연대순으로 정리된 일부 문법학자들의 목록이다.
1세기: 레미우스 팔라이몬, 플리니우스 세쿤두스, 발레리우스 프로부스(Marcus Valerius Probus, AD 50~105)가 있다. 이 시기 프로부스는 시인 베르길리우스(Vergilius, BC 70~19)에 대한 주해서를 썼다. 그러나 그의 이름으로 알려진 문법서들은 AD 4세기에 속하는 것으로 보인다(『스카글리오네 Scaglione』, 61 참조).
2세기: 술피키우스 아폴리나리스(Sulpicius Apollinaris: AD 2세기에 번창한 카르타고의 문법학자), 아울루스 겔리우스(Aulus Gellius, AD 125~180: 고대 로마의 수필가), 아시니우스 폴리오(Caius Asinius Pollio, 76 BC~AD 4: 고대 로마의 정치인이자, 역사가 및 시인), 플라비우스 카페(Flavius Caper: AD 2세기에 활동한 라틴어 문법학자), 에밀리우스 아스퍼(Aemilius Asper: AD 2세기 후반, 3세기 초에 활동한 라틴어 문법학자).
3세기: 아크론(아크로)(Acron/Acro: 희극과 풍자의 '고전적' 시인인 테렌티우스(Terentius), 페르시오(Persio), 호라티우스(호러스)(Horatius/Horace) 등을 다룬 로마의 문법학자), 포르피리온(Porphyrion: 『호라티우스에 대한 논평 Commentum in Horatium Flaccum』으로 잘 알려진 북아프리카의 문법학자), 아에리우스 페스투스(Aelius Festus: AD 3~4세기의 라틴어 문법학자), 아프토니우스(Aphthonius: AD 4~5세기의 라틴어 문법학자), 플로티우스 사세르도스(Plotius Sacerdos: 디오클레티아누스 황제(AD 284~305 제위) 시기에 활동한 로마 후기의 문법학자)(『Scaglione』, 59 참조).
4세기: 발레리우스 프로부스(Valerius Probus, AD 50~105: 네로 황제 시기에 활동한 로마

만, 수많은 상이점이 존재하지 않는 것은 아니다. 명사의 기능에 대한 그들 이론의 《통합》은 엄밀히 말하면 불가능하다. 그러나 그럼에도 불구하고 빠르게 지적하는 것이 유용할 수 있는 몇 가지 공통된 일반적인 특징이 있다.

그리스어 전통에 따라 명사(*nomen*)는 격을 포함하는 《품사》로 지속적으로 정의된다. 《격 case》(=라틴어로는 *casus*라고 하는데, 이 말의 본래의 뜻은 《추락, 떨어짐》이다)이라는 용어 자체는 어형 변화를 《추락, 떨어짐》의 개념으로 되돌리기 위하여 독창적인 만큼이나 무너지기 쉬운 많은 이론을 생기게 했다.[34] 격의 수에 관한 한 일반적인 의견은 6개에 그친다. 이것은 구문 연구를 주도한 프리스키안의 의견이다. 그러나 다른 이들은 격을 (탈격의 용법을 세분

의 문법학자이자 비평가), 아에리우스 도나투스(Aelius Donatus, AD 320~380: 콘스탄티누스 대제(280?~337) 시기에 활동한 로마의 문법학자), 빅토리누스(Gaius Marius Victorinus, AD 290~364: 4세기에 활동한 로마의 문법학자이자 철학자), 카리시우스(Flavius Sosipater Charisius: 4세기에 활동한 라틴어 문법학자, 『문법 기술 *Ars Grammatica*』(361~363)을 남김), 디오메데스/디오메드(Diomède: 그리스 신화에 나오는 영웅으로 아르고스의 왕), 으안티우스(Euanthius: 4세기, 로마의 희극작가인 푸블리우스 테렌티우스(Publius Terentius, BC 190~159)에 대한 논평의 저자), 노니우스 마르셀루스(Nonius Marcellus: AD 4세기 초의 로마 문법학자이자 20권에 달하는 백과사전의 저자), 세르비우스 호노라투스(Maurus Servius Honoratus, 서기 350년경 출생: 4세기 후반과 5세기 초반에 활동한 로마의 문법학자), 세르기우스(Sergius: 4세기 로마 기독교 군인으로 가톨릭에 의해 군인 성인으로 존경받음), 도시테오스(Dositheos/Dosithée: AD 4세기 로마에서 활동한 희랍 문법학자), 클레도니우스(Cledonius: AD 4세기 말~5세기 초에 콘스탄티노플에서 활동한 라틴어 문법학자). **5세기**: 마크로비우스(Macrobius/Macrobe, AD 370~430: 5세기에 활동한 작가이자 철학자), 마르티아누스 카펠라(Martianus Capella: 5세기의 라틴어 산문 작가), 세둘리우스(Sedulius, 5세기 전반의 기독교 시인), 폼페이우스 그라마티쿠스(Pompeius Grammaticus, 5세기의 라틴어 문법학자). **6세기**: 아우닥스(Audax, 5~6세기 문법학자. 그의 작품은 성 보니파스(Saint Boniface)의 『보니파스의 기술 *Ars Bonifacii*』에 인용되어 있음), 프리스키안(6세기에 활동한 라틴어 문법학자)(*flor.* 500)〈각주〉(이 각주는 독자들의 이해를 돕기 위해 역자가 내용을 더 추가한 것임).

34 아마도 《*tomber*(떨어지다, 무너지다)》와 《*chute*(떨어짐, 추락)》로 잘못 이해된 *piptō*(격)와 *ptōsis*(격)는 그리스인들 사이에서도 같은 당혹감을 불러일으켰다〈각주〉.

하면서) 7개, 게다가 (여격의 용법을 세분하면서) 8개로 산정한다.

그들이 격을 제시하는 순서는 무작위가 아니다.[35] 《직접 격》인 N(주격)은 《본질》에 있어서나 《위치》에 있어서(관례상) 첫 번째로 시작되기 때문에 선두에 있다. G(속격)는 사격(斜格)을 생성시키기 때문에 두 번째이다. D(여격)는 세 번째인데 《그것이 자기편에게 더 적합하기》 때문이다. Ac(대격)는 네 번째인데 그 이유는 《그것이 무엇보다도 적을 표적으로 삼기》 때문이다. V(호격)는 다섯 번째인데(그리스어에서는 마지막이다!) 그 이유는 그것이 다른 것보다 덜 완벽하기 때문이다(우리는 그것이 2인칭과만 관련되었다고 생각할 수 있다). Ab(탈격)는 본래 라틴어 격이기 때문에 여섯 번째이며, 어떤 면에서는 그리스어 격에다 추가된 것이다.

D와 Ac에 대한 관찰은 특정 문법적 예의 의미가 그것들이 설명해야 하는 사실에 대한 기능적 해석을 어느 정도까지 오도할 수 있는지를 보여준다 [dare[36] alicui[37](누군가에게 주다)/ accusare[38] aliquem[39](누군가를 고발하다)]. V의 주변적인 상황은 제대로 발달되지 않은 정확한 직관의 결과이다. 그러나 왜 V를 Ab 앞에 두었는가?

각각의 격에 인정된 의미를 설명하는 것은 너무 길어질 것이다. 우리는 무엇보다도 프리스키안에 의지하여 매우 간략한 지침을 제시하는 것에 그칠 것이다.

N(주격)의 경우, 다음과 같은 한 가지 오래된 문제가 문법학자들을 혼란스럽게 했다. 즉 그것이 정말 casus(떨어짐/격)이었는가? 그렇다면 그것은 어디

---

35   참조: 프리스키안, in GLK, II, 186, 20〈각주〉.

36   dō(주다)의 현재 능동 부정사〈역주〉.

37   aliquis(누가, 누군가, 어떤 것, 무엇)의 여격 단수〈역주〉.

38   accūsō(고발하다, 비난하다)의 현재 능동 부정사〈역주〉.

39   aliquis(누가, 누군가, 어떤 것, 무엇)의 대격 단수〈역주〉.

에서 «떨어졌는가?» 왜냐하면 그것(N)에서 다른 격들이 «떨어지는» 것이기 때문에?[40] 그것은 스토아학파가 생각하는 것처럼 «개념»에서도 «떨어지지» 않는다. 왜냐하면, 우리는 동사나 접속사에 대해서도 똑같이 말할 것이기 때문이다.[41] 이러한 질문들에 사로잡혀 문법학자들은 N의 순수한 지시적 용법(올바르게 알려져 있고 N에게 자신의 이름을 얻게 한 용법) 외에 주어 기능을 표시하는 데 쓰이는 N의 역할에 대해 거의 생각하지 않았다.

그리스어 인과관계(*aitiatikon*)의 번역에서 오역이 있었든 아니든, 로마인들은 항상 *accusatiuus*(대격, 4격)를 *accusare*(고발하다, 고소하다)의 파생어로 이해했다.[42] 그렇지만 프리스키안은 수동으로 전환될 수 있는 능동사인 타동사(*uerba transitiua*)에 대해 몇 가지 흥미로운 견해를 발전시킨다.[43] 그러나 그는 수동화가 불가능한 동사의 대격(곧 목적격)에 허울뿐인 정당성을 부여하기 위하여 모호한 유추적 추론에 그친다. 그를 구속한 것은 «능동의» 동사가 행위(*actus*)를 표현한다는—오랜 이력으로 미리 정해져 있는—선입견이다.

G(속격)의 경우, 프리스키안의 눈에 띄는 관심사는 속격의 모든 용법을 소유의 뜻(*uis possessiua*)으로 귀착시키는 것이다(그래서 부사적 용법에 몇 가지 어려움이 있게 된다! 예컨대 *GLK*, III, 229, 20).

D(여격)의 모든 «분석»은 여격을 포함하는 발화의 의미적 해석에 기반을 두고 있다. 따라서 D는 *dativus*(여격(與格), 3격), *commendatiuus*(수여격), 심지어는 *salutatiuus*(호격)(왜냐하면 그것이 봉헌의 글에서 사용되기 때문이다!)와 같은 다양한 이름을 가지고 있다.

---

40 디오메데스(Diomedes)에서 N은 격이 아니다(*GLK*, I, 301, 21)〈각주〉.

41 프리스키안, *GLK*, II, 172, 5.〈각주〉.

42 바로는 그것을 *cum accusaret*(accuso의 3인칭 단수 미완료 가정법)(그가 고발할 때)라고 말하면서 정의하고, 세르기우스(Sergius)는 *accuso hunc* et *reum dico*(나는 이 사람을 고발하고 그가 유죄라고 말한다)라고 말하면서 정의한다〈각주〉.

43 *GLK*, III, 267, 12〈각주〉.

Ab(탈격)는 라틴어의 혁신으로 높이 평가 받는다(로마인들은 그것을 그리스어의 체계에 추가했으며 우선순위에 있어서 의문의 여지가 없다). 그러나 탈격의 자유로움은 이론가들을 실망시킨다.[44] 프리스키안만이 탈격을 길게 다루면서 그것의 용법을 그리스어의 D 및 G와 비교하여 분류한다.[45] 이는 비교문법의 방법을 연상시킨다.

위치격에 대해 말하자면 그것은 여전히 눈에 뛰지도 않고 있으며 G와 혼동된다.[46]

라틴어 문법학자들은 명사의 굴절을 어느 정도 정확히 확립하고 자신들 언어의 여섯 가지 격을 구분하였다. 그들은 몇 가지의 용법을 인지할 수 있었다. 그들의 업적은 서로 다를 수는 있지만, 통사론에 대한 명확한 견해를 제공하는 것과는 아주 거리가 먼 다소 혼란스러운 한 무더기의 규칙과 주석들이라는 인상을 남긴다. 이 실패에는 몇 가지 일반적인 원인이 있다.

그들의 견해는 주로 의미적이거나, 혹은 보다 정확히 말해서 그것은 어떤 발화에서 사용된 분명한 의미적 특징을 격의 고유한 «가치»(uis)로 삼는다. 이것은 분명하게 격의 명칭들 자체에 나타난다. 예컨대, «N»을 갖게 되는 것은 우리가 nominor[47] leo(나는 사자라고 불린다)라고 말하기 때문이다. G는 본질적으로 소유를 표시(possessivus)할 것이다. 왜냐하면 patris domus(아버지의 집)에서 우리는 pater possidet domum(아버지는 집을 소유하고 있다)을 이해하기 때문이다. 반증례는 옆으로 제쳐두거나 [patris mors(아버지의 죽음)

---

44 디오메데스(Diomedes/Diomède), *GLK*, I, 316, 31〈각주〉.

45 프리스키안은 이상하게도 («성»에 할당된) 『문법 강요 *Institutions grammaticales*』의 I. V 권의 끝과 I. XVIII 권의 끝에서 다양한 예를 가지고 Ab(탈격)를 그리스어의 D 및 G와 비교한다〈각주〉.

46 예를 들어, *GLK*, III, 315, 19〈각주〉.

47 *nōminō*(⋯라고 부르다, 이름하다, 이름 붙이다, 명명하다)의 1인칭 단수 현재 수동 직설법 〈역주〉.

는 어떻게 할 것인가?], 혹은 모호한 유사성을 나타내는 *similiter*(*비슷하게*)로 점철된 게걸음으로 기필코 중심 가치에 연결된다. 이러한 기반에서 시작하여 이러한 방법을 사용하는 라틴어 문법가들은 한 방책에서 다른 방책으로 이리저리 옮겨 다니면서 통사론의 진창 속을 걸어 다닐 수밖에 없었다. 프리스키안 자신도 방대한 정보와 건전한 상식에도 불구하고 달리 행동하지 못했다. 그의 계획이 믿을 수 없을 정도로 혼란한 것은 이러한 점에서 잘 드러난다.

명사 구문은 통사론의 다른 영역들에 따라 다르다. 이들 다른 영역들의 정교화가 불충분하면 재앙적인 결과를 가져온다. 예를 들어, 《능동》태는 《주어》의 《행위》(*actus* 움직임)를 나타낸다는 뿌리 깊은 생각은 필연적으로 N과 Ac의 정의에서 근본적인 오류를 초래한다.

디오니시우스 트락스가 주장한 의도에도 불구하고(문법을 언어 사실에 대한 경험적 지식을 바탕으로 학문이 되게 하는 것) 우리가 철학적이라고 부르지 않으면 안 되는 선험적인 것(*a priori*)은 전문가들을 계속 혼란스럽게 한다. 우리는 N을 둘러싼 긴 싸움을 보아왔다. 예를 들면 그것이 격(*casus*)인가 아닌가 하는 것은 명명(*impositio*) 주의를 직접적으로 반영한다. 언어 기원론적 이론은 객관적인 기술을 통해 여기에 등장한다.

언어의 절대적 기원에 대해 마음을 쓰는 이들 저자는 언어의 역사에 대해서는 거의 관심이 없다. 그들은 통시적인 관점을 거의 전적으로 무시한다. 그들이 보기에 고전 자료는, 그것들이 낡고 비생산적이든(그리고 시인들에게 크게 의존하는 그들의 자료는 고풍적 표현들이다) 혹은 반대로 매우 구조화되고 생산성이 풍부하든 간에 공시적으로 똑같은 중요성을 갖는다.

우리가 마지막으로 말할 수 있는 것은—이것이 이러한 문법적 텍스트들이 가지고 있는 혼란의 가장 작은 원인은 아니다—저자들의 시야가 그리스어의 장막에 끊임없이 가려져 있다는 것이다. 대부분의 경우 프리스키안의 『문법 강요 *Institutiones grammaticales*』는 실제로 그리스어와 라틴어를 비교한 엄청난 관용표현이다. 라틴어는 그 자체로만 고려되지 않는다 – 이에 따라 두 번째 단계에서 다른 언어들과의 유익한 비교를 배제하지 않는다. 우리는 그리스어 현실의 프리즘을 통해 라틴어를 관찰한다. 따라서 어떤 주어진 지점에서 이 두 언어가 보이는 뚜렷한 수렴으로 설명의 존엄성이 획득된다.

이 책에서 다루고자 하는 것은 **라틴어 문법**의 거대한 말뭉치가 시사하는 매우 단편적인 몇 가지 관찰의 결과이다. 다시 말하지만, 이러한 전체적인 평가는 이 저자들 각각이 개성을 가지고 있지 않다는 것을 의미하지는 않으며, 또 그들이 부분적으로 대립되는 분파들로 나뉘지 않는다는 것을 의미하지 않는다.

제1부

중세에서 18세기까지: 사변적 시대

—

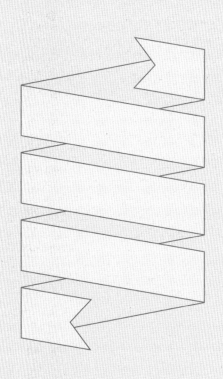

제1장 ─── 격 체계의 중세적 개념

I. 경험적 유산과 스콜라 문법

여기서 격에 대한 중세 학설의 완전한 그림을 내놓는다는 것은 생각할 수 없는 일이다. 그 학설들은 잘 알려져 있지 않다. 텍스트는 대부분 손으로 직접 쓴 책으로만 존재하기 때문이다. 또한 이 주제는 엄청나며, 모든 통합 이전에 여러 개별적 연구를 필요로 할 것이다. 따라서 우리는 이 주제를 간결하게 개관한 후 13세기 후반에 널리 통용되었던 이론들을 보다 면밀히 검토하는 데 만족할 것이다. 그것들은 우리가 **스콜라 문법**[1]이라고 부를 수 있는 것을 상당히 잘 드러낼 것으로 보인다. 몇 가지 개론서, 그 중 《덴마크의(*Daci*)》 문법학자들의 개론서는 만족스러운 현대판으로 우리에게 제공되

---

[1] 중세 유럽, 철학의 목적은 어떤 새로운 진리를 발견하기보다는 이미 『성경』에 계시된 진리
를 어떻게 하면 합리적으로 뒷받침할 것인가에 있었다. 이처럼 오직 기독교 신학에 그 이론
적 정통성과 근거를 제공하려는 데 목적을 두었던 이성적 사유를 **스콜라철학**이라 한다(이
철학이 교회나 수도원 부속의 '학교(Schola)'를 중심으로 학습되고 연구되었기 때문에 **스콜
라철학**(scholasticism)이라 한다). 중세(특히 13~15세기) 문법학자들도 아리스토텔레스 철
학을 신학에 추가하고 인간 지식의 세계관 안에 언어를 위치시키는 스콜라 사상의 발전에
힘입어 문법을 발전시켰다. 이들이 발전시킨 문법을 **스콜라 문법**(scholastic grammar)이라
한다〈역주〉.

었다.[2] 우리는 또한 상당히 많은 수의 다른 텍스트들을 제공하는 샤를르 튀로[3]의 귀중한 자료 모음집에도 주의를 기울일 것이다.[4] 이 장의 제한된 분량에 따른 불가피한 단순화에도 불구하고, 우리는 이 본보기가 그 당시의 통용된 관심사와 그것이 가져온 혁신에 대해 최소한 대략적인 견해를 제시하기에 충분하기를 희망한다.[5]

12세기 이전 시대에 대한 반작용으로서의 혁신인가, 아니면 잊혀진 근원으로의 회귀인가? 이론가들은 사실 문법적 성찰을 여는 새로운 분야를 발견하지는 못하지만, 말하자면 그들은 알려진 대다수의 사실을 특정 논리학, 즉 라틴어로 된 아리스토텔레스 논리학의 틀을 통해 형상화했다. 문법은 논리학에 통합되고 사변적인 《과학》이 된다. 이 의견은 모든 문법 역사가의 의견이다. 그러나 우리가 명확히 하고 싶은 것은 이 《논리학》은 단지 올바른 사고의 기술만이 아니고, 추론의 타당성을 통제하는 것을 목표로 하지 않을 뿐만 아니라, 본래 형이상학이기도 하다는 것이다. 왜냐하면 그것은 《물질》, 《우연성》, 《운동》 등과 같은 아리스토텔레스의 개념에서부터 작동하기 때문이다.[6]

---

2   참고문헌에서 장 르 다누아(Jean le Danois), 마틴 르 다누아(Martin le Danois), 시몬 르 다누아(Simon le Danois) 및 보에스 르 다누아(Boèce le Danois)의 저작들과 현대 주석가인 그라브만(M. Grabmann), 핀보그(J. Pinborg), 켈리(L.-G. Kelly)의 저작들에 나타난 참고자료를 볼 것〈각주〉.

3   튀로(Charles Thurot, 1823~1882)는 37권의 저술을 남긴 프랑스의 문헌학자이다. 그는 「국립고등사범학교 *École normale supérieure*」의 부교수를 역임했고, 「금석학·문학 아카데미 *Académie des inscriptions et belles lettres*」의 회원이었다〈역주〉.

4   튀로, 『중세 시대의 문법 학설의 역사를 위한 다양한 라틴어 필사본의 주석과 발췌문 *Notices et extraits de divers manuscrits latins pour servir à l'histoire des doctrines grammaticales au Moyen Age*』(파리, 1868)〈각주〉.

5   나는 이 장에 대해서 내게 매우 유용한 소견을 기꺼이 해준 마크 바라틴(Marc Baratin, 1950~)에게 감사의 말을 전한다〈각주〉.

6   이 《아리스토텔레스 철학》에서 아리스토텔레스 자신에게 속하는 것이 무엇이고, 고대나

아벨라르[7] 이전에 레미 도세르[8]의 저작과 보드리 드 부르괴이유[9]의 저작[10]은 고대 후기에 남겨진 저작물들을 충실하게 따르는 것에 만족한다. 그들은 계속적으로 세비야의 이시도르,[11] 세인트 앨드헬름,[12] 베다 베네라빌리스[13]와 같은 방식으로 요약하고 편집했는데, 여러 곳에서 뒤떨어지는 재능을 보인다. 그들은 자신들이 모델로 생각하는 저작물들이 보이는 글자 그대로의 뜻에 맹목적으로 집착한 나머지 – 이러한 맹목적 집착은 때때로, 어떤 결함으로 인해 해당 모델을 이해할 수 없게 될 때 이상한 곡예로 이어진다 – 자신

중세에서의 그의 해설자, 주석가 그리고 제자에게 책임을 돌릴 수 있는 것이 무엇인지를 여기서 밝히고자 하는 것은 분명 아니다. 블랑쉐(R. Blanché), 『논리와 그 역사 *La logique et son histoire*』(1970, 파리, 2~6장) 참조〈각주〉.

7   아벨라르(Pierre Abélard, 1079~1142)는 중세 프랑스 철학을 대표하는 철학자이자 신학자로, 중세 철학사 전체를 지배한 보편 논쟁에서 빠질 수 없는 인물이다. 흔히 스콜라철학의 아버지라 불린다〈역주〉.

8   레미 도세르(Rémi d'Auxerre, 841~908)는 베네딕트회 수도사이자 신학자였고, 수많은 라틴어 문법서와 고전 그리스어 및 라틴어 텍스트를 쓴 주석가이다〈역주〉.

9   보드리 드 부르괴이유(Baudry de Bourgueil, 1050~1130)는 고위 성직자(Dol-de-Bretagne의 주교)이자 연대기 작가이다. 그의 작품으로는 1차 십자군 전쟁(1095~1099)에 대한 이야기와 필리프 1세의 영국 정복과 통치에 관한 시 작품 외에, 페캉(Fécamp) 수도원 수도사들에게 보낸 편지 등이 있다〈역주〉.

10 문법에 대한 요약 기술인 1098의 시로 알려져 있다〈각주〉.

11 세비야의 이시도르(Isidore de Séville, 560~636)는 세비야의 대주교이자 학자로 백과전서인 『어원 *Etymologiæ*』(또는 『기원 *Origines*』이라고도 함)(20권)의 저자로서 문법을 7가지 «자유 과목(arts libéraux)»(*Origines*, I, 2, I) 중 첫 번째로 꼽았다. 문법은 때로는 기술(*ars*)로, 때로는 과학(*scientia*)(I, 5, 1-2)으로 지칭된다. 이러한 «일관성 없음»에 대해서는 퐁텐(J. Fontaine)의 『세비야의 이시도르와 서고트 스페인에서의 고전 문화 *Isidore de Seville et la culture classique dans l'Espagne wisigothique*』(Paris, 1959, p. 52)(이 작품의 첫 번째 부분(p. 1-210)은 «문법학자 이시도르»를 다루고 있다)를 볼 것. 이시도르는 격에다 총 9줄을 할애하고 있지만(1, 7, 31), 28가지의 보통명사에다 두 쪽을 할애하고 «신비 문학»에다 한 쪽을 할애하고 있다〈각주〉.

12 세인트 앨드헬름(Saint-Aldhelme)은 8세기 영국의 수도사이다〈역주〉.

13 베다 베네라빌리스(Bēda Venerābilis, 672~735)는 성 비드로 널리 알려진 영국 노섬브리아 왕국 출신의 기독교 수도사로, 신학자, 역사가, 연대기 학자이다〈역주〉.

들의 전임자들을 규정하는 혼란을 가중시킨다. 비르질 드 툴루즈[14]와 같은 괴짜는 그들에게 프리스키안과 도나투스[15]와 같은 신임을 부여한다. 더욱이 그들은 문법과 종교를 일치시킬 궁리를 한다. 805년에 생 미엘의 수도원의 신부인 스마라그두스[16]는 성경에서 숫자 8이 자주 발견된다는 사실에 근거하여 8품사의 존재를 정당화했다! 이 모든 저자들의 공통된 특징은 지적 빈곤뿐만 아니라 비판적 사고의 부재와 독창성의 결여 이외에-몇몇 관례에 따르는 유치함은 제외하고-추상적 관념에 개의치 않는다는 것이다. 그들에게는 《일반 문법》처럼 보이는 것이 없다. 10세기와 11세기에는 확실히 아리스토텔레스의 번역가이자 주석가인 보이티우스[17]에게 관심이 점점 커지고 있었다.[18] 다른 사람들은 필요한 경우 소요학파(곧 아리스토텔레스 학파)[19]로 간주되는 이러한 관점을 인용할 수는 있지만 논리적 틀에 따라 문법을 전혀 재구성하지는 못했다.

---

14   비르질 드 툴루즈(Virgile de Toulouse, ?~650)는 6세기와 7세기 초의 프랑스 툴루즈의 문법학자로 「요약들 *Epitomae*」과 「편지들 *Epistolae*」로 알려진 두 개의 초기 중세 문법 텍스트의 저자이다〈역주〉.

15   도나투스(Aelius Donatus)는 4세기 중엽의 라틴 문법학자이다. 그의 문법서인 『대문법 *Ars Maior*』 및 『소문법 *Ars Minor*』는 중세의 대표적인 저서이고 이 밖에 테렌티우스(Publius Terentius Afer)와 베르길리우스(Publius Vergilius Maro)의 주석이 있다〈역주〉.

16   스마라그두스(Smaragdus, 760~840)는 프랑스 베르둔(Verdun) 근처의 생 미엘(Saint-Mihiel) 수도원의 베네딕트회 수도사였다〈역주〉.

17   보이티우스(Boethius, 480~524)는 로마 최후의 저술가이자 철학자이다. 그는 아리스토텔레스 학설의 추종자였으며, 신학, 철학, 수학 및 음악에 대한 저술을 낸 정치가, 철학자, 수학자 그리고 음악가였다〈역주〉.

18   졸리베(Jean Jolivet), 『아벨라르의 언어 기술과 신학 *Arts du langage et théologie chez Abélard*』(Paris, 1969, p. 17) 참조〈각주〉.

19   예를 들어, 이시도르(『기원 *Origines*』, I, 6, I)는 품사의 수가 2개의 필수 부분(명사, 동사)으로 줄어든 것이 아리스토텔레스까지 거슬러 올라간다고 지적한다. 이는 퐁텐(J. Fontaine)이 『세비야의 이시도르와 서고트 스페인에서의 고전 문화』(1959, p. 96)에서 문법적이라기보다 더 철학적이라고 당당하게 평가하는 관점이다. 아벨라르도 같은 방식으로 처리할 것이다[졸리베(J. Jolivet)의 『아벨라르의 언어 기술과 신학』(1969, p. 34) 참조]〈각주〉.

반대로 핀보그[20][21]가 관찰한 바와 같이 문법과 논리학[22]이라는 두 학문의 융합은 캔터베리의 안셈,[23] 푸와티에의 질베르[24] 그리고 아벨라르와 같은 12세기 사상가들에게서 매우 뚜렷하게 나타난다. 12세기에 프리스키안의 저작에 대한 정교하게 정리된 주석과, 특히 피에르 엘리[25](1140년경)의 아주 유명한 주석[26]은 프리스키안의 저술을 더 이상 재생산하는 것이 아니라 그것을 더 논리적으로 정리하고 완전하게 만드는 것을 임무로 한다. 즉 그것은 품사에 대한 보다 분명하고 통일적인 정의를 통해 이루어지고, 또한 품사의 《우연성》에 대한 보다 자세한 《철학적》 설명을 통해 이루어진다. 피에르 엘리는 주저하지 않고 다음과 같이 비판한다. 《프리스키안은 원리를 명확하게 규명하지도 않고 수많은 구문을 열거하고, 이전 문법학자들의 권위를 따르면서 그 구문들을 알려주는 데 만족한다. 따라서 프리스키안은 가르치지 않는다[non docet[27](그는 가르치지 않는다)]. 왜냐하면 자신들이 인용하는 발화의 원리를 명확하게 규명하는 이전 문법학자들만이 가르치기 때문이다.》

피에르 엘리가 여전히 매우 진지하게 사용하는 아리스토텔레스 학파의 철

---

20 핀보그(Jan Pinborg, 1937~1982)는 중세 언어학 및 언어철학의 유명한 역사가이자 코펜하겐 중세철학학교의 가장 이름난 회원이었다〈역주〉.

21 핀보그, 『중세 언어이론의 발달 Die Entwicklung der Sprachtheorie im Mittelalter』, 1967, p. 23〈각주〉.

22 여기서 논리학은 '형이상학에 기반한 논리학'이라는 것을 분명히 하자〈각주〉.

23 캔터베리의 안셈(Anselme de Canterbury, 1033~1109)은 이탈리아의 신학자이자 철학자로 1093년~1109년 영국의 캔터베리 대주교를 지냈다. 그는 에리우게나, 아벨라르 등과 더불어 초기 스콜라철학(9~12세기)의 토대를 다진 학자이다〈역주〉.

24 푸와티에의 질베르(Gilbert de Poitiers, 1076~1154)는 프랑스 푸와티에 태생으로 스콜라학파의 논리학자이자 신학자이다〈역주〉.

25 피에르 엘리(Pierre Hélie/Petrus Helias, 1100~1166)는 프랑스 푸아티에에서 태어난 중세의 사제이자 철학자로서 문법과 수사학을 가르쳤다〈역주〉.

26 1140년경 피에르 엘리가 펴낸 주석집은 프리스키안의 『문법 강요』에 관한 교재인 『프리스키안에 대한 전집 Summa super Priscianum』을 말한다〈역주〉.

27 doceō(가르치다, 교육하다, 알려주다)의 3인칭 단수 현재 능동 직설법〈역주〉.

학은 《문법 전체를 침범하고 설명의 형식에 이르기까지 그것을 파고든다》.[28]
이 현상의 원인은 알려져 있다. 즉 그때까지 알려지지 않은 아리스토텔레스
학파의 철학에 대한 논설(특히 『분석론 후서 *Analytica posteriora*』)[29]의 발견으로
인해 문법은 신학을 전공하는 학생이면서 자신들의 시간을 소요학파의 도식
에 따라 논증하는 것으로 보내는 문학사들에 의해서만 교육된다. 그리스 철학
자의 중요성은 1255년부터 아리스토텔레스의 전체 저술에 대한 예비연구가
필요했던 파리 대학의 문학부[30]의 결정에 의해 확고해진다.[31] 에르푸르트의
토마스[32]는 아리스토텔레스의 물리학[33]에서 자신의 『사변문법 *Gramatica*
speculativa』[34]의 시작 부분을 가져온다.[35] 이 당시 아마도 덴마크의 문법학

---

28 샤를르 튀로(Charles Thurot)(1868, p. 118)를 볼 것〈각주〉.

29 아리스토텔레스의 논리학 저서는 『분석론 전서 *analytica priora*』와 『분석론 후서 *analytica*
   posteriora』로 나누어지는데, 전자는 추리 일반을 다룬다면, 후자는 삼단논법의 한 특수형
   식인 논증적 삼단논법을 주로 다루고 있다〈역주〉.

30 파리 대학의 문학부(Faculté des arts de Paris)는 13세기 초에 만들어진 파리 대학을 구성하
   는 네 개의 학부(문학, 신학, 법령(교회법), 의학) 중 하나이다〈역주〉.

31 『파리대학교 사료 기록부 *Chartularium Universitatis Parisiensis*』[하인리히 서이즈 데니플
   (Heinrich Seuse Denifle) 저, 4 vols, 1889~1897], Paris I, p. 277-279. 그 당시 지적 생활에서
   아리스토텔레스의 중요성에 대해서는, 그라브만(M. Grabmann)(『중세 정신생활 *Mittelalterliches*
   Geistesleben』, 뮌헨, 1926)의 기본 연구를 참고할 것〈각주〉.

32 에르푸르트의 토마스(Thomas d'Erfurt)는 독일 에르푸르트 출신으로 14세기 초의 문법학
   자이자 철학자이다. 그는 중세 사변문법의 이론적 발전을 주도한 모디스트의 주요 대표
   중 한 명이다. 모디스트(Modistes)는 13세기 후반과 14세기 전반, 특히 파리대학교에서 활
   동하면서 문법과 언어철학의 한 학파를 구성한다. 그들의 이름은 그들이 스스로 문법의
   원리를 '표현 방식(modi significandi)'으로 지정한다는 사실에서 비롯된다. 그래서 모디스
   트를 '양태주의자' 혹은 '양태론자'라고 부르기도 한다. 그들의 이론은 에르푸르트의 토마
   스가 처음 사용한 사변문법으로 나타난다〈역주〉.

33 아리스토텔레스의 물리학은 대체로 자연철학이라 할 수 있는 것으로 모든 자연의 물체(사
   물, objects)와 과정을 연구대상으로 삼으며, 그 기초개념으로서 형상(form), 질료(matter),
   운동(motion) 등을 설정한다(이호중, 『과학사 사전』(2011) 참조)〈역주〉.

34 이 책의 완전한 제목은 『의미작용 양태 논설 또는 사변문법 *Tractatus de modis significandi*
   seu Grammatica speculativa(Traité des modes de signifier ou Grammaire spéculative)』(ed.
   Bursill-Hall 1972)이다. 참조. G.L. Bursill-Hall(ed. and tr.), 1972, *Thomas of Erfurt:*

자들(*Grammatici Daci*) 중 최고라고 할 수 있는 장 르 다누아는 자신의 『문법 총서 *Summa Grammatica*』(1280)[36]의 방대한 도입부를 구성하고 있는 「학문 분류 *Diuisio scientiae*」의 저자이다. 그에 따르면 형이상학, 수학, 자연과학 이라는 세 가지의 《사변적 학문》이 있고, 수사학, 논리학, 문법이라는 세 가지의 《보조적인 사변적 학문》이 있다. 그는 자신의 『문법 총서』(1280)에서 아리스토텔레스의 학설에 따라 문법의 일반 원리와 특정 원리를 네 가지 《제일 원인》(형식적 원인, 결과적 원인, 효과적 원인, 물질적 원인)[37]으로 귀착시 킨다. 첫 번째 부분은 문법이 과학이라는 것을 보여주는 데 할애된다. 그 이유는 문법이 실제 과학이 요구하는 조건을 충족시키기 때문이다. 즉 문법 은 인식할 수 있는 목적을 가지고 있고 일정한 원리에 따라 작동하며 인과관 계를 정립한다. 문법은 과학이기 때문에 사소한 차이(예를 들어, 그리스어에서 관사의 존재, 라틴어에서 관사의 부재)에도 불구하고 모든 언어에 유효하다. 장 르 다누아가 분명하게 말하는 것처럼, 문법은 개별 과학에 적용할 수 있는

Grammatica Speculativa, The Classics of Linguistics, 1, London: Longmans〈역주〉.

35 켈리(L.G. Kelly), 「중세말의 문법과 보편소, La grammaire à la fin du Moyen Age et les universaux」, p. 5, in 『일반문법, 모디스트에서 관념론자까지 *La grammaire gérérale, des modistes aux idéologues*』(éd. A. Jolly & J. Stéfanini)(Lille, 1977) 참조〈각주〉.

36 장 르 다누아(Jean le Danois), 『문법 총서 *Summa Grammatica*』(éd. Alfred Otto), vol. I, 1, Hauniae, 1955〈각주〉.

37 이들 네 가지 원인에 대한 구체적인 설명은 다음과 같다.
　형식(formal): 여러 가지 구성으로의 결합.
　결과(final): 완전한 생각의 표현.
　효과(efficient): 다른 품사들 사이의 문법적 관계들. 그것들은 굴절 형식으로 표현되고
　　　　　[*modi significandi*(표현 방식)], 구성에 의해 요구되고 화자의 정신에 의
　　　　　해 결정된다.
　물질(material): 문법적 부류의 구성원으로서의 단어들.
　로버트 로빈스 저(강범모 역), 『언어학의 역사 *A short History of Linguistics*』(한국문화사, 2007, p. 136) 참조. 이들 네 가지 제일 원인은 철학적 용어로는 각각 '형상인(形相因), 목적 인(目的因), 동력인(動力因), 질료인(質料因)'이라고 부른다〈역주〉.

기본 원리에 대한 탐구를 목적으로 하는 형이상학을 전제로 한다.[38]

시몬 르 다누아[39]는 동일한 방식[40]으로 문법의 사변적이고 보편적인 과학적 특성을 주장한다. 켈리(L.G. Kelly)에 따르면 그의 주장은 다음과 같이 요약될 수 있다.

- 문법은 과학이다. 그 이유는 문법이란 아리스토텔레스의 규범에 따라 증명과 증거로부터 나온 것이기 때문이다.
- 문법은 사변적 과학이다. 그 이유는 문법이 언어를 지성의 밖에 있는 대상으로 간주하기 때문이다[문법의 대상인 표현 방식(modus significandi)은 계층적으로 인식 방식(modus intelligendi)에 종속되며, 인식 방식 자체는 존재 방식(modus essendi)에 종속된다, 즉 내림차순으로 존재-개념-문법적 표현의 순으로 위계를 이룬다].
- 문법의 목적은 공간과 시간에서 변화가 없는 보편적 진리이다.
- 문법은 《공통》 과학이다(즉, 그것의 기본 원리는 모든 사변적 과학의

---

38 우리는 13세기 중세의 덴마크 철학자인 보에스 르 다누아(Boèce Le Danois)의 저작인 『표현 방식 혹은 위대한 프리스키안에 대한 질문들 Modi significandi siue quaestiones super Priscianum maiorem』(1270년경)(éd. J. Pinborg & H. Roos, Copenhague, 1969, p. 4-32)에서 매우 유사한 주장을 볼 수 있다〈각주〉.

39 시몬 르 다누아(Simon le Danois)는 13세기 후반 문법에 관한 두 권의 저작(『문법집 Domus grammatice』, 『프리스키안의 20권의 소책자에 대한 질문 Questiones super 20 Minoris voluminis Prisciani』)과 유실된 『교회 회계에 관한 해설 Commentum super computum ecclesiaticum』의 저자로 추정되지만 그의 생애에 대해서는 아무것도 알려진 것이 없다(Sten Ebbesen, Universitas Bergensis)〈역주〉.

40 그의 저술 『프리스키안의 20권의 소책자에 대한 질문 Quaestiones super 20 minoris uoluminis Prisciani』에서 그렇다. 켈리(L.G. Kelly)의 논문이 실린 『언어학 선집 Folia linguistica』(5, 1971, p. 225-252)와, 또 다른 켈리의 논문인 「중세말의 문법과 보편소, La grammaire à la fin du Moyen Age et les universaux」 in 『일반 문법, 모디스트에서 관념론자까지 La grammaire gérérale, des modistes aux idéologues』(éd. A. Joly & J. Stéfanini, 1977, p. 1-10) 참조〈각주〉.

원리이다).

- 따라서 문법은 《실용 과학》이 아니라는 것을 명확히 할 필요가 있다.

이와 같은 입장들의 중요성은 아무리 강조해도 지나치지 않다. 그것들은 후기 로마제국(곧 콘스탄티누스 황제 이후의 동로마 제국) 문법학자들의 무질서한 경험주의에 비하면 진정한 혁명을 보여준다. 12세기까지는 서술적인 학문, 곧 기술(ars)[41]이던-우리가 그것을 무심코 과학이라고 불렸음에도 불구하고-문법은 우쭐거리며 《과학》의 반열에 올라선다. 문법은 사람들이 그것이 추상적이기를 원하기 때문에 《과학》이 된다. 로버트 킬워드비[42]가 프리스키안에 대한 주석에서 쓴 것처럼 문법의 대상은 '모든 특정 지식으로부터 추상되는 만큼 의미를 띠는 말'('*sermo significatiuus* prout abstrahitur *ab omni scientia speciali*')이 된다. 문법은 과학이 되고, 따라서 보편적이 된다. 왜냐하면 문법은 본질적 원리(*principia essentialia*), 일반적 의미(*significata generalia*)에만 관심이 있기 때문이다(로저 베이컨).[43] 로버트 킬워드비는 다음과 같이 문법의 방법론을 기하학의 방법론과 완전히 동일시한다. 즉, *Sicut geometria non est de magnitudine linee... sed de magnitudine simpliciter..., sic gramatica simpliciter non est de oratione congrua secundum quod concernit linguam latinam uel graecam...; immo est de constructione congrua*

---

41 라틴어의 *ars*는 '기능, 기술(技術), 기교, 솜씨'를 뜻한다〈역주〉.

42 킬워드비(Robert Kilwardby, 1215~1279)는 영국 캔터베리 대주교였다. 그의 주석(미간행)은 핀보그(Pinborg)(*Entwicklung*, 1967, p. 30)에 의해 인용되어 14세기의 저작가들에 의해 널리 사용된다〈각주〉.

43 베이컨(Roger Bacon, 1220~1292)은 영국의 철학자이자 자연과학자이다. 그는 파리대학에서 '실험의 스승' 페트루스 페레그리누스(Petrus Peregrinus)로부터 경험의 중요성을 배웠다. 그는 실험과학을 중시하고 원전 연구를 위한 여러 언어의 습득을 역설했으나 최고의 학문은 역시 신학이었다〈역주〉.

secundum quod abstrahit ab omni lingua speciali.[44] 이렇게 이해된 《과학》은 더 이상 이시도르에서와 같이 정확하게 말하는 전문 지식(*peritia loquendi*)이 될 수 없다는 것을 강조할 필요는 없다. 과학은 언어 자료의 적절성보다는 《논리적》 적합성을 통한 기본 개념에서의 내부 일관성에 더 관심을 둔다. 이는 보에스 르 다누아[45]가 《과학에서 확실성은 그것의 원리의 확실성에 달려있다(*certitudo in scientia habetur ex certitudine suorum principiorum*)》라고 분명히 말한 것과 같다.[46]

II. 스콜라 이론에서 격 체계의 위치

13세기에는 《품사》의 매우 대칭적인 정의를 얻기 위해 12세기에 도입된 개념인 《표현 방식》(*modus significandi*)의 용법이 체계적으로 발전된다. 표현 방식은 프리스키안이 의미 속성(*proprietates significationum*)이라고 부른 것을 가리킨다. 명사는 특별한 표현 방식으로 《특질을 가진 실체》(*substantia cum*

---

44 이것은 튀로(1868, p. 127)가 인용한 텍스트이다. 다음과 같이 번역할 수 있다. 즉 《기하학의 기본적인 대상이 선의 크기가 아닌 그냥 크기인 것과 마찬가지로, 문법의 기본적인 대상은 그리스어와 라틴어에 관한 한 언어의 교정이 아니라…, 오히려 모든 개별 언어에서 추상된 바에 근거하는 구조의 일관성이다》〈각주〉.

45 보에스 르 다누아(Boèce le Danois/Boethius Dacii)는 1270~1275년경에 파리대학 문학부의 선도적인 철학자였다. 그는 드러난 진리에 대한 불일치에도 불구하고 아리스토텔레스식의 자연과학과 윤리를 정당화할 수 있는 방식으로 지식의 각 영역의 자율성에 대한 아리스토텔레스의 생각을 발전시켰다. 그는 또한 현재 모디즘(양태주의, modism)로 알려진 언어이론에 큰 공헌을 했다(『스탠포드 철학 백과사전 *Stanford Encyclopedia of Philosophy*』 참조)〈역주〉.

46 보에스 르 다누아, 『표현 방식 혹은 위대한 프리스키안에 대한 질문 *Modi significandi siue quaestiones super Priscianum maiorem*』(éd. J. Pinborg & H. Roos, Copenhague, 1969(= *CPDMA* IV), p. 4)〈각주〉.

qualitate)를 표현하는 속성을 가진다. 따라서 명사 dolor(고통)는 동사 doleo (아파하다, 아프다, 고통을 느끼다)와 동일한 것(res)을 나타낸다. 그러나 명사는 항구적인 방식으로(per modum permanentis) 《고통》을 가리키는 반면에 동사는 유동적인 방식으로(per modum fluxus) 고통을 가리킨다.

이 표현 방식은 명사의 경우 《본질적》이다. 그런 본질적인 표현 방식(modi significandi essentialis)을 갖는 낱말을 《명사》 범주에 배열함에 따라, 명사는 (도나투스가 이미 말한) 특질(qualitas), 비교(comparatio), 수(numerus), 성(genus), 형태(figura), 격(casus)이라는 비본질적인 표현 방식(modi significandi accidentales)을 갖추게 된다.[47] 《구조》를 담당하는 것은 바로 이 비본질적인 표현 방식들이다.[48] 우리는 그것들을 다음과 같이 정리할 수 있다.

　―절대적인 것(absoluti)
　―상대적인 것(respectiui)

예를 들어, 특질은 절대적이지만 격은 상대적이다. 보에스 르 다누아(p. 180)는 명사 보어의 구조에 주의를 기울이지 않고 격을 《행위와 관련된 실체의 속성》[49]으로 정의한다. 앞으로 보게 되겠지만 격의 용법에 대한 《설명》은 종종 동어반복, 또는 선결문제 요구의 오류[50]로 귀착된다.[51] 그러나 격들 각

47　마틴 르 다누아(Martin le Danois)는 자신의 저작 『표현 방식에 대해 *De modis significandi*』 (éd. H. Roos, Copenhague, 1961(= *CPDMA* II))의 제37장의 제목을 《격을 생성하는 비본질적인 표현 방식에 대해서 *De modo significandi accidentali qui facit casum*》라고 붙였다 〈각주〉.

48　마틴 르 다누아(Martin le Danois), 『표현 방식에 대해 *De modis significandi*』(éd. H. Roos, Copenhague, 1961(= *CPDMA* II), p. 32) 참조〈각주〉.

49　*Proprietas substantiae in comparatione ad actum*(행위와 관련된 실체의 속성〈각주〉.

50　'선결문제 요구의 오류'란 논증되어야 하는 바를 전제에 이미 포함시켜 자신의 논증을 합리화하는 데서 생기는 오류를 말한다〈역주〉.

각에 대한 보다 상세한 검토를 하기 전에(아래 제III장을 볼 것), 이 문법학자들이 어떻게 격 체계를 전체적으로 제시하는지를 알아보는 것 또한 중요하다. 왜냐하면, (외견상) 완전한 일관성을 가지고 작동하는 것이 바로 《체계》이기 때문이다. 이 체계에서 각 요소는 대립되는 위치에서 자신의 가치를 갖게 된다. 따라서 저자들 중 어느 누구도 이 전체 구조를 기술하는 것을 소홀히 하지 않으며, 때로는 자신의 노력을 이러한 설명에 제한하기까지 한다.

다음은 시몬 르 다누아가 자신의 저작인 『문법집 *Domus grammatice*』의 40쪽에서 한 설명의 요점이다. 여섯 개의 격은 다음과 같이 구성된다.

자동적 격

타동적 격[52]

1) 자동적 격은 다음과 같다.

N(주격)은 실제적 가정(suppositum actuale)을 나타내고,

V(호격)는 잠재적 가정(suppositum virtuale)을 나타낸다.

우리는 그것들을 또한 《절대 격》이라 부를 수 있다.

---

51 《격》에 대한 다른 흥미로운 정의들이 있다. 말하자면, 《담화의 완성을 위해서는 두 가지가 필수적인데, 그것은 주어(전제된 것 *suppositum*)와 술어(부가된 것 *appositum*)이다. 주어는 우리가 무엇인가에 대해 말하는 것이다. 술어는 주어에 대해 말해지는 것이다. 격 표지어는 주어를 표현하기 위해 고안되었고... 동사는 술어를 표현하기 위해 고안되었다.》〈각주〉.

52 프리스키안에서 가져온 이 *transitio*(이행, 옮김) 개념은 인칭 변화가 있음을 의미한다. N과 V는 하나의 인칭에 의해서 자동사로 언술된다(N et V *per unam personam intransitive proferuntur*)(Priscien)〈각주〉.

2) 타동적 격(또는 상대적 격, *respectiui*), 즉 네 개의 다른 타동사들은 다음과 같이 두 개의 그룹으로 나누어지고, 그것들은 다시 두 개의 격으로 나뉜다.

    A) 실체에 대한 실체의 관계

        a) 기원(*principium*: 시작)의 표현과 함께: G

        b) 종결(*terminus*: 끝)의 표현과 함께: D

    B) 행위에 대한 실체의 관계

        a) 기원의 표현과 함께: Ab

        b) 종결의 표현과 함께: Ac

이러한 도식은 그 완벽한 대칭에 감탄하기 위해 멈출만한 가치가 있다. 여기에 기하학적인 절대적 엄격함을 지니고 있음은 물론, 연역적 체계를 몹시 좋아하는 사람들에게는 아주 만족스러운 구조로 이루어진 미완성 상태의 이항 대립의 걸작이 있다. 그러나 안타깝게도 이 구조는 거의 만족스럽지 않다. 과거와 미래의 모든 언어에 대해 말하지 않더라도 라틴어에 대해서만이라도 말해보자. 시몬 르 다누아는 추상화의 열정으로 격의 순서에 대해 긴 설명을 한다. 격이 N G D Ac V Ab의 순서로 제시된다면—게다가 그가 방금 설정한 구조적 순서와는 다르게—그것 또한 근원적인 이유가 있기 때문이다. 즉, 《수원(水源)은 시냇물 앞에 있고, 원인은 결과 앞에 있고 기원은 이에 의존하는 것 앞에 있다. 그런 이유로 N은 다른 격들보다 우선한다. 마찬가지로 G는 굴절의 기원이다. 이 G로부터 출발하여 모든 다른 격들이 굴절된다.[53] 따라서 G는 다른 모든 격을 앞선다. D는 실체와 관련이 있으며,

---

53   이는 V의 경우에는 옹호하기 어렵다〈각주〉.

실체가 행위 앞에 있는 것과 마찬가지로 D는 행위의 종결을 나타내는 Ac 앞에 있다. 마찬가지로 Ac가 V보다 우선하는데 이는 실제적인 것이 잠재적인 것을 앞서기 때문이다. 마찬가지로 V가 Ab보다 우선하는데 이는 자동사가 타동사를 앞서기 때문이다.»

우리는 이러한 이행에서 이 아름다운 논리적 연쇄의 형이상학적 토대를, 특히 «실체» 개념의 우월성을 전적으로 보게 된다.

마틴 르 다누아[54]는 «위치주의적» 설명이 더 강조되는 다소 다른 전체 도식을 제시한다. «기원»/«종결», 그리고 «행위»/«실체»의 대립 세트는 다음과 같은 도식으로 나타난다.

기원을 나타내는 경우: ⎰ 행위와 관련하여: N (아래의 A 참조)
　　　　　　　　　　　 ⎱ 실체와 관련하여: G (아래의 B 참조)

종결을 나타내는 경우: 행위와 실체와 관련하여:
　　　　　　　　　　　　«누구에게 *à qui*»: D
　　　　　　　　　　　　«누구에게서 *de qui*»: Ab
　　　　　　　　　 단지 행위와 관련하여:
　　　　　　　　　　　　«누구를 향하여 *ver qui*»: Ac
　　　　　　　　　　　　　　　　　　V (아래의 C 참조)

A) 예: *Petrus legit*(페트루스가 읽는다): « «읽다 legit» 행위의 기원은 «페트루스 Petrus»에게 있다.»

54　마틴 르 다누아(Martin le Danois), 『표현 방식에 대해 De modis significandi』(éd. H. Roos, Copenhague, 1961(= *CPDMA* II), p. 42)〈각주〉.

《행위는 그에게서 나온다

(*egreditur*[55]).》

B) G는 실체에 대한 상대적인 기원을 나타낸다. 왜냐하면 우리는 *cuius est*
alterum[56] 《두 번째 종결은 누구에게 속하는가》라고 말하기 때문이다.

C) V는 《호명의 대상이 된 목표》이다[*terminus excitationis*(각성의 종결)[57]].

기원/종결의 대립이 실체/행위의 대립을 지배하는 이 설명은 문장의 《운
동》 이론과 관련이 있다. 문장이 출발점(*terminus a quo*)과 도달점(*terminus ad*
quem) 사이의 운동(*motus*)이라면 이 운동에서 모든 품사는 그 역할에 따라
분류될 수 있다. 따라서 출발점에 있는 명사(또는 대명사)는 습관의 방식(*modus*
habitus) [정적인(*quietis*) 방식]을 갖는다. 반대로 동사는 굴절의 방식(*modus*
flexus)[혹은 생성 중인(*uel fieri*) 방식]을 갖는다.[58]

격이 명사에 출발점(항상 N)이나 도달점(항상 Ac)의 역할을 부여하는 능력
으로 특징지어지는 것은 사실이다(어떻게 이 특성이 정적인 방식과 양립될 수
있는가?).

문법학자들은 격의 실제 용법에서 추상화한 몇 가지 특성 덕에—그 특성
의 수가 적음에도 불구하고—다른 구성 장치들을 사용할 수 있다. 이들 체계
의 내적 일관성과 《논리적》 엄격성에 대해서는 할 말이 없다. 그러나 그것들
은 어떻게 언어 사실을 더 잘 밝히는가?

---

55 *ēgrédīor*(걸어나오다, 걸어나가다)의 3인칭 단수 현재 능동 직설법〈역주〉.

56 *cuius*는 *quī*(누구)의 3인칭 단수 소유대명사이고, *est*는 '이다'이고 *alterum*은 형용사 *álter*
    (다른 하나)의 주격/대격 중성 단수이다〈역주〉.

57 *terminus*는 '종결, 끝' 등을 나타내고, *excitationis*는 *excitatio*(흥분, 자극, 각성)의 단수 소유
    격이다〈역주〉.

58 켈리, 「중세말의 문법과 보편소, La grammaire à la fin du Moyen Age et les universaux」
    (éd. A. Joly & J. Stéfanini, 1977, p. 8-9)〈각주〉.

III. 격에 대한 더 자세한 검토

주격(N: nominatif)

알렉상드르 드 빌디외[59]는 유명한 『어린이를 위한 교육 지도서』에서 N에 대한 설명으로 여러 가지 «힘»의 작용을 근거로 한 간단한 주석들을 제공한다.[60]

예를 들면 «주어»의 경우 동사가 인칭의 힘으로(*ex ui personae*) N을 지배한다(régit)[61]고 말할 수 있다. *Guillermus legit*[62](*귈레르무스가 읽는다*)가 그 예이다. 속사인 명사는 계사의 힘으로(*ex ui copulae*) N에 속한다. *Guillermus est clericus*(*귈레르무스는 성직자이다*)가 그 예이다. 가장 어려운 예들은 생략 덕에 해결된다. *Ego sedeo iudex*[63](*나는 판사석에 앉는다*)는 *ego sedeo ens iudex*[64] (*나는 판사로 앉아 있다*)로 이해된다. 피에르 엘리는 또한 다음과 같은 세 가지 유사한 표현을 설명하기 위한 몇 가지 요령을 찾는다.

---

59   알렉상드르 드 빌디외(Alexandre de Villedieu, 1175~1240)는 프랑스에 노르망디 출신의 시인이자, 교사 및 문법학자로 라틴어 문법에 관한 교과서를 썼다. 1209년에 그는 첫 문법서인 『어린이를 위한 교육 지도서 *Doctrinale Puerorum* 』를 출판한다〈역주〉.

60   튀로, 『중세 시대의 문법 학설의 역사를 위한 다양한 라틴어 필사본의 주석과 요약문 *Notices et extraits de divers manuscrits latins pour servir à l'histoire des doctrines grammaticales au Moyen Age*』(1868, p. 250 이하 참조)〈각주〉.

61   *regere*(지배하다)는 8세기부터 문법 용법에 나타난다. 예를 들어 프리스키안은 *exigere*(요구하다), *desiderare*(바라다, 욕구를 갖다)를 사용했다〈각주〉.

62   주석서 『찬양 *Admirantes*』〈각주〉.

63   *iudex*는 '판사'를 뜻한다〈역주〉.

64   이 라틴어 문장은 영어에서는 비문인 *I am being a judge*로 직역된다〈역주〉.

$$misereor^{65} \ hominis^{66} \ uolentis^{67} \ esse^{68} \begin{cases} episcopus \\ episcopum \\ episcopi^{69} \end{cases}$$

여기서, *episcopus*는 *esse*...가 «계사의 힘으로 N을 요구하기» 때문이다.[70]

*episcopum*은 «모든 부정(不定)사는 부정사의 힘으로 Ac를 요구하기» 때문이다.

*episcopi*는 «격의 유사성을 획득하기 위해서»이다(참조. *hominis*).

동격으로 쓰인 N은 동격의 힘으로(*ex ui appositionis*) N에 속한다.

게다가 호격의 힘으로(*ex ui evocationis*)[71] 된 N들이 더 있다. 이를 통해서 호격(*euocatio*)의 모습으로 대명사 *ego*(나), *tu*(너), *nos*(우리), *uos*(너희)가 자신들을 동반할 수 있는 N에 1인칭 또는 2인칭의 가치를 부여한다는 것을 알아야 한다.

자율적인 구분이 *tu ludis et ille*(너는 공부하고 그도 (공부한다)) [액어법[72]의

---

65   *misereō*(*불쌍히 여기다*)의 1인칭 단수 현재 수동 직설법⟨역주⟩.

66   *homō*(*인간*)의 속격 단수⟨역주⟩.

67   *volēns*(1. [현재분사] '자유의사의, 스스로 원하는', 2. [명사] '원하는 자, 뜻있는 자')의 속격 단수⟨역주⟩.

68   *esse*는 '...이다'를 뜻한다⟨역주⟩.

69   이 라틴어 문장에서 '주교'를 의미하는 *episcopus*는 주격 단수로 '주교가'를 뜻하고, *episcopum*는 *episcopus*의 대격 단수로 '주교를'을 뜻하고, *episcopi*는 *episcopus*의 속격 단수로 '주교의'를 뜻한다. 그러나 이들 세 문장은 "나는 주교가 되고 싶은[주교이기 바라는] 사람을 가엾게 여긴다"와 같이 같은 의미를 갖는다⟨역주⟩.

70   프랑스어로 쓰여진 라틴어 문법은 당시 *ex ui*를 «par force(힘에 의해서, 강제로)»로 번역했다⟨각주⟩.

71   알렉상드르 드 빌디외(A. de Villedieu), chap. VIII⟨각주⟩.

72   'zeumatis', 곧 액어법(軛語法, **zeugma**)이란 수사학에서 'kill the boys and destroy the luggage'를 'kill the boys and the luggage'라고 표현하는 것과 같이 하나의 형용사 또는 동사를 두 개 혹은 그 이상의 명사에 무리하게 사용하는 표현법을 말한다⟨역주⟩.

힘에 의한 N(N *ex ui zeumatis*[73])]와 같은 표현의 N에서 행해지고, 예기적 빈사법(豫期的 實辭法, prolepse: *uis prolempsis*)[74]의 힘이나 겸용법(兼容法, syllepse: *uis conceptionis*)[75]의 힘이 설명하는 N들에서 이루어진다. 알렉상드르 드 빌디외는 또한 (특히 제목과 같이 순수하게 이름을 붙이는 용법들이나, V의 기능에 따른 N의 용법 중에서) 《절대적인》 6개의 N을 인정한다.

보에스 르 다누아는 N에서 《지정》의 격(p. 182)을 검토하는 것에 만족한다. 그가 자신감 있게 《이렇게 격 지위의 근거가 되는 존재의 특성들이 설명된다》라고 결론을 내리면서 격의 용법에 33줄만 할애한 것은 사실이다.

마틴 르 다누아는 우리가 본 것처럼 N을 위치주의적 체계에 포함시킨다. 시몬 르 다누아(p. 32-33)는 아리스토텔레스 철학의 《원인(原因)》을 참조하여 N을 설명한다. N은 원인을 나타낸다(*causalis*). 그러나 N은 행동을 가리키는 동사와 함께 쓰여 《효과적 원인》을 나타내고, 수동 동사와 함께 쓰여 《물질적 원인》을 나타낸다. 반면에 N은 *doctus*(*배워서 박식해진*)가 일반적인 본질에 자신의 형식을 부여하는 *Christus est doctus*(*그리스도는 배워서 박식해진 사람이다*)에서는 《형식적 원인》이 된다(p. 34-35).

---

73 *zeumatis*(액어법) = *zeugmatis*〈각주〉.

74 예기적 빈사법(豫期的 實辭法, prolepse/prolepsis: *uis prolempsis*)이란 행위의 결과를 미리 예상하고 그것을 나타내는 형용사를 사용하는 법이다. 가령, 'paint the house *white*; strike a person *dead*; tear the ketter *open*'에서와 같이 목적보어로서 사용되는 형용사의 용법과 같은 경우이다. 'The *fairest* of her daughters Eve'(나중에 태어난 딸들과 비교해도 가장 아름다운 이브)[J. Milton, *Paradise Lost*, IV. 324]에서와 같이 목적보어가 아닌 예기적 빈사법도 있다[『영어학사전』(조성식 외, 신아사) 참조]〈역주〉.

75 겸용법(兼容法, syllepse/syllepsis: *uis conceptionis*)이란 쌍서법(雙敍法)이라고도 하는 것으로 한 단어를 동시에 두 개의 뜻(주로 문자대로의 의미와 비유적 의미)으로 사용하는 법으로 액어법의 한 유형이다. 'His temper was as *short* as his coattails. /In a moment the ship and many hopes *sank*. /Miss Bolo went straight home *in* a flood of tears and a sedan chair.' C. Dickens[『영어학사전』(조성식 외, 신아사) 참조]〈역주〉.

호격(V: vocatif)

시몬 르 다누아는 또한 V에서 «물질적 원인»의 표현을 본다(p. 33).[76] V는 «지각하거나 행동하도록 자극할 수 있는 실체에 사용된다» [*Waltere, Socrates currit!*(*발테루스 소크라테스가 달리고 있어!*) / *Waltere, curre!*(*발테루스 달려!*)]. 보에스 르 다누아(p. 183)는 동일한 것을 더 간략하게 말한다. 마틴 르 다누아 (p. 42)는 거의 유사한 방식으로 V를 각성의 종결(*terminus excitationis*)로 정의한다.

속격(G: génitif)

«덴마크의» 문법학자들은 구조적 도식에서 그들 간의 차이에도 불구하고 G가 실체에 대한 실체의 관계에서 기원을 나타내는 데 동의한다[시몬(p. 40), 마틴(p. 42)]. 따라서 G는 동일한 실체적 관계로 종결을 가리키는 D나(시몬), 그것 역시 기원을 가리키지만 행위와 관련해서 기원을 가리키는 N(마틴)과 철저히 대립된다. G는 동인(動因, 또는 작용인)을 나타낸다(시몬, p. 33). 더 나아가 동일한 저자는 G의 다양한 용법을 설명하기 위해 다음의 세 가지 관점에서 그것들을 검토한다.

1) G는 무엇이며 왜 그렇게 불리는가?
2) G의 의미.
3) G의 인과적 가치.

---

76 수동 동사의 주어 N처럼, 목적어 Ac처럼... [튀로(1868, p. 250) 참조]〈각주〉.

1) 첫 번째 점에 대해서 우리는 *dicitur*[77] *a generando*[78](*그것은 생성된 것에 대하여 말해진다*)라는 고대 교육이 재현되는 것을 보게 되는데, 이는 다음 두 가지 이유 때문이다. 즉 G는 나머지 모든 격을 《생성하고》, 계통 관계(곧 기원, 유래)를 나타낸다. 그러나 이러한 전통적인 자료에 시몬 르 다누아는 다음과 같이 스콜라적 설명을 덧붙인다. 즉 《G는 자신과 결합된 실체의 기원이나, 자신에 속하거나 아니면 자신과는 관계가 없는 실체의 기원을 나타낸다.》

2) 두 번째 점에 대해서 시몬은 스콜라적 논쟁의 관행에 따라 이의를 제기한다. 모든 사격(斜格)은 종결(또는 끝)(*terminus*)을 나타낸다. 그렇지만 G가 사격이라면 어떻게 그것이 기원(또는 시작)(*principium*)을 나타낼 수 있는가? 그 답은 말 그대로 보고될 만한 가치가 있다. 즉 G는 음성으로는 기원을 말하지만 실제로는 종결을 말한다(*G dicit principium vocaliter sed terminum realiter*).[79]

3) 마지막으로 G는 《실제로 시작하는 것이 효율적이기》(*qui enim incipit, efficit*) 때문에 《동인(動因) 또는 작용인(作用因)》에 기인한다.

『어린이를 위한 교육 지도서 *Doctrinale Puerorum*』와 그 주석자들은 훨씬 더 자세히 설명한다. 그들은 다음에서와 같이 보다 현실적인 방법으로 명사 보어의 G와 동사 보어의 G를 구별한다.[80]

---

77 *dīcō*(...라고 부르다, 말하다, 말해 주다)의 3인칭 단수 현재 수동 직설법〈역주〉.

78 [분사] *generandus*(생산되는 것)의 탈격 단수〈역주〉.

79 여기에는 시몬 학설의 일관성이 결여되어 있는 것 같다. 그는 앞에서 사격의 이러한 일반적인 특성을 지적하지 않았다〈각주〉.

80 뛰로, 『중세 시대의 문법 학설의 역사를 위한 다양한 라틴어 필사본의 주석과 발췌문 *Notices et extraits de divers manuscrits latins pour servir à l'histoire des doctrines grammaticales au Moyen Age*』(1868, p. 273) 참조〈각주〉.

A) 명사로 구성된 G. 이 경우의 G는 소유의 힘으로(*ex ui possessionis*)일 수 있다. 그러나 소유는 《완벽》하거나[*equus regis*(*왕의 기마*), 왜냐하면 왕은 *hoc meum est*(*이것은 나의 것이다*)라고 말할 수 있기 때문이다] 혹은 《완벽하지 않다》[*uicinus regis*(*왕의 측근*)].

주목할 만한 G는 우리가 본질적 지시의 힘으로(*ex ui demonstrationis essentiae*) (=특성의 G) 정의하는 것이다. *forma mulieris*(《여자의 아름다운 용모》)에서 *mulieris*(*여자의*)는 G에 속한다. 왜냐하면 《여자》는 실제로 《우유성(偶有性)》, 《아름다움》의 기원이기 때문이다. 그러나 아리스토텔레스가 『영혼론 *De anima*』에서 강조한 것처럼 《우유성, accidents》은 《실체》를 아는 데 사용된다. 따라서 실체에 대한 지식의 기원인 《우유성》은 G에 매우 정확하게 적용된다. 그래서 *mulier formae eximiae*(《놀라운 용모의 여자》)[81]라는 표현이 가능하다.

알렉상드르 드 빌디외도 그의 주석가도 해결하지 못하는 난처한 질문은 소유의 힘으로(*ex ui possessionis*) *pes porci*(*돼지의 발*)라고 말할 수 있다는 것이다. 이때 《발》은 《돼지》에 내재 되어 있다. 그러나 이 표현은 또한 그것을 소유했던 동물로부터 분리된 발을 의미하기도 한다. 논리적 난점은 통사적 관계를 정의하기 위해 발화 전체에서 인식된 의미적 특성을 먼저 고려하는 부정적인 측면을 보여준다는 것이다.

행위의 동작주나 피동작주를 가리키는 《명사들》은 [그리고 여기서 우리는 *amator*(*사랑하는 남자*)와 함께 분사 *amans*(*사랑하는*), 형용사 *cupidus*(*탐욕적인, 열렬한*), *timidus*(*겁많은*) 등의 순으로 배열한다] G와 함께 《상태로 전위된 행위의

---

81   ... *accidens est principium cognoscendi ipsum subjectum. Et ideo in tali comparatione debet ipsum accidens designari per casum dicentem tale principium; hic est genitivus*(우유(偶有)는 주체 자체를 인식하는 원리이다. 그런 이유로 우유 자체는 우발적으로 그런 원리를 격을 통해서 지시한다. 이것이 속격이다.)(p. 277)〈각주〉.

힘에 의해(*ex ui actus conuersi in habitum*)» 구성된다. 예를 들어 *amator uini* (와인 애호가), *cupidus ludi*(경기에 열광하는)가 그렇다. 우리는 격의 선택에 있어서 *amator* 또는 *cupidus*가 동사의 기본적인 흐름(*fluxus*)을 정적인 실체 (*substantia in quiete*)로 바꾼다는 사실이 어떤 중요성을 가질 수 있는지를 자문할 것이다. 우리는 저자가 자신의 논평이 스콜라적 «논리학»의 개념에 근거한다면 무엇이든 말한다는 인상을 받는다.

몇몇 용법은 신학자·문법학자들에게는 극복할 수 없는 어려움을 맞닥뜨리게 한다. 예를 들면 *uirtus Dei*[82](하느님의 힘)가 그렇다. 왜냐하면 프리스키안이 그것을 다음과 같이 말했기 때문이다. 즉 모든 사격은 «이행적»이다. 그리고 이행(移行)(*transitio*)은 다양성을 전제로 한다. 그러나 하느님은 미덕 그 자체이다...

B) 동사로 구성된 G. 이 경우 알렉상드르 드 빌디외에 의해 진행된 추론의 원동력은 동사를 명사로 대체하는 것이다. 그런 식으로 G에 고유한 실체와 실체의 관계가 보전된다.[83] 따라서 *obliuiscor*[84] *lectionis*[85](나는 독서를 잊곤 한다)는 *obliuionem*[86] *lectionis patior*[87](나는 독서의 망각을 겪곤 한다)가 되게 된다. 마찬가지로 *Est*[88] *regis*[89] *facere*[90] *hoc*[91](왕의 일은 이것을 수행하는 것이

---

82 튀로, 『중세 시대의 문법 학설의 역사를 위한 다양한 라틴어 필사본의 주석과 발췌문 *Notices et extraits de divers manuscrits latins pour servir à l'histoire des doctrines grammaticales au Moyen Age*』(1868, p. 280) 참조〈각주〉.

83 같은 책, p. 285-286. 우리는 많은 근대인들이 동일한 스콜라적 이유 없이 동일한 방식으로 행동한다는 것을 안다〈각주〉.

84 [동사] '잊어버리다, 게을리하다'를 뜻한다〈역주〉.

85 *lēctiō*(독서)의 속격 단수〈역주〉.

86 *oblīviō*(잊어버림, 망각)의 대격 단수〈역주〉.

87 '당하다, 견디다, 묵인하다, 고통받다, 감수하다' 등을 뜻하는 동사〈역주〉.

88 *sum*(있다, ...이다)의 3인칭 단수 현재 직설법〈역주〉.

다)[계사의 힘(*uis copulativa*)이 N을 필요로 한다는 것을 우리가 기억한다면 매우 충격적이다]는 *hoc facere est res*[92] *regis*(*이것을 수행하는 것이 왕의 일이다*)로 이해되어야 한다. 보다 다루기 힘든 용법을 위해 주석자는 자신의 치밀한 논법의 모든 수단을 활용한다. *refert*(*관계된다, 상관있다*)와 *interest*(*차이가 있다*)가 G를 요구한다는 것은 그것들이 갖는 관계(*pertinentia*)(다시 말하면, «~과 관계되다, ~과 연관이 있다»는 사실)의 의미 때문이다. «« ~와의 관계»는 그것의 기원과 같이 그것이 관련되어 있는 것으로 향하여 있고, 그것도 움직임이 없는 것으로 향하여 있기 때문에, 그러한 이유로 이들 동사는 움직임이 없는 기원을 나타내는 격, 즉 G로 향해있다.»

마지막으로 알렉상드르 드 빌디외는 «절대적 G»의 분류표에서 위치격(프리스키안에게 있어서는 이들 위치격은 «부사적으로» 구성된 G였다)을 치워버린다. *Romae*(*로마에서*), *humi*(*땅에서*), *militiae*[93](*군대에서*)가 그렇다.[94] 절대적이든 아니든 간에 우리는 우리의 문법학자(곧 알렉상드르 드 빌디외)가 위험을 감수하지 않는 G에 대한 전반적인 설명에 어떻게 위치격을 통합하는지를 보고 싶었다.

---

89 *rēx*(*왕*)의 속격 단수〈역주〉.

90 *faciō*(*하다, 만들다*)의 현재 능동 부정사〈역주〉.

91 [지시대명사] *hic*(*이, 이 사람, 이것*)의 주격 단수〈역주〉.

92 '일, 사물, 상황'을 뜻하는 명사〈역주〉.

93 그런데 Matth., XXVIII, 1의 *uespere*([부사] *저녁에*)조차 *ae*와 *e*의 표기 혼동을 감안하여 *uespera*([명사] *저녁때, 밤*)의 «G»로 이해되었다!〈각주〉.

94 요컨대, 이들 각 표현은 각각 '로마에', '땅에', '군대에'와 같은 위치격의 용법을 갖지만 본문 예에서와 같이 속격(G) 표지로 통합했다는 것이다〈역주〉.

여격(D: datif)

우리는 덴마크의 문법학자들이 《실체》, 《행위》, 《종결》의 개념과 관련하여 D를 정의하기 위해 노력하고 있음을 보았다. 그러나 그들은 예를 제시하는 데 있어서 매우 인색하다.

알렉상드르 드 빌디외와 그의 주석가는 사실들에 더 가까이 다가가서 어떻게든 그것들을 스콜라학파의 범주들과 연결시키려고 노력한다.

D의 구조는 소유, 관계 그리고 획득과 《연관이 있다》. 《소유》에 대해서 우리는 곧장 유명한 G/D의 경쟁에 맞닥뜨린다. *est regis*(왕의 것이다) / *est regi*(왕에게 있다)[95]가 그 예이다. G에서는 《이 관계의 원인과 원동력》이 표시되고,[96] D에서는 끝나는 경계(*terminus terminans*)가 표시된다.

《관계》는 예를 들어 형용사 *similis*(유사한), *uicinus*(비슷한)와, *-bilis*[97]와 *-ndus*[98]로 된 동사적 형용사로 표현된다. D는 여기서 실체의 경계(*terminus substantiae*)를 표시한다(같은 발화들에서 G는 원인, 곧 움직임이 없는 기원(곧 원점)을 강조하고, Ab는 원인, 곧 움직임이 있는 시작점을 강조한다).

《획득》에서는 다른 모든 구조들이 드러난다. 그러나 각 격에서 수혜의 여격(D *commodi*)과 피해의 여격(D *incommodi*) 간의 하위 분류로 《본질적》 획득과 《우연적》 획득이 구별된다.

이중 여격의 문제는 매우 전형적인 추론을 불러일으킨다. 『찬양 *Admirantes*』[99]

---

95 *regis*가 라틴어 *rex*(왕)의 단수 속격이라면, *regi*는 *rex*(왕)의 단수 여격이다〈역주〉.

96 튀로, 『중세 시대의 문법 학설의 역사를 위한 다양한 라틴어 필사본의 주석과 발췌문 *Notices et extraits de divers manuscrits latins pour servir à l'histoire des doctrines grammaticales au Moyen Age*』(1868, p. 289) 참조〈각주〉.

97 *-bilis*는 동사에 추가되어 그 동사와 관계가 있는 동사적 형용사를 형성하는 것으로, 행동할 능력이나 가치를 나타낸다〈역주〉.

98 *-ndus*는 다른 명사 또는 동사에서 명사를 파생시킨다〈역주〉.

의 저자는 다음과 같이 쓰고 있다. 《여격은 획득의 격이며, 획득에는 세 가지 조건이 필요하다, 즉 획득자, 획득하는 것, 누구의 덕택으로 획득이 이루어지는가이다. 혹은 누구를 위하여, 누구를 통하여, 무엇과 관련하여 획득이 이루어지는가이다. 더 이상은 없다. 이것이 바로 예를 들어 *argentum*[100] *est mihi*[101] *cordi*[102] *lucro*[103](*은이 나에게는 관심이 가는 재물이다*)와 같이 세 개의 여격이 가끔 구성되거나 등위적으로 연결될 수 있고 그 이상은 불가능한 이유이다.》[104] 그러나 저자는 프리스키안이 세 가지 D의 구성을 인정하지 않으며, 텍스트에서도 이에 대한 예문이 없다고 덧붙였다. 따라서 세 개의 D가 있는 여격 구조가 쉽게 설정될 수 있음에도 불구하고, 그는 그것에 대해서는 이야기하지 않고 있다.[105]

우리는 《획득》 개념의 기본적인 의미 분석이, 이 개념이 전제로 하는 세 가지 《조건》을 가지고 어떻게 고유한 통사적 분석으로 대체되는지를 본다. 저자는 등위적으로 연결되지 않은 세 개의 D가 같은 문장에서 공존할 수 있음을 자신의 방식으로 보여주면서 두 개의 D의 존재가 더 한층 강력한 이유로 완전히 이해될 수 있다는 것을 인정하게 하려는 것을 목표로 하는 것 같다. 그러나 이 방책을 사용하면서 그는 D의 특징적인 힘(*vis*)과 그 힘이 작동하는 《논리적》 범주를 잠시 크게 잊어버린다. 예를 들어 《누구를 위하여》

---

99 튀로(1868, p. 283)에 의해 인용된 라틴어 텍스트이다〈각주〉.

100 중성형 명사로 '은'을 뜻한다〈역주〉.

101 [인칭 대명사] '내게'를 뜻하는 여격〈역주〉.

102 *cordi*는 cor(*마음, 관심, 심장*)의 여격 단수이고, *cordi est*는 '관심사가 되다'를 뜻한다〈역주〉.

103 *lucrum*(*재물, 부, 이익, 탐욕*)의 여격 단수〈역주〉.

104 성염, 『고급 라틴어』(경세원 2016): '소유 여격', '목적 여격', '이해 여격', '관심 여격', '행위자 여격' 참조〈역주〉.

105 같은 책, p. 105〈각주〉.

와 《누구를 통하여》를 어떻게 논리적으로 통합할 것인가?

대격(Ac: accusatif)

대격(Ac)은 만장일치로 행위의 종결을 나타내는 것으로 인식된다. 즉, *significat rem suam in ratione termini actus*(*행위의 종결이라는 명분으로 자신의 사물을 가리킨다*)라고 보에스 르 다누아(p. 183)[106]는 쓰고 있다.

미셸 드 마르베(Michel de Marbais)[107]는 Ac가 관여하는 《타동사 구문》을 다음과 같이 아주 명확하게 정의한다. 즉 《Ac는 종결의 관점에서 볼 때 *Video Sortem*(*나는 운명을 본다*)라고 말할 때 볼 수 있는 것과 같은 것을 의미한다. 왜냐하면 *Sortem*은 눈으로 보기가 끝나는 것으로 표현되기 때문이다. 그래서 동사 *uideo*(*보다*)에는 이 Ac에 해당하는 의미 방식이 있다. 그리고 이 두 가지 의미 방식을 통해 타동사 구문이 생성된다.》

간단한 예를 기반으로 하지만 상당히 명료한 정의이다(그는 *accipere*[108] *epistolam*[109](*편지를 받다*)에 대해서 뭐라고 말할 것인가?). 우리는 수동 변형과 같은 보다 순수한 통사적 절차가 전혀 고려되지 않은 것에 주목할 것이다. 그러나 이러한 너무 안일한 발화 외에도 극복할 수 없는 어려움이 나타난다.

따라서 *doceo pueros grammaticam*(*나는 소년들을 문법을 가르친다*)에서와 같은 이중 대격에서, *pueros*(*소년들을*)는 이행성의 힘에 의해(*uis transitionis*)

---

106 『문법집 *Domus grammatice*』(p. 38)의 시몬 르 다누아의 글과 마틴 르 다누아(p. 42)의 글에서의 정의가 상당히 유사하다〈각주〉.

107 튀로가 『중세 시대의 문법 학설의 역사를 위한 다양한 라틴어 필사본의 주석과 요약문 *Notices et extraits de divers manuscrits latins pour servir à l'histoire des doctrines grammaticales au Moyen Age*』(1868, p. 300)에서 소개하는 13세기의 문법가〈각주〉.

108 *accipiō*(*받다, 받아들이다, 영접하다*)의 현재 능동 부정사〈역주〉.

109 *epistola*(*편지, 문서*)의 대격 단수〈역주〉.

doceo(*나는 가르친다*)의 지배를 받는다. *grammaticam*(*문법을*)의 경우는 그 의미가 *doceo*에 포함되어 있는 타동성(*tradendo*)에 의해 지배를 받는다. 그래서 주석가 알렉상드르 드 빌디외는 여기서 동사적 형용사에 의한(*ex ui gerundiui*) Ac에 대해 말한다.[110]

fortis dextram(*강한 오른손*) 또는 *caecatur oculos*(*그는 눈을 가린다*)와 같은 표현들에는 제유법에 의한(*ex ui synodoches*)[111] Ac가 있다. 우리는 여기서 《전체에 대한 부분》을 볼 수 있지만, 그러나 예를 들어 *dextram*(*오른손*)이 어떤 운동의 끝이 될까?

매번 그 유명한 《아편의 수면 효과》와 매우 유사한 *uis*(*힘*)를 사용하여 특별히 다양한 설명을 나열하는 것은 너무 길어질 것이다. 일반적으로 자동사로 쓰이는 동사가 타동사 구조를 받아들인다는 것은[더 이상 *Alexim*(*알렉시스*)이 아니라 *Christum*(*그리스도*)을 열렬히 사랑한다!(*ardere*[112])] 《주된 종결(끝)의 강화 덕택》이다. 사람들이 (후기 라틴어기에) *Mattheum legitur*[113](*마태복음을(이) 읽힌다*)라고 말하는 것은 《타동사의 비인칭 수동형에 따른》 것이다. 흥미롭게도 *Romam*(*로마로*), *rus*(*시골로*), *domum*(*집으로*)과 같은 Ac는[114] 격의 근본적인 표현 방식(*modus significandi*)을 예증하기에 매우 적합하므로 《절대적 Ac》라는 꼬리표가 붙는다. 그러나 주된 장애물은 부정법의 Ac 주어이

---

110 튀로, 『중세 시대의 문법 학설의 역사를 위한 다양한 라틴어 필사본의 주석과 요약문 *Notices et extraits de divers manuscrits latins pour servir à l'histoire des doctrines grammaticales au Moyen Age*』(1868, p. 298) 참조〈각주〉.

111 곧 《제유법에 의해서》이다. 이 synecdoque(제유법)라는 단어는 이들 문법가에 의해서 *synodoche*의 형태로 사용된다〈각주〉.

112 *ardere*(원형은 *ārdeō*)는 보통 자동사로 '불타다, 불붙다, 빛나다'의 의미를 갖지만, 타동사로 '열렬히 사랑하다'의 의미도 갖는다〈역주〉.

113 *legō*(*읽다*)의 3인칭 단수 현재 수동 직설법〈역주〉.

114 이처럼 대격으로 표시한 명사로 각각 '로마로', '시골로', '집으로'와 같은 방향을 나타낼 때는 전치사가 필요하지 않다〈역주〉.

다. 움직임의 《종결》이라는 실체가 어떻게 《기원》이라는 실체로 바뀔 수 있을까? 매우 긴 토론 끝에 주석가 알렉상드르 드 빌디외는 어쩔 수 없이 부정법이 Ac를 필요로 한다는 결론을 내린다(단순한 확인!).[115] 그러나 Ac는 모든 사격과 마찬가지로 《타동적, 곧 이행적》이다. 그러나 부정법의 주어로서 그것은 《자동적》이 될 것이다. 그것에 신경쓰지 마라. 요컨대, Ac는 선행 동사와의 관계에서는 타동적이며, 후행 동사와의 관계에서는 자동적이라는 《규칙》을 정하는 것으로 충분하다.[116] 그것은 선행 동사의 움직임(*motus*)을 받아들이고, 후행 동사의 경우 이 동사의 행위(*actus*)가 뿌리를 내리는 곳은 주격(*subjectum*)이다.[117]

이는 시몬 르 다누아에게 있어서는 분명하기조차 않다(*non liquet*) (인정되지도 않았고, 스콜라적 형식주의의 미묘함에 치어 익사하기까지 할 정도이다).[118] 매우 교과서적이고 《논리적》 개념을 적시에 개입시키는 무의미한 말의 나열로 된 소개가 기술과 설명을 대신한다.

탈격(Ab: ablatif)

우리는 Ab(탈격)에 대해서 유사한 지적을 할 수 있을 것이다. 곧 Ab는 움직임의 시작(*principium motus*)을 가리키고, 논리적으로 《작용인》[*percutior a te*(나는 너부터 죽인다)]이나 혹은 형상인[*tepeo calore*(나는 사랑에 불탄다)]에

---

115 성급한 단정이다! 그런데 역사에 남을 만한 부정법?〈각주〉.
116 이들 문법가는 라틴어의 어순이 프랑스어처럼 고정되어 있고 변별적인 것처럼 끊임없이 추론한다〈각주〉.
117 뒤로, 『중세 시대의 문법 학설의 역사를 위한 다양한 라틴어 필사본의 주석과 요약문 *Notices et extraits de divers manuscrits latins pour servir à l'histoire des doctrines grammaticales au Moyen Age*』(1868, p. 309-310) 참조〈각주〉.
118 시몬 르 다누아, 『문법집 *Domus grammatice*』(p. 37-38)〈각주〉.

해당된다.[119]

세부 사항에서 저자들은 일반적인 정의를 편리하게 기억하거나 잊어버린다. 예를 들어 알렉상드르 드 빌디외와 그의 주석자는 단지 *uerbis*[120] *uincit*[121](*그는 말로 사로잡는다*)에서뿐만 아니라 더 나아가 *stadiis*[122] *sex distat*[123](*6마일 떨어져 있는 경기장*)에서 Ab에다 원인 또는 결과의 힘(*uis causae uel effectus*)을 부여한 다.[124] 소위 특질의 Ab의 경우, 이것은 본질적 지시의 힘(*uis demonstrationis essentie*)[125]에 도움을 청한다. 거의 동의어인 G와의 차이는 G는 «존재자»로 주해될 수 있고, Ab는 «소유자»로 주해될 수 있다는 것이다. 결여의 힘(*uis carentiae*)은 *poena*[126] *caret*[127](*처벌이 면제된다*)를 설명한다.[128] 절대 탈격은 많은 가설과 토론을 불러일으켰다.[129] 가장 일반적으로 받아들여지는 해결책 은 주석서 『찬양 *Admirantes*』의 저자가 제시한 것이다. 즉 그에게 있어서 *Sorte*[130] *legente*[131](*지배하는 운명에서*)는 *dum*[132] *Sor legit*[133](*Sor가 선택했던 동*

---

119 시몬 르 다누아, 『문법집 *Domus grammatice*』(p. 39)〈각주〉.

120 *verbum*(*말, 낱말, 표현*)의 탈격 복수〈역주〉.

121 *vinciō*(*매다, 묶다, 졸라매다, 포위하다*)의 3인칭 단수 현재 능동 직설법〈역주〉.

122 *stadium*(*스타디움*)의 탈격 복수〈역주〉.

123 *distō*(*떨어져 있다, 멀리 있다*)의 3인칭 단수 현재 능동 직설법〈역주〉.

124 튀로, 『중세 시대의 문법 학설의 역사를 위한 다양한 라틴어 필사본의 주석과 요약문 *Notices et extraits de divers manuscrits latins pour servir à l'histoire des doctrines grammaticales au Moyen Age*』(1868, p. 311-334) 참조. 주석서 『찬양 *Admirantes*』는 Ab의 모든 구조를 원인이라는 생각으로 되돌리려고 한다〈각주〉.

125 *essentie*의 본래 중세 표기는 *essentiae*이다(성염 교수의 도움 의견)〈역주〉.

126 [명사] '벌, 처벌'을 뜻한다〈역주〉.

127 *careō*(*없다, 결여되어 있다, 결핍하다; 면제되다*)의 3인칭 단수 현재 능동 직설법〈역주〉.

128 주석자는 «박탈»과 «제거»의 의미적 근접성이 왜 «...이 없다»의 의미를 갖는 동사가 탈격 과 함께 구성되는 경향이 있는지를 명확하게 설명한다〈각주〉.

129 튀로, 『중세 시대의 문법 학설의 역사를 위한 다양한 라틴어 필사본의 주석과 요약문』 (1868, p. 318-324)에서 Siger de Courtrai에 대한 설명을 볼 것〈각주〉.

130 *sors*(*운, 운명*)의 탈격 단수〈역주〉.

안)과 동일하다. 이 두 탈격 사이에는 **구조적**(*constructio*) 관련성이 있다. 그러나 그것들은 외부 의존성이 없기 때문에 《절대적》이다. 그런데 왜 Ab를 사용하는가? 그것은 《행동 중 하나가 다른 행동의 원인인 한 그것이 한 행동과 다른 행동이 공존하는 것을 나타내기 때문이고, 또한 탈격은 행해졌거나 겪은 행동의 원리로서 실체를 표현하기》 때문이다. 《공존》(올바른 생각이지만 프리스키안이 명확하게 언급하지 않은 것 같아 보인다)에서 《원인》으로 빠져드는 것, 즉 Ab에 할당된 특별한 역할인 움직임(*actus*)과 관련된 기원(*principium*)의 표현으로 돌아가게 하는 것은 유감이다.[134]

그때까지는 충분히 좋은 영감을 받은 동일한 저자가 자신의 주장을 실추시키는 논거를 추가하면서 자신의 주장을 강화하기를 원한다는 것은 특히 매우 유감스러운 일이다. 그가 말하길 어떤 사람들은 *dum*(…*하는 동안, …할 때*)이 *cum*(…*와 함께, …와 동시에*)과 동등하다고, 다시 말해서 — 그는 상세하게 설명한다 — Ab를 정확하게 지배하는 전치사와 동등하다고 생각한다!

우리가 《공간적(local)》이라고 부르는 탈격에 관해서, 우리는 그것이 위치격(locatif)이라는 특별한 격의 존재를 인식하지 못했던 불행한 문법가들에게 어떠한 왜곡을 강요했는가를 추측해본다. 따라서 G의 본질에 따라 *Romae*(로마에서)를 《설명해야》 하고, Ab의 본질에 따라 *Athenis*(아테네에서)를 《설명해야》 한다. 또한 《우리가 통과하는 장소》 등을 나타내는 Ab를 설명해야 한다. 이는 파리대학 문학부의 논쟁술로 훈련받은 사람에게조차도 까다로운

---

131 [분사] *regēns*(지배하는, 인도하는, 조종하는)의 탈격 단수〈역주〉.

132 [접속사] '…하고 있는 동안에, 즈음에, …하는 동안, …하는 한'을 뜻한다〈역주〉.

133 *legō*(선택하다, 모으다, 줍다)의 3인칭 단수 완료 능동 직설법〈역주〉.

134 우리는 절대적 Ab에 대한 이 분석이 이들 두 Ab를 연결하는 구조를 밝히는 데까지 미치지 못한다는 것에 주목한다. 이 분석은 수많은 어려움에 직면할 수도 있다. 즉 이 분석에서 사항(辭項) 중 하나는 《주어》로 기능하고 다른 하나는 《동사》로 기능한다. 또 Ab로 된 속사까지도 있을 수 있다〈각주〉.

일이었다.[135]

마지막으로 전치사와 함께하는 격의 용법은 완전히 방치되어 있다. 저자들은 명사가 행동의 시초를 나타내면 전치사구가 Ab에 속하고, 행동의 종결을 나타내면 Ac에 속한다는 것을 요약적으로 반복하기만 한다. 다루기 힘든 수많은 용법들[*stare apud, ante, ad*...(... 옆에, 앞에, 향하여 서다), *stare pro*(... 앞에 서다); *cum*(...와 더불어, ...와 함께), *sine*(... 없이) 등]은 적당히 옆으로 제쳐둔 채 있다.

IV. 결론

이렇게 간결하고 단편적인 연구[136]로 결론을 내릴 수 있게 됨에 따라, 우리는 먼저 12세기, 특히 13세기 문법의 매우 놀라운 독창성을 강조하게 된다. 많은 측면에서, 그것은 현대의 몇몇 구조주의 흐름을 구별 짓는 것과 유사한 일반적인 특징을 제공한다. 통사론의 탁월성은 매우 강조된다. 즉 «문법학자들의 노력은 주로 구조에 집중된다»라고 익명의 13세기 저자는 쓰고 있다.[137] 반면에 이 혁명가들이 끌어들인 방대한 저장고인 고대 문법은 — 예외 없이[138] — 철자법과 형태론만을 다루고 있다.

---

135 튀로, 『중세 시대의 문법 학설의 역사를 위한 다양한 라틴어 필사본의 주석과 요약문』 (1868, p. 325-334)에서 해결책의 미로를 발견할 것이다〈각주〉.

136 그러나 위에서 말했듯이 직접 얻은 자료가 부족하고, 원래 출간된 텍스트가 없다〈각주〉.

137 튀로, 『중세 시대의 문법 학설의 역사를 위한 다양한 라틴어 필사본의 주석과 요약문』 (1868, p. 213)에서의 *Studium gramaticorum praecipue circa constructionem uersatur*(문법 공부는 특히 구조와 연관되어 있다)〈각주〉.

138 『소 프리스키안 *Priscianus minor*』(=『문법 강요 *Institutiones grammaticae*, 1. XVII & XVIII』)는 통사론을 다룬다. 이것은 그리스어에 대한 무지로 아폴로니오스(Apollonius)와 헤롯 왕(Herodian)을 멀리하는 인간들에게 있어서 거의 유일한 원전이다〈각주〉.

이 모든 문법이 《공시적》인 것은 준수할 필요가 있다. 그것들이 통시적 관점을 제거했다는 것이 아니라, 그것을 단지 무시할 뿐이었다. 그것들은 역사에 관심이 없다. 그것들은 때때로 《고전적인》 용법에 《기독교적》 표현법을 추가하지만 언어의 발전에 초점을 맞추지 않고 공통 라틴어(*koinē* latine)를 동시대의 소재로 다룬다. 모든 것이 《상세히 검토되고》 똑같은 시선으로 고려된다.

이들 문법은 모두 똑같이 단일 언어의 문법이다. 그리스어(게다가 반주류의 언어)는 그 철자까지 무시된다. 그러나 왜 라틴어로는 충분하지 않은가? 왜냐하면 모든 언어는 언어과학이 보편성을 달성할 수 있도록 허용해야 하기 때문이다.

이것은 실제로 이 시기의 가장 눈에 띄는 특징이다. 즉 문법은 당당히 《사변적 학문》의 존엄성을 지닌 지위에 올랐다. 그것은 과학의 원리와 방법을 가지고 있다. 그것은 또한 과학의 항구성과 보편성을 가지고 있다. 또한 한번 확립되면, 그것은 시간과 공간에 흩어져있는 표면적으로 다른 언어들의 모든 우연적인 현상에 적용되어야 한다. 이 웅대한 야망은 놀랄 만큼 질서정연한 성과를 만들어낸다. 예를 들어 마틴 르 다누아의 표현 방식(*Modi significandi*)의 목차를 단순히 한 번 훑어보는 것만으로도 그것을 깨닫기에 충분하다.[139]

---

139 『중세시대 덴마크인의 철학 자료 *Corpus philosophorum Danicorum Medii Aevi*』, t. II(éd. H. Roos, 1961)(p. 328 sq.). 서문은 표현 방식(*Modus significandi*)의 개념을 다루고, 그런 다음에는 존재, 인식 그리고 표현 방식(*modi essendi, intelligendi, significandi*) 사이의 차이를 다룬다. 책 I권은 보편적인 핵심적 표현 방식(*modi significandi essentiales generales*)을 다룬다. 제1부에서는 이들 방식 일반이 논의된다(품사별로 한 장씩). 제2부(14장에서 54장까지)에서는 보다 특별한 방법으로 이들 방식에 관한 문제가 논의된다. 이 모든 것이 엄격하게 구성되어 있다. 격에 관한 장은 제27장으로 이 장의 제목은 《격을 만드는 우연적 표현 방식에 대하여(De modo significandi accidentali qui facit casum)》이다〈각주〉.

그러나 문법을 이론화하려는 이러한 노력이 약점도 허점도 없는 것은 아
니다. 프리스키안이 예문에 있어서 풍부한 만큼이나—때때로 예들은 진정한
관용구 모음집이 된다—반대로 스콜라주의자들은 예문에 인색하다. 그들은
길을 열기 위해 언어 사실의 가시덤불 속에 용감하게 뛰어들지 않는다. 그들
은 고대 문법가들에게서 어려움 없이 수집한 소수의 자료—이들 자료는 표
본으로 간주된다—를 가지고 추론하는 데 만족한다. 이때 그들은 가끔 경건
한 의도에서 이들 자료 대신 기독교의 예들을 사용하기도 한다. 일반 법칙을
확립하려면 현실을 훼손할 위험을 무릅쓰고 단순화된 말뭉치(코퍼스)에서
시작하는 것이 분명 더 쉬웠다.

또 다른 제약으로 인해 그들은 동일한 길로 들어선다. 그들은 물론 《과학》
을 구축하는 것을 목표로 하지만, 그들이 그들의 저술에서 제시하는 목표와
설명은 완전히 교육적이다. 그런 점에서 우리가 가진 것은 진정한 연구의
기록이라기보다는 오히려 개론서들이다. 가르치고자 하는 욕구가 너무나 열
렬해서 여러 유명한 저자들은 산문보다 기억을 더 도와주는 것으로 여겨지
는 운문으로 된 저서를 썼다. 예를 들면 가장 유명한 개론서 중 두 권인
알렉상드르 드 빌디외의 『어린이를 위한 교육 지도서 *Doctrinale Puerorum*』
와 에브라르 드 베튄[140]의 『희랍어식의 표현 *Grecismus*』이 그렇다.

마지막으로 이 시기의 강력한 독창성, 이론적 정리를 하려는 그러한 노력
은 어떤 오류가 이론을 왜곡한다면 이론의 더 큰 약점이 또한 될 수 있다.
사람들은 논리적 틀에 따라 문법을 모델링함으로써 문법에(문법에서 생기는
필연성과 보편성의 특성을 지닌) 과학적 지위를 부여하는 것을 상상했다. 사람
들은 문법 자료에 부과된 완전한 공리화는 그것의 주된 설명이자 그 진실의

---

140 에브라르 드 베튄(Evrard de Béthune/Eberhard of Béthune, ?~1212)은 아라스(Arras) 출신
     의 13세기 초 플랑드르의 문법 학자이다. 그는 그 당시 인기 있는 라틴어 문법서인 『희랍어
     식의 표현 *Grecismus*』의 저자이다(역주).

보장이라고 믿었다. 그런데 이 강력한 논리는 논리학일 뿐만 아니라 형이상학이다. 브룅스비크[141]가 말했듯이 《아리스토텔레스의 논리로 돌렸던 순전히 형식적인 모습》은 《그가 떠난 후 삼단논법과 존재론 간의 연결에 대한 이해가 사라진 것》에서 비롯된다. 예를 들어 이 《논리》에 따르면, 문법적 주어는 《논리적》 주어, 다시 말해 《특질들》의 지주어(support)이기도 하다. 그러나 그것은 동시에 《존재론적》 주어, 다시 말해서 《실체》이기도 하다.

블랑쉐[142]는 그것을 분명하게 보여준다.[143] 즉 아리스토텔레스의 이름으로 정교화된 공리 체계는 그 용어의 현대적 의미에서는 공리적이지 않다. 그것은 공리가 참인 것으로 인정되지만 입증되지는 않은 단순한 가정의 역할을 하는 《가설-연역법의》[144] 체계가 아니라 《범주-연역법의》 체계이기 때문이다. 즉 기본 공리는 여기서 분명하고 필요한 것으로 간주된다. 그리고 연역적 연쇄는 기본 공리가 갖는 진실을 이 공리로부터 도출된 명제로 옮기는 역할을 한다. 즉, 이들 기본 공리는 논리적 출발점에서 이론의 원리의 역할을 할 뿐만 아니라 이론의 기초가 된다. 그것들은 개념적 내용을 가지고 있으며, 궁극적으로 각 명제에 진실이라는 환상의 도장을 찍어주는 것은 바로 이 개념적 내용이다.

매우 짜릿했음에 틀림없는 지적 모험 후에, 그토록 많은 노력에서 무엇이 남아있는가? 사람들은 《사변적》 문법을 만들고 싶어 했다. 요컨대, 사변(思

---

141 브룅스비크(Léon Brunschvicg, 1869~1944)는 수리철학에 밝은 프랑스 이상주의 철학가이다〈역주〉.

142 블랑쉐(R. Blanché, 1898~1975)는 프랑스 툴루즈대학 철학 부교수를 역임했고, 수학 철학에 관한 많은 책을 썼다〈역주〉.

143 블랑쉐(R. Blanché), 『논리와 그 역사: 아리스토텔레스에서 러셀까지 La logique et son histoire d'Aristote à Russell』, Paris: Armand Colin, 1970, p. 60〈각주〉.

144 《가설-연역법 hypothético-déductif》이란 미래의 관찰 가능한 결과를 추론하기 위해 가설을 수립하는 것으로 구성된 과학적 방법이다〈역주〉.

㈛은 확실히 남아 있지만 문법적 지식은 역사의 체를 거치면 아주 하찮아진
다. 스콜라 문법의 중요한 경험은 이중의 보완책을 요구했다. 즉 그것은 형이
상학적 틀에 대한 질문과 문법의 살인 구체적인 언어 자료로의 회귀이다.

제2장 ─ 상티우스와 스키오피우스: 16세기의 이성 대 언어사용

상티우스[1]와 그의 열렬한 제자 스키오피우스[2]는 16세기 중반에 발전하여 포르루아얄[3]로 이어지는 지적 움직임, 즉 17세기와 18세기에 잉태된 《일반 문법》으로 이어지는 지적 움직임의 뛰어난 증인들이다. 스콜라철학에 대한 반발이 시작된 것이 물론 상티우스(1587)부터는 아니다. 그의 학설의 기본은

1 　상티우스(Sanctius, 1523~1600)는 본명이 프란시스코 산체스 데 라스 브로사스(Francisco Sánchez de las Brozas)인 스페인 태생의 문헌학자이자 인본주의자로『그리스 문법 개요 *Grammaticæ Græcæ compendium*』(1581),『미네르바 혹은 라틴어에 관한 원인론 *Minerva seu de causis linguæ Latinæ*』(1587)(이하에서는『미네르바 *Minerva*』로 약칭) 등 많은 저술을 남겼다〈역주〉.

2 　스키오피우스(Scioppius, 1576~1649)는 본명이 카스파르 쇼페(Caspar Schoppe)로 독일 노이마르크에서 태어난 고전학자이자 유명한 논쟁가이다. 그는 하이델베르크 등에서 공부한 후 1598년 로마를 방문하여 로마 카톨릭교로 개종한 후 훌륭한 학식을 가진 비평가로 널리 알려지게 된다. 특히 그는 프랑스 동방 고전어학자인 조제프 쥐스트 스칼리제르(Joseph Justus Scaliger, 1540~1609)와의 논쟁으로 유명하다. 그의 주요 저술로는 1628년에 출판된『철학적 문법 *Grammatica Philosophica*』이 있다〈역주〉.

3 　포르루아얄(Port-Royal)은 17세기 파리 근교의 포르루아얄 수도원을 말한다. 신학자 앙투안 아르노(Antoine Arnauld, 1612~1694)는 이곳에서 은둔 생활을 하면서 수도원 부속학교의 수도사이자 문법가인 랑슬로(Claude Lancelot, 1615~1695)와는『일반이성문법』을 저술했고, 니콜(Pierre Nicole, 1625~1695)과는『논리학 또는 사고의 기술 *La Logique ou l'Art de penser*』(1662)을 저술했다. 후대에 인문학에 있어 일반적이고 합리적인 사고의 원칙을 확립한 이들을 가리켜 포르루아얄 학파라 부르고, 이들이 추구한 '일반이성문법'을 '포르루아얄 문법'이라고도 부른다〈역주〉.

이미 스칼리제르(J.C. Scaliger)[4]의 『라틴어에 관한 원인론』(1540)에 나타나 있다. 그러나 상티우스는 명료성과 단순성이라는 장점을 가지고 있다. 따라서 우리는 상티우스와 스키오피우스를 통해 명사와 격에 대한 새로운 학파의 생각을 검토할 것이다. 우리는 그들을 스콜라주의와 비교하여 그리고 또한 이전 세대의 문법가들(데포테르,[5] 특히 르페브르 데타플)[6]과 비교해서 위치시킬 것이다. 따라서 «데카르트» 문법의 기원이 이해될 수 있을 것이다.

상티우스라는 별칭으로 불린 프란시스코 산체스 데 라스 브로사스(Francisco Sanchez de las Brozas)는 스페인 살라망카에서 교수로 있으면서 거기서 1587년에 출판한『미네르바 혹은 라틴어에 관한 원인론 *Minerva seu de causis linguae latinae*』[7]으로 18세기까지 지속될 명성을 얻는다. 스키오피우스로 알려진 카스파르 쇼페(Caspar Schoppe)는 17세기 초부터 고대문학

---

4   스칼리제르(Julius Caesar Scaliger, 1484~1559)는 프랑스 아장(Agen) 출생의 고전학자이다. 그는 식물학, 동물학, 문법 그리고 문학비평에 능통했다. 그는 1531년과 1536년에 격렬하고도 신랄한 라틴어로 쓰인 에라스무스의 키케로 논조나 문체의 모방(Ciceronianism)을 반대하는 두 번의 맹렬한 연설을 통해 학자로 알려지게 된다. 그는 『라틴어에 관한 원인론 *De causis linguae latinae*』(1540)에서 라틴어 문법의 원리를 논의하면서 키케로(Cicero, 106~43 BC)의 문체를 분석하고 그에 앞선 인본주의자들이 보인 600개가 넘는 오류를 지적한다〈역주〉.

5   데포테르(Jean Despautère, 1460~1520)는 벨기에 플랑드르 태생의 라틴어 문법학자이자 유명한 인본주의자였다. 그는 루뱅 가톨릭 대학교에서 공부한 후 이 대학의 교수가 되어 학생을 가르쳤다. 그는 이 시대에 널리 읽힌 라틴어 문법책 『문법 해설서 *Commentarii grammatici*』(1537)을 썼을 뿐만 아니라, 수년간의 교육 경험을 바탕으로 라틴어 문법에 관한 여러 책[Syntaxis(통사론), Ars versificatoria(작시법), Grammatica pars prima(제1부 문법), Ortographia(철자법)]을 출판한다〈역주〉.

6   르페브르 데타플(Jacques Lefèvre d'Étaples, 1455~1536)은 프랑스의 인문주의자이자 신학자이다. 그는 초기 인문주의자들이 즐긴 엄격한 언어학적 방법을 써서 바울의 편지·복음서·「사도행전」 등의 주해서를 저술한다〈역주〉.

7   나는 스키오피우스의 『철학적 문법 *Grammatica philisophica*』(1628)(소르본대학 도서관, LPL, 17, in-12)에 이어서 1664년에 출판된 암스테르담 판판을 사용하였다. 이 책은 스키오피우스의 다양한 다른 소논문들, 특히 「구문에 대한 주석 *Annotationes in Syntaxin*」과 「증가 *Auctarium*」을 포함하고 있다〈각주〉.

과 관련된 출판물로 알려진다.[8] 그는 『미네르바 혹은 라틴어에 관한 원인론』을 읽고 상대적으로 늦게 문법으로 눈을 돌렸다고 말한다.[9] 그의 초심자로서의 전투적인 열정, 자신의 스승(곧 상티우스)에게 바치는 숭배, 그리고 반대자들은 누구든 노골적으로 멸시하면서 그들 모두에 대한 그의 호전적 논쟁 정신 등으로 판단해 볼 때 참으로 진정한 전향이다.[10] 그의 연구의 결과는 1628년 밀라노에서 출판된 『철학적 문법 *Grammatica Philosophica*』에 나타나 있다.[11]

I. 새로운 학파의 일반적 특징

새로운 학파의 두드러진 특징(그러나 이것은 언어학 사상의 진화에 있어 일반적인 경향이 아닌가?)은 스칼리제르(J.C. Scaliger)를 제외하고는 앞서갔던 모든 사람들에 대한 가혹한 비판이다. 그러한 비판은 거의 그들에게까지 미치는 과거와 단절하고자 하는 열망을 표현하며, 또한 스키오피우스가, 수에토니우스[12]의 말에 따르면, 로마인들에게 문법의 기초를 가르쳐 주었다는 크라테스 드 말로스[13]까지 거슬러 올라가는 과거와 단절하고자 하는 열망을 표현한

---

8   이 출판물들 중 일부는 도서관 파일에서 1601년으로 작성되어 있다〈각주〉.

9   『철학적 문법 *Grammatica philisophica*』, p. 1, 오른쪽 면(recto)〈각주〉.

10   그는 《이 학예 분야에서 일등이자 최고이자 유일한 스승》인 상티우스를 따랐다고 말한다
     〈각주〉.

11   나는 1664년에 출판된 암스테르담 판본을 사용했다. 이에 대해서는 바로 앞의 각주 7을
     참조할 것〈각주〉.

12   수에토니우스(Suetonius, AD 70~120)는 로마 제국 5현제 시대의 역사가이자 정치가이다
     〈역주〉.

13   크라테스 드 말로스(Cratès de Mallos, BC 220~140)는 그리스어 문법학자 및 문헌학자이자
     스토아 철학자이다〈역주〉.

다. 스키오피우스는 다른 소논문들 중에서도 「헤라클레스, 거름을 옮기는 이 *Hercules coprophoros*」라는 소논문을 출판했는데, 이는 아우게이아스의 마구간[14]을 강력하게 암시한다. 그의 눈에는 이전의 문법은 물론, 심지어는 동시대의 문법까지도 많은 부정확한 어법과 통사적 오용으로 점철되어 있는 것이 아우게이아스의 마구간과 같았다. 『철학적 문법 *Grammatica philosophica*』은 「시궁창 문법과 상티우스 문법의 비교 *Comparatio cloacinae et sanctianae grammaticae*」라는 제목이 붙은 일람표로 시작한다.

「시궁창 문법 *Grammatica cloacina*」, 곧 규칙과 예외로 가득 찬 《부끄러운 속임수》인 《하수구》 문법[15]과는 정반대로 「상티우스 문법」은 규칙이 매우 정확하고 더군다나 그 수가 아주 적고 예외가 없다.[16] 우리는 이 문법이 담고 있는 15개의 규칙을 거의 하루 만에(p. 139) 배울 수 있을 것이다.

이 「상티우스 문법」은 사실 그 이상으로 스칼리제르의 예에서 라틴어의 원리를 추구하기 때문에 그러한 감탄할만한 단순성에 이른다. 상티우스는 그것을 인식론적 신앙고백처럼 선언한다. 즉 《우리는 낱말을 포함한 모든 것의 이성을 제공해야 한다》(*Minerva*, p. 4). 왜냐하면 오직 이 완전한 설명을 가능하게 하는 것은 이성(*ratio*)이기 때문이다. 스키오피우스는 그것을 확고히 하고(p. 1 앞면), 다음과 같이 다른 곳에서 상세히 기술한다. 《따라서 우리는 문법보다는 철학적인 표준을 구문에서 확립했다》(「구문에 대한 주석 *Annotationes in Syntaxin*」, p. 141). 이성－우리가 이를 대문자로 쓰도 지나치지 않을 것이다－은 이 구문의 가장 중요한 기둥이다. 그러나 다른 기둥은 언어

---

14 '아우게이아스의 마구간(écuries d'Augias)'은 그리스의 아우게이아스(Augeas/Augias) 왕이 여러 해 방치해 두고 있던 3천 마리의 소가 있던 외양간을 헤라클레스가 하루 만에 깨끗이 치운 고사에서 비롯된 관용 표현으로 '해묵은 부패를 일소한 것'을 뜻한다〈역주〉.

15 크라테스 드 말로스가 로마의 하수구에 빠진 후 그곳에서 움직이지 못하게 된 나머지 거기서 몇몇 문법 강의를 할 수밖에 없었다는 수에토니우스가 보고한 일화를 암시한다〈각주〉.

16 이는 기억해야 할 중요한 확언이다〈각주〉.

사용, 즉 중세의 교양 없는 라틴어가 아니라 라틴어 저자들의 바른 언어사용
이다. 그래서 우리는 상티우스와 스키오피우스에게서 스콜라학자에게서보
다 무한히 더 많은 텍스트로 된 문헌을 만나게 된다. 이 문헌들에 대해 현대
과학이 부정하지 않을 형태로 분석과 비평이 전개된다.

이것이 이 이론가들의 이중적 지향성, 즉 이성(곧 규칙)과 바른 언어사용이
다. 그들은 이 두 개념이 때때로 양립하기 어려울 수 있다는 것을 깨닫지
못했다. 어쨌든 그들이 그것들에 대해 제안하는 양립은 의심할 여지없이
매우 모호하거나 지나치게 세부적인 것으로 보일 것이다.

최소 문장과 《구조》

상티우스는 플라톤과 아리스토텔레스를 인용하여(*Minerva*, p. 66) 《문장
(*oratio*)은 가능한 한 가장 간단한 재료와 형태인 명사와 동사로 구성된다》고
쓰고 있다.[17] 이와 같이 앙드레 마르티네[18]가 《최소 문장》이라고 부르는 것이
정의되어 있다. 명사의 구문 구성(*constructio nominum*)은 다음 두 가지로 나뉜다.

구문 구성(*constructio*) ⎰ 일치(*concordia*)
⎱ 지배(*rectio*)[19]

---

17 스키오피우스, 「구문에 대한 주석 Annotationes in Syntaxin」(p. 140) 참조. 여기서 그는
《모든 긍정명제와 부정명제는 명사와 동사로 구성된다》고 말한다〈각주〉.

18 마르티네(André Martinet, 1908~1999)는 통시음운론, 일반언어학 연구 등 기능 언어학의
발전에 기여한 프랑스의 언어학자이다. 그의 주요 저서로는 『음변화의 경제성 *Économie
des changements phonétiques*』(1955), 『일반언어학 요론 *Éléments de linguistique générale*』
(1960) 등이 있다〈역주〉.

19 상티우스, *Minerva*, p. 65〈각주〉.

한편 명사의 구문 구성은 «규칙적»(또는 참 *uera*)이거나 «불규칙적»(또는 거짓 *falsa*)이다. «불규칙적인 것»으로 판정을 받은 구성은 «문채»에 의존하여 해석되며, 그중 가장 중요한 것은 단연코 생략[20]이다.[21]

명사

명사는 격표지의 «특징적인 차이»로 표시되는 품사이다. «명사»의 격표지는 «동사»의 인칭 표지와 동일한 역할을 한다.[22]

명사에는 6개의 격이 있다. 그리고 이 구분은 «자연스럽고», 다시 말해 이성에 따른 것이다.[23] 상티우스는 매우 자연스럽고, 따라서 매우 필요한 «이성»이 있는 라틴어 체계의 적절성을 확신하여 그리스어에도 동일한 6개의 격이 존재한다고 공공연하게 주장한다. 그리고 그는 키케로[24]의 「서간문 *Epistulae*」에서 가져온 *numquam in maiore* aporiai *fui*(이보다 더 광범위한 논리적 궁지에 결코 빠진 적이 없다)나 유베날리스[25]의 *melius Penelope*(페넬로페보다 물레질을 더 잘하는)와 같은 라틴어 작가들에게서 가져온 예를 제시한다.[26]

격의 전통적인 명칭은 오해의 소지가 있는 것이 사실이라고 그들은 말한

---

20 이 책에서 생략된 부분의 복원은 〈 〉 속에 표시되고 있다〈역주〉.

21 스키오피우스, *Gramm.*, p. 26-27〈각주〉.

22 상티우스, *Minerva*(p. 18)와 스키오피우스, *Gramm.*(p. 4) 참조. 이러한 학설은 이미 스칼리제르의 저술에 있다〈각주〉.

23 상티우스, *Minerva*, p. 20〈각주〉.

24 키케로(Marcus Tullius Cicero, BC 106~43)는 로마의 정치인, 변호사이자 라틴어 작가이다 〈역주〉.

25 유베날리스(Decimus Iunius Iuvenalis, AD 55~138)는 1세기 후반에서 2세기 초반에 활동한 고대 로마의 시인이다〈역주〉.

26 상티우스, *Minerva*, p. 20. 그것은 독일어로 *Ich wohne in Paris*(나는 파리에 산다)라고 말하기 때문에 프랑스어에 여격이 있다고 주장하는 것과 같다〈각주〉.

다. 스칼리제르가 이미 한 것처럼 격들을 단순히 첫째, 둘째, 셋째, 넷째, 다섯째, 여섯째로 번호를 매기는 것이 나을 수 있다. 그러나 편의성과 교육적 유용성으로 볼 때 그래도 전통적인 명칭을 유지하는 것이 좋다.

참 지배(*rectio uera*) — 거짓 지배(*rectio falsa*)의 모든 용법들이 궁극적으로 귀착되어야 하는 곳 — 에는 실제로 규칙이 거의 없다. 예를 들어 문장 *Filius Dei posuit animam pro peccatoribus*(*하느님의 아들이 죄인들을 위하여 목숨을 내놓으셨다*)를 보자. 이 문장은 다음 세 가지 예시에서 지배(*rectio*)를, 다시 말해 «일정한 격을 붙이는 힘»을 놀랍도록 잘 보여준다.

> *하느님의 아들(Filius Dei)*=에서 실사 *아들(filius)*이 **G**를 오게 한다.
> *목숨을 바치다(posuit animam)*에서 행위 동사가 **Ac**를 오게 한다.
> *죄인들을 위하여(pro peccatoribus)*에서 전치사가 **Ab**를 오게 한다.

이 문장 유형에 대해 사람들은 동사의 구문과 관련하여 논의될 N에 대해 우리에게 아무것도 말하지 않는다(아래 참조). 사람들은 또한 D에 대해서도 우리에게 아무것도 말하지 않는데, 실제로 D는 지배에서 제외된다(우리는 이에 대해 나중에 볼 것이다). 이는 라틴어 체계의 소위 완벽한 합리성에 의문을 제기케 하는 놀라운 상황이다.

II. 격에 대한 더 상세한 검토

속격(G)

G의 참 지배(*rectio uera*)는 매우 간단한 규칙에 따라 명시된다(스키오피우스,

p. 30). 즉 《모든 G는 표현되거나 삭제된 실사 명사의 지배를 받는다.》

이 규칙은 라틴어나 그리스어에서 어떤 G도 동사의 지배를 받을 수 없다는 것을 함축한다(상티우스, p. 67). 일단 한번 참 지배(*rectio uera*)의 원리가 규정되면, 남은 문제는 거짓 지배(*rectio falsa*)의 기치 아래에 그룹화된 불규칙한 사실의 총체를 참 지배의 원리로 되돌리는 것이다. 이것이 바로 우리의 저자들이 뛰어난 일관성과 부정할 수 없는 상상력의 민첩함으로 노력하는 것이다.

accuso[27] *te furti*[28](*나는 너를 절도로 고발한다*)(기소 이유의 G)에서 *accuso te <crimine>*[29] *furti*(*나는 너를 절도의 <죄로> 고발한다*)를 이해해야 한다[30](Ab 인 *crimine*(죄로)를 전치사의 탈격이 되게 하는 것이 두 번째 단계에서 분명 적절할 것이다).

위치격 *Romae*(*로마에*)가 프리스키안의 예에서 G로 취급되고 있는데, 그것은 *natus <in urbe> Romae*[31](*로마의 <수도에서> 출생한*)[32]와 같이 복원될 수 있다.

《*가격의*》 G는 다음 예에서 보듯이 꽤 만족스러운 또 다른 생략 덕에 올바른 방향으로 돌아온다.

hoc emi[33] *magni <aeris*[34] *pretio*[35]>[36] (*나는 이것을 많은 <구릿돈의 가격*

---

27 [동사] '나무라다, 비난하다, 고발하다'를 뜻한다〈역주〉.

28 *fūrtum*(도둑질, 절도)의 속격 단수〈역주〉.

29 *crīmen*(죄)의 탈격 단수〈역주〉.

30 이것은 여전히 훨씬 더 현대적인, 특히 쿠리우오비치(Kuryłowicz)의 《설명》이다〈각주〉.

31 *Rōma*(로마)의 속격〈역주〉.

32 *natus in urbe Romae*는 '수도 로마에서 출생'을 뜻한다〈역주〉.

33 *emō*(사다, 매수하다)의 1인칭 복수 완료 능동 직설법〈역주〉.

34 *aes*(청동)의 속격 단수〈역주〉.

에> 샀다)

때때로 인정해야 하는 것은 더 이상 하나 혹은 여러 낱말의 생략이 아니라 모든 환언 관계의 생략이다. 예를 들어 다음 문장을 보자.

lumborum[37] *tenus*[38] *mergitur*[39] (*그는 허리까지만 잠긴다*).

이 문장은 (일종의 후치사에 의존하는 G와 함께!) 다음 문장을 대신한다.

<*usque*[40] *ad*[41] *finem*[42]> *lumborum mergitur*[43] (*그는 허리 끝까지 잠긴다*).

amans[44] *uxoris*[45](*아내의 연인* = 아내를 사랑하는[사람]) 또는 *appetens*[46]

---

35 *pretium*(*값, 가격, 가치*)의 탈격 단수〈역주〉.

36 상티우스(p. 68-72)와 스키오피우스(p. 30 이하 참조)에서 가져온 예이다〈각주〉.

37 *lumbus*(*허리*)의 속격 복수〈역주〉.

38 [전치사] '···을 따라서, ···까지, ···뿐'과 '···만, ···뿐'을 뜻한다〈역주〉.

39 *mergō*((*물에*) *잠그다, 담그다, 가라앉히다*)의 3인칭 단수 현재 수동 직설법〈역주〉.

40 [부사] '〔출발·도착을 표시하는 말〕 ···에서부터 ···까지'를 뜻한다〈역주〉.

41 [전치사] '〔제한·관점·관계·비교〕 관해서는, 로 말하면, 에 있어서, 에 대해서; 에 비해서[비하면]'나 '〔기한(期限)〕 까지'를 뜻한다. 여기서 '*usque ad*'는 [전치사로]로서 '...까지'를 뜻한다〈역주〉.

42 *finis*(*경계, 끝*)의 대격 단수〈역주〉.

43 상티우스와 스키오피우스는 «전치사» *tenus*가 예를 들어 베르길리우스[*En*.(3, 427)의 *pube tenus*(*까지만*)]와 같이 Ab와 함께 올바르게 구성되어 있다는 것을 다소의 안도감을 가지고 관찰할 수 있었을 것이다〈각주〉.

44 [현재분사]로 '사랑하는, 좋아하는, 상냥한, 정다운'을 뜻하고, [명사]로 '사랑하는 사람, 애인'을 뜻한다〈역주〉.

45 *uxor*(*아내, 부인*)의 속격 단수〈역주〉.

46 [현재분사] '탐하는, 탐욕있는, 욕심많은, 얻으려고 노력하는, 갈망하는'을 뜻한다〈역주〉.

alieni[47]*(다른 사람의 것을 욕심내는 [사람])*와 같은 현재분사 뒤에 나오는 G들에 대해 스키오피우스(p. 31)는 그것들을 재빨리 제거해버리지만 당혹스러워하지 않는 것은 아니다. 그가 제안하는 «해결책들»의 숫자 자체는 그 해결책 모두를 약화시킨다. 그는 이들 분사가 형용사의 «겉모습»(*facies*)만을 가진다고 말한다. 그러나 이들 분사는 실사의 «가치»(힘 *uis*)를 가지고 있다(그리고 우리는 다시 참 지배(*rectio uera*)의 경우로 되돌아간다). 보다 정확히 말해 우리가 <*homo*> *amans*(사랑하는 <사람>)라고 말하는 것처럼 명사를 내포해야 한다. (그러나 그렇다면 *uxoris*는 무엇과 관련이 있는가? 다른 한편으로 이 경우 *amans*는 다시 형용사가 되지 않는가!). 또 다른 팁으로 *amans* <*amorem*[48]> *uxoris*(*아내의* <*사랑을*> *사랑하는 사람*)를 이해하십시오. (그러나 이 경우 분사는 동사적 힘(*uis uerbalis*)을 감추고 있다. 게다가 이 표현은 또 다른 의미를 갖는다.) 간단히 말해서, 모든 절차는 길 잃은 양을 무리로 다시 데려다주는 데는 좋은 것 같다. 그 정도로 참 지배(*rectio uera*)는 강제하는 힘을 가지는데 그 이유는 그것을 통해서 표현되는 것이 «이성» 자체이기 때문이다.

명백하게 형용사의 지위를 가진 형용사들[*plenus*(*가득한*), *diues*(*비옥한*), *peritus*(*경험 많은*) 등] 뒤에 오는 G들은 거짓 지배(*rectio falsa*)에만 속할 수 있다. 이러한 «비정상»을 줄이기 위해서 여기서 다시 다음과 같은 것을 내세울 수 있다.

a) 명사의 생략

　　diues agri[49] ⟨*ergo*[50]⟩ (*전답이 부유한* <*그렇기 때문에*>).

47　[형용사] *aliēnus*(*남의, 외국의, 타향의*)의 속격 단수⟨역주⟩.

48　*amor*(*사랑, 애정, 사랑의 대상자, 애인*)의 탈격 단수⟨역주⟩.

49　*ager*(*땅, 전답*)의 속격 단수⟨역주⟩.

b) 의미상 형용사에 가까운 명사의 생략

diues 〈*diuitiis*〉[51] *agri* (전답의 〈재산으로〉 부유한 사람).

c) 그리스어의 영향: *ek*(*부터*)나 *heneka*(*위한*)처럼 삭제된 무엇인가가 있다. 이 삭제는 *plenus uino*[52]로 축소된 *plenus de uino*[포도주로 가득한: *pieno di vino*(이태리어), *plein de vin*(프랑스어)]를 생각하면 충분히 이해할 수 있다[상티 우스(p. 68)의 견해].

여기서 우리는 제안된 생략 표현법들이 세기 초부터 그렇게 옹호되었던 이 수정을 가볍게 여긴다는 것을 볼 수 있다. *agri* 〈*ergo*〉(*전답* <*때문에*>)와 <*diuitiis*> *agri*(*전답의* <*재산으로*>) 사이의 망설임은 이 주해들 중에 어느 것도 실제로 필요하지 않다는 것을 암시한다. 다시 한번, 저자들은 환언 관계 의 완곡한 어법에서 올바른 이성(*ratio recta*)에 의해 요구되는 구조가 나타나 기만 하면 대략적인 의미적 동등성에 만족한다. *plenus uini*[53](*포도주로 가득 한*)에 대한 그리스어의 영향에 대해 독자는 그것이 예를 들어 *ek*의 진정한 생략의 문제인지, 또는 상티우스가 그리스어와 라틴어의 단순한 병치를 그 자체로서 충분히 설명해 주는 것이라고 보는지를 간파할 수 없다. 그러나 *plenus uino / plenus de uino*의 논쟁은 그가 실제로 그리스어 전치사의 다소 환상적인 생략을 고려한다는 것을 시사한다.

50　'그렇기 때문에, 따라서'를 뜻하는 '부사적 속격 후치사'〈역주〉.
51　*dīvitia*(*재산, 재물, 재화; 부유, 풍요*)의 탈격 복수〈역주〉.
52　*vīnum*(포도주)의 탈격 단수〈역주〉.
53　*vīnum*(포도주)의 속격 단수〈역주〉.

여격(D)

D는 우리의 저자들을 상당히 난처하게 한다. 그들은 라틴어의 격 체계는 이성의 반영 자체라는 학설에 근거를 두고 있다. 그렇지만 다음과 같이 아주 명백한 3가지의 지배가 있다.

> 동사에 의한 지배: Ac
> 명사에 의한 지배: G
> 전치사에 의한 지배: Ab

그렇다면 기능적으로 쓸데없이 중복되는 이 격(곧 D)을 어떻게 처리할 것인가? 논리적으로 당연히 그것은 격지배의 방식과는 관계가 없어야 한다. 그것은 바로 상티우스(p. 72)가 다음과 같이 말하는 것이다. «D는 능동에서든 수동에서든 결코 지배되지 않는다. 그것은 항상 «획득(acquisition)»을 의미한다. 그것은 이미 구성된 말(*oratio*)에 추가된다.»[54]

D의 의미는 **획득**에 국한되어 있으므로 결코 «동작주»를 표시할 수는 없다. 바로 이것이 문법학자들의 중대한 잘못이라고 상티우스(p. 75)는 결론짓는다.

그러나 그 사실을 어떻게 설명할 것인가? 그것은 쉽지도 않고 명확하지도 않다. *obtemperatio*[55] *legibus*[56](*법률에 순종*)의 경우 «동사적 명사»는 동사의 구조를 유지할 수 있다. 그러나 그것은 문제의 해결을 미룰 뿐이다. 궁극적인

---

54 상티우스(*Minerva*, p. 73)에서 확인된 이론은 «여격은 획득 방식에 의해 구축되고 완성되는 말을 갑자기 만난다»이다. 따라서 D는 전체 문장에 삽입된 상황사로 정의된다〈각주〉.

55 [명사] '복종, 순종'을 뜻한다〈역주〉.

56 *lēx*(법, 법률)의 여격 혹은 탈격 복수〈역주〉.

설명이 제공된 것은 아니기 때문이다.

이중의 D에서 이 두 항 중 어느 것도 동사의 지배를 받지 않는다. 각각은 각자의 방식으로 획득을 나타낸다[상티우스(p. 75)의 *hoc*[57] *erit*[58] *mihi*[59] *curae*[60] (*이것이 내게 근심[거리]가 되리라*)와 스키오피우스(p. 32) 참조]... 그리고 우리는 더 이상 알지 못할 것이다.

우리 문법학자들의 혼란은 그들이 기능과 형태 사이의 항 대 항의 대응으로 먹줄로 완벽한 구조를 그렸다는 사실에서 비롯된다. 그러나 6개의 라틴어 격의 심오하고 보편적인 필요성에도 불구하고 D는 통합될 수 없다. 따라서 그것은 거부되고 소외될 것이다. 그리고 이 거부는 방법상에서 생략에 대한 터무니없이 의존하는 것과 동일한 단서를 제공한다.

호격(V)

주변적인 격인 V는 몇몇 사람들이 믿는 것처럼 *tu*(*너*), *uos*(*너희들*)에 의해 지배를 받지 않는다고 스키오피우스(p. 33)는 분명하게 말한다. 그것은 종종 감탄사 *O*와 결합되기는 하지만 어떤 품사에 의해서도 지배되지 않는다. 동사가 V를 지배하지 않는다는 증거는 같은 V가 능동이든 수동이든 간에 동일한 문장에 나타날 수 있다는 것이라고 상티우스(p. 81)는 말한다[*o domine,*[61] *me*[62] *doces*[63](*오 주여, 저를 가르치십니다*)/ *o domine, doceor*[64] *a*[65] *te*(*오 주여, 저는*

---

57 지시대명사 *hic*(*이, 이 사람, 이 여자, 이것* 등)의 주격 중성 단수〈역주〉.

58 *sum*(*..이다, 있다, 존재하다*)의 3인칭 단수 미래 능동 직설법〈역주〉.

59 1인칭 단수 인칭 대명사인 *ego*(*나, 자아(自我)*)의 여격형으로 '나에게'를 뜻한다〈역주〉.

60 *cūra*(*관심[관심사], 배려, 염려, 마음 씀*)의 여격 단수〈역주〉.

61 *dominus*((*만물의*) *주재자, 주님, 주인, 가장, 남편*)의 호격 단수〈역주〉.

62 대명사로 '나를'을 뜻한다〈역주〉.

63 *doceō*(*가르치다, 수업(授業)하다, 강의하다, 교육하다*)의 2인칭 단수 현재 능동 직설법〈역

당신한테서 배웁니다)].

탈격(Ab)

G가 항상 명사에 의해 지배되는 것처럼 Ab는 항상 표현되거나 삭제된 전치사에 의존한다(상티우스, p. 83). 상티우스가 Ab를 전치사 격(*casus praepositionis*)이라고 부르는 것은 매우 근본적인 속성의 문제이기 때문에 위험이 없는 것은 아니다. 왜냐하면 Ac 또한 그 용법의 일부에서 전치사에 의존하기 때문이다.

일단 이 참 지배(*rectio uera*)의 원리가 언급되면, 거짓 지배(*rectio falsa*)에 속하는 많은 표현법이 불시에 나타나게 되는데 그 표현법들은 다음과 같은 다양한 절차에 의해 정상으로 돌아온다(스키오피우스, p. 34 이하 참조).

a) 《삭제된 전치사》가 복원된다.

(비교급과 함께).

　　indoctior[66] <*prae*[67]> *illo*[68](그 사람 <보다> 덜 배운)

(도구격과 함께)

　　<*cum*[69]> *suo*[70] *gladio*[71] *eum*[72] *trucido*[73]

주〉.

64　*doceō*의 1인칭 단수 현재 수동 직설법〈역주〉.

65　'~에, ~에게, ~에게서, ~부터' 등을 뜻하는 전치사로 '분리·격리·공백·탈취·해방·방어·절제·중지·제지·청구·획득' 따위의 기점(起点 términus a quo)을 나타낸다〈역주〉.

66　'덜 현명한, 덜 교육받은'을 뜻한다〈역주〉.

67　[전치사] '〔비교급을 쓰지 않고〕 비(교)해서, …보다'를 뜻한다〈역주〉.

68　3인칭 대명사 *ille*(그 *(사람)*, 그 *여자*, 그것)의 탈격 남성(혹은 중성) 단수〈역주〉.

(나는 자기의[=그 사람의] 검<으로> 그를 죽인다)

(다양한 관계)

dignus[74] <pro[75]> laude[76](찬사를 <위한> 자격이 있는)

<ab[77]> arte[78] insignis[79](기술 면<에서> 탁월한)

adulescens[80] <cum[81]> magno[82] ingenio[83]

(많은 재능을 <갖춘> 젊은이)

pallet[84] <ex[85] / a[86]> metu[87](그는 두려<워서> 창백해진다)

natus[88] <in[89]> ruri[90](시골<에서> 태어난)

---

69 [전치사] '…하게, …롭게, 가지고, …를 들여서, 와 함께'를 뜻한다〈역주〉.

70 '자신의'를 뜻하는 여격이다〈역주〉.

71 gládĭus(칼, 검)의 탈격 단수〈역주〉.

72 3인칭 지시 대명사 is(그, 그 사람[여자], 그것)의 대격 남성 단수〈역주〉.

73 '살육하다, 죽이다'를 뜻하는 1인칭 단수 현재 직설법〈역주〉.

74 [형용사] '자격 있는, 합당한, 어울리는'을 뜻한다〈역주〉.

75 [전치사] '(누구·무엇을) 위하여, 위한, 편들어'를 뜻한다〈역주〉.

76 laus(찬사, 찬양, 찬송, 칭찬, 칭송)의 탈격 단수〈역주〉.

77 [전치사] '-에서(from), -에서 떠나서(away from), -의 밖으로(out of)'를 뜻한다〈역주〉.

78 ars(기술, 기능, 기교, 솜씨)의 탈격 단수〈역주〉.

79 [형용사] '뚜렷한, 현저한, 두드러진, 유별난, 뛰어난, 탁월한'을 뜻한다〈역주〉.

80 [명사] '청소년, (남·녀) 젊은이'를 뜻한다〈역주〉.

81 [전치사] '…하게, …롭게, 가지고, …를 들여서, 와 함께'를 뜻한다〈역주〉.

82 [형용사] magnus(큰, 대(大), 막대한, 방대한; (공간적 차원에 있어서) 높은, 긴, 넓은, 먼; 대량(大量)의, 많은, 풍부한)의 탈격 남성 단수〈역주〉.

83 ingenium(재주, 재능, 재간, 소질, 재질, 능력)의 탈격 단수〈역주〉.

84 palleō(창백해지다, 파랗게 질리다)의 3인칭 단수 현재 능동 직설법〈역주〉.

85 [전치사]+탈격(…에서[으로], … 때문에)이다〈역주〉.

86 [전치사] '…로 인해, …때문에, …(으)로'를 뜻한다〈역주〉.

87 metus(공포, 무서움, 두려움; 불안, 근심)의 탈격 단수〈역주〉.

88 [과거분사] '출생한, 태어난'을 뜻한다〈역주〉.

(왜냐하면 *ruri*는 로마의 문법학자들이 확언했듯이 분명 탈격이기 때문이다).

b) 다음에서처럼 삭제된 전치사와 다른 것이 복원된다.

> *magno* ⟨*pro pretio*⟩[91] *emere*[92](많은 ⟨큰돈으로⟩ 사다)
>
> *potior*[93] ⟨*potestatem*[94] *a*[95]⟩ *pecunia*[96](나는 돈⟨보다 권력을⟩ 차지한다)

우리가 볼 수 있듯이 《동족목적어》라고 불리는 Ac는 이러한 복원에 자주 나타나는 용법이다(더구나 저자들은 자신들이 제안하는 《규칙적인》 문장들이 가끔 새로운 설명을 요구한다는 것을 알아차리지 못하는 것 같다. 어떻게 *potestas a pecunia*(돈의 힘)를 설명할 것인가?).

생략은 어떤 경우에는 광범위한 환원적인 완곡어법이 된다. 이에 대한 예로 *utor*[97] *libris*[98](책을 사용하다)를 들 수 있는데, 이것은 *utor usum*[99](사용권을 사용하다), 《다시 말해서》 *utilitatem*[100] *capio*[101] *ex*[102] *libris*(나는 책에서

---

89 [전치사]+탈격(에, 에서; 안에, 속에; 위에, 사이에, 앞에)이다⟨역주⟩.
90 '시골에서'를 뜻한다⟨역주⟩.
91 *pro pretio*는 '보수만큼'을 뜻한다⟨역주⟩.
92 *emō*(사다)의 현재 능동 부정사⟨역주⟩.
93 '차지하다, 장악하다; 정복하다'를 뜻한다⟨역주⟩.
94 *potestas*(힘, 권력, 돈)의 대격 단수⟨역주⟩.
95 [전치사] 'of, from'을 뜻한다⟨역주⟩.
96 '돈'을 뜻한다⟨역주⟩.
97 '…을 사용하다, 쓰다, 이용하다; 가지고 있다, 지니고 있다, 소유하다'를 뜻한다⟨역주⟩.
98 *lībra*(책)의 탈격 혹은 여격 복수⟨역주⟩.
99 *ūsus*(사용, 이용; 사용권)의 대격 단수⟨역주⟩.

*이익을 얻는다/나는 책을 잘 활용한다)*를 나타내기 위하여 «동원된» 것이다.
논리적으로 당연히 어떠한 «절대 탈격»도 있을 수 없다. 상티우스(p. 84)는
이 표현을 사용하는 «멍청한 문법학자들»에게 불같이 화를 낸다. 다음 예를
이해해야 한다.

<sub>[103] *Aristotele*[104] *auctore*[105](저자 아리스토텔레스에 <따르면>)

<ab>[106] *hoste*[107] *superato*[108](살아남은 적을 <좇아서> 적에게 패하고서)

여기서 *ab*는 *post*[109]의 의미로 이해해야 한다고 스키오피우스(p. 34)는 뻔
뻔하게 설명한다.

이 정당화할 수 없는 접근법의 유용한 결과는 탈격의 틀 속에서 절대 탈격
을 재통합하는 것이다. 이것은 모디스트[110] 문법학자들이 하지 않았던 것이

---

100 *ūtilitas*(*이익, 이용, 유용성, 유익, 편리*)의 대격 단수〈역주〉.

101 '*잡다, 붙잡다, 손아귀에 넣다, 차지하다*'를 뜻한다〈역주〉.

102 [전치사]+탈격(〔넓은 의미의 출발점〕 *에서(부터), (어디를) 출발하여;* 〔원료·재료 표시〕 …
로 *만든*)이다〈역주〉.

103 [전치사]+탈격(*아래, 밑에, 속에, 안에*)〈역주〉.

104 *Aristoteles*의 탈격 단수〈역주〉.

105 *auctor*(*창조자, 건설자, 시조*)의 탈격 단수〈역주〉.

106 [전치사] '*에서, 에서 떠나서, 의 밖으로; 에서 내려온; 에, 위에, 의 속에*'를 뜻한다〈역주〉.

107 *hostis*(*이방인, 외국인; 적, 적군*)의 탈격 단수〈역주〉.

108 [분사] *superātus*(*살아 남은*)의 여격 남성 단수〈역주〉.

109 [전치사] '*뒤를 따라서·좇아서;* 〔장소·위치〕 *뒤에, 뒤편에, 다음에, 후방에*'를 뜻한다〈역
주〉.

110 모디스트(Modistes)는 13세기 후반과 14세기 전반, 특히 파리대학교에서 활동하면서 문법
과 언어철학의 한 학파를 구성한다. 그들의 이름은 그들이 스스로 문법의 원리를 '표현
방식(modi significandi)'으로 지정한다는 사실에서 비롯된다. 그래서 모디스트를 '양태주의
자' 혹은 '양태론자'라고 부르기도 한다. 그들의 이론은 에르푸르트의 토마스가 처음 사용
한 사변문법으로 나타난다〈역주〉.

다. 그러므로 우리는 이 탈격의 용법이 초래할 수 있는 의미효과의 범위를 보다 정확하게 정의할 준비가 더 잘 되어 있다.[111]

대격(Ac)

Ac의 참 지배(*rectio uera*)는 다음 세 가지 규칙을 가지고 있다(상티우스, p. 76-80).

> 1) 그것(곧 Ac)은 능동 동사의 부가어(apport)이다.
> 2) 그것은 부정(不定) 동사의 지주어(support)이다.
> 3) 그렇지 않다면 그것은 전치사의 지배를 받는다.

목적보어 Ac(그리고 부정사절의 《주어》라고 불리는 Ac)에 대한 연구는 동사 지배의 연구와 거의 일치한다. 여기서도 참 지배(*rectio uera*)는 믿을 수 없을 정도로 단순하다. 즉 《능동 동사는 그것이 정동사이든 부정 동사이든 항상 표현되거나 삭제된 Ac를 지배한다》(스키오피우스, p. 38). 그 예로 *disco*[112] *litteras*[113](*나는 글자를 배우고 있다*)와 *ueneror*[114] *Deum*[115](*나는 하느님을 숭배한다*)을 들 수 있다(왜냐하면 이태(異態)동사[116]는 능동이기 때문이다!).
《자동사들》을 가지고 무엇을 할 것인가? 대답: 아무것도 없다! 다음과

---

111 기 세르바, '절대 탈격 L'ablatif absolu', *Revue des Etudes latines*, 1979〈각주〉.
112 '배우다, 습득(習得)하다, 지식을 얻다'를 뜻한다〈역주〉.
113 *littera*(글자, 문자)의 대격 복수〈역주〉.
114 '존경하다, 경의를 표시하다, 공경하다'를 뜻한다〈역주〉.
115 *Deus*(하느님)의 대격 단수〈역주〉.
116 이태(異態)동사(verbe déponent)란 '라틴어에서 수동형으로 능동의 의미를 나타내는 동사'를 말한다〈역주〉.

같이 복원해야만 한다.

a) (우리가 «동족목적어»라고 부르는 것인) 목적보어

uiuo <uitam>(<삶을> 살다), *dormio <dormitionem>*(<잠을> 자다),
curro <cursum>(<뜀을> 뛰다)[117]

b) 재귀대명사

terra[118] *<se>*[119] *mouet*[120](지구가 자전한다)
anno[121] *<se> uertente*[122](한 해가 넘어가는)

(특히 양가 동사의 까다로운 문제를 신속하게 해결하는 방식)

확장과 관계의 대격 또한 다음 예에서처럼 분명히 거짓 지배(*rectio falsa*)에
속한다(스키오피우스, p. 33).

---

117 그것들 중 일부의 모호한 **라틴어 어법** 외에도, 이러한 예들은 올바른 용법이란 동족목적보
어가 결정된다는 것을 잊어버리게 한다. 즉, 라틴어는 이 동족목적보어를 사용하여 자동사
에 거의 부사적 의미 특성을 보태지만 실제의 부사는 *eam uiuere uitam quae sola est uita
nominanda*(오로지 삶이라고 부를 만한 그런 삶을 살다)에서와 같이 거의 표현할 수 없을
것이다〈각주〉.
118 '땅, 지구, 흙'을 뜻한다〈역주〉.
119 [(재귀) 재명사]로 '자기(들)을; 자기(들)로'를 뜻한다〈역주〉.
120 *moveō*([타동사] '움직이게 하다, 움직이다', [자동사] '움직이다, 진동하다')의 3인칭 단수
현재, 능동, 직설법〈역주〉.
121 [자동사] '해(年)를 보내다, 한해를 지내다(pass or live through a year)'를 뜻한다〈역주〉.
122 [분사] *vertēns*(돌고 있는, 선회하는, turning)의 탈격 단수〈역주〉.

uixit[123] *<per>*[124] *annos*[125] *centum*[126] [127](그는 백 년 <동안> 살았다.)

albus[128] *<ad,*[129]*> dentes*[130] [131](이빨<이> 새하얀 사람)

⟨*per/ad*⟩ *omnia*[132] *Mercurio*[133] *similis*[134](모든 점<에서> 메리쿠리우스를 닮은)

(우리가 볼 수 있듯이 거의 메로빙거왕조의 라틴어 어법의 주해에 의존하는 것을 막지 않을 정도로 고전적 용법에 경의를 표한다!)

ibo[135] ⟨*ad,*[136] *in*[137]⟩ *Neapolim*(나는 나폴리<로> 가겠다)에서 보듯이 목표의 Ac의 경우도 마찬가지이다.

이중 대격에서(스키오피우스, p. 42-43)(참조. 상티우스, p. 76), 인칭의 Ac는 동사에 의해 지배되지만 사물의 Ac는 전치사 *kata*, «다시 말해서» *ad*(향하여), *circum*(주위에), *iuxta*(가까이에)에 의존한다. 예를 들면 *Poscimus*[138] *te*[139]

---

123 [자동사] *vīvō*(살다, 生活하다, 처세(處世)하다)의 3인칭 단수 완료 능동 직설법⟨역주⟩.

124 [전치사] 대격+'통하여, 거쳐서; 동안(내내), 걸쳐, 걸려'를 뜻한다⟨역주⟩.

125 *annus*(해, 년(年); 나이, 살(歲))의 대격 복수⟨역주⟩.

126 [수사] '100, 백'을 뜻한다⟨역주⟩.

127 이 문장에서는 자동사의 문제도 해결해야 한다!⟨각주⟩.

128 [형용사] '흰, 은백색의, 회백색의'를 뜻한다⟨역주⟩.

129 [전치사] '〔제한·관점·관계·비교〕 관해서는, 로 말하면, 에 있어서, 에 대해서; 에 비해서[비하면]'을 뜻한다⟨역주⟩.

130 *dēns*(이(齒), 치아)의 대격 복수⟨역주⟩.

131 그리스어를 생각할 수 있는 기회였다!⟨각주⟩.

132 *omnis*(모든 사람)의 대격 중성 복수⟨역주⟩.

133 메리쿠리우스(Mercurius)의 여격 혹은 탈격 단수⟨역주⟩.

134 [형용사] '비슷한, 닮은, 유사한, 같은'을 뜻한다⟨역주⟩.

135 *eō*(가다, 오다)의 1인칭 단수 미래 능동 직설법이다⟨역주⟩.

136 [전치사] '향하여'를 뜻한다⟨역주⟩.

137 [전치사] 대격+'(어디)로'를 뜻한다⟨역주⟩.

pacem[140](*우리는 너에게 평화를 요청한다*)가 있다.

전치사의 이러한 삭제는 수동형 *doceris*[141] *artes*[142](*너는 기술을 배운다*)에서 와 마찬가지로 그리스어의 용법이다.[143]

상티우스와 스키오피우스가 수렁에 빠진 매우 당혹스러운 문제는 *desiderium*[144] *discendi*[145] *litteras*[146](*문학을 배우려는 갈망*)에서와 같이 동명사와 함께 나타나는 Ac의 문제이다. 왜냐하면 -*di* 혹은 -*do*의 형태는 그것이 동사가 아니기 때문에(이들 형태는 인칭 표시도 시제 표시도 가지고 있지 않다!) Ac를 지배한다고 말할 수 없기 때문이다.

부정사의 대격 주어

스키오피우스(p. 73)가 언급하는 간단한 규칙은 «부정사의 지주어(support) 는 표시되거나 삭제된 Ac이다»라고 말하는 것이다. 따라서 후자의 경우 Ac 를 재설정하는 것이 좋다. 그 결과는 다음 예와 같다.

---

138 *posco*(*요구하다, 청구하다; 청하다, 요청[간청]하다*)의 1인칭 복수 현재 능동 직설법〈역주〉.

139 [대명사] *tū*(*너*)의 대격 혹은 탈격 단수〈역주〉.

140 *pāx*(*평화, 평온, 화평*)의 대격 단수〈역주〉.

141 *doceō*(*가르치다, 수업(授業)하다, 강의하다, 교육하다*)의 2인칭 단수 현재 수동 직설법〈역주〉.

142 *ars*(*기술, 기능, 기교, 솜씨*)의 대격 복수〈역주〉.

143 반면에 실제로 두 개의 Ac가 있지만, *praesta te uirum, Deum uocamus patrem*(*그대가 사나이임을 보여주라! 우리는 하느님을 아버지라고 부른다*)에서는 *esse*(*이다*)가 함축되어 있다〈각주〉.

144 [명사] '(…에 대한) 욕구, 갈구, 희구, 욕망, 갈망'을 뜻한다〈역주〉.

145 [분사] *discendus*(*배울, 공부할*)의 속격 단수〈역주〉.

146 *littera*(*글자, 문자, 자모(字母)*)의 대격 복수〈역주〉.

scio[147]*te amare*[148](*amari*[149])[*내가 너를 사랑하고 있음을 안다(나는 네가 사랑받고 있음을 안다*)].

그러나 다음과 같은 예도 있다.[150]

cupio[151] ⟨*me*⟩ *scire*[152](*나는 ⟨나를⟩ 알고 싶다*).

우리가 다음에서 볼 수 있듯이 어려움 없이는 복원이 진행되지 않는다.

Arbores[153] *uidentur*[154] ⟨*eas*[155]⟩ *cadere.*[156]
(*그 나무들이 <그들에게> 넘어지는 것으로 보인다*).

이 문장은 너무나 분명치 않은 발화라서 저자는 그것을 *arbores uidentur caducae*[157](*거목들이 덧없이 쓰러지는 것이 보인다*)(의미의 변화에 주의를 기울이지 않고)와 같은 새로운 표현으로 명확히 해주고 있다.

---

147 [타동사] '알다, 알고 있다'⟨역주⟩.
148 *amō*(*사랑하다*)의 현재 능동 부정사⟨역주⟩.
149 *amō*(*사랑하다*)의 현재 수동 부정사⟨역주⟩.
150 *scio te amare (amari)*는 능동과 수동이 다 가능하다면 다음의 *cupio* ⟨*me*⟩ *scire*는 능동만 가능하다⟨역주⟩.
151 [타동사] '원하다, 몹시 …싶어 하다, 탐하다, 열망[갈망]하다'⟨역주⟩.
152 *sciō*(*알다, 알고 있다*)의 현재 능동 부정사⟨역주⟩.
153 [여성 명사] *arbor*(*나무*)의 대격 복수⟨역주⟩.
154 *videō*(*보다, 목도(目睹)하다, 목격하다, 감지하다*)의 3인칭 복수 현재 수동 직설법⟨역주⟩.
155 [3인칭 대명사] *is*(*그, 그 사람[여자], 그것*)의 대격 여성 복수⟨역주⟩.
156 *cadō*(*떨어지다, 낙하하다, 넘어지다*)의 현재 능동 부정사⟨역주⟩.
157 [형용사] *cadūcus*(*넘어지는, 넘어진, 넘어질; 떨어지는, 떨어지기 쉬운*)의 주격 여성 복수⟨역주⟩.

많고 다양한 주어 없는 부정사의 용법은 스키오피우스로 하여금 «비유적 표현들»과 특히 생략을 내세우게 한다. 이를테면 *Sunt*[158] *cantare*[159] *pares*[160] (*그들은 노래할 능력이 있다*)는 *a cantare*(*노래하는 것에 관해서*), 말하자면 *a cantu*[161](*노래에 관해서*), 다시 말하면 *quod ad cantum*[162] *attinet*[163](*노래에 관한 한*)로 이해될 것이다.

전체적으로 부정사의 Ac 주어에 대한 이 질문은 별로 깊이 연구되지 않았다. 상티우스와 스키오피우스의 소홀함은 설명하기 쉬워 보인다. 즉 그들은 공리로서 하나의 격에 단지 하나의 값만 제시하는 경향이 있다. 몇 번의 조작을 통해 정도에서 벗어나 보이는 G와 Ab는 꽤 쉽게 참 지배(*rectio uera*)에 포함된다. 그러나 문제는 Ac의 경우 훨씬 더 까다롭다. 즉 우리는 Ac에서 단번에 능동 동사의 목적어, 부정사의 주어, 전치사의 용법이라는 세 가지의 값을 식별해야 한다. 첫 번째 기능이 지배의 사전 설정된 틀(G → 명사, Ab → 전치사, Ac → 동사)에 상당히 잘 맞는다면, 다른 두 가지 기능은 걱정스러운 기이함을 보여준다. 그래서 우리의 저자들은 이것들을 더 깊이 파고들지 않도록 경계한다.

주격(N)

N의 통사적 위치는 다음과 같이 아주 단순하게 표현된다(상티우스, p. 66).

---

158 *sum*(*..이다, 있다, 존재하다*)의 3인칭 복수 현재 능동 직설법⟨역주⟩.
159 *cantō*(*노래하다*)의 현재 능동 부정사⟨역주⟩.
160 [형용사] *par*(*상응한, 같은, 합당한*)의 주격 혹은 대격 복수⟨역주⟩.
161 *cantus*(*노래, 가곡*)의 탈격 단수⟨역주⟩.
162 *cantus*(*노래, 가곡*)의 대격 단수⟨역주⟩.
163 'quod ad Ac. attinet'는 '..에 관해서는, ..로 말하면'을 뜻한다⟨역주⟩.

N a nulla[164] *parte*[165] *regitur*[166]

(*N*은 어느 품사에 의해서도 지배되지 않는다).

N은 문장(*oratio*)의 어떤 부분에 의해서도 지배를 받지 않는다. *Cato scribit*[167] (*카토는 쓴다*)에서 *Cato*는 동사의 지배를 받지 않고, *scribit*는 명사의 지배를 받지 않는다. 그들 사이에 일치(*concordia*)는 있지만 지배(*rectio*), 곧 의존관계는 없다. 그들의 관계는 (지배를 다루는) 구문의 두 번째 부분이 아니라 일치를 다루는 구문의 첫 번째 부분에 속한다. 이 최소 문장(*ortio breuissima*)에서 명사와 동사의 관계는 형용사와 명사, 관계사와 그 선행사를 연결하는 관계와 같은 상호함의 관계이다.[168]

N이 지주어(support)가 아닌 경우, 다음 예에서와 같이 생략을 사용해야 한다.

Cato scribit[169] 〈*ens*〉[170] *inuitus*[171](*카토는 마지못해서 쓰<고 있>다*).

스키오피우스(p. 37)는 *ego didici*[172] *hoc puer*(*나는 이것을 어려서 배웠다*),

---

164 [형용사] *nullus*(아무 …도 아니, 하나도 아니[(없는)])의 주격 단수 혹은 복수, 그리고 대격 복수〈역주〉.

165 *pars*(일부, 부분)의 탈격 단수〈역주〉.

166 *regō*(지배하다, 다스리다)의 3인칭 단수 현재 수동 직설법〈역주〉.

167 *scrībō*(쓰다)의 3인칭 단수 현재 능동 직설법〈역주〉.

168 상티우스는 명사(주어)-동사의 쌍이 정확히 최소 문장(*ortio breuissima*)을 구성할 수 있다는 점에서 그것(명사(주어)-동사의 쌍)이 일치하든 않든[참조. *omnes timere*(모든 사람이 두려워한다)] 근본적으로 선행사-관계사의 쌍과 다르다고 생각하지 않았다〈각주〉.

169 *scrībō*(쓰다)의 3인칭 단수 현재 능동 직설법〈역주〉.

170 [분사] 'being'을 뜻한다〈역주〉.

171 [형용사] '싫은 마음으로 하는, 억지로 하는, 마지못해 하는'을 뜻한다〈역주〉.

Deus est animus(신은 영혼이다), *ego uocor*[173] *Marcus*(나는 마르쿠스라고 불린다)와 같은 표현법들을 «설명하기» 위하여 스콜라학파의 구분에 대해 너무 잘 기억한다. 이 문장들에서 N(주격)인 *puer, animus, Marcus*는 스콜라학파의 «잠재적 N(N *uirtualis*)»을 대표하지 «형식적 N(N *formalis*)»을 대표하지는 않는다고 그는 말한다.

스키오피우스(p. 35)는 모든 정동사가 표현되거나 삭제된 N에 대한 지주어(support)를 갖는다는 규칙을 상기시키면 N이 나타나지 않을 때 이것을 함의하는 것이 바람직하다는 결론을 이끌어 낸다.

1) *legimus*[174]의 경우, 〈*nos*〉 *legimus*(<우리들이> 선택한다)로 이해될 것이다. 〈*homines*〉 *ferunt*[175](<사람들이> 나른다)도 마찬가지이고, 〈*caelum*〉 *uel* 〈*pluuia*〉 *pluit*[176](<하늘> 혹은 <비> 비온다), 〈*lux*〉 *lucescit*[177](<빛이> 빛난다) 등으로의 이해는 피할 수 없다.

2) 다음의 예들도 마찬가지이다. 〈*misericordia*〉[178] *miseret*[179](<동정> 동정하다), 〈*taedium*〉 *taedet*(<싫증> 싫증내다). 그리고 또한 다음 예들도 동일하다. *uiuitur*[180] 〈*uiuere*〉[181] ou 〈*uita*〉[182](그가 <사는 것> 또는 <삶> 살다),

---

172 *disco*(배우다, 습득(習得)하다, 지식을 얻다)의 1인칭 복수 완료 능동 직설법〈역주〉.

173 *voco*(부르다, 소집(召集)하다, 초대하다)의 1인칭 단수 현재 피동 직설법〈역주〉.

174 *lego*(선택하다, 모으다, 수집하다, 줍다)의 1인칭 복수 완료(또는 현재) 능동 직설법〈역주〉.

175 *fero*(운반하다, 나르다, 가져가다[오다])의 3인칭 복수 현재 능동 직설법〈역주〉.

176 이 경우 «내재의 N»이 있다〈각주〉.

177 *lucesco*(빛나다, 빛나기 시작하다)의 3인칭 단수 현재 능동 직설법〈역주〉.

178 '자비(심), 동정(심)'을 뜻한다〈역주〉.

179 '누가 아무를(alcjs) 불쌍히 여기다'를 뜻한다〈역주〉.

180 *vivo*(살다, 생명(生命)있다, 생활(生活)하다)의 3인칭 단수 현재 피동 직설법〈역주〉.

181 *vivo*의 현재 능동 부정사〈역주〉.

182 '삶'을 뜻한다〈역주〉.

curritur[183] ⟨*currere*⟩[184] ou ⟨*cursus*⟩[185](*그가* <*달리는 것*> *또는* <*달리기*> *달린 다*). 그래서 플라우투스[186]의 *ligna*[187] *caesum*[188] *itur*[189](*장작을 패러 감*)는 ⟨*uia*⟩ *itur* ⟨*ad*⟩ *caesum ligna*(*잘린 목재들*<*로*> *가는* <*길*>)로 해석되어야 한다.

여기서 다시 지주어(support)의 역할을 할 수 있는 형식의 계열체가 드러난 다. 그것은 '명사/부정사/보족절'이다(스키오피우스, p. 36).[190]

III. 결론

반스콜라주의적 반발은 스칼리제르와 상티우스에서 시작되지 않는다

상티우스(와 그의 제자들)의 업적을 간략하게 특징짓는다면 그것은 이중 숭배, 곧 **이성의 숭배**와 **바른 언어사용의 숭배**를 표방한다고 말할 수 있다. 그 점에서 그것(곧 그들의 업적)은 중세의 『총서 *Summae*』[191]와는—이 총서가

---

183 *currō*(*뛰다, 달리다*)의 3인칭 단수 현재 피동 직설법⟨역주⟩.

184 *currō*의 현재 능동 부정사⟨역주⟩.

185 '뜀, 달리기'을 뜻한다⟨역주⟩.

186 티투스 마키우스 플라우투스(Titus Maccius Plautus/Plaute, BC 254~BC 184)는 그리스 희 극을 번안하여 상연하면서 라틴어 표현력의 새 분야를 개척한 로마의 희극작가이다⟨역주⟩.

187 *lignum*(*장작, 목재*)의 주격 혹은 대격 복수⟨역주⟩.

188 [형용사] *caesius*(*베인, 날카로운*)의 주격 단수⟨역주⟩.

189 [중성 명사] *iter*(*걸어감, (어디로) 감*)을 뜻한다⟨역주⟩.

190 복잡성을 띤 스키오피우스의 예를 하나 들면 다음과 같다. *est miserorum ut maleuolentes sint*(남의 불행을 좋아하는 것은 불행한 자들의 짓이다) = *maleuolentia est* ⟨*res*⟩ *miserorum*(남의 불행을 좋아하는 것은 불행한 자들의 *일*>이다)⟨각주⟩.

191 13세기 덴마크의 문법학자인 장 르 다누아(Jean le Danois)의 『문법 총서 *Summa Grammatica*』 (1280)를 말한다(앞의 제1장을 볼 것)⟨역주⟩.

과학적 엄밀함을 선호했음에도 불구하고 — 매우 분명하게 구별되는데, 중세의 『총서』는 언어사용에 대한 연구를 소홀히 하고 이성의 도구로 그들의 잘 정돈된 표현 방식(*modi significandi*)의 체계를 직접적으로 세우지 않고, 이전에 확립된 존재론과 인식론[존재와 인식 방식(*modi essendi* et *intelligendi*)]의 기반 위에 그 체계를 확립한다.

그러나 이러한 스콜라학파와의 단절과, 이성(*ratio*)과 언어사용(*usus*)에 대한 이러한 취향은 상티우스와 그의 계승자들이 당연히 그들의 영적 아버지로 공경하는 스칼리제르(J.C. Scaliger)(1540)와 더불어 시작된 것이 아니라는 점을 강조할 필요가 있다. 반스콜라주의적 지적 태도는 본래 15세기 학자와 16세기 초에 출판된 문법가들의 태도였는데, 그럼에도 불구하고 스키오피우스는 그것을 자신의 문법적 시궁창(Cloaca)의 지하 세계로 던져버렸다.

상당히 널리 퍼진 요약적 견해를 통해 우리는 (데카르트와 포르루아얄에서가 아니어도!) 스칼리제르와 상티우스에서 스콜라주의에 반대하여 일어선 최초의 챔피언들을 살펴볼 수 있다. 우리는 이 문법가들이 사실 스콜라학파가 아니라, 거의 1세기 동안 13세기에 물려받은 말을 하는 방법과 방식을 격렬하게 비난해 온 사람들과 싸웠다는 사실을 잊고 있다. 그 증인으로는 발라[192] (그의 『우아한 라틴어 *Elegantiae linguae latina*』는 1444년에 출판되었다)와, 자신의 개론서가 16세기 초로 거슬러 올라가는 유명한 데포테르[193]가 있다. 우리는, 《이성》의 이름으로 상티우스와 랑슬로[194] 그리고 19세기 초까지의 다른

---

192 발라(Lorenzo Valla, 1407~1457)는 15세기 이탈리아의 인본주의자이자, 수사학자, 교육자 및 가톨릭 신부였다. 그는 또한 언어문헌학 방법의 확립자로서 일생 동안 기존 학문에 대해서 비판을 가하였다〈역주〉.

193 데포테르(Jean Despautère, 1460~1520)는 유명한 플랑드르 인문주의자이자 라틴어 문법가였다. 그는 벨기에의 루뱅대학교에서 공부한 후, 이 대학 등에서 교수 생활을 했다. 그는 유럽에서 널리 읽힌 라틴어 문법서인 『문법 해설서 *Commentarii grammatici*』(Paris, 1537, in-folio)를 남겼다〈역주〉.

많은 학자들이 바른 «언어사용»을 보존할 것을 주장하면서 중세의 『총서 summae』와 사실상 꽤 가까운 체계를 내세운다는 것을 과장됨 없이 주장할 수 있다.

15세기와 16세기 초의 언어사용과 이성

우리는 에라스무스[195]가 1480년경에 지배적인 교수법에 대해 제기한 불만을 알고 있다. 즉 «내 어린 시절, 아이들은 이 시기 동안 아주 잘못 말하는 것 외에는 아무것도 배우지 못한 채 표현 방식과 어떤 힘에 의한(ex qua ui) 자질구레한 질문들로 엄청난 고통을 받았다».[196]

에라스무스는 여기에서 문법이론(이해할 수 없이 난해한 힘(uis)으로 이러이러한 용법들에 주석을 다는 데 만족해하는 문법이론)과 교육된 라틴어의 정확성 부족에 의문을 제기한다. 좀 더 뒤에 코르넬리우스 아그리파[197]는 «괴물 같은 암기식의 주창자들»에게, 흐리멍덩한 정신을 가진 «기하학자들»에게 «세계

---

194 클로드 랑슬로(Claude Lancelot, 1615~1695)는 프랑스의 얀센파 수도자이자 포르루아얄 문법가이다. 그는 라틴어 학습서인 『라틴어를 쉽게 배우는 새로운 학습법 Nouvelle Méthode pour apprendre facilement la langue latine』(1664)을 냈고, 앙투안 아르노(Antoine Arnauld, 1612~1694)와는 포르루아얄 학파의 문법서인 『일반이성문법 Grammaire générale et raisonnée』(1660: 초판)(1676, 1679, 1709: 수정판)을 저술했다. 이에 대한 상세한 내용은 제3장을 볼 것⟨역주⟩.

195 에라스무스(Erasmus, 1469~1536)는 네덜란드 출신으로 르네상스 최대의 인문주의자이자 신학자로 유럽 문화의 주요 인물 중 한 사람으로 간주된다. 그는 파리대학에 유학하여 공부하고, 고전 라틴 문학을 연구했다. 그는 또한 『우신 예찬 Encomium Moriae』(1511) 등에서 교회의 타락상과 부패를 고발했고 종교개혁에도 많은 영향을 끼쳤다⟨역주⟩.

196 에라스무스, 『안정되고 자유롭게 교육받은 소년들에 대하여 De pueris statim ac liberaliter educandis』, trad. J.-Cl. Margolin, p. 460⟨각주⟩.

197 코르넬리우스 아그리파(Cornelius Agrippa, 1486~1535)는 독일의 박식가, 의사, 법학자, 군인, 신학자, 은비학자이다. 그는 근대 초기에 가장 영향력 있는 신비주의자 중 한 명으로 여겨진다⟨역주⟩.

의 모든 원산초[198]로도 그들의 뇌를 정화하기에는 충분하지 않을 것»이라는 식으로 공격을 퍼부었다.[199] 스칼리제르와 상티우스에 의해 끊임없이 비난을 받은 발라는 그의 『라틴어의 우아함 Elegantiae linguae latinae』(1444)뿐만 아니라 중세의 «아리스토텔레스주의»를 비판한 『학자의 논쟁 Disputationes scholasticae』(1431)으로도 이름을 떨쳤다. 엄밀한 의미에서의 문법 기술에 관해서 가장 주목할 만한 증인은 의심할 여지 없이 데포테르이다.[200] 그는 반스콜라주의 투쟁에서 가장 격렬한 행동가 중 한 사람이다. 매우 자주 재출판된 그의 개론서들은 오랫동안-현학적인 난해한 함축적 의미가 없지 않은-라틴어 문법을 상징한다. 그것은 프랑스에서 1512년부터 출판된다. 이 시기에 전통-몇몇 출판업자들의 보수주의와 학생들의 소심한 타성에 힘입은 전통-과 데포테르의 개론서들로 대표되는 혁신 사이의 싸움은 치열했다.

15세기의 마지막 30년 동안 알렉상드르 드 빌디외의 오래된 교과서인 『어린이를 위한 교육 지도서 Doctrinale Puerorum』는 150가지 이상의 판본이 있었다![201] 16세기 초에도 여전히 100여 개의 판본이 있었다.[202] 우리는 파리

---

198 원산초(헬레보레, hellebore)는 지중해 지방에 나는 미나리아재비과 식물로 옛날에는 정신병 치료약으로 여겨졌던 독초의 하나로 커다란 녹색·흰색·보라색의 꽃이 핀다〈역주〉.

199 코르넬리우스 아그리파, 『과학의 불확실성과 무익성에 대하여 De incertitudine et uanitate scientiarum』(1530), 마르골린(J.Cl. Margolin)의 『에라스무스 자신 Erasme lui-même』(Paris, 1965, p.128)에서 인용됨〈각주〉.

200 데포테르(Flamand Joannis Ninivite Despautère)에 대한 연구는 R. Hoven의 『16세기부터 17세기까지 에노(Hainaut)의 학교 및 교과서 Ecoles et livres d'école en Hainaut du XVIe au XVIIe siècle』(Université de Mons, 1971, p. 166, n. 33.)를 참조할 수 있다. Ninivite라는 색다른 이름은 Ninove 마을에서 유래했다는 의미이다〈각주〉.

201 디트리히 라이슐링(Dietrich Reichling, 1845~1921), 『알렉상드르 드 빌디외의 교육 지도서 Das Doctrinale des Alexander de Villa Dei』, Berlin, 1893(= Monum. German. Pedagogica, t. XII)〈각주〉.

202 같은 책. 게다가 『어린이를 위한 교육 지도서 Doctrinale Puerorum』는 에라스무스가 경멸할 수 없었던 유일한 교과서이다. 그는 그것을 «받아들일 수 있는 것»이라고 선언했다(De pueris, ed. Margolin, p. 461)〈각주〉.

에서 어떤 저작들이 출판되었는지를 관찰하면서 이 세기적인 『어린이를 위한 교육 지도서』가 1501년부터 1510년까지의 기간 동안 여전히 월등하게 문법서들의 선두에 올라 있었음을 보여줄 수 있다.[203] (인본주의 편집자인 바디우스[204]가 오래된 개론서, 예를 들면 1504년의 이른바 『아센시우스의 입문서 Rudimenta ascensiana』[205]라 불리는 판본을 수정하고, 현대화하고, 줄이기 위해 활발히 노력한 것은 사실이다.) 그러나 1511년부터 1520년까지의 기간 동안 우세한 문법서는 데포테르의 것이지만 그것을 편집한 이는 바로 바디우스이다.

대담하고 호전적인 데포테르는 스콜라학파의 무의미한 말들(scholastica nugalia)과 전쟁을 벌인다.[206] 그는 마치 무녀의 신탁을 전달하는 것처럼 부자연스런 근엄함으로 몰상식함을 그럴듯하게 이야기하는 교양 없는 문법가의 희화화된 초상을 개관한다. 현재에도 지속되는 것은 많지만 먼 앞일을 생각해 그것들을 언급하지는 않는다고 그는 분명하게 말한다.[207] 그는 형이상학과 관련하여 문법을 명확하게 위치시키는 존재 방식, 인식 방식, 표현 방식[modi (essendi, intelligendi, significandi)]이라는 무거운 장치를 포기한다. 대신에 단순한 것에서 복잡한 것으로, 일반적인 것에서 특정적인 것으로 나아가 질서를 확립하고 구조를 정립하기를 촉구하는 이성(Ratio)이 자리 잡는다.

---

203 참조. 슈발리에(J.-Cl. Chevalier), 『통사론의 역사 Histoire de la syntaxe』(p. 68)〈각주〉.

204 바디우스(Jodocus Badius/Josse Bade, 1462~1535)는 벨기에의 플랑드르 지방 출신으로 인쇄 산업의 선구자였고 유명한 문법가이자 교육자였다〈역주〉.

205 ascensiana는 바디우스(J. Badius)의 세례명인 Ascensius(Badius Ascensius)를 딴 것이다〈각주〉.

206 우리는 그의 『통사론 Syntaxis』(Paris, R. Estienne, 1550)의 5판을 참조한다. 서문(1513년판)에서 그는 《쉬운》 문법을 쓰는 것을 목표로 했다고 설명한다(p. 3). 그는 자식들이 정식으로 인정된 문법을 알고 있는 것에만 관심을 갖는 부모의 압력에 대해 불평한다(p. 5). Haec causa est cur cum nugatoribus interdum nugor(이것이 내가 사기꾼들을 갖고서 사기를 치는 이유이다)〈각주〉.

207 같은 책(p. 8)〈각주〉.

그러나-두 번째 핵심-이 이성적인 질서는 올바른 언어의 질서여야 하며, 인본주의자들이 중세 저작자들의 언어를 판단하는 것처럼 어법에 어긋나고 조악한 것이 아니어야 한다. 오직 (고전적인) 훌륭한 작가의 경험적 지식만이 연구할 자료를 제공한다. 그는 동시대 사람들이 그리스·로마 시대에 대해 가지고 있는 빈약한 지식을 개탄한다. 테포테르가 문법을 기술(Ars)로 정의하지 더 이상 모디스트들처럼 학문(scientia)으로 정의하지 않은 것은 그가 발라와 같이 실제의 언어사용에다 그처럼 각별한 위치를 부여했기 때문인가?[208]

(설명하기는 쉽지 않을지라도 증명하기는 쉬운) 언어사용(usus)과 (불확실하고 애매하게 남아있는) 이성(ratio) 사이의 불분명한 관계에서 발생하는 피할 수 없는 모호함은 사실 데포테르가 언어사용에 우선권을 부여하도록 몰고 간다. 여기에 한 가지 예가 있다. 즉 모디스트들에게 있어서 표현 방식(modi significandi)은 그 자체가 존재 방식(modi essendi)에 의존하는 인식 방식(modi intelligendi)의 필연적인 반영이다. 따라서 통사적 관계는 논리적 관계의 전환일 뿐이다. 또한 지배에서 지배 요소는 피지배 요소에 대해 필요한 지배력(potestas)을 가지고 있다. 퀸틸리아누스[209]의 후원에 힘입어 데포테르는 지배력의 개념을 언어사용의 개념, 다시 말해 훌륭한 저자들의 언어사용으로 대체한다. (그가 발라를 왜 그렇게 자주 언급하는지를 설명하는 태도이다.) 그는 다음과 같이 쓰기까지 한다. 즉 «저자들의 의지와 학자들의 지속적인 언어사용이 아니면 틀림없이 원인(causa)도 가치(uis)도 존재하지 않는다».[210]

---

208 같은 책(p. 7). 즉 *문법이란 무엇인가? 바로 글쓰기와 말하기의 기술이다.* 데포테르는 같은 곳에서 문법가와 시인의 동류성을 찬양한다〈각주〉.

209 퀸틸리아누스(Marcus Fabius Quintilianus/Quintilien, 35~100)는 스페인 출신으로 중세, 르네상스 시대의 문헌에 많이 언급되는 로마 제국의 수사학자이다. 그는 화법 기술인 변론술을 가르쳤고 그리스와 로마의 고전을 비평했다〈역주〉.

210 데포테르, 『통사론 *Syntaxis*』(1582년 판, p. 212), ed. by J.-Cl. Chevalier, 『통사론의 역사

이렇게 반스콜라주의적이라고 확신할 수 있으나, 주로 경험적인 경향이 드러난다.

그러므로 16세기는 사실이 고려되는 시기이다. 사람들은 특정 라틴어에 갇혀있지 않고 그리스어와 히브리어를 재발견한다. 이때는 여러 언어로 쓰인 사전들이 편찬되는 시기이다.[211] 슈발리에가 말하는 것처럼 일종의 «수집가들의 도취»가 르페브르 데타플[212]이나 실비우스[213]같은 인본주의자들을 사로잡는다.[214] 그들의 작품은 무질서하게 늘어놓기에 가까울 정도로 엄청난 양의 사실을 제시한다.[215] 이것은 사투르니우스(Saturnius)의 『메르쿠리우스 *Mercurius*』에서 매우 인상적이다(이는 상티우스가 자신의 저술을 『미네르바 *Minerva*』라 부르는 것과는 대조적이다!). 예를 들어 능동사(能動詞, verbes actif)는 그 구조에 따라 8개의 부류로 구분된다(예를 들면 «동사 + 피동작주 + G»).[216] 따라서 이 책을 문법서가 아니라 사전의 일종인 문장 목록처럼 보게 하는 많은 예가 있다.

데포테르도 똑같이 분산되고 혼란스러운 인상을 준다. 그는 또한 여기저

Histoire de la syntaxe』(p. 92)〈각주〉.

211 참조. 무냉(G. Mounin), 『언어학의 역사 *Histoire de la linguistique*』(1967, p. 134)〈각주〉.
212 르페브르 데타플(Jacques Lefèvre d'Etaples, 1450~1537)은 프랑스의 인문주의자이자 신학자이다. 그는 파리대학교를 마친 후 이탈리아의 플로렌스, 로마, 그리고 베니스에서 수학하면서 다른 인문주의자들과 교류하였다〈역주〉.
213 프란시스쿠스 실비우스(Franciscus Sylvius, 1614~1672)는 네덜란드의 의사이자 과학자(화학자, 생리학자 및 해부학자)이다〈역주〉.
214 슈발리에(J.-Cl. Chevalier), 『통사론의 역사 *Histoire de la syntaxe*』(1968, p. 173)〈각주〉.
215 르페브르 데타플은 유일한 속격 명사 보어에 대해 23개의 변이를 구별한다. 모디스트들이 이런 종류의 열거를 알고 있는 것은 사실이다. 그러나 16세기 『어린이를 위한 교육 지도서 *Doctrinale Puerorum*』(1525)의 재판에서조차 «순수와 불순한» 소유에 대한 스콜라학파의 오래된 논쟁은 그 기술에서 제거된다〈각주〉.
216 참조. 슈발리에(J.-Cl. Chevalier), 『통사론의 역사 *Histoire de la syntaxe*』(1968, p. 339-340). 『메르쿠리우스 *Mercurius*』는 1546년에 출판되었다〈각주〉.

기서 자신이 너무 말이 많다는 것을 인정한다. 즉 *prolixior fui(내가 좀 장황했다).*[217] 언어사용에서 아무것도 빠져나가도록 내버려 두지 않는다는 것을 핑계 삼아 그는 모든 주제에서 벗어난 이야기에도 열려 있었다. 예를 들어, 명사와 형용사 사이의 일치를 다루고 잘 알려진 규칙을 공식화하면서, 그는 가능한 반대 의견에 대한 긴 설명을 제시하는 것이 유용하다는 것을 알게된다. 그 후 그는 발라에서 가져온 많은 차용어를 가지고 가문명(家門名, *cognomina*)에 대한 빗나간 전개에 뛰어든다.[218] 또는 그가 관계사와 선행사 사이의 일치에 대해 말하는 것은 명백히 비정상적이거나 아니면 단순히 담화 차원에서 이해하기 어려운 특별한 사례들에 대한 끝없는 분석적 연구를 위한 핑계이다.[219] 또는 다시, 주격과 관련하여 *ut(때, 하자마자)*와 *quod(때문에)*에 의한 종속절이 주어를 대신할 수 있다는 것을 정확히 관찰하고, 그는 이러한 접속사 일반에 대해 매우 발전된 보충 해설에 나선다. 그리고 심지어 우연히 인용된 퀸트-퀴르스[220]의 그런 예와 관련하여, 이 저자에게 귀속된 「편지 *Lettres*」의 진위에 대한 활발한 토론에도 나선다![221]

경험주의의 지나침에 대한 이성주의

랑슬로가 자신의 저서인 『새로운 라틴어 학습법』(1644)에서 데포테르의

---

217 데포테르, 『통사론 *Syntaxis*』(1550년 판, p. 13)〈각주〉.

218 같은 책. 규칙은 14쪽에 명시되어 있다. 이 규칙에 대한 《설명》과 여담은 (매우 작은 활판 인쇄로) 22쪽까지 이어진다〈각주〉.

219 같은 책. p. 22-36〈각주〉.

220 퀸트-퀴르스(Quinte-Curce)[라틴명: 쿠르티오스 루포스(Quintus Curtius Rufus)]는 AD 1세기경에 살았던 로마 역사가이다. 그는 『알렉산더 대왕의 역사 *History of Alexander the Great*』)의 저자로 알려져 있다〈역주〉.

221 같은 책. 해당 문제에 대한 토론은 p. 40-41에 있다〈각주〉.

『통사론』을 ≪꽤 복잡한 것≫으로 평가한 것은 이해할 만하다. 무냉의 표현에 따르면[222] ≪이 포르루아얄에서부터 1900년 및 그 이후까지의 모든 고전 문법의 잘 알려지지 않은 아버지≫인 스칼리제르는 ≪고찰, 부록, 주석≫ 등으로 가중된 규칙에 의해 잘못 틀이 짜여진 언어사용(usus)이 범람하는 데에 대해 더 잘 조직된 체계를 밝힐 필요성이 있음을 주장함으로써 반응했다. 그가 제안하기를 원한 것은 사실의 기록이 아니라 원인에 대한(de Causis)[223]것이다. 상티우스가 자신의 저술『미네르바 Minerva』[224]에서 부제목으로 채택한 이 제목은 설명이 기술(記述)보다 월등하거나 최소한 우세해야 한다고 충분히 선언한다. 스칼리제르(De causis, 93장, p. 179)가 공언한 목표는 모든 사실을 엄격하게 몇 가지 기본적인 원칙으로 줄이는 것이다. 데포테르는 모디스트들과는 달리 ≪자신이 모든 것을 깨달을 수는 없다≫와 같은 언어학적 상황을 있는 그대로 받아들이는 반면(이것은 그의 책의 부제이기도 하다),[225] 상티우스는 오직 언어만이 이성의 원칙에 따라 분석될 수 있는 조직화된 전체이다. 왜냐하면 언어는 그 자체가 이성이기 때문이라고 주장한다.[226]

반스콜라주의 운동의 두 가지 중심 개념인 언어사용과 이성 중에서 먼저 우위를 점했던 것은 언어사용이다. 하지만, 16세기 중반쯤에 우세한 것은 이성이다. 하기야 상티우스의 눈에는 이 두 용어 사이에 모순이 없을 수도 있을

---

222 무냉,『언어학의 역사 Histoire de la linguistique』(1967, p. 127). 사람들은 오히려 ≪1800년 및 그 이후까지≫ 읽을 것으로 기대했다⟨각주⟩.

223 J.C. 스칼리제르,『라틴어에 관한 원인론 De causis linguae latinae』(1540)를 말한다⟨역주⟩.

224 상티우스,『미네르바 또는 라틴어에 관한 원인론 Minerva seu de causis linguæ Latinæ』(1587)에서의 부제목「de causis linguæ Latinæ(라틴어에 관한 원인론)」을 말한다⟨역주⟩.

225 데포테르,『통사론 Syntaxis』(ed.1550, p. 46)의 non omnium est ratio reddenda(모든 사람의 이성이 회복되지는 않는다). 데포테르는 또한 이전 세대가 언어에 도입한 모든 것에 대해 합리적인 설명을 제공하는 것이 불가능하다고 분명하게 말한다. 이는 완전히 상술될 가치가 있는 지혜로운 지적이다⟨각주⟩.

226 슈발리에,『통사론의 역사 Histoire de la syntaxe』(1968, p. 367)에서 인용⟨각주⟩.

것이다. 왜냐하면 언어사용은 그 자체가 이성적인 조직에 속하는 자연 상태(*natura*)의 표현이기 때문이다. 논리적 관계는 사고의 구조를 형성하고 자연을 그대로 반영한다. 이 신념은—포르루아얄의 신념이 될 것이며 13세기의 신학자들의 다양한 방식들(*modi*) 사이에 인정받은 관계를 세속화하게 할 뿐인 신념이다—문법학자들이 외형상 비정상적인 사실들을 표준으로 되돌리기 위해 꽤 거친 절차를 사용하는 것을 허용한다. 왜냐하면 동일한 이성이 모든 언어를 논리적으로 구성하기 때문에 특정 경우에 기본 스키마, 곧 기본 도식을 찾는 것이 중요하며, 이는 대치, 변환, 생략의 복원, 우리가 완벽하게 흠이 없다고 판단하는 모든 절차 등과 같은 수단들의 결과에 의해 찾아진다.

자연 상태(*natura*)와 근본적으로 동일한 이 이성(*ratio*)이 정확하게 무엇인가를 궁금해하는 사람은 거의 없다. 우리는 일반 규칙들의 자료가 빈약한 것 자체에서 《단순함》이라는 특성(따라서 합리성의 증거)을 본다. 그러나 이들 일반 규칙은 별로 많지 않은 사실에 대한 직관적인 관찰에서 추론된 다음, 뒤이어 원칙으로 설정되고 언어 전체에 과감히 재적용된다. 그 결과 지나친 단순화와 《환원주의》를 걱정하는 그런 인상을 받게 된다. 어떤 지배어도 사용할 수 없는 거북스러운 여격 따위가 대수인가! 주격에 대해 《간단하게》 기술하다 보니 주어(그리고 주격(N)) 전체의 역할과 부정법의 대격 주어의 놀라운 위치에 대해 숙고할 필요가 없게 된다. G가 《소유》를 의미한다고 한번 단언되면 소유와 양립할 수 없는 동사 뒤에서는 그것(곧 G)을 받아들일 수 없는 것으로 선언된다. 왜냐하면 《흐름》이라는 개념이 동사에 내재되어... 있기 때문이다.

우리는 이성-자연(raison-nature)이 이들 이성주의자에게 있어서 모디스트들의 형이상학과 같은 위치를 차지한다는 것을 안다. 이들 모디스트는 솔직히 분명 신학자들이었다. 그들은 존재론적 기반을 가진 지적 건물의 3층처럼 그들의 문법을 구축했다. 그들이 보인 《논리》의 공리는 매우 일관된 방식으로 가정이 아닌 범주에 기반을 두고 있었다. 16세기는 원칙적으로 이러한 모든 중세의 하부구조를 거부하고 그 대신에 자연적이라 일컬어지는 이성(Raison)을 정착시킨다. 따라서 이 새로운 문법의 일반적인 특징이 이전 문법의 특징들을 재현한다는 것은 놀라운 일이 아니다. 모디스트들의 《사변적》 문법과 마찬가지로, 이들 이성주의자의 《철학적》 문법은 예외로 골머리를 앓지 않는다(스키오피우스, p. 139). 모든 것은 형태가 나타나건 아니면 《함축되건》 간에 동시에 설명되어야 한다. 미완성 상태의 《전체주의》 언어학은 우리가 짐작할 수 있듯이 완전히 특정한 시간에 한정되지 않는다. 우리는 그것을 《공시적》이라고 말할 수는 없다. 왜냐하면 공시적이라는 것은 시간에 대한 성찰과 통시적 관점을 제거한다는 결정을 함축하고 있기 때문이다. 이 공시 언어학은, 그 저자들이 그리스어, 히브리어, 현대어들을 알고 있음에도 불구하고, 공간의 차원을 거의 무시하는 것처럼 시간의 차원을 간단하게 무시한다. 언어가 이성의 구조라면, 모든 언어에 대한 유효한 철학을 확립하기 위해 (통시적 연구만이 아니라) 다른 언어들과 비교할 필요가 전혀 없다. 따라서 올바르게 이성적인 문법은 사실상 보편적인 문법이다.[227]

이들 이론의 영향에 대해서는 다음 장에서 다시 검토해 볼 것이다. 근본적인 성과는 올바른 라틴어의 회복으로 남아있는데, 이는 스칼리제르와 상티우스가 아니라 그들의 《이성주의적》 비판의 대상이 된 15세기와 16세기 초의 인물들에 기인한 발전이다.

---

227 이는 무냉의 『언어학의 역사 *Histoire de la linguistique*』(1967, p. 118)에 의해 중세의 특성으로 올바르게 평가되는 보편성에 대한 주장이다〈각주〉.

제3장 ─── 포르루아얄 문법과 이성주의 경향(17~18세기)

앞 장에서 상티우스와 스키오피우스-스칼리제르 이래 발전한 사유적 이성주의 경향의 증인들-의 라틴어 문법을 검토했기에, 『새로운 라틴어 학습법 *Nouvelle Méthode latine*』(1664)(이하 *NM*로 약칭)의 내용을 일일이 자세히 설명하는 것은 지겨울 것이다. 그만큼 랑슬로는 자신의 전임자들을 반복하고 있기 때문이다. 다양한 방법론적인 절충점을 종합적으로 소개하고, 17세기와 18세기의 이론가들, 그리고 심지어는 19세기 이후의 일부 현대 언어학자들에 대한 소위 《데카르트》 문법의 영향을 평가하기 위하여 『*NM*』, 『일반이성문법 *Grammaire générale et raisonnée*』(1660)(이하 *GGR*로 약칭) 그리고 『논리학 *la Logique*』(1662) 사이의 관계를 알아보는 것이 더 유용할 것 같다.[1][2]

---

1   랑슬로의 『라틴어를 쉽게 배우는 새로운 학습법 *Nouvelle Méthode pour apprendre facile-ment la langue latine*』의 첫 번째 판은 1644년이다. 우리의 참고문헌은 열 번째 판으로 1799년에 Denys Mariette(Paris) 출판사에서 나온 것이다.
    아르노와 랑슬로의 『일반이성문법 *Grammaire générale et raisonnée*』은 1660년에 초판이 출판되었고, 아르노와 니콜의 『논리학 또는 사고의 기술 *La Logique ou l'Art de penser*』은 1662년에 출판되었다〈각주〉.

2   신학자 앙투안 아르노(Antoine Arnauld, 1612~1694)는 17세기 파리 근교의 포르루아얄 수도원에서 은둔 생활을 하면서 수도원 부속학교의 수도자이자 문법가인 랑슬로(Claude Lancelot, 1615~1695)와 『일반이성문법』을 저술했다. 후대에 인문학에 있어 일반적이고 이성적인 사고의 원칙을 확립한 이들을 가리켜 포르루아얄 학파라 부르고, 이들이 추구한

I. 랑슬로와 상티우스

A) 랑슬로는 상티우스를 향한 찬사를 아끼지 않으며, 그가 상티우스에게 얼마나 의존하는지 전혀 숨기지 않는다. 《상티우스는 굉장한 명성을 얻었다.》 그는 《자신을 앞서갔던 모든 사람들을 단연 능가하는 빛》을 가져왔다(*MN*, p. 4). 상티우스의 제자인 스키오피우스는 《훌륭한 책》을 출판하였다(『철학적 문법 *Grammatica Philosophica*』, NM, p. 5). 《나는 이 저자들을 하나로 묶었다》라고 랑슬로는 명확하게 말하면서 다음과 같이 덧붙인다. 《나는 거기에 자발적으로 아무것도 제시하지 않고 있으며(*NM*에서), 그들이 말한 것에 의해 뒷받침되지 않는 것은 아무것도 말하지 않는다. 나는 그들을 항상 인용하지는 않지만 가장 중요한 곳에서만은 인용한다》(*NM*, p. 6).

스칼리제르가 최초로 방아쇠를 당겼던 계보에 명확하게 자리 잡은 랑슬로는 중세의 방식을 상티우스보다 더 공격하지는 않지만, 데포테르와는 구별되려고, 다시 말해서 15세기와 16세기의 초에 바른 언어사용과 이성이라는 이름으로 스콜라적 형식주의 교육을 엄격하게 배척했던 이들과는 구별되려고 노력한다. 상티우스와 마찬가지로 그는 이성적인 기술의 흡족스러운 결과들인 정확성, 단순성 및 효율성을 목표로 한다(*NM*, p. 23). 15일이면 충분하다고 하는 스키오피우스보다 덜 교만한 그는 *NM*은 6개월 만에 배울 수 있지만 데포테르를 습득하는 데는 3년이 필요하다고 주장한다. 그럼에도 불구하고 우리는 통사론을 제외하고 *NM*의 처음 300쪽을 한번 살펴보기만 하면 랑슬로를 매우 낙관적이라고 판단할 것이다. 거기에는 다음과 같이

'일반이성문법'을 '포르루아얄 문법'이라고도 부른다. 한편 언어의 보편성을 강조하는 변형 생성문법가들은 자신들의 이성주의적 언어관의 기원을 이 저서에서 찾는다. 언어학자 노암 촘스키는 아르노와 랑슬로가 이 책에서 문장의 논리적 구조를 강조한 것에 주목했으며, 이들이 자신이 생각한 고유한 어떤 개념을 먼저 파악한 선구자임을 알았다〈역주〉.

모두 정식 번호가 매겨진 숫자가 열거되어 있다.

성에 대한 27가지 규칙

동사 변화에 대한 53가지 규칙

+ 이접어들

+ 《다양한 어미를 가진》 낱말들 (이 두 개의 부록은 36쪽이나 된다!)

과거와 동사상(動詞狀) 명사[3]에 대한 79가지 규칙

우리가 앞으로 보게 될 것처럼 분명 어지러울 정도로 불규칙한 표현 목록과 함께 통사론이 추가된다면 1660년의 모범생에 대한 좋은 의견을 갖게 될 것이다.)

B) 몇 가지 상이점: 랑슬로의 명확성과 능숙함.

몇몇 점에서는 상티우스와 랑슬로 사이에 차이점이 나타나는 것이 사실이나, 그것들은 미미하다. 랑슬로는 스키오피우스가 인식한 대로 일부 《모호한》점을 명확히 한다. 혹은 그는 자신에게 영감을 준 이들이 직면한 어려운 질문들을 교묘히 피하는 능숙함을 보여준다.

따라서 동명사와 동사상(動詞狀) 명사의 용법에 대해 그는 《모든 동사적 명사는 한때 그들 동사의 격을 지배했다》는 간단한 규칙을 제시한다. 이것은 *reditio Romam*[4](*로마로 귀환*), *traditio alteri*[5](*타인[에게] 양도*), *curatio rem*[6] (*일[을] 처리*)를 설명하고, 동시에 실체 명사인 동명사와 동사상 명사 뒤의

---

3   '동사상(動詞狀) 명사(supin)'란 라틴어 문법에서 말하는 '목적 분사'를 말한다〈역주〉.

4   *Roma*의 대격 단수〈역주〉.

5   [형용사] *alter*(*다른*)의 여격 여성 단수〈역주〉.

6   *rēs*(*일, 사물, 상황*)의 대격 단수〈역주〉.

대격 지배를 설명한다. 그렇지만 《동사적 명사》의 이러한 특성을 알아보았던 상티우스는 그가 매우 어려운 절차를 고안한 동명사에 그러한 규칙을 적용하는 것을 이상하게도 잊어버렸다.

랑슬로는 또한 다음과 같이 (운문으로 된) 규칙을 공식화하여 속사[7]의 표시를 단순화한다(*NM*, p. 367).

> 《낱말의 연결을 표시하는 모든 동사는 자신의 앞에서와 같이 뒤에서도 동일한 격을 부여한다.》

이 규칙은 곧바로 *sum*(이다), *fit*,[8] *habetur*,[9] *nominatur*[10]에 적용된다. 그러나 그것은 *Petrus redit*[11] *iratus*[12](페트루스가 화가 나서 돌아간다)에서처럼 《동일한 힘》을 부여받은 자동사로 확장된다. 그것은 상티우스에서보다 더 명확하지는 않지만 확실히 더 간단하고 《잠재적인 N》에 대한 스콜라적 형식주의의 냄새가 많이 제거되어 있다.

상티우스가 구축한 체계와 거의 양립되지 않는 까다로운 여격(Dative)의 경우 랑슬로는 그것의 가치에 대한 질문을 피할 줄 안다. 그는 《D는 항상 사물이나 행위가 관련이 있는 것을 표시한다》(상당히 모호한 정의!)는 것과, 이를 위해서 그것은 《모든 명사나 동사》와 결합할 수 있다는 것을 지적하는

---

7   여기서 말하는 '속사(attribut)'는 영어 문법의 '주격보어(subjective complement)'와 비교된다〈역주〉.

8   *faciō*(하다)의 3인칭 단수 현재 수동 직설법〈역주〉.

9   *habeō*(가지다, 가지고 있다, 간직하다, 지키다, 유지하다)의 3인칭 단수 현재 수동 직설법〈역주〉.

10 *nōminō*(이름 부르다, …라고 부르다, 이름하다)의 3인칭 단수 현재 수동 직설법〈역주〉.

11 *redeō*(돌아가다[오다])의 3인칭 단수 현재 능동 직설법〈역주〉.

12 [과거분사] '노한, 화가 난, 성[골]난, 분이 치민, 격분한'〈역주〉.

데 만족한다(*NM*, p. 356). 같은 문제를 379쪽 및 그 이하에서 더 상세히 다루면서 그는 D가 《이미 완전한 문장》에 추가된다고 주장하지 않도록 경계한다. 그리고 그것은 명사(특히 명사-형용사)와 동사 뒤에서도 보이고, 또한 《곳곳에서 획득을 표시한다》는 것을 반복적으로 말한다.[13]

그러나 자신의 신중함에도 불구하고 랑슬로는 스콜라 형식주의자들 사이의 전통적인 발전(또한 그가 존경하는 전임자들에 의해 받아들여진 발전)을 항상 피하지는 않는다. 예를 들어 G의 《의미들》이 보이는 불가피한 목록(*NM*, p. 370-371)이 그렇다. 이 목록에서 20여 개의 다른 예들 중에서 G가 다음과 같은 관계를 나타낼 수 있음이 주목된다.

　　－ 주제 대 부수적인 일의 관계: *color rosae*(장미의 색)
　　－ 부수적인 일 대 주제의 관계: *Puer optimae indolis*(가장 착한 성품의 소년)
　　－ 동인(動因) 대 결과의 관계: *oratio Ciceronis*(키케로의 연설)
　　－ 결과 대 원인의 관계: *creator mundi*(세계의 창조자)
　　－ 궁극인(窮極因) 대 결과의 관계: *apparatus triumphi*(승리의 잔치), 등등.

C) 접근 방식과 기본 가정의 일치

이러한 미묘한 차이를 제외하면 우리는 랑슬로의 전반적인 접근 방식과 문법을 구성하는 방식이 상티우스와 정확히 일치하며, 그의 목표와 그의 기본 가정이 동일하다는 것을 확인할 수 있다.

그에게 있어서 그의 전임 대가에게 있어서와 마찬가지로 통사론은 다음 두 부분으로 나누어진다.

13　랑슬로는 이중의 D를 언급하지만(*NM*, p. 384) 가설일 우려는 없다. D의 특별한 구조(p. 383)에 대해 그는 항상 명확하게 말하지 않고 생략, 유추, 그리스어의 영향 등에 도움을 구한다〈각주〉.

- «규칙적이고 단순한» 것
- «불규칙적이고 비유적인» 것

단순함을 낳는 규칙성은 «자연의 질서를 따르는 규칙성이다»(*NM*, p. 355). 상티우스는 «문법을 기본적인 원칙들과 매우 간단하고 자연스러운 이성으로 단순화하면서» 문법을 명확히 해주었다(*NM*, p. 4).[14] «이성, 본질, 규칙성», 이것들은 상티우스와 마찬가지로 랑슬로에게도 밀접히 혼동되는 개념이다. 그리고 이 «기본적인 원칙들»은 사물의 본질에 너무 깊이 박혀 있어서 «규칙 없이 완전히 자의적인 언어사용에 의해 구축된 것처럼 보이는 것은 통상적인 구성의 일반 법칙을 쉽게 상기시킨다».

그러한 합리적인 증거가 있는 경우 문법학자는 선의로 «어떤 함축된 말»의 복원을 실행할 자격, 다시 말해서 생략이라는 문채(文彩)에 의지할 자격이 있다고 느낀다. 그는 상티우스가 불규칙적이고 비유적인 구조를 규칙적이고 단순한 구조로 «단순화하는» 기술에 있어서 «감탄할만하다»고 덧붙인다(p. 5).[15] 비정상적인 표현법을 합리적인 규범이 되게 하는 것은 문법가의 권리일 뿐만 아니라 이성에 따라 행동하는 인간의 절대적인 의무이다. 따라서 그는 외견상 불규칙적인 구성에서 규칙을 복원하기 위해 적절한 모든 절차를 사용한다. 예를 들어 그는 경로를 너무 지나치게 확인하지 않고 그리스어의 영향을 원용한다. *locuples*(부유한, 풍부한)와 *abundare*[16](풍부하다, 부유하다) 뒤에 G가 오면 이는 상티우스와 스키오피우스에게서와 같이 함축된 *ek*(*ex*,

---

14 여기서 고딕으로 강조한 단어는 우리(기 세르바 Guy Serbat)가 한 것이다〈각주〉.
15 상티우스에서와 같이 랑슬로에서 (주장되는) 문법적 생략과 생략 수사기법의 끊임없는 혼동에 대해서는 할 말이 많을 것이다〈각주〉.
16 [자동사] *abundō*(넘쳐 흐르다; 풍부하다, 넘치다, 많다, 부유하다)의 현재 능동 부정사〈역주〉.

from)에 의해 설명된다(*NM*, p. 419-420). 랑슬로는 560쪽에 다음과 같이 쓰고 있다. 즉 《라틴인은 *kata*(*down*)나 *ek*(*from*)가 사용되는 표현을 제외하고는 그리스인을 조금도 모방하지 않았다.》 (마찬가지로 V 등의 기능을 하는 N에 대해서는 p. 561 참조.)

그러나 랑슬로가 그의 전임자들과 영감을 준 자들처럼 불규칙적인 표현법을 때로는 매우 복잡하게 《복원》하여 정상적으로, 즉 규범으로 되돌릴 수 있게 하는 것은 무엇보다도 생략의 대규모 개입이다. 이 학파 전체의 가장 두드러진 특징은, 거의 모든 것이 《표현되거나 암시》될 수 있다는 사실을 [상티우스와 스키오피우스에게 있어서의 *expressus*(표현된)/*suppressus*(삭제된) 참조] 단번에 이해하고 있다는 점에서, 그것은 진정한 생략중독증이다. 예를 되풀이하는 것은 지루하고 헛된 일일 것이기 때문이다. 비명사보어의 G가 갖는 용법에서는 수많은 생략이 있다. 주어가 없는 동사의 경우에는 N의 생략이 있다[*legit*(읽는다), *audimus*(듣는다), *ferunt*(말한다), *pluit*[17](비온다)]. *Multum cibi*(많은 음식)는 부담스럽다. 그 이유는 G가 여기에서 실사의 지배를 받는 것이 아니라 《수량 부사》의 지배를 받는 것처럼 보이기 때문이다. 따라서 우리는 *negotium cibi*(먹을 것)가 *cibus*(음식)를 의미한다는 것을 인정하는 *multum* ⟨*negotium*⟩ *cibi*(많은 ⟨먹을⟩ 것)를 복원해야 한다. 왜냐하면 *negotium*이 우리가 의미적으로 비어있는 용법으로 잘 알고 있는 *res*(것)에 가깝기 때문이다 (*NM*, p. 373)!

이렇게 《축소된》 불규칙성은 *NM*에서 엄청난 자리를 차지한다. 때로는 그것들이 전개 자체에서 해결되기도 하고 때로는 특정 목록의 주제가 되기도 한다. 엄청난 목록들이 있다. 즉 불규칙 동사, 비인칭 동사 등에 대해

---

17 *NM*, p. 326. 즉 *pluit*의 경우 랑슬로는 상티우스보다 더 나아가 *pluuia*(비) 또는 *caelum*(하늘) 또는 *Deus*(하나님, 신)를 복원할 것을 제안한다!⟨각주⟩.

약 100쪽(p. 437-531)이 있고, 다음으로 생략된 동사, 생략된 명사, 다시 한번 동사, 마지막으로 전치사 등에 대한 새로운 목록(p. 533-549)이 있다!

보다시피 자연스럽고 합리적이라고 생각되는 단순성이 확립되는 데는 큰 희생이 따른다.

선험주의(*apriorisme*)는 그러한 방법의 피할 수 없는 특징이다. 즉 적은 수의 자료 조사로 특정 조건에서만 (부득이한 경우!) 수용 가능한 것이 보편적이고 과학적인 진리로 선언된다. 6개의 라틴어 격 체계에서 자연과 이성의 걸작을 보려는 고집스러움은—그리스어에도 탈격을 강요할 정도로—그런 점을 가장 잘 나타내는 것이다. 동일한 **선험적** 접근 방식이 통사론의 대부분 장에서 나타난다. 따라서 성(젠더)에 대해 랑슬로(*NM*, p. 25-82)는 먼저 라틴어에 세 개의 성(젠더)이 있음을 지적한다. 그런데 그는 성(젠더)의 첫 번째 기원이 두 성별(sex)의 구별에서 비롯되었다고 반박한다. (이것은 천년이 된 최초 명명(*prima impositio*)의 전제로, 성(젠더)이 성별이라는 직관적인—잘못된—관점을 강화하여 일종의 《자연적이고 이성적》이라는 원칙으로 다루어지게 된다.) 이는 충분히 랑슬로가 다음과 같이 덧붙일 권리가 있다고 생각할 수 있게 한다. 《따라서 본래 두 개의 성(젠더)이 있을 뿐이다》. 그래서 서양의 통속어에는 둘 이상의 성이 없다(그러면 독일어는? 게다가 또 프랑스어에 잔재로 남아있는 중성은?). 그러나 라틴어와 그리스어의 세 가지 성(젠더)은 어떻게 설명할 것인가? 글쎄, 그리스인과, 그들을 본 딴 라틴인은 많은 명사가 어느 성과 연관이 있는지 《알지 못했다》. 그래서 그들은 그것들을 《중성》이라고 불렀다.

고대인들의 혼동은 정말 너무 심했기 때문에 성(젠더)의 문제를 전체적으로 파악하기 위해서—게다가 많은 예외를 포함하여—랑슬로에게는 27개의 규칙이 필요했다. 그러나 우리가 그의 규칙 n°1(p. 27-28)을 관찰해보면 우리는 그가 자신의 선험적(*a priori*) 원리에 충실하고 있다는 것을 주목하게 된다. 즉 그는 여기서 중성에 대해서는 한마디도 없이 남성과 여성만을 다룬다.[18]

혼동의 주요 원인은 그리스인, 라틴인(그리고 독일인)의 부주의가 아니라 언어에서 **문법적 성**의 형태로 성별 대립의 치환이다. 언어는 세계의 반영이 자 직접적인 반영으로 간주된다.

따라서 자연스럽고 이성적이며 필연적인 문법 분석은 **보편적 가치**를 가진 다. 통사론의 소개와 **라틴어**의 격에 대한 **빠른** 검토 후 랑슬로는 주어진 정의 들이 《심지어 모든 언어에 사용될 수 있으며, 여기서 이러한 격들의 구분은 필수적》이라고 주장하는 데 주저하지 않는다(*NM,* p. 356). 우리는 여기서 상티우스에게 소중한 관점을 알아본다. 우리는 또한 16세기의 이성주의자들 을 넘어서, 설사 단 한 언어의 문법일지라도 — 이것은 중요하지 않다 — 문법 의 보편성에 대한 모디스트들의 원칙을 인지한다.

D) 환언 관계의 통사적 타당성

*GGR*과 그것의 고전적 계보를 간략히 설명하기 전에 다음 한 가지 점에 대해서 재검토해보는 것이 유용할 것이다. 즉 *NM*에서 결정적인 역할을 하는 규범화 절차의 타당성은 무엇인가(왜냐하면 그 규범화의 절차 없이는 더 이상 규칙은 없을 것이고, 우리는 데포테르가 그렇게 비난한 예외와 규칙 준수의 뒤죽박죽 속에 다시 떨어질 것이기 때문이다). 대부분의 경우 그 절차는 《생략》의 주장에 기반하고 있다. 따라서 그것은 표현되지 않은 하나(또는 여러 개)의 단어를 복원하는 것으로 구성된다. 따라서 (*NM,* p. 388) *me*[19] *poenitet*[20] *fratris*[21](나는

---

18   그럼에도 불구하고 그는 *hic/haec parens*(*hic*는 남성형이고, *haec*는 여성형이지만 이 두 지시대명사는 공히 '이, 이 사람, 이것'을 뜻한다. *parens*는 '부모'를 뜻하는 남녀성 공통성 명사)와 같은 《공통》 성의 명사를 특기한다. 《불명확한》 명사로는 *hic/hoc uulgus*(*hoc*는 '이, 이 사람, 이것'을 뜻하는 중성형이고, *uulgus*는 '백성, 대중'을 뜻한다)가 있다(여기에 중성이 소심하게 나타나는 것이 보인다)〈각주〉.

19   [대명사] '나를'을 뜻한다〈역주〉.

20   *poeniteō*(후회하다, 미안하다)의 3인칭 단수 현재 능동 직설법〈역주〉.

내 동생이 부끄럽다)는 poena[22] fratris habet[23] me(내 동생의 처벌이 나를 사로잡고 있다)로 귀결된다.[24] 그러나 우리는 여기서 의미론적인 면과 통사론적인 면을 주의 깊게 구별해야 한다. 의미론적인 면에서 우리는 설명적 환언 관계는 (규칙에 따라) 전체적으로 시작 문장과 동일한 의미를 제공한다는 것을 인정할 수 있다.

마찬가지로 NM(p. 377)에서 불규칙적인 discrucior[25] animi[26](나는 마음의 괴로움을 당하고 있다)는 discrucior ⟨dolore⟩[27] animi(나는 마음의 <고통으로> 몹시 괴롭다)로 해석될 수 있다는 것이 확실하다[28](게다가 부당하게 비전치사적인 이 탈격을 환언해야 함에도 불구하고 그러하다).

그러나 이 오류는—교묘한 방법이 아니라면—두 문장 사이의 전체적인

---

21 *fräter*(형제; 형, 동생)의 속격 단수⟨역주⟩.

22 [명사] '벌, 처벌, 벌칙'을 뜻한다⟨역주⟩.

23 *habeö*[(감정 따위를) 품고 있다, 간직하다; 지키다, 유지하다)의 3인칭 단수 현재 능동 직설법⟨역주⟩.

24 프리스키안에 따르면 *poenitet me fratris*는 *Poena fratris habet me* 또는 *poenitet me*와 같다. 프랑스어가 *j'ai honte de mon frère*(나는 내 동생이 부끄럽다)라고 하는 것처럼 속격 *fratris*가 *poena*에 의해 지배되는 것처럼 보이는 경우, 이는, 우리가 라틴어에서 단어 하나 하나를 말하는 것처럼, *la honte de mon frere me fait peine*(내 동생의 수치가 나를 아프게 한다)와 같은 의미이다. (랑슬로, 『새로운 라틴어 학습법 *Nouvelle Méthode latine*』, 1803) ⟨역주⟩.

25 *discruciö*(몹시 괴롭히다)의 1인칭 단수 현재 수동 직설법⟨역주⟩.

26 *animus*(마음, 정신)의 속격 단수⟨역주⟩.

27 *dolor*(고통)의 탈격 단수⟨역주⟩.

28 이런 종류의 동사가 몇 개 더 있는데, 이들은 속격뿐만 아니라 또한 탈격을 취한다. *discrucior animi/animo*(나는 마음의 괴로움을 당하고 있다, *I am troubled in mind*(나는 마음에 고민이 있다)). (...) 그러나 라틴어에는 이런 지배를 설명하는 전치사가 없기 때문에: 만약 속격이 있다면 그것을 지배하는 다른 일반 명사를 이해할 수 있다. *discrucior animi*는 *dolore*를 유연하게 한다..... 만약 탈격이 있다면 우리는 *Discrucior in animo*(나는 마음에 괴로움을 당한다)에서처럼 'in, de, ab'를 이해한다(랑슬로, 『새로운 라틴어 학습법 *Nouvelle Méthode latine*』, 1803, p. 23)⟨역주⟩.

동의 관계에서 그것들의 통사적 일치로 결론을 내리는 데 있다. 이것은 위의 두 예에서와 같이 때때로 큰 실수로 이어진다. 다른 극단에서 우리가 구조의 깊은 불일치를 피하는 것처럼 보일 때도[*plenus* <*de*> *uino*로 주해된 *plenus uino*(와인으로 가득 찬)], 그럼에도 불구하고 규범화 절차는 형식적인 자료를 왜곡하는 결과를 낳는다. 우리가 연구하는 것은 더 이상 실제 언어가 아니라 심지어 꽤 자주 자연 그대로의 난관을 극복하는 «강제 조정»으로 거의 끊임없이 수정되고 한 방향으로 유도된 언어이다.

다시 한번 상당한 조직적 이성(*Ratio* organisatrice)의 승리는 스콜라 문법에 반대해 가장 먼저 들고일어났던 사람들에 의해 부활된 언어사용(*usus*)의 희생으로 이루어진다. 우리는 «이성(*Ratio*)» 일반과 언어에 다소 특정한 이유(*ratio*) 사이에 존재할 수 있는(또는 존재하지 않는) 관계에 대해 궁금해할 시간이 없었다. 그리고 운명의 아이러니로 이렇게 이해된 이성(*Raison*)은 개념적 체계에서 기본적인 방식들(*modi*)의 자리를 차지하게 되었고, 그것은 과학에 고유한 덕목들이자 스콜라 신학도 인정했던 덕목인 합리성, 필요성, 보편성을 문법에 지속적으로 보장한다.

II. «NM»과 «GGR»[29]

통사론에 대해서 *GGR*은 외형상 아주 간략하다. 이것은 제2부 제24장만의 주제이다(다시 말하면, 책의 마지막 장으로 모두 합해서 3쪽이다). 그러나 많은

---

29 «NM»은 랑슬로의 『라틴어를 쉽게 배우는 새로운 라틴어 학습법 *Nouvelle Méthode pour apprendre facilement la langue latine*』(1644)의 약칭이고, «GGR»은 아르노와 랑슬로의 『일반이성문법 *Grammaire générale et raisonnée*』(1660)의 약칭이라는 것을 여기서 재차 확인한다〈역주〉.

저자들이 알아차렸듯이 통사론은 실제로 이 제2부 동안 내내 품사와 관련하여 다루어진다.

여기서 보다 일반적인 공식으로 *NM*이 근거를 둔 원칙을 찾는 것은 놀라운 일이 아니다.

아르노와 랑슬로는 일치의 통사론과 지배의 통사론으로의 근본적인 구분을 기억해 낸다.[30] 첫 번째 것은 보편적이다(비록 제한은 있지만 «대부분»이 그렇다). 따라서 형용사와 실사의 일치, 남성과 여성의 구별 등이 있다.

*GGR*은 분명히 여기에서 라틴어와 라틴어에서 파생된 언어들을 기반으로 한다. 영어를 한 번 훑어보기만 해도 형용사의 일치가 필수적인 것이라고 주장하지 못하게 될 것이다. 또한 «우리가 문법적 성을 고안한 것은 남성과 여성의 대립만을 위한 것»이라고 주장하면서 이 두 성 간의 대립을 정당화하는 데에는 약간의 언어 기원론적인 순진함이 있다.[31]

반대로 지배의 통사론은 거의 «완전히 자의적»이다. 프랑스어, 이탈리아어, 스페인어에서 격이 «소사»로 대치되는 것이 그 증거이다. 그러나 이 자의성은 문법의 보편성을 파괴하지 않는다. 왜냐하면 그것은 «모든 언어에서 많이 사용되는 몇 가지 일반적인 규범»[32]을 나타내기 때문이다. 이 정당성은 그 목적을 놓치고 있다. 왜냐하면 아르노와 랑슬로는 말할 필요도 없이 지배의 통사론을 떠나 (언제나 명사 보어인 G의 규칙을 제외하고) 다음과 같이 일치의 통사론으로 되돌아오기 때문이다.

---

30 *GGR*, p. 104(Paris, Republications Paulet, 1969)〈각주〉.

31 같은 책. 형용사와 실사의 관계에 대한 매우 명확한 스콜라적 형식주의의 회상이 다음과 같이 설명되어 있다. «실사는 비록 *직접적이기*는 하지만 형용사에 의해 복잡하게 표시된다» (p. 104 및 p. 105)〈각주〉.

32 같은 책. p. 105〈각주〉.

- 《표현되거나 함축된 어떤 동사와 관계가 없는》 N은 없다.
- 《표현되거나 함축된 자신의 N을 갖지 않는》 동사는 없다. 왜냐하면, 동사의 본질은 단언하는 것인바 《우리가 단언하는 무언가가 있어야만 하기》 때문이다.[33]
- 실사와 관계가 없는 형용사는 없다.

다섯 번째의 《일반 규범》은 부사격의 사용[*iuuare*[34] *aliquem*[35](*누군가를 돕는 것*)/*opitulari*[36] *alicui*[37](*누군가를 도와주는 것*)]에서 《언어사용의 변덕》을 내세운다. 예외가 없다는 원칙과 모순되는 당혹스러운 상황에서 아르노와 랑슬로는 언어사용의 변덕적 일탈이 《각 격의 특징적인 관계를 바꾸지 않는다》고 재빠르게 주장하면서 그것에서 빠져나온다.

언어의 불규칙성은 두 쪽(106-108)의 《삽화》로 정당화된다. 이상하게도 생략은 훨씬 덜 자주 언급되는 실렙시스[38] 다음으로 두 번째 위치에만 나타난다.

언어의 매우 자연스러운 합리성에 대한 저자들의 믿음이 표현된 다음 몇 줄은 인용할 가치가 있다. 즉 《우리가 위에서 구문에 대해 말한 것은 모든 품사를 단순하게 표현할 때, 그리고 단어가 너무 많거나 너무 적지 않고, 그것이 우리 생각의 자연스러운 표현과 일치할 때는, 구문의 자연스러운

---

33 그러나 부정사는 대격을 요구한다고 *GGR*(p. 105)은 되풀이 말한다〈각주〉.
34 *iuvō*(*돕다, 원조하다*)의 현재 능동 부정사〈역주〉.
35 [대명사] *aliquis*(*누군가*)의 남성 대격 단수〈역주〉.
36 *opitulor*(*도와주다, 원조하다*)의 현재 능동 부정사〈역주〉.
37 [대명사] *aliquis*(*누군가*)의 여격 중성 단수〈역주〉.
38 '실렙시스(syllepsis)'란 쌍서법(雙敍法) 또는 겸용법이라 하는 것으로 '한 단어를 본래의 뜻과 전의(轉義)로 동시에 사용하는 중복서법'을 말한다. 예) He *lost* his temper and his hat. In a moment the ship and many hopes *sank*. Either they or I am *wrong*.〈역주〉.

순서를 이해하기에 충분하다».[39]

III. 19세기 초까지 «GGR»의 영향

우리가 알다시피 이 책의 영향은 엄청났다.[40] 그 영향은 의심할 여지 없이 그것이 짧고 압축되어 있지만 명료한 책이라는 점과 무엇보다도 프랑스어에서 꽤 자주 끌어온 예와 함께 프랑스어로 쓰인 점에 부분적으로 기인한다.[41] 이 책은 1660년에서 1709년까지 다섯 개의 판본이 있다.[42] 기 아르누아는 17세기 말과 18세기에 걸쳐 도미니크 부우르[43](1674)[44]에서 실베스트르 드 사시[45](1799)[46]와 그 이상에 이르기까지 GGR에 대한 무수한 참고자료를 찾

---

39 같은 책, p. 106〈각주〉.

40 참조. 브뤼노(Ferdinand Brunot), 『프랑스어 역사 Histoire de la langue francaise』(IV, I, p. 57 이하, 1966). Jacques Rieux, Bernard E. Rollin(ed.), 『포르루아얄 문법 The Port-Royal Grammar』(La Haye, Mouton, 1975). GGR의 영향에 대해서는 특히 이들 번역가에 의한 이 후자의 서론을 참조할 것. 동제(Roland Donzé), 『포르루아얄의 일반이성문법 La GGR de Port-Royal』(Berne, 1971). 푸코(M. Foucault)의 GGR(Republications Paulet, Paris, 1969년 판)에 대한 소개도 참조할 것〈각주〉.

41 GGR은 라틴어로 쓴 주창자들의 저술보다 더 쉽게 접근할 수 있었기에 독자의 마음에서 그것의 출처가 가리게 되었다〈각주〉.

42 기 아르누아(Guy Harnois), 『1660년부터 1821년까지 프랑스 언어 이론 Les théories du langage en France de 1660 à 1821』(Paris, Les Belles-Lettres, 1929, p. 33)〈각주〉.

43 도미니크 부우르(Dominique Bouhours, 1628~1702)는 프랑스 예수회 성직자, 수필가, 문법학자, 신고전주의 비평가였다〈역주〉.

44 도미니크 부우르, 『아카데미 프랑세즈의 회원들에게 제안된 프랑스어에 대한 의심 Doutes sur la langue française proposés aux Messieurs de l'Académie française』(Paris, 1674; 수정된 두 번째 판, 1675)를 말한다. 이 저술은 '당시 문학 언어에 대한 그의 수많은 주석 중에서 가장 중요하고 가장 잘 정리된 것'[4]이라고 불렸다〈역주〉.

45 실베스트르 드 사시(Silvestre de Sacy, 1758~1838)는 프랑스 귀족, 언어학자, 동양학자였다〈역주〉.

아냈다. 1754년에 아카데미 프랑세즈(곧 프랑스 한림원)의 종신 서기인 뒤클로(Duclos)의 『주석 Remarques』이 첨부된 새 판본이 나왔다.[47] 《포르루아얄의 이 두 사람(곧 아르노와 랑슬로)은 이 장(II, I)에서 언어의 형이상학이 갖는 진정한 토대를 확립했다고 이 영민한 사람은 쓰고 있다. 그들로부터 벗어나거나 그들을 감추고 싶어 했던 모든 문법가들은 오류나 모호함에 빠졌다.》 노트르담 주교좌성당 참사원인 프로망(Fromant) 신부의 GGR에 대한 방대한 주해[48]는 이들 두 저자를 비판하는 것을 주저하지 않는다. 그러나 프로망 신부는 자신 또한 분명히 일반 이성 문법의 주류에 있다. 한편으로는 언어와 다른 한편으로는 이성과 논리 사이의 긴밀한 연결은 문법의 보편성을 계속 보장한다.

콩디야크[49]처럼 로크[50]의 감각론에 영향을 받은 사상가들조차도 GGR에 대한 그들의 빚을 인정하고 아르노와 랑슬로의 정신에서 사고와 언어 사이의 근본적인 관계를 계속해서 생각해낸다.[51] 영국인 제임스 해리스[52]는 자신의 저서에 『헤르메스 또는 보편문법에 대한 철학적 연구 Hermès, ou recherches

---

46 실베스트르 드 사시, 『일반 문법의 원리 Principes de grammaire générale』(Paris, 1799)를 말한다〈역주〉.

47 이 주석은 초판에서 58쪽을 차지한다(참조. Republications Paulet, p. 109-157)〈각주〉.

48 『말하기 기술의 기초에 대한 성찰 Réflexions sur les fondements de l'art de parler』(Paris, 1756)(『포르루아얄 문법 The Port-Royal Grammar』에서 인용됨. 앞의 각주 40 참조)〈각주〉.

49 콩디야크(Étienne Bonnot de Condillac, 1714~1780)는 18세기에 활동한 프랑스의 철학자이다. 그르노블에서 출생하여 리옹과 파리에서 신학과 철학을 배운 다음 수도원장이 되었는데, 후에 수사직을 버리고 탕생 부인, 조프랭 부인의 살롱에 출입하여 퐁트넬, 디드로, 루소와 교우가 되었다〈역주〉.

50 로크(John Locke, 1632~1704)는 영국의 철학자이자 정치 사상가이다. 그는 영국의 첫 경험론 철학자로 평가를 받지만, 사회계약론도 동등하게 중요한 평가를 받고 있다〈역주〉.

51 『문법 원리 Principes de grammaire』(1775)〈각주〉.

52 제임스 해리스(James Harris, 1709~1780)는 영국의 정치가이자 문법학자이다〈역주〉.

philosophiques sur la grammaire universelle(1751)[53]라는 의미심장한 제목을 붙인다. 우리는 이 책의 263-264쪽에서 다음 내용을 읽을 수 있다. «우리는 모든 규칙적이고 정확한 사고에서 자연의 실체, 논리학자의 주어, 문법학자의 실사가 모두 우리가 주격이라고 부르는 이 격에 의해 지칭된다는 것을 깨닫는다».[54]

우리는 보제[55]와 같은 가장 중요한 이론가들 사이에서 포르루아얄의 이성적 원리가 상당히 급진화되었음을 주목한다.[56] «문법은 언어의 불변하고 일반 원칙에 대한 이성적인 과학이다... 그것이 어떤 언어에서이건... 지구상의 모든 민족은 고유어의 다양성에도 불구하고 이례 없이 그리고 예외 없이 절대적으로 동일한 언어를 사용한다.» (모디스트들, 그 다음으로 상티우스 또한 다른 것을 주장하지 않았다. 포르루아얄도 마찬가지지만 어법의 «변덕», 지배 통사론의 «자의성»에 대해 약간의 제한이 있을 뿐이었다.)[57] 마찬가지로 뒤 마르세[58]

---

53 André Joly(Droz, Genève & Paris, 1972)에 의해 Charles Thurot(1796)의 번역본에서 재판됨. A. Joly(p. 1-144)의 다량의 소개 참조〈각주〉.

54 강조된 단어는 해리스의 텍스트에도 밑줄이 그어져 있다. 해리스는 격에 대해 꽤 간결한 전개를 할 뿐(p. 260-270)인데, 아마도 격이 그에게는 고대 언어에 특유한 것처럼 보이기 때문일 것이다. 그러나 그는 몇 가지 점에서 포르루아얄과는 다르다. 즉 그는 라틴어 Ab를 그리스어로 옮기는 대신 후자의 언어에 Ab가 없다는 것에서 이것이 불필요한 흔적이라고 결론을 내린다(p. 261). 그는 더 추상적인 방식으로 G를 정의하고, 무엇보다도 G를 막시무스 플라누데스(Maximus Planudes/Byzantin Maxime Planude, 1260~1330)의 접근방식을 상기시키는 위치적 개념에 따라 격 체계에 재통합된 D와 대립시킨다. 즉 G는 자신에게서 시작하는 모든 관계를 표현한다면, D는 자신으로 향하는 관계를 표현한다(p. 268-269)〈각주〉.

55 보제(Nicolas Beauzée, 1717~1789)는 18세기 프랑스 문법학자이자 아카데미 프랑세즈의 회원으로 『일반 문법 또는 언어의 필요한 요소에 대한 합리적인 설명 *Grammaire générale, ou Exposition raisonnée des éléments nécessaires du langage*』(1767)의 저자이다〈역주〉.

56 『일반 문법 *Grammaire générale*』(t. X, Paris, 1767, p. XVI-XVII)[R. Donzé, *La GGR*(p. 31)에서 재인용. 앞의 각주 40 참조]〈각주〉.

57 동제(R. Donzé)가 같은 책(p. 37)에서 올바르게 지적한 바와 같이, 아르노와 랑슬로의 *GGR*(1660)은 히브리어에서 인칭대명사의 성 구분, 라틴어에서 관사의 부재, 그리스어와

에게 있어서도 GGR은 《언어에 관한 위대한 업적》이다.

이미 알려진 기록을 반복하지 않고 우리는 *GGR* 이후 《일반 문법들》이 1838년까지(Mazure, 『일반 문법 요론 *Eléments de grammaire générale*』) 등장했으며 1803년과 1846년 사이에 여섯 개의 새로운 *GGR* 판본이 있다는 것을 지적하는 것으로 만족할 것이다. 그 영향력을 가라앉히기 위해서는 19세기 2분기에 승리를 구가한 문헌학, 역사 및 비교 문법의 발전이 필요했다.

IV. 소위 《데카르트》 문법의 현대적 부흥: 노암 촘스키

*GGR*이 지나침이 없는 것은 아니지만 훗날 《데카르트적》으로 불리게 된 언어학의 상징이 된 것은 우연이 아니다.[59] 비록 그것이 상티우스에 뿌리를 두고 있고, 게다가 또 우리가 보여주려고 노력한 것처럼 가장 체계적인 중세 이론가들에게 뿌리를 두고 있지만, 프랑스어로 된 짧고 명료한 집필은 그것이 일종의 선언문의 역할을 하고 있음을 보증한다. 이 책의 공동 작업에 랑슬로는 언어에 대한 자신의 경험과 함께 능숙함이 부족하지 않은 유연성을 더하고, 아르노는 《추상적 추론에 익숙해진》 정신의 힘을 쏟는다.[60]

라틴어에서 《중성》 성의 존재를 지적한다. 또한 *GGR*은 보줄라(『프랑스어에 대한 고찰 *Remarques sur la langue française*』은 1647년에 출판됨)에 의해 설명된 경험적 흐름이 포르루아얄에 대해 아무런 영향을 주지 않는 것이 아니라는 것을 보여줄 수 있는 모든 이상 징후들을 지적한다〈각주〉.

58 뒤 마르세(Du Marsais, 1676~1756), 『논리와 문법 원리 *Logique et Principes de grammaire*』 (1769), 『포르루아얄 문법 *The Port-Royal Grammar*』(서론, p. 25)에서 재인용. 앞의 각주 40 참조〈각주〉.

59 촘스키 자신이 『데카르트 언어학 *La linguistique cartésienne/Cartesian linguistics*』(1969, p. 17)에서 표현한 신중함을 볼 것〈각주〉.

60 브뤼노(F. Brunot), 『프랑스어 역사 *Histoire de la langue francaise*』(IV, I, p. 57-59, 1966)

한 세기가 넘는 잊혀짐 끝에 *GGR*은 «호기심 많은 아바타를 통해»[61] 촘스키의 변형생성문법의 조상의 지위를 차지하게 되었다.

촘스키가 *GGR*의 영향을 받지 않고 자신의 이론을 확립한 것은 확실하다. 그러나 그는 데카르트에게 다양한 방식으로 의존하는 사상의 «거장들»과 자신의 접근 방식이 연관되어 있음을 인식했다. 그래서 그는 다음과 같이 적고 있다. «오늘날의 저작들에서 발전하고 있는 변형생성문법 이론에서 포르루아얄 이론의 보다 명시적이고 현대적인 버전을 보는 것은 내가 보기에 여러 면에서 매우 올바른 것 같다».[62]

촘스키에 따르면 『데카르트 언어학』은 변형생성문법에 대한 네 가지 기본 아이디어를 명시했다고 할 수 있을 것이다. 우리는 아마도 더 깊은 공통점들에 대해 자문하기 전에 먼저 이 주장의 합당성을 검토할 것이다.

1) 이 네 가지 아이디어 중 첫 번째는 언어의 창조적 측면에 관한 것이다. 그렇다고 해서 그 역할이 의사소통의 기능으로 축소되는 것은 아니다. 그러나 그것은 무한한 수의 표현을 생성할 수 있는 유한한 수단의 집합으로 정의된다.[63] 이제 이 질문을 가장 가까이서 다루는 *GGR*의 장(II, I)을 참조하면 이 저자들이 «25 또는 30개의 소리로 이 무한히 다양한 낱말을 조합하는 이 경탄할만한 발명»을 염두에 두고 있음을 알게 된다. 그러나 그들은 제한된 수의 패턴으로 구성된 무한한 수의 문장을 생각하지는 않는다.

2) 반면에 촘스키는 『데카르트 언어학』이 언어 구조의 보편적 원리에 관심

〈각주〉.

61 슈발리에(J.-Cl. Chevalier), 『통사론의 역사 *Histoire de la syntaxe*』(p. 490, 1968)〈각주〉.

62 『데카르트 언어학 *La linguistique cartésienne*』(프랑스어 번역판, 1969, p. 69). 『데카르트 언어학 *Cartesian linguistics*』(영어판, New York, 1969)〈각주〉.

63 이 점은 『데카르트 언어학 *La linguistique cartésienne*』(p. 18-60)에서 전개되었다. 촘스키가 아르노와 랑슬로가 언어의 창의성을 생각했을 수도 있다고 시사한 곳은 『언어와 사고 *Le langage et la pensée*』(Paris, 1970)에서이다〈각주〉.

이 있음을 보여주는 데 전혀 어려움이 없다.[64] 그는 *GGR*이 《현재 쓰이는 언어의 주인이자 주권자》가 갖는 언어사용의 단순한 《증인》이기를 원했던 보줄라 (Vaugelas)의 『프랑스어에 대한 고찰 *Remarques sur la langue française*』 (1647)에서 표현된 경험주의적 경향에 대한 반작용임을 올바르게 보여준 다.[65]

분명 이 모든 것은 사실이다.[66] 그러나 보편주의의 경향이 포르루아얄에 의해 확립되었다고 믿는 것은 오해의 소지가 있다. 이것은 스콜라학파의 『총서 *Summae*』의 저자들에 의해서 끊임없이 강조되고, 상티우스가 다시 채택해 자신에게서 *GGR*로 전달된 아주 오래된 생각이다.

3) 세 번째의 기본적인 생각은 생득성이라는 것이다.[67] 생득성은 그것의 특징적인 데카르트적 성격에 대해서는 논쟁이 있기는 하지만 분명히 네 가지 중 가장 데카르트적이다.[68] 그러나 이 이론은 *GGR*에 완전히 빠져있으므로 그것에 대해 논의하는 것은 삼갈 것이다.

4) 촘스키는 특히 *GGR*과 *GGT*(「변형생성문법 *Transformational Generative Grammar*」) 사이의 네 번째의 공통된 특성을 주장하는데, 그것은 표층구조와 심층구조 간의 구별이다.[69] 《포르루아얄 문법은 우리가 문장의 《표층구조》

---

64   『데카르트 언어학 *La linguistique cartésienne*』(p. 86)〈각주〉.

65   촘스키(『데카르트 언어학』(p. 89))가 다음과 같이 경험주의자 보줄라와… 근대 구조주의의 창시자들을 동일시하는 것은 주목할 만하다. 《그 점에 대해서는 언어 구조에 대한 그의(곧 보줄라의) 개념은 소쉬르, 에스페르센, 블룸필드 및 많은 다른 이들의 개념과 꽤 유사하다. 이들에게 있어서 혁신은 《유추에 의해서》만, 또한 확립된 틀 내에서 어휘 요소들을 동일한 범주의 다른 요소들로 대체함으로써만 가능하다.》〈각주〉.

66   *GGR* 자체에 대해서는 이 책 p. 104 참조〈각주〉.

67   노먼 크레츠만(Norman Kretzmann), 「변형문법 이론과 포르루아얄 문법 Transformationalism and the Port-Royal Grammar」 in 『포르루아얄 문법 The Port-Royal Grammar』(J. Rieux, B.E. Rollin(ed.), 1975, 176~195: p. 181) (앞의 각주 65 참조)〈각주〉.

68   『데카르트 언어학 *La linguistique cartésienne*』(p. 95 이하)〈각주〉.

69   참조. 『데카르트 언어학 *La linguistique cartésienne*』(p. 60-85)〈각주〉.

라고 부르고 싶은 것과 «심층구조»라고 부르고 싶은 것 사이를 구분한다. 전자는 물리적 현상으로서의 문장 구성과 관계가 있다. 후자는 문장의 의미 내용을 결정하고 문장이 발화되거나 인식될 때 정신에 존재하는 추상적 구조의 기층과 관계가 있다».[70] 그리고 촘스키는 여기서 다음의 유명한 예를 상기시킨다. 즉 «보이지 않는 신은 보이는 세계를 창조했다»는 복합 주어(그리고 복합 서술어)를 가지지만 그 심층구조는 세 가지 판단 체계를 드러낸다고 그는 말한다.

촘스키가 이 독특한 예를 끊임없이 불러오는 것은 놀랍다. 그런데 그것을 언급하는 *GGR*의 II, 9장에는, 특히 «유능한 사법관은 공화국에 유용한 사람이다 *Un habile magistrat est un homme utile à la République*»와, 또한 «단순 항들»로 된 명제인 «하느님은 선하다 *Dieu est bon*»와 같은 다른 예들이 포함되어 있다.[71] 그러나 *GGR*이 복합 주어라는 표현을 사용하는 것은 «유능한 사법관 *Un habile magistrat*»을 위한 것이다. 『논리학 *la Logique*』 (II, 3장에서 6장까지) 참조할 것. «유능한 사법관 *Un habile magistrat*»은 복합 항으로 되어 있다. 왜냐하면 그 속사인 «공화국에 유용한 사람 un homme utile à la republique»은 모든 사법관에 대해 단언하는 것이 아니라 어떤 «유능한 사법관 *Un habile magistrat*»에 대해서만 단언하기 때문이다. 그렇기 때문에 이 구절은 물론 («유능한 사법관 *Un magistrat qui est habile*» 등등)과 같은 어떤 관계절로 환언될 수 있다. 그러나 이 관계절은 한정적이기 때문에 어떤 식으로든 다음 문장과 같이 판단의 등가어라고 인정될 수는 없다.

사법관은 유능하다(un magistrat est habile).

---

70 『언어와 사고 *Le langage et la pensée*』(p. 16-17)〈각주〉.

71 로빈스(R.H. Robins), 『언어학의 짧은 역사 *A short history of linguistics*』(1967, p. 125)에서의 주석〈각주〉.

반대로 «보이지 않는 신이 보이는 세계를 창조했다 *Dieu invisible a créé le monde visible*»의 경우 명제 항들은 촘스키가 쓴 것처럼 *GGR*의 의미에서 «복합적이지» 않다. 여기서 우리는 다음과 같이 판단할 수 있다.

> → 보이지 않는 신(Dieu qui est invisible).
> → 신은 보이지 않는다(Dieu est invisible).

요컨대, *GGR*(및 『논리학 *la Logique*』)이 제안한 분석은 오직 «복합 항»의 개념을 밝힐 수 있는 기준을 제공하는 것을 목표로 한다.[72] (관계절에 대한 장에서만 언급된) 이 절차를 기저의 심층구조의 존재에 대한 일반 명제의 차원으로 확장하는 것은 지나치다.[73]

또 다른 특성으로, *GGR*은 *GGT*의 전조가 되었다. 생략의 개념이 그것이다. 촘스키는 포르루아얄과 *GGR*이 상티우스에게 단단히 의존하고 있다는 것은 좀 늦게 깨달은 것 같아 보인다(『언어와 사고 *Le langage et la pensée*』, 1970). 따라서 «데카르트 언어학»의 개념을 지키기 위해 그는 겉보기에는 유사하지만 근본적인 차이점이 *GGR*을 이전의 것과 구별한다는 것을 보여주려고 노력한다. 상티우스에게 있어서 생략이라는 해법은 «생략의 변이형»의 «더 정교한 환언문»인 «문학적 구절»에 그 «진정한 의미»를 부여하는 수단일 뿐이다. *GGR*과 그 계승자들은 반대로 «텍스트 해석 기법이 아닌 심리학 이론»을 발전시킬 것을 제안한다. (문장이 생성될 때 정신 작용을 통해

---

72 참조. 크레츠만(1975, p. 182)〈각주〉.

73 크레츠만은 생성주의적 접근이 중세 전체에 걸쳐 수행되고 특히 15세기 말에 *설명을 요하는 문장들*(*exponibilia*)의 이론에서 표현된 연구들에 뿌리를 두고 있다는 것을 단언할 수 있다고 믿는다. (그는 이와 관련하여 1495년에 Haguenau에서 인쇄된 개론서를 연구한다) 〈각주〉.

기저의 추상적인 구조가 표층구조에 연결된다.)[74]

촘스키가 포르루아얄을 상티우스에게서 분리하려는 시도는 완전히 잘못되었다.[75] 상티우스나 스키오피우스는 문학 텍스트에 관심을 두지 않았다. 그들이 검토하고 «삭제된» 낱말들을 복원시키면서 무수히 수정하여 바로 잡은 것은 가장 평범한 표현들이다. *Vtor libris*(나는 책을 사용한다) = *utilitatem capio ex libris*(나는 책에서 유용성을 가진다) (왜냐하면 Ab가 전치사라는 «올바른 규칙»을 찾아야 하기 때문이다). *Sum Romae*(나는 로마에 있다) = *sum <in urbe> Romae*(나는 로마 <시>에 있다) (왜냐하면 «G»는 명사 보어일 수밖에 없기 때문이다). 거기에 문학적인 무엇인가가 있는가? 상티우스가 제안하는 것은 텍스트 해석이 아니라 규범을 찾기 위한 의사-문법적 과정이다.

한편 *GGR*과 *NM*은 생략의 «상대적으로 다른 해석»을 드러내지 않는다. 하기야 아르노도 (항상 상티우스에 대한 충성을 부르짖는) 랑슬로도 그러한 결정적인 차이를 깨닫지 못했다. 동제는 다음처럼 그것을 매우 현명하게 관찰한다. 즉 «나는 상티우스의 개념과 포르루아얄의 개념 사이에 근본적인 차이가 있다고 생각하지 않는다. 또한 나는 촘스키의 변형 조작 이론과 뒤 마르세가 사고와 그 표현의 메커니즘에 대해 가질 수 있었던 생각을 비교할 수 있다고 생각하지 않는다».[76]

요컨대, «데카르트주의»를 토대로 자신의 고유한 개념들을 구축하려는 촘스키의 주장을 정당화하기 위해 *GGR*(및 *NM*)에 의존하는 것은 불가능하다. 그가 주장하는 의미에서 창의성도 생득성도 심층구조조차도 서로 일치

---

74 『언어와 사고 *Le langage et la pensée*』(p. 34-35)〈각주〉.

75 촘스키가 취한 형식의 신중함(«비교적 그런 것 같다»)은 자신 주장의 영향력을 그다지 완화시키지 못한다〈각주〉.

76 동제(Roland Donzé), 『포르루아얄의 일반이성문법 *La GGR de Port-Royal*』(1971, p. 229, n. 87) (앞의 각주 40 참조)〈각주〉.

하지 않는다. 보편주의, 그것은 포르루아얄보다 훨씬 앞서있다.[77]

우리는 *GGT*가 *GGR*을 연상시키는 것은 다른 특징들, 특히 문법을 넘어서 문법을 융합하는 인식론적 틀에 그것을 통합하려는 열망에 의해서라는 것을 기꺼이 덧붙일 것이다. 그렇기 때문에 철학 위에, 심지어 형이상학 위에 언어 《과학》을 확립할 위험이 크다. 촘스키의 경우에서 재미있는 것은 그가 이성의 이름으로 데카르트와 그에게서 비롯된 철학적 문법가들을 포용한다고 믿으면서 상티우스와 중세 신학자들에게도 찬사를 보낸다는 것이다.

---

77 *GGR*의 유명한 II장 I절을 주의 깊게 읽으면 심층구조와 표층구조 사이의 결함, 즉 다시쓰기규칙에 의해 극복될 결함을 상상하지 못한다. 아르노와 랑슬로는 《생각하기, 판단하기, 추론하기》라는 정신의 세 가지 기본 작용에서 출발한다. 일련의 판단에 불과한 추론은 생략된다. 첫 번째 작용(생각하기)은 《대상》을 생각(《땅, 둥근 형체》)에서 분리한다. 두 번째 작용은 이들 명제 항을 단언 행위(《지구는 둥글다(la terre est ronde)》)로 묶는다. 이때 계사인 《이다(est)》는 《사고의 형식이나 방식》을 나타낸다. 우리는 《규칙적인》 명제(그러나 《비규칙적인 명제》는 아무런 관여성을 가지지 않는다)가 《생각하기》와 《판단하기》를 매개로 언어외적인 것의 충실하고 직접적인 반영이라는 것을 알게 된다〈각주〉.

제2부

19세기: 문법에 열린 공간과 시간

—

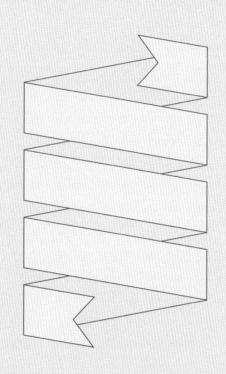

제4장 ─── 소장문법학파 학자들과 격의 통사론

Ⅰ. 두 가지 새로운 관점: 공간, 시간

브루크만, 오스토프, 델브뤼크, 파울을 중심으로 1870년대에 자신들 저술의 토대를 마련한 사람들의 움직임을 나타내는 «소장문법학파»[1]라는 호칭은 우리가 알다시피 조롱 삼아 시작되었다. 소장문법학파(문법의 젊은 급진파)는 도전에 나서서 이러한 경멸적인 통념을 받아들였고, 그들의 선배들보다 더 체계적인 방식으로 진행하여 19세기에 시작된 혁명을 완성했다. 오늘날 «보프[2]에서 메이예[3]까지의 철학적 에피소드»에 대해, 즉 언어철학에 대한 매우

---

1   소장문법학파(Junggrammatiker)는 1870년대에 독일의 라이프치히대학을 중심으로 그 이전 시기의 언어 연구의 성향과 두드러진 차이점을 보이는 일군의 학자들을 가리킨다. 브루크만(K. Brugmann, 1849~1919), 오스토프(H. Osthoff, 1847~1909), 델브뤼크(B. Delbrück, 1842~1922) 등의 학자들과 이들의 연구방법론을 이론적으로 집대성한 헤르만 파울(H. Paul, 1846~1921)이 이들 신문법학파의 중심 멤버였다. 이들은 당시 자연과학에서 발전된 실증주의적 연구의 성과에 자극을 받아 언어학에서도 실증주의적인 방법을 도입하여 언어학을 정밀과학으로 다듬고자 했다. 이들의 연구는 '관찰할 수 있는 사실만이 과학의 유일한 연구대상'이라는 실증주의적 사고에 큰 영향을 받았다⟨역주⟩.

2   보프(Franz Bopp, 1791~1867)는 독일의 언어학자로 인도유럽어 비교 언어학의 창시자 중 한 사람이다. 그의 연구성과는 방대한 저서 『산스크리트, 젠드어, 그리스어, 라틴어, 리투아니아어, 고대슬라브어, 고트어, 독일어의 비교문법』(1833~1852) 속에 집약되어 있다⟨역주⟩.

오래된 성찰을 어리석게도 저지했으리라는 에피소드에 대해 경멸을 표하는
사람들에 맞서, 이 사람들이 이룩한 훌륭한 업적을 높이 평가하는 것은 정당
하다. 그들이 없었다면, 그들이 끈기 있게 수집하고 정리한 막대한 양의 정확
한 사실이 없었다면 오늘날 견실한 언어학은 존재할 수 없을 것이다.

　19세기에 모든 언어가 언어학자의 관심을 끌 만한 가치가 있고, 모든 언어
가 시간 속에서 전개된다는 것이 분명 갑작스럽게 발견된 것은 아니다. 의심
할 여지없이 옛적부터 전임자들이 있었으며, 특히 16세기부터 그러했다. 그
러나 19세기의 학자들은 그들이 원했던 다른 언어들과 현재 만들어지고 있는
언어들에 대한 엄격하고 완전한 탐구를 처음으로 시도했다. 그들은 문법적
성찰이 시작된 이래 거의 무시되었던 공간과 시간의 두 가지 관점을 진정으로
열어놓은 최초의 사람들이었다. 이전의 시대는 그리스인을 위한 그리스어,
그다음에는 주로 라틴어, 그리고 소수의 서구 언어와 같은 매우 적은 수의
언어 안에 갇혀있는 것 같았다. 라틴어의 경우, 그들은 이 언어가 말하자면
별 두드러짐 없이 쇠퇴하는 것으로 보았다. 라틴어가 변화했다는 사실을
모르지 않았지만, 이 변화가 연구의 대상은 아니었다. 그만큼 보잘것없는
언어 자료에는 언어에 대한 강렬한 사변이 결부되어 있었다. 19세기에는
엄청난 양의 새로운 사실들이 성찰의 대상이 된다. 우리가 빙글빙글 돌던
오래된 집이 확연히 드러난다. 인류 전체가 자신의 역사는 물론 그 선사시대

3　메이예(Antoine Meillet, 1866~1936)는 소쉬르에게 언어학을 배운 프랑스의 언어학자로 고
　등학술연구소 소장, 콜레주 드 프랑스의 교수 등을 역임했다. 인도유럽어를 비교·연구하여
　조어(祖語)와의 관계를 찾고, 그 역사를 밝히려고 했다. 그가 다룬 언어는 그리스어, 라틴어
　이외에 슬라브어, 로망스어, 페르시아어, 히타이트어 등 광범위하였다. 음운변화의 사회적·
　심리적 요인, 동계어(同系語) 사이에 일어나는 평행적 변화 등 많은 독창적 견해로 비교언
　어학의 방법론 확립에 공헌했다. 주요저서로 『인도유럽어 비교 연구 서설 Introduction à
　l'étude comparative des langues indo-européennes』(1903), 『역사 언어학에서의 비교 방법
　La méthode comparative en linguistique historique』(1925) 등이 있다(『두산백과』 참조)〈역
　주〉.

도 함께 연구하는 데 뛰어든다. 이전 언어학의 사변과 선험주의는 규탄되고 옆으로 치워진다. 정확한 과학이 승리하는 시대의 이들 문법가에게는 오직 사실만이 관심의 대상이 된다. 19세기가 역사 문법을 선호했다는 사실이 계속 반복해서 얘기된다. 우리 자신은 비교주의자로서 라틴어를 다룬 사람들의 저술만을 설명해야 할 것이다. 그러나 인도유럽어든 아니든 전 세계의 언어에 나타난 아주 새로운 관심을 잊는 것은 참말로 정당화할 수 없는 것이다.

15세기와 16세기에는 그리스어를 다시 배우고 히브리어를 배웠다.[4] 다른 언어에 대한 비교적 새로운 호기심은 지리적 분류에 따라 배열된 다른 방언의 병치로 표현되었다. 칼레피노[5]의 유명한 다국어 사전은 1502년으로 거슬러 올라간다. 사람들은 또한 언어를 분류하려고 했으나 대부분의 경우 실패했으며 과학적 관심이 없는 시도였다. 이를테면 별로 언어학적이 아닌 이유로 히브리어는 성 제롬[6]에 의해서와 마찬가지로 포스텔[7]에 의해 모어로 간주되었다.[8] 그러나 근거 있는 비교주의의 시작을 실제로 알린 것은 산스크리트어의 발견이다. 윌리엄 존스[9]의 1786년 논문에서 1808년 쉴레겔[10]이 출판한

---

4 이 전개는 르루아(Maurice Leroy), 『현대 언어학의 큰 흐름 Les grands courants de la linguistique moderne』(파리, PUF, 1963, p. 9 이하)에서 영감을 받았다〈각주〉.

5 칼레피노(Ambrosio Calepino, 1440~1510)는 이탈리아의 저술가이다〈역주〉.

6 제롬(Jérôme, 345~420)은 제1차 니케아 공의회 이후의 보편교회 신학자이자 4대 교부 중 한 사람이다. 그는 라틴어 번역 성경인 불가타 성경의 번역자로 잘 알려져 있다〈역주〉.

7 포스텔(Guillaume Postel, 1510~1581)은 언어학자이자 천문학자였고 교수 및 종교적 보편주의자였다〈역주〉.

8 그러나 스칼리제르(J.J. Scaliger)는 『인도유럽어의 토론 Diatriba de Europaeorum linguis』을 출판하여 슬라브어, 그리스어, 라틴어, 게르만어 등 여러 언어군을 명확하게 구별했다〈각주〉.

9 윌리엄 존스(William Jones, 1746~1794)는 영국의 문헌학자이자 판사이다. 그는 옥스퍼드 대학교에서 법학을 공부하여 변호사 자격을 취득한 후 1783년 영국이 식민지 작업을 벌이고 있던 인도 캘커타에 판사로 파견된다. 인도 도착 후 힌두 경전인 베다 경전을 통해 인도의 산스크리트어(sanskrit)를 연구하게 된다. 1786년 그는 자신이 창립한 「아시아 학회(Asiatic Society)」에 산스크리트어가 그리스어, 라틴어뿐만 아니라 게르만족의 언어인 켈

책(『인도의 언어와 지혜에 대하여 *Ueber die Sprache und Weisheit der Inder*』)에 이르기까지 언어적 친족관계의 중요한 개념이 다듬어지고 명확해진다.

따라서 전 세계의 언어와 언어의 역사를 향한 19세기의 문법은 무에서의 창조가 아니다.[11] 그러나 그것은 과학적 엄격함이라는 새로운 요구와 함께, 지금까지 «일반 문법»의 오만한 겉모습이 드리운 그늘에 버려져 있던 호기심을 무한히 발전시켜 나가게 된다. 이 독창적인 노력의 결과는 특히 풍부하다. 19세기가 우리 참고자료의 근간으로 남아있는 걸작들이 개발된 황금기였음을 확인하기 위해서는 어떤 언어학의 참고 문헌이든 참조하면 된다.[12]

트어, 심지어 페르시아어와도 밀접한 관련이 있다는 내용의 논문을 발표한다〈역주〉.

10 쉴레겔(Fr. Schlegel, 1772~1829)은 독일의 시인이자 평론가 및 학자이다. 그는 비교언어학 연구에서도 두각을 보여 1808년 『인도의 언어와 지혜에 대하여 *Ueber die Sprache und Weisheit der Inder*』라는 저서를 낸다〈역주〉.

11 16세기부터(1585~1588) 이탈리아인인 사세티(F. Sassetti)는 고아(Goa)에서 산스크리트어와 이탈리아어 간의 유사점을 관찰했다(*náva/nove, sarpá/serpe* 등). 그러나 그의 『문학 *Lettere*』은 1885년에야 출판되었다! 마찬가지로 1867년에 금석학 아카데미(Académie des Inscriptions) 소속의 예수회 수도사인 쾨르두(Cœurdoux)[퐁디셰리(Pondichéry)에 설립됨]의 주석은 19세기 초에야 출판되었다! 그는 여기에서 «산스크리트어, 라틴어와 그리스어 사이의 흥미로운 유사점»에 대한 그의 주석을 알렸다〈각주〉.

12 예를 들어 메이예의 『인도유럽어의 비교연구 입문 *Introduction à l'étude comparative des langues indo-européennes*』(제8판, 파리, 1937, p. 483-509. 벤브니스트(E. Benveniste)에 의해 개정됨)의 끝에 있는 «참고도서 정보»를 볼 것.
1819년 그림(J. Grimm)의 독일어 역사 문법서인 『독일어 문법 *Deutsche Grammatik*』이 등장했다. 탄탄한 비교문법서들이 로망스어의 경우 1836년에(Fr. Diez), 슬라브어의 경우 1852년에(Fr. Miklosich), 켈트어의 경우 1853년에(J.K. Zeuss) 출판되었다. 산스크리트어의 경우 Böhtlinck & Roth(1855)의 사전은 J. Wackernagel(1896 sq.)의 문법서처럼 항상 기본적인 저작물이다. 또한 Bartholomae(1883)의 이란어 입문서와 H. Grassmann(1873)의 리그베다(Rig-Veda, 인도 최고의 성전) 사전을 예로 들 수 있다. 19세기 초 그림이 존경했던 S. Wuk의 유명한 세르비아 문법서(독일어 번역, 1824)가 나타났다. A. Schleicher(1856) 이후, F. Kurchat & A. Leskien(1876)은 리투아니아어에 대한, A. Bielenstein(1863)은 레트어에 대한 뛰어난 기술을 제공한다. G. Meyer(1891)는 알바니아어를 소개한다. («가장 통속적인 형태와 문어적인 형태의 현대 언어는 한때 더 이상 관찰할 수 없는 언어로 향하던 학자들의 관심을 끌었다. 사람들은 현대의 고유어(방언)의 모든 세부 사항을 개별적인 정확

우리는 이를테면 엄격한 정확성에 대한 우려와 관련된 언어적 호기심의 폭발로 인해 생성된 중요한 저작들을 한없이 열거하는 데 그치지 않을 것이다. 소장문법학파 운동의 놀라운 성과를 이해하기 위해서는 메이예가 수백 개의 논문과 잘 알려진 비교주의 언어학을 통합하는 저술들 외에도 자신의 유명한『그리스어 역사 개요 *Aperçu d'une histoire de la langue grecque*』와『라틴어 역사 개요 *Esquisse d'une histoire de la langue latine*』는 말할 것도 없이 아르메니아어(1903), 공통 슬라브어(1924), 게르만언어들(4판, 1930) 그리고 고대 페르시아어 등의 문법서들을 온갖 노력을 기울여 간행할 수 있었다는 것을 상기하는 것으로 충분하다.[13]

마지막으로, 우리를 위한 기본 저작물은 소장문법학파의 방법론에 따라 라틴어의 경우는 로이만 & 샨티르(M. Leumann & A. Szantyr, 1965, 1977)가, 그리스어의 경우는 슈위처(E. Schwyzer, 1959)가 작성한 것들이다.

성을 가지고 설명하기 시작했다», 메이예,「비교문법강의 공개강좌 *Leçon d'ouverture du cours de grammaire comparée*」, 콜레주 드 프랑스, 1906(= LHLG, p. 5)). 언어들은 각 해당 방언(로망어, 게르만어 등, 특히 아렌스(H.L. Ahrens)의 그리스어 방언, 1839~1843)에 대해 자세히 연구된다. 인도유럽어의 분야에서 1870년 이후에 수행된 작업은 K. 브루크만 & B. 델브뤽크의 거대한『입문서 *Grundriss*』에서 «가장 특징적인 통합»(G.G. Lepschy의 표현,『구조주의 언어학 *La linguistique structurale*』, 파리, Payot, 1967, p. 18)을 이루게 된다 (K. 브루크만,『인도-게르만어의 비교문법 개요 *Grundriss der vergleichenden Grammatik des indo-germanischen Sprachen*』, 제2판, 스트라스부르, 첫 3부의 경우 1893-1900.「통사론 *Syntaxe*」에 관한 III, IV 및 V권은 B. Delbrück(1893~1900)에 의해 작성되었다). 우리는 모든 유럽 구조주의의 아버지로 여겨지는 소쉬르가 그의 유명한『인도-유럽의 원시 모음 체계에 대한 논문 *Mémoire sur le système primitif des voyelles en indo-européen*』(1878)을 통해 처음으로 자신을 알렸다는 것을 잊지 않고 있다〈각주〉.

13 메이예(A. Meillet)에 대한 상세한 소개는 앞의 〈역주〉 3을 참조할 것〈역주〉.

II. 고전적 선험주의와 낭만주의 신화에 대한 완전한 거부

소장문법학파의 세대는 18세기 《일반 문법》의 선험주의뿐만 아니라－이러한 원칙적 태도는 전반적으로 초기 비교주의자들의 태도이다－보다 직접적인 방식으로 바로 앞 전임자들에게서의 신화나 통제되지 않은 상상력에서 비롯된 것처럼 보이는 모든 것을 거부함으로써 자신들의 방법을 분명하게 내보인다. 소장문법학파의 학자들은 자신들이 속한 세기의 사상적 흐름 속에서 자신들의 위치를 아주 정확하게 인식한다. 우리는 델브뤼크가 그의 「통사론 Syntaxe」[14]의 시작 부분에 배치한 것이나 메이예가 『인도유럽어 비교 연구 서설 Introduction à l'étude comparative des langues indo-européennes』 (1903)을 끝맺은 것과 같은 역사적 개괄을 통해서 그것을 판단할 수 있다.

그들에게 있어서 19세기의 처음 두 시기의 지도자[1816년부터는 보프, 세기의 중반경에는 슐라이허][15]는 여전히 부분적으로 18세기의 사람이다. 그들은 이들이 사실이라는 확고한 근거에 기반을 두지 않는 것을 비난하고, 이들이 사실상 자의성과 선험주의에 빠지는 완전한 구조를 제안하는 것을 비난하고, 예외 없이 순수한 조어(langue primitive)를 가정하는 것을 비난한다.[16]

브루크만과 델브뤼크는 자연과학에서 영감을 받은 슐라이허의 주장을 배

---

14 『인도-게르만어의 비교문법 개요 Grundriss der vergleichenden Grammatik des indo-germanischen Sprachen』, 제2판, 스트라스부르그, t. III, 「통사론 Syntaxe」〈각주〉.

15 슐라이허(August Schleicher, 1821~1868)는 19세기 독일의 언어학자로 18세기 말 일어난 인도유럽어 비교문법을 집대성한 『인도유럽어 비교문법 제요 Compendium der vergleichenden Grammatik der indogermanischen Sprachen』(1861~1862)로 인도유럽제어의 비교문법 발전에 큰 공적을 남겼다. 또한 리투아니아어 연구의 창시자이다(『두산백과』 참조)〈역주〉.

16 이는 《언어의 요람》에 도달하는 것이 가능하다고 믿었던 르낭(Ernest Renan)과 같다(『언어의 기원에 대하여 De l'origine du langage』(1858)(M. Leroy, 『현대 언어학의 주요 흐름 Les grands courants de la linguistique moderne』(1963, p. 35)에서 인용됨). 이 후자의 책(p. 32-35)에서 《언어기원주의》에 대한 유용한 힌트를 찾을 수 있다〈각주〉.

척하는 것처럼 언어의 기원을 추정하는 그런 망상을 거부한다. 슐라이허는 언어를 «분해되어» 사라질 수밖에 없는 자연 유기체와 동일시했다. 오늘날 르루아가 탁월하게 말했듯이, «슐라이허는 여전히 대체로 18세기의 사람으로 남아 연구 초기에 이론을 먼저 배치하고 미리 구축된 논리적 도식의 코르셋을 사실에 적용하기를 열망했다».[17]

소장문법학파는 건전한 반응을 통해 객관성과 엄격함을 추구했다. 메이예의 판단에 그림[18]처럼 그들은 «일종의 경건함»으로 언어 사실을 수집한다. 그들이 재구성한다고 주장하는 것은 실제로 조어(langue primitive)가 아니라 그 현상이 서로 이어진 확인되거나 가능한 순서일 뿐이다. 그들은 법칙에 따라 구성된 자료를 고수한다. 그들은 자신들의 신중한 정확성에서 과학적 방법의 바로 그 승리와 이전 접근 방식의 불확실성과의 확실한 단절이 보장되는 것을 경험한다.

그러나 이들 학자는 자신들의 매우 탁월한 자질 덕에 직면한 이론적 문제를 피할 수 있었다. 그들에게 «이론»은 자의성과 동의어가 된 것처럼 보인다. 그들은 과학적 태도가 오히려 가설 형태의 일반화를 배제하지 않는다고 생각하지 않았다. 이 결함은 그들에게서 어디에서나 볼 수 있으며, 아마도 특히 그들이 가장 적게 연구한 영역인 통사론에서 볼 수 있다. 그들의 자료에 바탕을 둔 기념비적 저술은 학설과 관련된 모든 것, 즉 불분명한 개념, 불일치, 모순 등에서 일종의 부실함을 보여준다. 그들의 세기를 갈라놓았던 논쟁은 거기에서 단지 비참한 메아리(특히 격 이론에 관한 것)만을 발견한다. 그만

---

17 같은 책, p. 32〈각주〉.

18 그림(Jacob Grimm, 1785~1863)은 독일의 언어학자이다. 그는 『독일어 문법 *Deutsche Grammatik*』(1819~1837)에서 독일어뿐만이 아니라 게르만어 전체의 문법적인 특징을 비교하였다. 그는 이 책에서 게르만어의 자음과 여기에 대응하는 다른 인도유럽어족의 자음과의 관계에 일정한 법칙[후대는 이를 그림의 법칙(Grimm's law)이라 한다]이 있음을 발표하였다(『두산백과』 참조)〈역주〉.

큼 그들은 사실의 기록을 넘어선 모든 것을 자신들의 저작에서 없앴다. 마지막으로, 그들은 전임자들이 정당한 이유로 비난받은 바로 그 오류들을 다른 형태로 되풀이하는 아주 흔히 관찰되는 운명을 피하지 못했다.

III. 소장문법학파의 격 개념

델브뤼크(III, 188)는 격에 대한 전체적인 설명을 하면서 격은 명사 개념이 동사 개념과 관련하여 유지하는 관계를 나타낸다고 말한다.

명사는 동사 행위의 운반자(Träger) 또는 중심(Mittelpunkt)이 될 수 있다. 이때 명사는 N(주격)에 속한다. 명사는 또한 다음과 같은 행위에 의해서도 도달될 수 있다.

- 밀접하고 완전하게(Ac)
- 부분적으로(G)

혹은 명사(D)를 고려하여 행위는 명사를 위해 이루어진다.
혹은 명사는 다음과 같은 것을 나타낸다.

- 동반, 도움 (I)
- 출발점 (Ab)
- 행위가 이루어지는 장소 (L)

델브뤼크는 조심스럽게 위치주의 이론과 구별하기 위해 여기서 《겨냥된 목표》가 《원래》 어떤 격으로 표현된 것이 아니었다는 점을 강조한다. 이

의미는 Ac의 경우는 동시대부터, D의 경우는 아마도 나중에 분명히 발생한 이차적 발전에서 비롯된다.

우리는 처음부터 격의 연구가 다양한 의미를 초월하고 인도유럽어(IE) 시대에 자리 잡은 일련의 《기본 개념》의 설정에 의해 통제된다는 점에 주목한다. 따라서 격의 융합(격의 형식적 병합)에 대한 연구가 학설에서 필수적인 위치를 차지한다(델브뤼크, III, p. 189 이하 참조). 융합에 대한 인식을 통해서 실제로 그리스어의 D가 D, I, L의 용법은 물론 심지어 복수형으로 Ab의 용법을 총괄하는 것으로 분석될 수 있게 된다. 마찬가지로 라틴어 Ab는 I과 L을 포괄한다. 오직 산스크리트어만이 (-o로 된 어간일 때를 제외하고는 이미 여러 개의 융합, 즉 복수의 N=N+V, N nt=N+Ac, 복수의 D=D+Ab, 단수의 G=G+Ab에 의해서 표시되었던) 인도유럽어(IE) 상태를 유지한다.

격을 하나씩 조사하기 위해[4장에서 10장까지(p. 200-400)] 델브뤼크는 언뜻 보기에는 놀랍지만, 사실은 매우 논리적인 계획을 채택한다. 격의 순차는 다음과 같다. 즉 Ab, L, I, D, G, Ac, N, V이다. V를 따로 떼어 놓으면 격은—대략적으로—융합에 의해 영향을 받는 순서대로 거의 정렬된다(IE부터 있었던 Ab는 보통 선두에 있다).

탈격(Ab)

Ab는 《원래》 대명사에만 있었다(델브뤼크, III, p. 181-182). 그것은 대명사에서 명사의 일부로 넘어갔다. 게다가 그것은 단수로만 특별한 형태를 나타낸다(베다어[19]에는 복수의 Ab보다 단수의 Ab가 훨씬 더 많다).[20] 따라서 Ab의

---

[19] 베다(Veda)어는 인도유럽어족 인도어파에 속한 언어로 바라문교의 성전 「베다(Veda)」에 사용된 언어로 인도유럽어 가운데 가장 오래된 형태를 나타내고 있다(『표준국어대사전』 참조)〈역주〉.

기본 개념은 행위의 출발점은 나타내는 실사를 표현하는 것이지만, 무엇보다 단위용 실사를 표현하는 것이다.

이 정의 이후 델브뤼크(III, p. 200 이하)는 다른 언어들에서 이 격의 미래에 대한 전반적인 기술을 대대적으로 준비한다. 그는 우리에게 Ab 앞에 오는 명제 항의 특성에 따라 예들이 배열된 거대한 목록을 다음과 같이 제공한다.

— {동사 / 동사적 명사 / 형용사 / 더 자유로운 탈격} Ab

동사 다음에 오는 Ab에서 제공된 부분은 동사의 의미 내용에 따라 («(에서) 멀어지다 *s'éloigner*», «~에서 밀려오다 *chasser de*» 등) 더 세분화된다(§§ 82-89). 우리는 자료의 풍부성, 정보의 폭넓음과 확실성, 문헌학적 정확성에 감탄한다(저자는 주저하지 않고 아베스타어[21] 예의 타당성에 대해서도 상세히 논의한다).

동사적 명사 뒤에 오는 Ab는 어떤 특별한 설명이 필요하지 않다. 형용사 뒤의 Ab[예: *inanis*(비어있는/텅빈), *uacuus*(비어있는/텅빈) 등]는 이들 형용사와 일반적으로 Ab로 구성된 동사의 분사형 사이의 의미적 근접성에 의해 정당화된다.

마지막으로, «더 자유로운» Ab는 동사 단독이 아니라 문장과 관련되어 있기 때문에 그렇게 불린다. 산스크리트어와 아베스타어에서 Ab는 행동의

---

20 명사의 경우 복수 124 대 단수 923이다. 델브뤼크는 단수형이 일반적으로 복수형보다 훨씬 더 빈번하다는 사실을 잊어버렸을 수 있다. 예를 들어 『무레나 변호문 *Pro Murena*』[키케로 (Marcus Tullius Cicero), BC 66년, §§ 1-8]에서 단수형 명사 부류(명사, 대명사, 인칭 어미) 의 200개 형태소에서 복수형은 56개뿐으로 이는 전체의 22% 미만이다〈각주〉.

21 아베스타어(Avestan)는 인도유럽어족의 인도이란어파에 속한 고대 이란 언어의 하나로, 조로아스터교의 경전 아베스타(Avestā)에 사용된 언어이다. 아베스타어는 고대 인도의 베다어와 문법, 어휘 면에서 흡사하며, 이것이 인도이란어파를 설정하는 하나의 근거가 되고 있다〈역주〉.

동기를 나타낸다. 라틴어에서는 Ab는 I와 구별하기가 어렵다.

도구격(I)

I의 어려움은 그것이 《도구》뿐만 아니라 《동반》과 《확장》을 나타낸다는
것이다(델브뤼크, III, p. 184). 수동태의 《동작주》로서의 용법은 수동태가 비교
적 최근에 만들어졌기 때문에 《본원적》이지 않다. 중심 개념은 의심할 여지
없이 연합 개념이다. I에는 행위의 《이행인》과 협력해서 그 행위를 실행하는
사람을 지칭하는 실사가 할당된다.[22] 거기에서부터 엄밀한 의미에서의 《동
반》으로 이동한 다음 《도구》로 넘어간다. 마찬가지로 확장 값은 주어진 거리
또는 경과된 시간과의 끊임없는 연합으로 이해된다.

위치격(L)

델브뤼크는 다양한 관찰을 통해 다음과 같은 도식에 따라 조어(祖語,
Ursprache)에서부터 L의 의미가 확장된 것으로 가정하고 있다.

1) 공간 내에서
2) 표면 내에서[= *an*(옆에/~에 접하여), *auf*(~(위)에(서)]
3) 기간 내에서
4) 영역 내에서

---

22 이것은 J. Haudry(1968)가 I의 《탈주격적 désubjectif》 용법이라고 부르는 것이다(각주).

여격(D)

델브뤼크(III, p. 184)는 자신이 과거에 제안했던 설명(*KZ*, 18, p. 100 이하)을 거부한다. 그는 더 이상 D의 근본적인 의미가 «어떤 것을 향한 물리적인 성향»이라고 생각하지 않는다. 이것은 다음 두 가지 이유 때문이다. 1) 그는 언어 기원론적 가설들(전치사로 격 어미를 해결하려는 종류의 가설들)에 대해 매우 분명한 의구심을 갖는다. 2) 그는 위치주의적 설명을 선호하는 일반적인 경향에서 벗어났다.

중요한 것은 역사적 발전을 설명하는 것이다. 그렇지만 역사적 발전은 D에 대한 지적(知的) 개념을 제시하는 데 전념한다. 그 증거로 D에 사람의 이름을 나타내는 것이 우세하나, 이것은 D가 순전히 목표를 나타낼 때는 생성되지 않는다. 베다어에서 동사 «가다»는 인칭의 D와는 절대 함께 쓰이지 않는다. 따라서 목표의 D가 나중에 발전한 것은 위치적이 아닌 기본 개념에서부터이다. (이러한 진화는 Ac의 위치적이 아닌 매우 일반적인 기본 개념에서 비롯된, 목표의 Ac가 보인 진화에 필적한다).

속격(G)

델브뤼크(III, p. 308)는 속격을 일종의 «축소된 Ac»(축소된 4격)로 정의한다.[23] 그것의 초기 역할은 이 자격으로 완전히 동사에 속하는 것이다(=부분

---

23 델브뤼크는 개디케(G. Gädicke)와 그림(Grimm)의 정의를 수용한다(III, p. 187). 후자의 경우 (『독일어 문법 *Deutsche Grammatik*』, 4, 646) Ac는 동사 개념으로 «die vollste Bewältigung eines Gegenstandes(사물의 가장 완전한 숙달)»를 표현하고, 반대로 G는 «eine Geringere Objecktivisierung(사소한 객관화)» [*das Wasser/des Wassers trinken*(물을 마시다)]을 표현한다(각주).

격). 이 동사 보어의 용법에서 명사 보어의 용법을 이끌어내는 것은 불가능하지 않다.[24] 제안된 독일어 예(III, p. 333)를 번역하여 다음과 같은 일련의 문장을 얻는다.

1) «il mange du pain, une bouchée(그는 빵을 먹는다)(부분격 G), 한 입을» (Ac).
2) «il mange du pain une bouchée(그는 빵을 한 입을 먹는다)»(쉼표 없이!).
3) «il mange une bouchée du (de) pain(그는 빵 한 입을 먹는다)».[25]

G의 의미효과는 ─ 수 세기 동안 세심하게 언급된다 ─ 연관된 명사의 어휘 내용에 의한 것이다. 따라서 «소유의 G»는 지배어가 피지배어에 속하는 어떤 것을 가리키기 때문에 그렇게 느껴진다(III, p. 334). «주체의 *subjectif*» G는 아마도 «소유의» G의 특별한 용법일 뿐이다[*der Flügel des Vogels*(*새의 날개*)→*das Fliegen des Vogels*(*새의 비행*)]. «객체의 *objectif*» G로의 확장은 G가 명사 보어의 관계를 표시하는 습관에 따른 것이다. 조어에서는 *der Geber das Gute*(*선을 베푸는 사람*)라고 말했고 그 후에 대격 Ac *das Gute*는 속격 G *des Guten*으로 대체되었다.

대격(Ac)

델브뤼크의 학설은 여기에서 상당히 불확실하다. 때로는 그는 기본 개념이

---

24 같은 책(III, p. 186)에서 델브뤼크는 G의 두 가지 용법, 즉 동사 보어와 명사 보어의 용법 중 어느 것이 더 오래된 것인지 결정하는 것을 주저했다〈각주〉.

25 이것이 델브뤼크가 명사 보어의 G에 대한 기술의 첫머리에 *amphora uini*(*포도주 병*)를 두는 이유이다〈각주〉.

어떤 경우에도 위치적이지 않고 매우 일반적이라고 주장한다(III, p. 188)(참조. D에 관해서는 위를 볼 것). 이것은 의심할 여지없이 이 장의 처음 부분에서 상기한 개요에 반영된 견해이다. 즉 《행위》에 의해 《가까이 그리고 완전히》 도달된 명사는 Ac에 속한다. 그러나 III, p. 187(참조, p. 360)에서 저자는 그 점에서 인도의 문법 학자들을 따라 다음과 같이 부정적 정의를 내린 개디케[26]에 동의한다. 즉 Ac는 다른 격들에서 다루어지지 않는 용법들에서 나타난다.

따라서 《목적어》의 본래 Ac 또는 《목표》의 Ac에서 Ac의 모든 상세한 용법들을 도출하는 것은-그가 말하다시피 우리는 오랫동안 그것을 확신해 왔다-불가능하다. 마지막으로 III, p. 363에 새로운 태도가 나타난다. 즉 그가 말한 내용에도 불구하고 델브뤼크는 목표의 Ac로 인도유럽어 Ac에 대한 기술을 시작한다.

이러한 불확실성은 저자가 III, p. 188에서 말한 것에서 일종의 정당성을 찾는다. 즉 위치적이지 않는 기본 개념이 너무 모호한 것으로 밝혀지면 IE(인도유럽어)로 인식된 용법들을 통합하려는 시도 없이 그것들을 단순히 분류하는 것만으로도 충분하다. 델브뤼크는 이 유보된 태도에 반대하지 않는다.

그렇지만 개괄적으로 그려진 표(III, p. 187)에는 매력적인 것이 있다. 즉 Ac가 동사 개념에 의해 가장 가깝게(*am nächsten* 가장 가까이) 그리고 가장 완전하게(*vollständigst* 가장 완전하게) 도달된 실사의 격이라면, 그것은 아주 분명하게 다음과 같이 대조를 이룬다.

---

26 개디케(Gebrüder Gädicke, 1763~1837)는 1804년에 프리메이슨에 입문한 베를린의 서점상이다. 그는 수도회에 많은 관심을 갖고 여러 작품을 저술했다. 가장 가치 있고 가장 잘 알려진 것은 1818년에 출판된 『프리메이슨 사전 Freimaurer-Lexicon/Freemasons Lexicon』이다〈역주〉.

- Ac는 《도달된》에 의해서 N과 대조를 이룬다.
- Ac는 《가장 가까이》에 의해서 D와 대조를 이룬다.
- Ac는 《가장 완전하게》에 의해서 G와 대조를 이룬다.[27]

주격(N)

주격은 델브뤼크(III, p. 188)에게 있어서 《본래》 능동으로 해석되는, 행위의 전달자이거나 그 중심이다. N은 수동의 구성 이후라야 행위의 수동적 중심이 될 수 있었다. 오직 이 단계에서만 N은 《발화의 대상》과 《문법적 주어》로 이해될 수 있다.

이러한 것이 N의 《기본 개념》이다. 이 격을 다시 다루면서(III, p. 393) 델브뤼크는 술어로서 N의 용법에 대해서는 한쪽을 추가하는 것이 고작이었다.

다른 기술들

소장문법학파 경향의 다른 학자들이 동시대에(그리고 나중에!) 작성한 기술을 살펴보면 단순한 뉘앙스가 이들을 구분한다는 것을 알 수 있다. 메이예는 그 자신 또한 그들의 발자취를 따라가면서 《모든 사람들이 동일한 방식으로 추론한다》라고 바르게 평가한다.[28] 가장 특징적인 저술 중 하나는 라이프치

---

27 이 표에 대한 이의가 없는 것은 아니다. N인 *Mittelpunkt*(중심)도 결국 행위로 《도달》되지 않는가? 《가장 가까이》에 도달된 《대상의 여격들》이 있다. 마지막으로, 《대상》의 Ac와 《동사 행위에 의해 도달된 전체의 부분》을 가리키는 **Ac**(Hom., Il., 4, 501 유형의 Ac는 다음 예에서와 같다. 즉 《Ulysses는 **그를**(*le*)(대상의 Ac) 그의 창으로 (그의) **관자놀이**(《전체의 부분》의 Ac)**를** 찔렀다)》를 나타내는 (인도유럽어(IE) 시대의) 그리스어 문장에서는, 두 번째의 Ac는 G의 정의와 일치한다〈각주〉.

28 다음 각주에 인용된 저술의 서론에서(p. IV)〈각주〉.

히 그룹의 수장인 카를 브루크만의 『인도유럽어의 비교 문법 개요』[29]이다. 또한 메이예 자신의 저술로 그 초판이 1903년에 나온 『인도유럽어의 비교연구 입문 Introduction à l'étude comparative des langues indo-européennes』을 들 수 있다.[30] 동일한 일반 학설이 오늘날 우리가 의존하고 있는 로이만 (Leumann), 호프만(Hofmann), 샨티르(Szantyr)의 『라틴어 문법 Lateinische Grammatik』[31] 또는 메이예 & 방드리(A. Meillet & J. Vendryes)의 『고전 언어 비교문법 개론 Traité de grammaire comparée des langues classiques』[32]과 같은 전서에 반영된다.

브루크만은 먼저 격 굴절은 수를 넘어서 실사(명사) 개념과 동사 개념의 관계(더 드물게 다른 실사 개념과의 관계)를 나타낸다고 주장한다(p. 393).

우리는 격의 《기본 의미》를 인도유럽어 시대와 같이 특별한 용법의 여러 가지 유형들로 구성된 격의 사용 영역이라 부를 수 있다(p. 441). 이 선사시대의 상태를 복원하도록 하는 것은 분명 비교이다.

브루크만은 기본 개념들에 도달하는 어려움에 대해 델브뤼크보다 더 많이 강조한다(p. 442). 메이예(p. 342)에서도 동일한 신중한 태도가 보인다. 즉 《이

---

29 카를 브루크만(Karl Brugmann), 『인도유럽어의 비교 문법 개요 Abrégé de grammaire com-parée des langues IE』(독일어로는 『인도유럽어의 비교 문법 개요 Kurze Vergleichende Grammatik der IG Sprachen』(1902~1904년 출판)(1905년 A. Meillet & R. Gauthiot의 지도 아래 프랑스어로 번역됨)〈각주〉.

30 이 저술은 8판(1937년, 파리)에서 인용한 것이다. 우리는 이 『인도유럽어의 비교연구 입문』이 《『인도유럽어에서 원시 모음 체계에 관한 논고』(1878~1903)가 출판된 이래 25년을 맞이하여 나의 선생님 페르디낭 드 소쉬르(Ferdinand de Saussure)에게》 바쳐졌다는 것을 알고 있다〈각주〉.

31 로이만(Manu Leumann), 『라틴어 문법 Lateinische Grammatik』, vol.1: 『음성학과 형태론』(뮌헨, 1977). 샨티르(Anton Szantyr), 같은 책, vol.2: 『라틴어 통사론 및 문체론 Lateinische Syntax und Stylistik』(뮌헨, 1965)〈각주〉.

32 제1판(파리, 1924). 우리는 방드리(J. Vendryes)에 의해 개정된 제3판(파리, 1960)에서 인용한다〈각주〉.

러한 격 의미들은 종종 복잡하고, 동일한 격들이 너무나 모호해 하나의 공식으로 귀착시키기는 어려운 그룹에서 나타난다.»

일반화에 대한 유보를 통해 이 학자들은 모든 사실을 치밀한 정밀성을 가지고 받아들일 수 있었다. 따라서 그것들의 연구에 대한 기록에 관심을 가지게 된다. 그러나 우리는 그들이 인도유럽어의 수준에서 통합적인 가설을 시도하기 위해 때때로 자신들의 신중함을 약간씩 포기한다는 점에 주목한다. 한편 브루크만은 안개 영역으로 인해 시선이 방해를 받는다는 것을 인식하면서도 그는 그것을 가리고 있는 커튼 뒤에 기본 개념의 존재에 대해 전혀 의문을 제기하지 않고, 동시에 이 기본 개념에 대한 지식만이 격의 역사적 용법을 밝힐 수 있도록 할 것이라고 주장한다(그가 p. 466에서 Ac에 대해서 말한 것이나 p. 465에서 G에 대해서 말한 것 참고).

IV. 소장문법학파의 한계, 약점, 오류

우리는―«실증주의»에 대한 비난이 종종 가차 없이 행해지는 이 시대에―공간과 시간의 두 가지 관점을 문법 연구에 개방했다는 이유로 19세기 전체에 대해 지나치게 많은 경의를 표할 수는 없다. 그런데 그 작업을 절정에 이르게 한 것은 소장문법학파 학자들이다.

수천 년 동안 문법학자들은 역사적 몰지각에 사로잡혀 있었다.[33] 스콜라주의 초창기부터, 선험적으로 이론의 여지없이 형이상학적이거나 논리적이고 거짓-합리적인 견해가 언어 자료에 부과되었다. 여기서 마침내 언어 자료는

---

[33] 메이예의 『인도유럽어의 비교연구 입문 *Introduction à l'étude comparative des langues indo-européennes*』(p. 454)에서 다음 내용 참고. 즉 «힌두교인과 그리스인 모두에게 역사적 발전이라는 개념이 부족했다.»〈각주〉.

모든 인간 행위 및 역사의 차원에서 제자리를 잡게 된다. 이제 많은 자료가, 그것들이 어느 위치에 있는지 정확하게 파악되면서, 명확해진다. 방대한 분야가 연구자들의 연구에 열렸다. 기념비적인 저작들, 즉 다양한 언어의 역사적 문법서들, 감탄을 불러일으키고 오늘날에도 정확한 박식의 무엇과도 바꿀 수 없는 보물로 남아 있는 저작물들이 지어졌다.

그럼에도 불구하고 우리는 소장문법학파의 학자인 메이예가 내린 자신에게 지나치게 호의적인 다음과 같은 판단에 동의할 수 없다. 즉 «어떤 의미에서 1900년경 우리는 넘을 수 없는 한계에 도달했다» («어떤 의미에서»라는 유보는 20세기 초에 진행되고 있는 진행이 1875년 이래로 소장문법학파가 추구해온 일반적인 방향과 일맥상통함을 의미할 뿐이다.)[34]

역사의 첫 장은 «창세기»가 아니다

곧장 본론으로 들어가서 가장 중요한 내부 비판을 공식화하기 위해 우리는 이들 문법 역사가가 역사에 대한 잘못된 생각을 가지고 있다고 말할 수 있다.

물론, 그들은 상당히 조심을 한다. 그들은 객관적으로 확립된 법칙에 따라 엄격한 순서를 재구성하는 것이 중요하다는 것을 계속 반복한다. 델브뤼크는 «선사시대의 빈 공간을 모든 종류의 그림자로 채우려는 경향이 항상 강하

---

34 메이예, 『인도유럽어의 비교연구 입문』(8, p. 479). «어떤 의미에서»의 유보는 다음 페이지에서 전개된다. 새로운 텍스트의 발견, 게다가 알려지지 않은 언어[토카라어(tokharian), 히타이트어(hittite)]의 발견을 통해 우리는 이전에 «공개된 학설에 필수적인 것을 변경»하지 않도록 요구받는다. 단지 어휘를 더 공부하고 «각 언어의 모든 발전 정도»를 따르기만 하면 된다. 그러한 언어가 갖는 «체계»의 독창성은 역사적 시대의 시작부터 그 발전을 따라 가면서 각 시대별로 평가할 수 있다. 방언학, 실험 음성학 그리고 심리학에서의 연구는 언어 비교를 풍부하게 한다〈각주〉.

기 때문»에 **최초의 언어**를 재구성하는 것이 그들의 목적은 아니라고 쓰고 있다.[35] «나로서는, 회의적인 입장을 취하고 있다»라고 그는 덧붙인다.

그것은 실제로 무엇인가?

우리는 확실히 슐라이허의 낭만적인 환상을 비난한다. 그러나 우리는 계속해서 조어(祖語, *Ursprache*)(«원어(原語)»)의 개념과, 형용사 '**본원의, 최초의**'(*ursprünglich*)(«본래의, 원래의»)의 개념을 사용하고 있다. 그것들은 오늘날에도 비교문법과 교과서에서 흔히 볼 수 있다. 이같이 우리가 관습에 따라 소위 말하는 최초의 언어가 아니라 단지 이전의 언어 상태, 그 자체로 헤아릴 수 없는 긴 과거를 가진 언어인 인도-유럽어 방언의 근원에 있을 가능성이 높은 언어 상태를 가리킨다면 방법상 어떠한 위험도 없다. 그리고 이것은 바로 소장문법학파 학자들이 일반적으로 그들의 학설을 설명할 때 자신들을 표현하는 방식이다. 이러한 점에서 그들은 «파리언어학회»를 창설하고 그 정관의 첫머리에 언어의 기원에 대한 논의를 금지하는 것을 새긴 학자들과 동시대 사람들이다.

그러나 실천은 이론과 일치하지 않는다. 예를 들어 격 체계의 경우, 브루크만과 델브뤼크는 조어(*Ursprache*)에서 격의 기본 의미가 기본 개념들에 의해 통제된다고 되풀이해서 말한다. 의심할 여지 없이 그들은 아주 과학적인 정직함으로 이러한 기본 개념들이 때때로 도달할 수 없는 그러한 모호함에 가려져 있다는 것을 깨닫는다. 이것은 기본 개념들이 존재하는 것을 인정하는 것인 동시에, 비록 사용 가능한 자료의 부족으로 그 기본 개념들이 부분적으로 시야에서 가려지더라도 그것들의 존재는 확실하고 필수 불가결하다고 가정하는 것이다.

---

35 델브뤼크, 『통사론 *Syntax*』(III, p. 69). 또한 메이예가 옛 일반 문법, 슐라이허의 재구성(이름 없음) 그리고 새로운 일반언어학 간에 한 비교도 참조할 것[『인도유럽어의 비교연구 입문』(p. 483)]〈각주〉.

완전한 조어를 대담하게 구축하고 이 언어로 우화를 쓴 20세기 초기의, 더 나아가 20세기 중반의 학자들과, 체계의 몇몇 요소들을 모호한 채로 내버려 둔 소장문법학파 학자들 사이에는 큰 차이가 있다. 그러나 이 후자들은 객관성이 존중해야 할 베일 뒤에 확인된 용법을 설명해야 하는 단일 개념인 기본 개념이 분명 있다고 계속 믿고 있었다. 이 언어 역사가들은 더 이상 스스로 창세기를 쓰지는 않지만 창세기의 존재를 계속 가정한다. 학설에서 그들은 인간의 원시적인 말더듬을 재발견할 수 있다는 생각을 단호히 거부하지만, 기본 개념들―이것들이 완전히 확인되었든 아니든 간에―이 문장의 모든 관계를 포괄하는 단순하고 단일적인 것으로 파악되는 한, 그들은 언어 상태를 이전의 것이 아닌 이상적으로 조어(祖語)적인 것으로 정의한다. 이렇게 이해된 '본래의, 최초의'(*ursprünglich*)는 (사실 학설로는 아니라도) 새로운 역사적 관점에서 과거 수 세기의 문법가들에게 아주 제대로 비판받는 형이상학적 또는 논리적 기반의 위치를 유지한다. 이들 문법가의 선험주의는 문법 밖에서 그들이 문법을 만든 기반을 찾으려고 애쓰는 데 있었다. 소장문법학파의 인도유럽어(IE)는 선험적이지 않다. 그것은 실제 자료에서 출발한 재구성이다. 그러나 이 재구성은 궁극적으로 역사의 기원에서 완전한 설명력을 가질 전체 개념을 끌어내는 것을 목표로 한다.

몇 가지 사실을 되돌아보면 이러한 접근 방식을 알 수 있다. 19세기 첫 두 시기의 비교주의자들처럼 델브뤼크는 조어에 더 가깝다고 알려진 산스크리트어를 선호한다. 그리고 그가 먼저 각 격의 기본 개념을 설정한 다음 다양한 언어로 그것이 표현되는 것을 확인한 것은 힌두 문법학자들로부터이다. 델브뤼크는 자신이 공언한 신중함에도 불구하고 덧없는 통일성을 찾기 위해 때때로 아주 비현실적인 작업에 탐닉한다. 예를 들면 우리가 보았듯이 G의 경우 명사 보어의 용법이 (부사적 구성의) 유일한 《부분격》 개념과 대략적으로 관련되어 있다. 마찬가지로 《확장》의 I의 경우 《연합》의 개념으로 축소되고, L도 마찬가지로 조어에서 발생한 《의미》의 연쇄를 복원한다.

이러한 역사관의 결과

기본 개념은 변화하는 진화를 표시하는 매우 다양한 용법이 정의되는 고정점을 나타낸다. 그러므로 언어 사실은 우리가 그것에서 《조어(祖語)적》 가치의 반영을 인식하자마자 충분한 정당성을 얻는다. 이러한 원칙적 입장은 조어(祖語, Ursprache)와의 접촉을 잃어서는 안 되기 때문에 역사에 대한 회고적 관점을 불러일으킨다. 따라서 소장문법학파의 기술은 사진보다는 뢴트겐 사진과 비슷하다는 인상을 준다. 즉 우리가 보여주려는 것은 바로 (살갗 아래에 있는) 인도유럽어족의 뼈대이다. 문법-역사가가 언어 상태를 그것 자체를 위해 기술하는 대신 조어에 대해 설정된 개요에 따라 자료를 다시 그룹화한다는 것은 매우 놀라운 일이다. 이것은 인도-유럽어의 Ab, I, L의 세 가지 격에 따라 라틴어 Ab가 갖는 《기능》의 일정한 3등분에 의해 입증된다.

《역사가의》 방법이 갖는 다소 순진한 모순은 언어가 그 역사의 어느 시점에서-적어도 부분적으로-언어 그 자체로 설명되어야 하는 구조를 구성한다는 것을 실제로 모른다는 것이다. 반면에 인도유럽어(IE)는 전체 구조로 취급된다. 그러나 그것은 구조화된 유일한 상태이며 그 후의 상태들은 (《조어적》 상태의 점진적인 약화가 아니면-브루크만과 델브뤼크는 원칙적으로 이러한 지속적인 쇠퇴의 신화를 거부한다), 적어도 단 하나만이 첫 번째 상태와의 관계를 설명할 수 있는 변경, 수정을 나타낸다. 따라서 우리는 소장문법학파 학자들이 어떻게 보면 인도유럽어(IE)의 공시태의 경우는 구조주의자이고 다른 모든 경우는 비구조주의자라는 것을 역설 없이 주장할 수 있다.

조어의 기본 개념들에 부여된 우선순위를 통해서도 이론적 설명의 취약함과 통사론의 빈약한 구상이 설명될 수 있다.[36]

언어의 합목적성, 기호의 성질, «체계»와 «구조»의 특징에 대해서 19세기 후반의 비교문법은 침묵하고 있다. 델브뤼크도 브루크만도 서두에서 G가 부사적(부분격) 용법만을 가졌다는 의견을 제시했을 때, 그것은 의심할 여지 없이 «일원주의적인» 정신에 의해서이기도 하지만(기본 개념은 복잡할 수가 없다), 또한 그들이 검증을 거치지 않고 격의 기능은 근본적으로 명사를 동사에 연결시킨다고 가정했기 때문이다. 동사의 기능적 우위성이라고 부를 수 있는 이 주장은 토론과 반성을 불러일으켰다.[37] 교묘하게 피해진 또 다른 이론적 문제는 탈격과 «더 자유로운» 여격의 문제로, 다시 말하면 동사가 아닌 문장과 연관된 격의 문제이다.

메이예 & 방드리의 『고전 언어의 비교문법 개론』(이 책은 브루크만과 델브뤼크의 계열에 속한다)의 격과 문장에 할애된 545-569쪽을 읽으면 표현에서의 새로운 신중함에도 불구하고 동일한 취약점을 확인하게 된다. 모든 것이 인도유럽어(IE)와 결부되지만 이것은 «별로 일관성이 없으며», 그 체계는 일찍이 «약화»되어, 적절한 설명을 특별히 해주어야 하는 상황이다. V(호격)는 부르는 데 사용된다고 한다. 우리는 이에 대해 더 이상 알지 못할 것이다. 그러나 한 쪽 전체가 o(그리스어 ō)의 용법을 자세히 연구하는 데 할애되어 있다. 이는 정확한 문헌학적 기술과 구문 분석의 요약적 특성 사이의 불균형에 대한 훌륭한 예이다. «N이 표현되지 않을 수 있다»는 말은 우리가 *ueni*[38]

---

36 참조. 휘트니의 비판, 휘트니(W.D. Whitney), 『언어의 삶 *La vie du langage*』(1875, p. 257), 무냉(G. Mounin), 『20세기 언어학 *La linguistique du XXe siecle*』(1967, p. 16)에서 재인용 〈각주〉.

37 메이예의 『인도유럽어의 비교연구 입문 *Introduction à l'étude comparative des langues indo-européennes*』(p. 358)에서도 마찬가지다. 즉 «문장의 유일한 필수적이고 항구적인 요소는 동사이다.» 이 주장을 뒷받침하기 위해 메이예는 다음 증거를 제시한다. 동사는 *uenimus* (*우리가 온다*)와 같이 전체 문장을 구성할 수 있다. 이는 인칭 어미의 통사론적 역할을 무시하는 것이다(참조. 메이예 & 방드리, 『고전 언어의 비교문법 개론 *Traité de grammaire comparée des langues classiques*』(1924)에 대해서는 아래를 볼 것)〈각주〉.

(*그가 온다*)가 주어를 포함하지 않는다고 믿도록 한다. 불행하게도 이는 명사의 부재와 형태소-주어(여기서는 어미 -*t*이다)의 부재 사이의 혼동 때문이다. Ac를 «모호한 관계»(M. V., p. 550) 또는 «동사의 의미를 결정하는 것»(*Introd.*, 343)을 표현하는 것으로 정의하면 이 Ac와 동사에서 파생된 다른 격들을 어떻게 구별할 수 있을까? D에 대해서 우리는 헛되이 통사적 분석을 추구한다. G의 경우 서로 다른 두 가지 값이 있다. 즉 하나는 부분격(partitif)으로서의 역할이다(이것은 이전에는 확실히 G의 주요 역할이었다. 델브뤼크 참조). 다른 하나는 명사 보어로서의 역할이다. 이때 이것은 «명사의 영역에 있는 것»을 가리키는 매우 느슨한 정의이므로, D로 표시되거나 전치사로 나타나는 명사 보어를 무시하는 것이다. 마지막으로 Ab, I, L은 명확하게 구분되지만 그것들의 용법은 매우 간략하게 대략적으로 검토된다.

결론적으로(p. 569) «격의 고유한 가치는 일찍 사라지는 경향이 있다»는 것이 강조된다. (이 «일찍»은 무엇을 의미하며, 이 «고유한 가치»는 델브뤼크의 기본 개념이 아니라면 무엇인가?) «라틴어에서조차 격의 사용은 그것이 아무리 중요하다 할지라도 고어적인 잔존물에 지나지 않는다.»고 저자들은 덧붙인다. (격은 실제로 로망어에서 사라져갔다.) 그러한 관점에서, 다르고 잘못 정의된 인도유럽어(IE)와 또한 매우 다른 로망어의 상태 사이에서 독자는 역사적 라틴어의 상태가 손가락 사이를 빠져나가는 모래알 같다는 인상을 받는다. 연구의 주요 대상이 되어야 하는 현재는 일관성이 없고 비현실적이 된다. 미래는 현재의 파괴를 보여준다. 현재의 «근본적인 가치들»은 자신들이 타락한 믿기 어려운 과거로 투영된다. 어떤 언어 상태가 이런 종류의 무효화(곧 폐기)에 저항할 수 있겠는가?

메이예 & 방드리(p. 572-573)의 «문장»에 대한 장의 시작 부분에서 인도유

---

38 *veniō*(오다)의 3인칭 단수 현재 능동 직설법〈역주〉.

럽어 문장에서 낱말들의 소위 «자율성과 독립성»에 대한 아주 불분명한 개념이 제안된다.[39] 그러나 «조금씩» «자율적 요소의 부착»이 «지배 rection»에 의해 대체되었다. 간단히 말해서, 브루크만의 비교적 구조화된 인도유럽어에 뒤이어 정리되지 않은 퍼즐 상자만큼이나 조직화되지 않은 인도유럽어가 뒤따른다. 메이예가 아주 자주 주장한 «낱말의 자율성»은 «독립적»이고, «뚫고 들어갈 수 없는» 단위들의 집적을 위한 통사론의 해체를 의미한다. 따라서 메이예는 그의 전임자들 사이의 암묵적인 학설을 구체화한다. 왜냐하면 델브뤼크와 같이 «기본 개념»의 표현에 의한 격의 역할을 정의하는 것은 분명히 격을 통사론적 기능의 지표가 아니라 그것 자체로 특정 의미 내용의 전달자로 간주하는 것이기 때문이다.

그러나 델브뤼크는 문장의 존재가 아닌 낱말 군의 존재를 인식한 리에스(J. Ries)(『통사론이란 무엇인가 *Was ist Syntax*』, 1894)의 견해에 대해 비판하면서 자신의 「통사론」(『인도-게르만어의 비교문법 개요 *Grundriss der vergleichenden Grammatik des indo-germanischen Sprachen*』, V)의 세 번째 권을 시작한다. 델브뤼크는 반대로 «발화의 모든 분석은 즉시 문장을 만난다»고 주장한다. 문장은―스위트(Sweet)가 그것을 이미 대략 말했었다―두 휴지 사이의 발화 부분으로 정의된다(『인도-게르만어의 비교문법 개요』, V, p. 4). 다른 한편 델브뤼크는 문장 분석을 주어-술어로 받아들인다(V, p. 6). 그는 이 정의의 비언어학적 토대를 모르는 것은 아니지만, 이러한 문법과 논리학의 통합을 불편한 것으로 생각하지는 않는다.[40]

---

39 메이예의 『인도유럽어의 비교연구 입문』(p. 355 이하)에서도 동일한 학설이다. 즉 «인도유럽어의 문장은 단어라고 불리는 다양한 수의 뚫고 들어갈 수 없고 독립적이며 자체적으로 중요한 요소들로 구성된다.» 예로서 그리스어 *leloipas*«너는 남겼다»를 들 수 있다. 이 책의 p. 360의 «문장의 각 요소는 독립성을 가진다»와 p. 363의 낱말의 «자율성» 등을 참조할 것. *LHLG*(p. 8)도 참조할 것〈각주〉.

40 델브뤼크, 「통사론 Syntaxe」(=III, p. 32), 언어와 논리는 «주어와 술어의 이론인 한 점에서

이 점에서 우리는 이 근본적인 문제에 대한 철저한 반성을 기대해 볼 수 있었다. 그러나 델브뤼크는 자신의 관심사를 매우 잘 드러내는 방식으로 이러한 연구 관점을 피하거나 무시한다. 《주어》와 《술어》에 대한 두세 쪽의 짧은 논의 이후에(V, 10-12) 그는 방대한 전개를 통한 거대한 비교연구 목록을 작성하는 것에 뛰어든다. 예를 들어 《낱말의 위치와 강세》는 38~86쪽이나 차지한다!

또한 N에 대한 그의 분석이 매우 중요하다. 먼저(V, p. 6) 주어는 발화의 《중심점》을 형성하는 N으로 표지된 실사로 주어진다. 그는 N 대신에 부분격 G, 또는 심지어 전치사 구[*ad duo milia capiuntur*(*2천 명가량 잡혀있다*)]까지도 주어로 나타날 수 있다고 상세히 기술한다(V, p. 10). 이러한 정확한 관찰을 통해서 저자는 문장에서 《N으로 표지된 실사+동사》 그룹뿐만 아니라 《부분격 G+동사》 그룹 또는 《전치사구+동사》 그룹(그리고 또한 그가 어미가 일치에만 사용된다고 잘못 밝힌 명사 주어가 없는 동사적 형식)을 확립하는 관계를 식별하기 위해 형태론적 기준에서 자유로워질 수 있는 자극을 받았을 수 있었을 것이다.[41]

실제로 델브뤼크는 행위 동작주의 기본 개념을 N의 가장 근원이 되는 기본 개념으로 간주하려는 진정한 통사적 분석을 추진하지 않는다(《Der als tätig gedachte(활동적이라 생각되는 분)...Träger(운반인) ... der Handlung(행위)》, III, p. 188). 다음은 명확한 의미 값이 부여된 N이다. 이 《동작주》가 결국에는 《피동작주》가 되는 것은 나중에, 특히 수동태가 생겨난 뒤일 뿐일까? 어떤 신비한 작용이 격 형식의 추정된 의미를 이렇게 뒤집을 수 있는 놀라운 힘을 가졌는지 자문하게 된다.

만 서로 닿는다》〈각주〉.

41 마찬가지로 술어는 정동사적 형태로 구성될 수 있지만, 다른 실사(또는 부정사), 형용사(또는 분사), 심지어 부사로도 구성될 수 있다(V, p. 10-11)〈각주〉.

따라서 약간의 성향에도 불구하고 소장문법학파 통사론의 가장 대표적인 학자인 델브뤼크는 통사론을 광범위하게 벗어나 있다. 그리고 그에게 있어서 격의 기본 개념은 통사론적이 아니라 의미론적이다.

소장문법학파 학자들의 거대한 성과는 통사론에 대한 놀라운 회피가 특징이다. 그러한 신중한 조심성과는 별도로, 그들의 입장은 명확하지 않고, 그들의 원칙은 별로 분명하지 않으며 그들의 접근 방식도 거의 일관성이 없다. 이것은 의심할 여지 없이 그들의 자발적인 회피이다. 그런데 델브뤼크가 격의 기본 개념들에 대한 이해에서 모든 «위치주의»를 거부했다는 것에 대해 자부심을 느낀다고 할지라도, 우리는 비교문법이 탄생한 이래로 이 문제에 대해 학자들을 대립시켰던 활발한 논쟁에 대한 어떠한 정확한 정보도 그에게서 찾을 수 없다. 위치주의자인 뷜너,[42] 반위치주의자인 미첼슨과 룸펠,[43] 그리고 준위치주의자인 아렌스[44]를 인용해보자 ― 쿠리우오비치(J. Kuryłowicz)는 사실상 그들의 생각을 다시 채택할 것이다.[45] 우리는 다음 장에서 이 저자들에 대해 다시 살펴볼 것이다.

델브뤼크가 스스로 격의 «체계»를 제안하는 위험을 무릅쓰지 않았다면

---

42 뷜너(Fr. Wüllner), 『언어의 격과 양태의 의미 *Die Bedeutung der sprachlichen Casus und Modi*』(Münster, 1827). 마찬가지로, J.A. Hartung, 『그리스어와 라틴어의 격과, 그 형성 및 의미에 대해 *Ueber die Casus, ihre Bildung und Bedeutung in der griechischen und lateinischen Sprache*』(Erlangen, 1831)〈각주〉.

43 미첼슨(C. Michelsen), 『문법 철학, I: 인과적 지역적 관점에서 본 라틴어 격 이론 *Philosophie der Grammatik*, I: *Kasuslehre der lateinischen Sprache vom Kausallokalen Standpunkt aus*』(Bonn, 1843). 룸펠(T. Rumpel), 『그리스어에 대한 특별한 언급과 함께 제시된 격 학설 *Die Casuslehre, in besonderer Beziehung auf die griechische Sprache dargestellt*』(Halle, 1845)〈각주〉.

44 아렌스(H.L. Ahrens), 『호메로스풍과 아티카풍 방언의 그리스어 형태 이론 *Griechische Formenlehre des Homerischen und Attischen Dialektes*』(Göttingen, 1952)〈각주〉.

45 아래 제8장을 참고할 것〈각주〉.

그는 아마 자신의 회피 이유를 밝혔을 것이고, 그의 전임자들에 대해 어떤 비판을 공식화해야 했는지 알릴 수 있었을 것이다.

메이예의 다음 한 구절은 생각해 볼 가치가 있다. 즉 «비교주의자는 연구된 언어가 더 변칙적인 형태를 제공하는 만큼 더욱더 자신을 확신한다. 이 점에서 인도-유럽어의 자료는 독특하다».[46] 역사비교문법은 의심할 여지 없이 불규칙적으로 변화하는 굴절 명사[*iecur*(간)... 등], 어간형성 모음이 없는 (굴절 어미가 어근에 직접 붙는 경우) 활용 또는 비음 삽입사의 명백한 기이함을 알기 쉽게 하는 유일한 학문 분야이다. 이 역사비교문법은 정말이지 대체 불가능한 것이다. 왜냐하면 그것만이 역사시대에 주변적이고 동기화가 되지 못했던 이러한 형태들이 의미를 갖고 있었던 파괴된 «구조»를 복원할 수 있기 때문이다.

그러나 19세기 비교문법이 돌이켜보면 언어 화석에서 가장 잘 작동하기 때문에 그것은 적어도 부분적으로는 인도유럽어(IE)의 체계를 재구성하기는 쉬울지라도 역사적 공시태를 정의하는 데는 실패했다. 브루크만-메이예 문법의 명백한 역설은 이 문법이 지금까지 작성된 것 중 가장 정확하고 상세한 언어사실의 목록을 제공하지만, 어느 주어진 시기에 정확히 언어로 구성되는 상태에서 역사적 언어상태를 파악할 수 있는 수단은 스스로 아무것도 제공하지 않는다는 것이다. 그것은 언어의 영원한 움직임과 그럼에도 불구하고 매 순간 조직화된 언어 체계라는 사실 사이에 존재할 수 있는 관계를 완전히 무시한다. 이 모호한 현실에 대해 소쉬르는 20세기의 모든 구조주의자들이 채택한 통시성과 공시성의 대립을 제안한다(그러나 이 대립은 의심할 여지없이 새로운 수정을 요구한다).

46　메이예, 『인도유럽어의 비교연구 입문』(p. 479)〈각주〉.

다시 한번, 그때까지 미개척 분야에 대한 19세기 문법에 의해 수집된 귀중한 양의 자료는 지식의 엄청난 발전을 가능하게 했다. 이에 필적할 만한 것은 본 적이 없었다. 그러나 공시태의 현실과 명확한 이론의 필요성을 고려하여 자료에 대한 해석과 설명이 제공되어야 했다. 이것은 다양한 구조주의의 움직임이 몰두해 온 과제이다.

제3부

구조주의: «전체주의*»** 시대

—

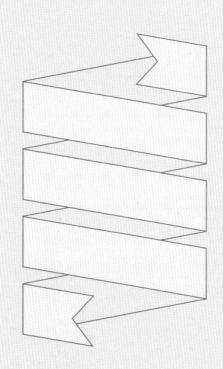

제5장 ── 코펜하겐 학파:
옐름슬레우의 《격 범주》

덴마크의 루이 옐름슬레우[1]는 당연히 20세기 중반 구조주의의 거장 중한 사람으로 간주된다. 그레마스[2] ─ 그는 『언어 *Langage*』(옐름슬레우, 1963)의 프랑스어 번역본의 서문을 썼다 ─ 에 따르면 옐름슬레우는 《소쉬르의 진

---

1   옐름슬레우(Louis Hjelmslev, 1899~1965)는 코펜하겐대학에서 비교문헌학을 시작하고, 프라하(1923~24)에 이어 파리(1926~27)에서 학업을 계속한 덴마크의 언어학자이다. 1928년에 출판된 『일반 문법의 원리』는 소쉬르(F. de Saussure)와 사피어(E. Sapir) 그리고 러시아형식주의자들의 영향을 받은 이론이다. 그는 많은 유럽의 기호학자들에게 영감을 준 기능주의 언어 분석 이론인 소위 '언어 기호론', 즉 '글로스매틱스(glossematics)'라는 독창적언어이론의 주창자로서 1931년 코펜하겐 언어학파를 설립하고 과학적 구조주의의 출현에크게 기여했다. 이 언어이론은 그의 언어이론서인 『언어이론 서설』(1943)에서 세밀히 기술되고 있는데, 언어학의 연구 대상은 실질 그 자체가 아니고 기능을 지닌 형식이라고 본다.그는 1937년 이후부터 타계할 때까지 코펜하겐대학의 비교언어학 강좌의 교수로 있으면서,프라하학파 및 아메리카학파와 더불어 소쉬르 이후 구조주의 언어학의 3대 조류 중의 하나가 된 코펜하겐학파를 이끌어 나갔다. 그의 저술로는 『일반 문법의 원리 *Principes de grammaire générale*』[1928](1929, Copenhague: Bianco Lunos Bogtrykkeri), 『격의 범주.일반 문법 연구 *La catégorie des cas. Étude de grammaire générale*』[1935 & 1937](1972,München: W. Fink), 『언어이론 서설 *Prolégomènes à une théorie du langage*』[1943](1971,Paris: Minuit), 『언어 *Le langage*』[1963](1991, Paris: Minuit), 『언어 시론 *Essais linguistiques*』(1971, Paris: Minuit) 등이 있다(『두산백과』 참조)〈역주〉.

2   그레마스(A.J. Greimas, 1917~1992)는 프랑스 언어학자이며, 파리 기호학파의 창시자이자행동자 모델, 서사 프로그램, 기호 생성 모델, 기호사각형 등의 개념을 창시한 '구조주의의미론자' 또는 '생성적 기호학자'이다〈역주〉.

정한, 아마도 유일한 계승자»[3]이다. 왜냐하면 그의 업적은 «소쉬르주의의 가장 중요한 직관의 형식적인 완성»을 제시하기 때문이다. 르루아에 따르면 그가 «언어소론»[4]이라는 이름을 붙인 이론은 «가장 강력하고, 세부 사항에서 가장 깊이 있게 연구된 구조주의 이론이며, 또한 가장 영향력이 컸던 이론»[5]이다. 오늘날 이 언어소론이 상대적으로 무시되고 소홀히 취급된다는 사실(촘스키 학파의 저명한 회원들이 그 창시자에 대해 보여주는 존경심에도 불구하고), 이것은 확실히 역사가의 관심을 받을 가치가 있다. 그러나 옐름슬레우는 체계화의 노력과 전반적인 야망을 통해 한 시대를 대표하기 때문에 우리의 목적을 위해 훌륭한 증인으로 남아있다. 마지막으로 그는 구조주의의 «대가들» 중 격에 대해 가장 많이 저술한 사람이다. 그는 1935년과 1937년에 출판된 『격의 범주 La catégorie des cas』라는 두 권 책의 저자이다.[6] 그렇지만 이것은 불완전한 저술이다. 98쪽에서 저자는 제2부에서 라틴어의 체계를 분석할 것이라고 말한다. 사실, 이 II권은 «두 차원의 몇몇 격 체계»에 대한 연구로 채워졌다.[7] II권의 머리말에서 옐름슬레우는 III권은 굴절과 파생의 관계, 타동성과 자동사성의 개념을 다룰 것이라고 말한다. III권은 전혀 빛을 보지 못했고 이러한 핵심적인 문제들이 그 자체만으로 해결되지 않은 것은 유감스러운 일이다. 그러나 이 작업은 비록 불완전하지만 옐름슬레우의 원

---

3 옐름슬레우, 『언어 Langage』(1963), 그레마스의 프랑스어판(1966)의 서문(p.12)〈각주〉.

4 언어소론(言語素論, glossématique)은 코펜하겐학파의 창립자인 루이 옐름슬레우(Louis Hjelmslev, 1899~1965)가 소쉬르의 구조주의 언어학을 고도로 추상화하여 그것에 극히 엄격한 체계성을 부여한 독창적인 언어 분석 이론이다〈역주〉.

5 르루아(Maurice Leroy), 『현대 언어학의 주요 흐름 Les grands courants de la linguistique moderne』(Bruxelles, Paris, 1963, p. 94)〈각주〉.

6 코펜하겐, 1935 & 1937. 재판(I vol., 258 p., 뮌헨, Fink, 1972). 우리가 인용하는 것은 이 재판에 따른 것이다〈각주〉.

7 즉 다섯 개의 코카서스 언어[아바르어(avar), 후르퀼리어(hurquili), 퀴리어(küri), 체첸어(tchétchène), 우디어(udi)]와 에스키모어이다〈각주〉.

칙적인 입장과 접근 방식에 대한 충분히 명확한 생각을 제공한다. 출판된 두 권의 내용은 다음과 같이 네 부분으로 구성되어 있다.

I권, p. 1-70: 격에 대한 이론의 역사

I권, p. 71-136: 저자가 제안한 체계

I권, p. 137-183: 3차원 체계 [두 코카서스어인 타바사란어(p. 137-159)와 라크어(p. 160-183)의 연구에 의해 예증됨]

4. II권, p. 1-75: 2차원 체계

옐름슬레우는 헝가리어, 핀란드어 또는 바스크어와 같은 우리와 더 가까운 비인도유럽어를 의도적으로 제외했다. 이들 언어의 구조가 그에게는 덜 명확해 보였기 때문이다. 인도유럽어의 경우 이들 언어의 병합이 일반 원칙의 정립을 더 복잡하게 만든다고 그는 말한다.

격 이론의 역사

1-70쪽에 제시된 격 이론의 역사는 편향적이며 때때로 고대 문법가들에 대해 잘못된 정보를 제공하기도 한다고 말할 수밖에 없다. 그것은 온통 비잔틴 학자 막심 플라누데스[8](14세기)와 그의 천재적인 계승자 뷜너(보프의 제자)(19세기 초)의 영광으로 향해있다.[9] 옐름슬레우에게 그들의 장점은 단호하

---

8 플라누데스(Maximus Planudes/Maxime Planude, 1260~1310)는 동로마 제국 시기 그리스의 사제이자 학자, 서적 편집가, 번역가, 문헌학자, 신학자로 콘스탄티노플에 거주하였다. 그의 라틴어-그리스어 번역본은 동방의 고대 지식을 서유럽의 라틴어 문화권에 전해주는 중요한 기능을 하였다〈역주〉.

9 뷜너(Franz Wüllner), 『언어의 격과 양태의 의미 Die Bedeutung der sprachlichen Casus und Modi』(Münster, 1827). 『언어 형식의 기원과 근본 의미에 대해 Über Ursprung und

고 완전하게 《위치주의》 이론을 정교화했다는 것이다. 말하자면 격의 모든 가치는 결국 《방향》이라는 추상적 개념으로 귀결된다. 고대 그리스인의 주요 잘못은 서로 개별적인 것으로 간주된 격을 처리하는 것이었다.[10] 그리고 격의 복잡성에 직면하여, 예를 들어 G의 실제 용법에서 그들은 두 가지 지독히 나쁜 수단(《언어학의 카리브디스와 스킬라》!)[11]에 의존했다. 즉 복잡한 단위인 것을 분할하든지, 또는 환유를 이용해서 《주요한》 의미를 선택하고 그 의미에서 다른 의미들을 도출하는 것이었다.[12] 지체하지 않기 위해 모두 이런 근본적인 오류를 범하고 있는 티아나의 아폴로니오스(Apolonio de Tiana), 글리카스(M. Glykas), 초로보스코스(Choeroboscos)를 극복하고 막심 플라누데스로 가자. 《이것은 지금까지 만들어진 그리스어 격에 대한 최고의 이론》이라고 옐름슬레우는 12쪽에서 선언한다. 더욱이 이러한 특성의 표시는 그것이 도식화될 수 있는 용이성이기도 하다. 왜냐하면 《범주의 의미 작용에 대한 《일관성 있는》 이론은 항상 표로 공식화될 수 있기》[13] 때문이다. 모든 것이 실제로 다음과 같이 3개의 칸과 2개의 줄로 요약된다.

Urbedeutung der sprachlichen Formen』(1831)〈각주〉.

10   p. 8-9. 이는 완전히 근거가 없는 비판이다. *onoma*(이름, 명칭)의 부수적 기호인 *ptōseis*(격)는 *ptōsis orthē*(직접 격, 주격)과 *ptōseis plagiai*(사격, 비주격)라는 두 가지 하위 집합으로 구성된다. 이 대립의 통사적 장점이 고대 문법가들에 의해 그렇게 많이 밝혀지지 않은 것은 사실이다〈각주〉.

11   카리브디스(Charybdis)와 스킬라(Scylla)는 그리스 신화 속의 바닷가에 사는 괴물들이다. 전쟁을 끝낸 오디세우스는 귀향을 하며 첫 번째 코스인 메시나의 좁은 해협에 이르는데, 양쪽에 스킬라와 카리브디스가 버티고 서 있자, 그는 스킬라를 선택하는데, 그나마 부하 몇 명을 내어주고 해협을 통과하였다. 이 두 괴물 이름은 이러지도 저러지도 못하는 딜레마에 빠진 상황을 나타낼 때 사용되는 표현이다〈역주〉.

12   우리는 이 독설이 고대의 문법가만을 겨냥한 것이 아니라는 것을 알고 있다〈각주〉.

13   옐름슬레우는 항상 기하학적 표현과 대칭적인 도식에 대한 매우 예리한 취향을 보여준다〈각주〉.

	+	o	−
종속관계(Dépendance)	Ac	D	G
독립관계(Indépendance)		N	

첫 번째 줄의 «종속관계»는 «방향»의 추상적 개념에 있어서 대립되는 3개의 항을 포함하고 있다. 더하기(+)로 표시된 Ac는 «가까워짐»을 나타낸다. 빼기(−)로 표시된 G는 «멀어짐»을 나타낸다. D는 대립되는 이 두 움직임 사이에서 중립(∅)이다. 옐름슬레우가 방향의 추상적 개념으로 말하고자 하는 것은 «방향» 개념이 «구체적»(위치적) 관계와 «추상적 또는 문법적» 관계 모두에 적용 가능하다는 것이다.[14]

라틴어의 경우 옐름슬레우는 다소 이론의 여지가 있는 몇몇 관찰을 공식화하면서 그런 방향의 개념을 깨뜨린 다음, 뷜너의 이론을 몇 가지 점에서 확장하고 수정하면서 자신의 학설을 구축한다.

뷜너: «위치주의»의 몇 가지 요술

보프의 제자, 뷜너는 자신이 발전시키려는 학설의 시작을 자신의 스승에게서 발견할 수 있었다. 그 학설은 «아주 잘 확립되어 있고 매우 중요하다. 그의 관점은 현명하고 정확하다고 옐름슬레우는 36쪽에서 말한다». 뷜너에게 있어서 주어진 언어 형식은 단 하나의 의미와 일치한다. 따라서 형식의

---

14 이것은 문법적 관계에서 «방향»이 무엇일 수 있는지를 분명하게 생각한다면—만약 옐름슬레우가 그것을 명확하게 공식화했다면—용인 가능한 것일 것이다. 우리는 나중에 지배어-피지배어 관계에서 지배어가 «멀어짐»으로 표시되고, 피지배어가 «가까워짐»으로 표시되는 것이 아마도 매우 자의적인 배분이라는 것을 알게 될 것이다〈각주〉.

모든 특별한 용법을 포괄할 수 있는 추상화의 정도로 기본 의미를 정의할 필요가 있다. 겉으로는 격 지배의 사실을 표시하거나 공간적 관계 또는 시간적 관계, 또는 인과적 관계를 나타내는 격 형태(그리고 이에 대해 뷜너는 베른하르디[15]의 견해를 밝히면서 굴절로 표시되는 형태뿐만 아니라 전치사구도 당연히 인정한다)에 근본적으로 공간적 기본 의미들이 결합되어 있다. 플라누데스와 마찬가지로 공간성은 다음 세 가지 방식으로 표현된다.

멀어짐=G | 부동(不動)=D | 가까워짐=Ac.

그리스어의 격 체계는 적어도 수치적으로는 이 삼분법과 아주 잘 맞는다. 그러나 라틴어로 넘어오면(또는 3개 이상의 사격이 있는 다른 언어 - V의 지위가 유보적인 언어 - 로 넘어오면) Ab는 어떻게 할 것인가? 우리는 이 Ab가 3가지 격(예를 들어 산스크리트어에서는 구별된다), 곧 I, L, Ab의 융합의 결과라는 것을 인정한다. 뷜너의 우아한 해결책 - 옐름슬레우에 의해 인정된다 - 은 이 세 가지 격을 D의 3가지 변이형으로 간주하는 것이다(p. 38-39). D는 대립되는 두 움직임의 사이의 부동점(不動點)을 이상적으로 나타낸다. 그때 D에 고유한 이 관성은 진정한 《움직임 제로(∅)》일 수 있다. 그러나 그것은, 복잡한 방식으로, D의 내부 자체에서 두 개의 반대되는 움직임의 무효화의 결과일 수 있다. 이때 부동(不動)은 멀어짐과 가까워짐의 《상호적》 움직임의 균형이다. 첫 번째 경우에는 산스크리트어의 위치격이 있다.[16] 두 번째 경우에는

---

15 베른하르디(A.F. Bernhardi, 1769~1820)는 독일의 언어학자이자 작가이다. 그의 언어 연구는 훔볼트(Wilhelm von Humboldt, 1769~1859) 및 보프(1791~1867)와 같은 유명한 언어학자들에게 지대한 영향을 미쳤다. 저서로는 『완전한 라틴어 문법 *Vollständige lateinische Grammatik*』(1795~1797), 『완전한 그리스어 문법 *Vollständige griechische Grammatik*』(1797), 『언어 교육(문법) *Sprachlehre*』(1801~1803), 『언어학의 기초 *Anfangsgründe der Sprachwissenschaft*』(1805) 등이 있다〈역주〉.

산스크리트어의 도구격(곧 공동격)이 있다. 왜냐하면 공동격은 도식 A $\rightleftharpoons$ B 에 따라 두 끝의 양쪽 연결을 전제로 하기 때문이다. 따라서 위치의 탈격 [*Athenis manere*(아테네에 머무르다)]과 도구의 탈격은 각각 라틴어로 설명된다. 과연 그런가! 그러나 고유한 의미에서의 Ab[*Romā uenire*(로마에 오다)]는 어떻게 해야 하는가? 이에 뷜너의 기지(왜냐하면 여기서 우리는 한 가지 «설명»에 대해 말할 수 있기 때문이다!)는 이 Ab에 두 개의 길항 염색체를 부여하는 것인데, 이 두 길항 염색체는 곧 중화가 된다. 왜냐하면 결국에는 제로 움직임(곧 움직임 Ø)을 획득해야 하기 때문이다. 단지, 두 개의 마주 보는 화살표가 «공동격»을 위해 사용되었기 때문에 ─ 더욱이 즉시 모든 도구격으로 확장된다 ─ 우리는 여기서 +와 ─의 결합이라는 다른 것을 발견한다. 따라서 Ab는 (방향이라는 추상적인 면에서) ±격으로 분석된다. 마지막 작은 수정으로 이들 두 기호 중 하나가 괄호 안에 표시된다. 따라서 Ab는 (+) ─이거나 ─ (+)이다. 다음 예와 같다.

1) Ab (+) ─를 가진 *Romā proficisci*[17](로마에서 떠나다)는 멀어짐만을 나타낸다.
2) Ab ─ (+)를 가진 *Quo*[18] *peruentum*[19] *est?* «어디까지 도착했어?»는 가까워짐만을 나타낸다.

우리는 원하는 중화가 제대로 작동하지 않는다는 것을 즉시 알아차린다.

---

16 뷜너-옐름슬레우가 제안한 것보다 산스크리트어의 실제 용법에서는 훨씬 덜 «부동적»이다 〈각주〉.

17 *proficīscor*(떠나다)의 현재 능동 부정사〈역주〉.

18 [부사] 〔목적지·도착지〕 '어디로, 어디까지'를 뜻한다〈역주〉.

19 *perveniō*(도착하다, 도달하다)의 supine(동사상(動詞狀) 명사, 동명사)이다〈역주〉.

왜냐하면 반대 방향의 기호들은 동시에 나타나지 않기 때문이다. 게다가 이것들이 참으로 탈격이라고 단언하는 것이 모험적일 수 있는 소수의 부사적 형태를 토대로 긍정적 Ab(Ab+)의 존재를 어떻게 감히 정당화하겠는가! 그리고 《추상적인》 수준에서 우리는, 매번 완전히 사라져버려서 Ab가 소유하고 있다고 추정되는 대립적인 표지인 Ac (+) 또는 G (−)와 항상 정확히 일치하는 언어 기호 《Ab》의 존재 자체를 어떻게 정당화할 수 있을까? 이것은 옐름슬레우가 뷜너의 이론에서 인정한−Ab를 《부동》의 D로 되돌리기 위해 완전히 고안된−임의적인 조작이다.

다른 혼돈, N의 혼돈

그런데 뷜너의 체계에는 큰 결함이 있다. 즉 그것에는 N이 없다. 플라누데스에게 있어서와 마찬가지로 그에게 있어서 N은 격이 아니다−따라서 몇백 년 된 논쟁에 종지부를 찍는다. 왜냐하면 그들이 생각하기에 N은 관계의 부재, 독립성을 나타내기 때문이다(p. 43). 옐름슬레우에 따르면 이 오류는 위치주의 가설의 권위를 떨어뜨리는 데 기여했다. 반대로 N이 《의미》를 갖고 있다는 것은 분명하다. 그 의미는 확실히 《모호하고 부정확》하지만, N 안에서 전형적인 명사형을 볼 수 있게 해준다. 그래도 N이 어떤 면에서는 공형태라 할지라도 그것이 속한 범주에서 그것을 배제할 권리는 없다. 원칙적으로 설정된 뷜너가 제안한 격 체계에 N을 포함하는 것은 쉽다. 사실, 우리는 N이 주어나 술어의 역할을 한다는 사실을 간과해서는 안 된다. 주어로서 그것은 멀어짐을, 술어로서는 가까워짐을 나타낸다. 따라서 그것은 《방향》의 기본적인 《차원》으로 말하자면 근본적으로 중립적인 격이다.

이 세밀한 추론은 뒤에서 반복된다(p. 52-54). 거기서 저자는 *rosa est pulchra*(장미는 아름답다)에서 *rosa*(장미)의 어미 *a*는 지배, 따라서 멀어짐을 전제로 하는 반면 *pulchra*(*아름답다*)의 *a*는 지배되는 사실, 즉 가까워짐을 전제한다고 설명한다. 여기서 «문법적 일치», «기계적 지배»에 대해서는 말하지 않았으면 한다. 플라누데스는 이미 격이 다른 항(項 terme)의 영향과 관련이 있는 것이 아니라 격 굴절의 영향을 받는 항의 관점에서 정의되어야 한다는 것을 분명히 알고 있었다. 격의 가치를 설정하기 위해서는 그 의미를 피지배 항과 지배 항에서 같은 방식으로 고려할 필요가 있다. 따라서 N의 용법 전체를 통해서 이 N에 대해 이것 자체에서 +와 −를 알아볼 수 있게 된다. 따라서 «방향»의 개념이 지배하는 체계에서 N은 «중립적인» 격이다.

이 학설의 뚜렷한 일관성은 그것이 야기하는 어려움을 숨기지 않는다는 것이다. 먼저, 격이 «방향» 차원의 «극»(긍정적 또는 부정적)에 대한 위치를 통해서 자신의 «가치»를 부여받는 것이 사실이라면, 우리는 «극»과의 순수한 대립으로 명확하게 정의 가능한 격을 찾을 수 있다고 생각할 수 있다(예를 들어 플라누데스의 도식에서 Ac와 대립되는 G가 그렇다). 그러나 이 극 대립의 가장자리에 있는 다른 격들은 오직 «중립적으로»만 정의될 수 있다. 따라서 각각의 필수적인 기본 의미와 함께 제공되는 이러한 중립적인 격들을 반드시 가다듬어서 구별해야 한다. 여기서 결정이 얼마나 자의적으로 이루어졌는가는 옐름슬레우 자신이 중립적이고 «집중된» 위치격을 중립적이고 «확장적인» N과 대립시키면서 보여주는 것이다(p. 99).

다음으로 «중립적인 것들»에다 N을 포함시키기 위해 사용된 인위적인 절차는 체계 전체를 크게 망가뜨린다. 저자는 그것에 주의를 기울이지 않았다. 그러나, *roza krasiva*[20](*아름다운 장미*)와 같은 구에서 범주 N이 피지배어(그래서 가까워짐)뿐만 아니라 지배어(그래서 멀어짐)를 표시하기 위해 사용되기 때문에 범주 N이 «중립적»이라면(기본적인 개념인 «방향»과 관련하여), 예

---

20   불가리아어인 *roza krasiva* [роза красива]는 '아름다운 장미'를 뜻한다〈역주〉.

를 들어 굉장히 부정적인 것으로 제시된 그리스어의 G 또한 《중립적인 것
》(+ -)으로 선언해야 할 것이다. 실제로 G(속격)의 명사+형용사 구(또는 절대
속격이라 해도 좋다)가 있다고 하자. 명사의 격표지 G는 《멀어짐》을 의미하지
만(왜냐하면 이때 명사가 G이자, 지배어이기 때문이다), 형용사의 동일한 격표지
G는 《가까워짐》을 의미한다(왜냐하면 형용사는 피지배어이기 때문이다). 부정
사 절(지배, 따라서 -)의 주어이거나 혹은 단순히 부가형용사(명사의 경우 -,
형용사의 경우 +)가 동반되는 Ac(+)가 있는 명사의 경우 동일한 논리적 궁지
에 빠진다. 요컨대, 이 작은 실행에 적합한 격은 모두 《중립적인 것》으로
선언될 수 있을 것이다. 통사적 지배가 우리가 원하는 만큼의 추상적인 《의
미》로 대체되고 《멀어짐-가까워짐》으로 귀착되는 것은 옐름슬레우의 격 체
계에 볼링 게임에서의 헤드 핀의 효과를 가져온다. 모든 격은 쓰러져 납작해
지고 중화되어 어떤 식으로든 상반된 두 기호를 가진다.

옐름슬레우의 역사적 설명의 나머지 부분은 그의 고유한 학설적 선택에
의해 결정된다. 그는 거기서 반-위치주의자들, 통사론자들, 준-위치주의자들,
소장문법학파 학자들에 대해 분노한다. 여기저기서 그는 몇 가지 쉬운 성공
을 거둔다. 예를 들면 N을 원인을 표현하는 것으로 간주하는 사람들에 반대
한다(《Philippe est mort(필립은 죽었다)》에 대해 뭐라고 말할 것인가?). 그는 문장
에 대한 아리스토텔레스식의 분석을 거부한다. 그는 51쪽의 운율적 사실을
관여적인(곧 직접 관련성이 있는) 것으로 받아들이기를 거부한다. 그는 통시적
연구를 공시적 기술 등으로 대체하는 사람들을 공격한다. 그리고 《그리스어,
라틴어 및 인도유럽어》의 이론에 할애된 이 장들을 마무리하기 위해 옐름슬
레우는 《위치주의 이론(플라누데스-빌너)이 진지하게 고려할 가치가 있는 유
일한 이론》이라는 것을 재확인한다. 왜냐하면 이 이론에는 N을 쉽게 들어가
게 할 수 있기 때문이다.

옐름슬레우에 의해 구축된 체계

옐름슬레우가 구축한 체계에서 우리는 다음과 같은 통합을 제안할 수 있다. 먼저 다음과 같은 세 가지 《차원》의 존재를 인식해야 한다.

1) 방향
2) 친밀감 (또는 일관성)
3) 주체성/객체성

기본적인 차원 1은 항상 존재한다. 우리는 차원 2는 꽤 자주 만나고, 차원 3은 드물게 만난다(1권 끝에 설명된 동부 코카서스의 두 언어, 타바사란어(tabassaran)와 라크어(lak)에서만 만난다).

이 차원들은−우리는 거기서 의미적 특성을 볼 수 있다−논리적 사고의 영역이 아니라 전논리적 사고의 영역에 속한다. 옐름슬레우는 전논리와 논리를 제어하는 수준을 정의하기 위해 《하위 논리》를 주장한다. 이는 상반되거나 모순되는 (논리적인) 대립뿐만 아니라 (전논리적인) 참여적 대립에 따라 격이 구성된다는 것을 이해하는 데 필요한 정확성이다.

A) 오스만 터키어는 차원(《방향》)에 격 체계의 완벽한 예를 제공한다. 이것은 다음 3개의 사각형 칸으로 구성된다: *a)* 가까워짐, *b)* 멀어짐, *c)* 부동.

대립의 3중 조합을 통해 6개의 격이 얻어진다. 우리는 그것들을 다음과 같이 나타낼 수 있다.

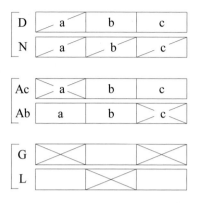

첫 번째 DN 쌍에서 순수한 《향격(向格)[21]》인 D(따라서 이 체계의 《격-축》이다)는 세 가지 방향 개념과 무관한 N과는 참여적 대립을 이루고 있다.

두 번째 쌍에서 Ac와 Ab는 상반된 대립을 이루고 있다. 세 번째 쌍에서 G와 L은 모순적 대립을 이루고 있다.

우리는 이 도식의 유효성을 판단할 자격이 없다. 우리는 격들이 여기서 오르지 자신들의 의미적 내용에 의해 정의된다는 것을 관찰할 뿐이다. 이 설명에는 어떠한 통사적 개념도 없다.

B) 2차원의 체계

한 언어가 6개 이상의 격을 가지고 있다면, 그것은 이 언어가 다른 《차원》, 즉, 옐름슬레우가 상기하듯이, 라스크[22]가 핀란드어와 관련성을 보여준 개념

---

21 향격(向格, allatif)은 터키어, 핀란드어 등에서 존재한다〈역주〉.

22 라스크(Rasmus Kristian Rask, 1787~1832)는 19세기 덴마크의 언어학자이다. 그는 보프 (Fr. Bopp)가 산스크리트의 동사 조직에 관한 비교연구를 발표하기 전에 『고대 노르드어 또는 아이슬란드어의 기원 연구 *Investigation of the Origin of the Old Norse or Icelandic Language*』로 1814년 아카데미상을 받아 보프와 함께 비교문법의 선구자가 된다. 역사적 비교 방법의 원칙을 확인하고, 비교언어학의 발달에도 공헌했다(『두산백과』 참고)〈역주〉.

인 《일관성》 혹은 친밀감의 차원을 고려한다는 것이다. 일관성(비일관성)을 통해서 우리는 한편으로는 프랑스어 *sur*, 독일어 *auf*, 영어 *on*(한 대상은 다른 것과의 접촉으로 기술된다)과 다른 한편으로 *au-dessus de, über, over*(접촉의 부재) 간의 섬세한 대립을 이해해야 한다. 이 두 번째 차원 역시 옐름슬레우에 의해 6개의 칸이 부여된다. 그는 이 두 번째 차원을 첫 번째 차원 《방향》에 수직으로 배치하여 일종의 바둑판을 얻는다. 따라서 2차원의 언어에는 36개의 서로 다른 격 위치가 있다. 그리고 마침 아바르어(avar)(동부 코카서스의 언어)는 이론적으로 최대 36개의 격이 있다(t. II, p. 2)... 비록 두 번째 차원의 표현은 사라지는 경향이 있다고들 말하지만 말이다(t. II, p. 24).

C) 3차원의 체계

세 번째 차원, 곧 《주체성》/《객체성》의 차원 역시 6칸이다. 코카서스에 아직 존재하고 있는 두 언어인 타바사란어와 라크어만이 이 세 번째 차원을 갖추고 있다. 한 가지 예가 주체성이 무엇인지 이해하는 데 도움이 될 것이다. 내가 《개가 나무 앞을 지나간다(un chien passe devant l'arbre)》라고 하면 위치 《앞(devant)》은 그 자체로 존재하지 않는다. 그것은 관찰자-화자와 관련해서만 존재한다.[23] 따라서 그것은 《주체적》이라고 말할 수 있다(p. 133). 《뒤(derrière)》도 마찬가지이다.[24] 이 세 번째 차원은 옐름슬레우가 항상 기하학적 구조에 매료되어 처음의 두 차원으로 정의된 평면에 수직으로 위치시키는 6개의 항으로 구성되어 있기 때문에 우리는 모든 모서리(곧 각)가 6개로

---

[23] 다른 한편으로 옐름슬레우는 동일한 전치사가 《주체의》 위치를 나타낼 수도 있지만 이번에는 《너는 나를 볼 수 없어. 나는 나무 뒤에 있어.》에서처럼 청자의 관점에서도 《주체의》 위치를 나타낼 수 있다는 것을 정확하게 지적한다(각주).

[24] 옐름슬레우는 이러한 가능성이 '전에(avant)/후에(après)'와 같은 병렬 시간 표현의 경우에는 전혀 존재하지 않는다는 것을 관찰하지 않은 것 같다(각주).

나누어져 그 결과 이론적으로 최대 216개의 격을 가진 정육면체를 얻게 된다. 52개의 격으로 제한되는 타바사란어에서도 폐기되는 격은 엄청나다. 한격의 «가치»는 3차원의 거대한 정육면체를 구성하고 있는 216개의 작은 정육면체 중에서 전적으로 (명확하게 말하기 정말 어려워 보이는) 그 위치에 의해 결정된다는 것은 말할 필요도 없다.

옐름슬레우식 체계에 대한 몇 가지 고찰

A) 우리는 일반적인 고찰에 만족하고 사소한 비판을 제쳐놓음으로써, 먼저 옐름슬레우가 제안한 표현 형태의 자의성에 주목할 수 있다. 6개 이하의 유효한 격 체계가 직선이어야 하는 이유는 무엇인가? 격이 6개 이상인 경우 그 격들이 피타고라스 표(table de Pythagore, 곱셈의 구구표)에 반드시 들어가야 하는 이유는 무엇인가? 전논리적 차원(특히 이 차원에서!)에서조차 정신의 기능이 수직의 유사한 엄격성을 따르도록 할 어떤 가능성이 있는가? 계열체의 항들이 분할하는 면으로, 나선 모양으로, 부채꼴 모양으로, 더 나아가 더 복잡한 도형에 따라 분포되지 않은 이유는 무엇인가? 선험적 추리법은 3차원 체계에서 명확하게 드러난다. 즉 옐름슬레우는 이론적 가능성과 실제적 효율 사이의 놀라운 불균형 앞에서 흔들리지 않는다. 게다가 146쪽에 있는 그의 도식은 그의 분석을 전혀 설명하지 못한다. 이것은 분명히 정육면체이지만 두 개의 반대쪽 면만이 칸으로 나누어진다. 따라서 이 정육면체는 216개의 구성요소의 위치를 전혀 제공할 수 없다. 그런 중에 다시 한번 체계 내에서 위치만이 격의 가치를 나타낸다...

그러나 이러한 기하학적 유치함에는 의미가 있다. 옐름슬레우는 다른 많은 사람들과 마찬가지로 어렵고 이질적이며 복잡한 주제, 곧 언어라는 주제를 가장 단순한 기하학의 도형이 되게 한다. 마치 이 축소가 그 자체로 설명할 가치가 있는 것처럼. 그러나 더 설득력 있는 설명이 없으면 이 안심할 수 있는 수학적 배열은 눈속임일 뿐이다. 문법을 기하학적 도식으로 절단하는 것은 전자에 후자의 과학적 엄격성을 부여하기 위한 마법의 절차처럼 보인다. 여기서 기하학은 언어적 사실이 광범위하게 확장된 프로크루스테스의 침대[25]일 뿐이다. 단순화하려는 고대의 유혹! 의심할 여지 없이 피타고라스 철학에 물든 노련한 바로(Varro)는 그가 언어에서 깨달았다고 믿었던 산술적 일치에 기뻐했다(왜냐하면 «숫자만이 현명하기» 때문이다). 옐름슬레우는 «경험적 사실은 대칭 원리에 따라 함께 결속된다»(p. 87, p. 99)라고 주장하는 사람으로서 이러한 충동에서 그렇게 많이 자유로운가? 그가 종속성/독립성의 대립을 가능한 두 번째 차원으로 고려하기를 거부한다면, 이것은 이 경우 «체계가 대칭적이지 않을 것»(p. 96)이기 때문이다.

B) 우리는 또한 매우 중대한 몇 가지 불일치에 주목할 것이다. 86쪽에 제시된 «격이란 두 대상 사이의 관계를 나타내는 범주이다»라는 정의는 좋은 언어적 효과를 가진다. 이 정의는 어미변화가 있는 언어(그리스어, 라틴어, 독일어, 러시아어 등)의 **굴절 형태**에 대해서뿐만 아니라, 또한 이들 동일 언어는 물론이고 더구나 어미변화가 없는 언어의 전치사 구에 대해서도 우리가 «격»을 말할 수 있다는 것을 의미한다. 우리는 영어와 프랑스어에서와 같이 관계를 표현하는 것과 관련성이 있는 어순을 더 이상 소홀히 할 수 없을 것이다. 옐름슬레우는 이 모든 것을 원칙적으로 인정한다. 그러나 그는 실제로는 그것을 전혀 고려하지 않는다. 몇몇 코카서스어에 대한 그의 기술을 보면, 그는 인도유럽어의 굴절 형태와 닮은 형태들만 채택한다. 이들 언어에서

---

25 프로크루스테스의 침대(lit de Procuste/Procrustean bed)는 그리스 신화에 나오는 이야기에서 유래된 것으로, 자신의 기준으로 다른 사람의 생각을 억지로 자신에게 맞추려고 하는 횡포나 독단을 이른다〈역주〉.

우리의 전치사에 해당하는 표현 수단에 관한 것은 아무것도 없다.

어미로 표현된 관계와 전치사로 표현된 관계를 함께 취급하지 않으면 옐름슬레우의 기획은 무효화 된다.

격 관계를 표현하는 데 적합한 언어적 수단에 대한 그의 목록은 전혀 일관성이 없다. 예를 들어 타바사란어에서는 (갑자기 나타나는) *furi-qʿan* «차 뒤에서»와 같은 표현은 «후격의 탈격(Ablatif postessif)»을 부여받는다. 이제 어떤 언어라도 어떤 방법으로든 같은 관계를 표현할 수 있을 것이다. 그것은 프랑스어 또는 영어에서는 «전치사 구문»으로 표시된다. 그렇다면 어떻게 영어에는 3개 또는 4개의 «격»만 줄 수 있을까?[26] 그는 113쪽에서 «드물게 마주치는» 단 2개의 항(項)을 가진 격 체계를 거론한다. 언어가 단지 2개의 관계만으로 구성된다는 것이 어떻게 가능할까? 우리는 그가 어휘와 형태소 사이의 경계가 항상 명확하지 않은 전치사의 복잡성에 말려드는 것을 주저한다는 것을 잘 알고 있다. 그리고 *-qʿan*이 타바사란어에서 격 표지로 취급되고 «de derrière(…의 뒤에서)»가 프랑스어 또는 영어의 목록에서 제외된다는 것은 *-qʿan*이 어미의 외양을 갖는다는 것이다. 그럼에도 불구하고 언어는 형식이지 실체가 아니라는 소쉬르의 원칙을 주장하는 사람에게 전통은 얼마나 큰 부담이 되는가!

C) 옐름슬레우가 제안한 격의 순수 의미론적 정의는 그의 *furi-qʿan*과 같은 매우 «구체적인» 표현에 적합해 보일 수 있다(정의해야 할 통사적 위치가 남아있으므로 우리가 보기에는 잘못되었다). 그러나 그것은 가장 단순하고 가장

---

26 옐름슬레우는 먼저 2개의 격을 가진 언어로 영어에 대해서 말한다. 즉 그 2개 격은 (인칭의 성 명사를 위한) -*s*로 된 G와 부정격(不定格)이다. 그런 다음 그는 영어에 이번 한 번만 어순의 기준을 고려하면서 3개, 심지어 4개의 격(주격, 여격(D), 전환격(목적격), -*s*로 된 속격(G))을 할당한다〈각주〉.

빈번한 관계들, 즉 발화의 주요 기반을 구성하는 관계들에는 작동하지 않는다. 예를 들어, 《주어》의 기능 또는 오히려 주어 관계의 기능이 그렇다. 옐름슬레우가 《논리》로서 주어의 개념을 추방한 것은 사실이다. 인정하자! 우리가 전통적으로 《주어》라고 부르는 것은 N이 《가까워짐, 부동, 멀어짐》의 개념과 관계가 없기 때문에 그렇게 이해된다. 따라서 N을 우리가 《주어》라고 부르게 만드는 것은 《방향》의 개념과 관련하여 의미적 대립의 작용에서 정의되었기 때문에 상당한 의미적 부담이다. 옐름슬레우식 설명의 일관성이 없는 특징을 이해하기 위해 이 점을 주장하는 것은 불쾌하긴 하지만 유용하다. 예를 들어 타바사란어에서 동일한 격, 즉 N이 주어, 목적어로 그리고 전치사구로까지 사용된다는 것은 그것이 《안정, 균형, 부동의 상태》를 가리킨다는 것을 뒷받침한다.

옐름슬레우가 《문장》(《랑그》가 아닌 《파롤》에 포함된다)과 아리스토텔레스 철학의 개념에 반하여 어떤 말을 하든 간에, 《방향의》 의소(意素)가 없는 순전히 통사적 접근방식이 예를 들어 N의 명사와 동사 사이에 창출되는 관계를 훨씬 더 잘 설명한다는 점에서는 변함이 없다. 이 관계─혹은 오히려 상호 관계─가 그 자체로 의미를 가지고 있다는 것은 분명하지만 명사에만 고유한 어떤 의소의 자질과는 아무 관련이 없다.

옐름슬레우가 모든 구문 분석을 자신의 《격》 의미 체계로 단순화하는 이유는 무엇인가? 다른 이유들 중 다음이 있을 수 있다. 즉 기하학적 모델을 구성하려면 매우 견고한 지지점이 필요하기 때문이다. 옐름슬레우는 《서로 가까이 있는》 의미를 가진 격들에서 이 지지점들을 발견한다고 믿으며, 이들 지지점 격이 다른 격들이 조직되는 데 《중심점》의 역할을 하게 한다(터키어의 D, 그리스어의 Ac, 라틴어의 Ab). 그러나─다소 빠르게─명확하고 모호하지 않다고 선언된 이들 격은 《방향》의 개념과 관련된 아이디어들을 나타낸다. (차라리 그것들이 명확해 보인다고 말하자. 왜냐하면 기호의 지시대상이 여기서는 매우 구체적이기 때문이다. 그러나 지시적인 명확성과 기능적인 단순성이 반드시 일치하는 것은 아니다!) 따라서 아주 명확해진 이 칸에서부터 체스판의 모든 칸들이 하위논리적 사고를 통해 위치된다. 게다가 이는 《중립적인 격》의 수많은 표시판 아래에 불확실한 빛의 영역을 증가시키지 않고는 불가능하다!

따라서 옐름슬레우가 안개 속에서 그의 야심 찬 건축물을 세우도록 이끈 것은 의심할 여지없이 체계화하려는 욕구이다. 우리는 그에게서 다른 사람들과 마찬가지로 정확한 과학과 경쟁하려는 뿌리 깊은 열망, 곧 프라그 학파 음운론의 성공을 정당화하는 것처럼 보이는 열망을 발견한다. 그는 86쪽에 《언어적 사실들이 세상의 다른 사실들과 다른 차원이라고 생각하는 것은 환상이다... (언어학의) 대상은 모든 다른 과학의 대상과 동일한 객체적 영역에 속한다》[27]라고 쓰고 있다. 매우 논란의 여지가 있는 동일시이다. 반면에, 이론의 여지가 없는 것은 화학자나 물리학자가 그들의 전문분야의 현상을 다루듯이 언어 사실을 다루려는 옐름슬레우의 욕망이다. 따라서 언어를 《모든 것이 서로 연관된 체계》(p. 86. 이 표현은 다른 사람들의 것으로 돌릴 수도 있다!)로 간주하기로 한 이 결정은 결과적으로 《완전한 공리화》와 《전체주의적》 이해(p. III)와 그 맥을 같이한다.

이 웅대한 계획은 거의 결실을 거두지 못했다. 원칙적으로 접근 방식이 잘못되었기 때문에 그렇지 않을 수 없었다. 요컨대 언어적 사실과 화학적 혹은 물리적 사실은 이질적이기 때문이다. 르루아는 이것에 대해 신중하게 판단하여 다음과 같이 쓰고 있다.[28] 《추론에서의 사소한 실수는 (이러한 구성

---

27 참조. 옐름슬레우, 『언어 Le langage』(1966[1963], p. 167): (소쉬르와 묄러(Møller)에서) 본질적이고 흥미로운 것은 그들의 《단순화가... 어떻게 보면 거대한 규모의 인도유럽어를 대수(代數)나 화학적 산물로 분해하는 것과 같다》는 것이다. 참조. 141쪽(수학적 산물)〈각주〉.

28 르루아, 『현대 언어학의 주요 흐름 Les grands courants de la linguistique moderne』(1970 [1963], p. 96)〈각주〉.

들을) 우리 지식의 유형적 기반과는 무관한 인위적인 사변(思辨)으로 변형시킬 수 있다».[29]

---

29   사실 다른 학자들은 오히려 긍정적인 판단을 내린다. 예를 들어 칼볼리(G. Calboli), 『현대 언어학과 라틴어: 격 *La linguistica moderna e il latino; I casi*』(1972, p. 152)가 그렇다. 저자는 옐름슬레우의 이런저런 설명에 대해 약간의 제한된 유보를 한 후에 다음과 같이 덧붙인다. «옐름슬레우의 이 위대한 연구에 대한 전반적인 판단은 이론적 노력에 관한 한 긍정적이다. 이와 같은 엄격한 형식 체계는, Chomsky(1969, p. 6 이하)도 지적하듯이, 인도 유럽어의 비교문법에 대한 조잡한 언어학적 개념을 뛰어넘는 것을 가능하게 하고, 언어학의 최신 발전을 가능하게 했다.»〈각주〉.

제6장 ― 프라그 학파:
야콥슨의 관점에서 본 《러시아어 격의 전반적 의미》

로만 야콥슨[1]이 『프라그 언어학회 논집 *Travaux du Cercle linguistique de Prage*』[2]에 출판한 긴 연구는 「러시아어 격의 전반적 의미 *Gesamtbedeutungen der russischem Kasus*」라는 부제를 가지고 있다. 그러나 이 연구는 거의 전적으로 러시아어의 용법에 기반을 두고 있지만 「일반 격 이론에 대한 논문」이라는 제목이 분명하게 말하듯이 일반언어학의 관점을 설명하는 것을 목표로 한다. 프라그 학파의 방식을 구현한 이 연구는 1930년대 구조주의의 가장

---

1 야콥슨(Roman Jakobson, 1896~1982)은 러시아 출신의 미국 언어학자이다. 모스크바대학교를 졸업하였고 제1차 세계대전이 끝나자 1920년 체코슬로바키아의 프라하로 이주한다. 이때 언어학회를 결성하고 프라하학파를 창설한다. 1939년 체코슬로바키아가 독일군에게 점령되자 나치스를 피하여 북유럽의 몇몇 나라를 전전하다 1941년 미국으로 건너가 뉴욕의 고등학술연구소에서 교수로 재직하면서 이곳에서 프랑스의 인류학자 레비 스트로스(Levi Strauss, 1908~2009)와 만나 구조인류학 설립에 영향을 주었다. 1949년 하버드대학교로 초빙되어 언어학을 강의했고, 1957년부터는 매사추세츠공과대학(MIT)의 교수로 재직했다. 그는 언어학을 통해 현대 구조주의 사상에 지대한 영향을 끼쳤다(『두산백과』 참조) 〈역주〉.

2 야콥슨, 「일반 격 이론에 대한 논문: 러시아어 격의 전반적 의미, Beitrag sur allgemeinen Kasuslehre: Gesamtbedeutungen der russischem Kasus」, 『프라그 언어학회 논집 *Travaux du Cercle linguistique de Prage*』, 6, 1936, p. 240-288. 트루베츠코이(N.S. Troubetzkoy)와 야콥슨(R. Jakobson)이 이끈 《프라그 학파》는 1928년 헤이그 학회 때 제출된 《논문들》로 유명해졌다. 이 학파의 활동을 반영하는 『프라그 언어학회 논집 *TCLP*』은 1929년부터 1938년까지 발간되었다〈각주〉.

중요한 의미를 지닌 것들 중 하나이다.

야콥슨은 기의(signifié)를 세분화하는 학설을 거부하기 위해 기호에 대한 소쉬르의 정의에서 출발한다. 그는 또한 안톤 마티[3]가 제안한 형태와 기능 사이의 분리를 거부한다. 이는 마티의 경우 어미가 《일련》의 의미를 담당했기 때문이다. 굴절 표지는 《기호》이므로 이것에서 단일한 의미를 인지해야 한다. 그러나 이 단일한 의미는 도이치바인[4](1933)이 엄격하게 가정한 기본 의미일 수 없으며, 성취된 진전에도 불구하고 옐름슬레우(1935, p. 84)의 《가치》일 수도 없다. 야콥슨은 오히려 거기서 《구체적인》 의미들이 파생되는 추상적인 전체 의미에 도달하려고 노력한다. 그의 방법론적 서설에서 그는 전치사와 어순을 제쳐두겠다고 추가로 명시한다(p. 244-245). (굴절된) 《단어》 와 어순은 근본적으로 구별되는 두 가지 범주를 구성한다. 브뢴달[5]을 이어받은 야콥슨은 가능한 통사론적 기능만 어순으로 인식한다. 반면 격은 형태론적 성질을 가지고 있지 통사론적 성질을 가지고 있지 않다. 전치사 구문과

3　마티(Anton Marty, 1847~1914)는 스위스 태생의 오스트리아 철학자이자 가톨릭 신부이다. 그는 언어철학, 심리학 철학, 존재론을 전공했다. 그는 1875년부터 1880년까지 체르니우치 대학교(Franz-Josephs-Universität Czernowitz)에서 교수로 재직했고, 프라하 대학교에서 1895년부터 1897년까지 두 차례 총장을 역임했다. 그의 저서로는 『언어의 기원 Ueber den Ursprung der Sprache』(1875), 『일반 문법과 언어철학의 기초 연구 Untersuchungen zur Grundlegung der allgemeinen Grammatik und Sprachphilosophie』(1908), 『언어의 철학에 대하여. '논리적', '위치주의적' 및 기타 격 이론 Zur Sprachphilosophie. Die 'logische', 'lokalistische' und andere Kasustheorien』(1910) 등이 있다〈역주〉.

4　막스 도이치바인(Max Deutschbein, 1876~1949)은 베를린과 라이프치히대학에서 영어와 언어학을 공부했다. 그는 1910년 할레대학의 영어 교수에 이어, 1919년부터 1946년 은퇴할 때까지는 마르부르크대학 교수를 역임했다. 그의 저서로는 『과학적 근거에 기초한 영어 문법(중등학교용) Grammatik der englischen Sprache(für höhere Schulen) auf wissenschaftlicher Grundlage』[1924(초판, 라이프치히), 1966(18판, 하이델베르그)], 『영어연구 핸드북(Mitautor) Handbuch der Englandkunde』(공저)[1928/29(초판, 디에스터베그), 1955년(3판, 프랑크푸르트 암 마인)] 등이 있다〈역주〉.

5　라스무스 비고 브뢴달(Rasmus Viggo Brøndal, 1887~1942)은 덴마크의 문헌학자이자 코펜하겐 대학교의 로맨스 언어 및 문학 교수였다〈역주〉.

격 표지도 같은 범주에 통합될 수 없다. 여기에는 여러 가지 이유가 있다. 격과 전치사는 이 둘 다를 가진 언어에서는 서로 대립된다. 동일한 격이 여러 가지 전치사와 더불어 나타날 수 있고 그 역도 마찬가지다. (우리는 중대한 결과를 가져오는 이 원칙적 입장으로 돌아가야 할 것이다.) 마지막으로 야콥슨은 《체계》 개념의 핵심적인 중요성을 상기시킨다. 옐름슬레우와 마찬가지로 그는 《체계》가 모든 설명의 시작점인 동시에 목표라고 주장한다. 격의 《가치》가 자신의 자리 등등을 찾는 것은 오직 《체계》 내에서다. 옐름슬레우는 단지 엄격함이 부족했고 때때로 《전체 의미》 대신에 《특정 의미》 중에서 선택된 《주된 의미》를 내세우는 것에 만족했다.[6]

I. 야콥슨의 격 체계(러시아어)

개요

야콥슨은 보다 엄격한 격 체계를 다음과 같이 명확한 방식으로 도식화한다(p. 281).

$$(N \sim Ac) \quad \sim \quad (G\ I \sim G\ II)$$
$$\wr \quad \wr \qquad \wr \quad \wr$$
$$(I \sim D) \quad \sim \quad (L\ I \sim L\ II)$$

---

6   예를 들어 옐름슬레우는 고트어에 대한 자신의 연구에서 N을 《멀어짐/가까워짐》을 표현하는 격으로 정의한다. 왜냐하면 그것이 주어/술어이기 때문이다. 그러나 《멀어짐》의 의미가 지배적이다(Jakobson, p. 246)〈각주〉.

N = Noninatif(주격)   G I = Génitif I(속격 I)

Ac = Accusatif(대격)   G II = Génitif II(속격 II)

I = Instrumental(도구격)   L I = Locatif I(위치격 I)

D = Datif(여격)   L II = Locatif II(위치격 II)

아주 멋진 완벽하고 섬세한 대칭의 표이다. 우리가 보는 바와 같이 격은 2개의 그룹으로 수평적으로 대립되어 있다. 각 그룹은 또한 대립되는 2개의 격으로 구성되어 있다. 수직적으로 또한 2개씩 된 항(項)의 4가지 대립이 있다.

야콥슨주의자들의 명칭은 다음과 같다.

 - 《관계 격(cas de dépendance)》(*Bezugskasus*): Ac와 D
 - 《외연 격(cas d'extension)》(*Umfangskasus*): G와 L
 - 《주변 격(cas marginaux)》(*Randkasus*): I와 D
 - 《형성 격(cas de formation)》(*Gestaltungskasus*): G II와 L II

저자는 또한 각 격의 가치를 도식으로 보여주기 위해 다음과 같이 몇 개의 그림을 제시한다.

N =   •   (발화에서 사물의 투영을 나타내는 단순한 점)

Ac =   ⋮   (발화에서 사물의 투영을 나타내는 단순한 점)

I =   ╲╱   (주변적인 위치를 상징화하는 곡선)

D =   ╲╱   (N과 Ac의 차이만큼 I와 D의 차이)

$$\begin{bmatrix} G\ I = \bullet\text{------} \\ L\ I = \diagdown\,. \end{bmatrix}$$

$$\begin{bmatrix} G\ II = \text{-----}\bullet\text{-----} \\ L\ II = \diagdown\,\bullet\,\diagup \end{bmatrix}$$

격별 검토

1) 주격(N)과 대격(Ac)

N에서 능동적 동작주를, Ac에서 이 행위의 대상을 보는 일반적인 견해는 대체로 정확하다고 야콥슨은 말한다(p. 247). 그러나 그가 이 대립을 정의하는 것은 유표격인 Ac를 통해서이다. Ac는 실제로 «어떤 행위가 어느 정도는 지시된 대상으로 향하고, 그것 안에서 자신을 드러내고, 그것을 파악한다는 것을 지속적으로» 나타낸다. 따라서 Ac의 전체 의미는 «관계 격»에 속한다. 우리는 이에 대해 다음과 같이 두 가지 종류를 구별할 수 있다.

a) «강하게 지배를 받는» Ac는 *pisat' pis'mo*«편지를 쓰다»[7]와 같이 행위의 결과(«내적, 곧 동족목적어»)(p. 248)를 나타내거나 «책을 읽다»와 같이 행위의 대상(외적 목적어)을 나타낸다.

b) «약하게 지배받는» Ac는 «1년을 살기(vivre un an), 1노리[8]를 걷기

---

[7] 러시아어 표현에는 «쓰여진 것을 쓰다(écrire un écrit)»로 번역할 수 있는 어원적인 형상이 포함되어 있다.

주의−우리는 야콥슨 자신의 필사본을 러시아어 단어로 재현했다(현재 어법과 항상 일치하지는 않는다). 유용한 관찰을 공유해 준 레르미트(R. L'Hermitte) 교수께 감사한다〈각주〉.

(marcher une verste)»[9]에서와 같이 행동이 차지하는 장소나 시간의 간격을 나타내는 데 사용된다. 《행위와 매우 독립적인 것은 아니지만》, 《약하게 지배받는》 이 Ac는 목적어 기능과 상황사의 기능 사이에서 멈칫댄다. 그것은 자동사에 의존할 수 있으므로 수동 변형이 불가능하다. 《약한》 지배의 Ac는 《강한》 지배의 Ac 옆에 나타날 수 있지만 《강한》 지배의 두 Ac는 공존이 불가능하다.

Ac의 전치사 용법에서는 《《《향하는 방향》의 의미가 나타난다》 [*na stol/na stole*(책상 위에) = *auf den/dem Tisch*(책상 위에)].[10]

Ac는 행위가 사물에 영향을 미친다는 것을 알리는 반면, 주격은 행위의 존재나 부재에 대해 아무것도 말하지 않는다(p. 249).[11] 그래서 Ac는 《유표적》이고 N은 《무표적》이다. 사실, N의 몇몇 용법은 반대로 후자(곧 주격)의 《활동》을 전제로 하지 않는다는 것은 잘 알려져 있다. 예를 들어, *시간은 돈이다*(*Time is money*)[12]의 유형에 해당하는 러시아어 명사 문장이 그렇고, N이 논리적으로 행위의 대상인 수동 동사 문장이 그렇다. 따라서 우리는 N을 《영-격》[13]이라고 부를 수 있다. N은 경우에 따라 순수한 《명명적 기능》[14]을 맡을 수 있는 유일한 격이다(참조. 간판, 게시판, 또는 《벽, 도시, 항구, 영안실》과 같은

---

8 노리(露里, 베르스타)는 러시아의 옛 거리 단위로 1노리는 1,068km 정도이다〈역주〉.

9 *žit' god, itti verstu*(жить' год, идти версту 1년을 살고 1노리를 걷는다.)(러시아어)〈각주〉.

10 '책상 위에'를 뜻하는 이들 예의 전자는 러시아어 예이고, 후자는 독일어의 예이다〈역주〉.

11 또한 252-253쪽 참조. 즉 Ac에는 《어떤 행위의 대상》을 의미하는 요소 *a*가 포함되어 있다. N의 특징적인 의미는 *a*를 무시하는 것이다〈각주〉.

12 *Vrem'a-den'gi*(Время-деньги 시간 돈)(러시아어)〈각주〉.

13 (프라그 학파의 회원인) 카르체프스키(Karcevskij)〈각주〉.

14 이 생각은 고대인들 사이에서 여러 번 되풀이되었다〈각주〉.

유형의 설명).[15] 《명명》에 사용되는 무표적 형식인 N은 발화에서 구성요소로도 기능한다. 이때에 그것은 발화의 대상이 된다.[16] 그것의 통사적 용법은 다양하다. 그것은 문장의 주어(G와 공유하는 역할, 아래 참조)뿐만 아니라 술어 (그리고 또한 동격)일 수 있다.[17]

이 견고하게 구성된 설명의 끝에서 우리는 N의 다양한 의미에 대해 야콥슨이 말하는 것을 주목하게 된다. 즉 문맥을 통해서 N으로 표지된 사물이 행위의 대상임을 나타내면 N의 의미는 Ac의 의미와 일치한다. N의 의미는 더 이상 특정적이지 않다. 그것은 N의 《결합 의미》이다. 반면에 N은 능동 타동사의 주어일 때 《주된 의미》의 혜택을 입는다.[18]

2) 속격(G)

전체 표에서 알 수 있듯이 G는 N-Ac 그룹과 대조를 이룬다. 사실 G는 사물의 외연을 고려한다. N과 Ac는 그것을 고려하지 않는다. (따라서 G는 N-Ac 그룹에 비해 유표적이다.) 역으로 G는 방향성 행위의 표현 또는 비표현에 있어서는 중립적이다(이 점에서 N과 Ac는 서로 대립된다). G는 발화된 상황에서 사물의 참여가 그것의 전체 외연보다 더 적은 외연을 가지고 있음을 나타낼 뿐이다. 따라서 G로 표지된 사물은 발화 상황에서 부분적으로 또는 부정

---

15 야콥슨은 당연히 러시아어와 독일어에서 자신의 예를 가져온다〈각주〉.

16 《화제》(주제)에 대한 연구가 발전함에 따라 야콥슨의 견해(그는 251쪽에서 N은 《발화의 주인공》이라는 후설(Husserl)의 표현을 취하고 있다)에 약간의 미묘한 변화가 따를 수 있다 〈각주〉.

17 야콥슨은 다음과 같은 《주어 없는》 문장의 존재를 지적한다(p. 251). 즉 *soldata*(Ac) *ranilo v bok*(солдата ранило в бок)《병사들을 옆구리에 상처를 입힌다》(3인칭 단수 중성). 여기서 Ac는 《의미 계층에서 그(Ac) 위에 무언가》가 있음을 나타낸다〈각주〉.

18 야콥슨은 활동적인 주어에 가장 적합한 표현은 유정물의 표현이라고 덧붙인다(p. 253-254). 반대로, 무정물은 그저 객체, 곧 목적어가 된다(참조. '유정물/무정물' 분포에 대한 톰슨(Thomson)의 통계(*IF*, 24, 293; 28, 107; 29, 249; 30, 65))〈각주〉.

적으로 표현될 수 있다. 그 결과 《부분의》 G와 《한계의》(목표, 구별, 부정) G가 존재한다. 야콥슨이 이 격의 통사적 변이형을 설명한 것은 이 두 종류의 G와 관련해서이다. 즉 하나는 《(des) cornichons!(오이!)》[19]라고 하는 상인의 외침에서와 같은 명사문에서의 G이고, 다른 하나는 《*Des* gens(**G**) se sont réunis(3인칭, 단수, 중성)(사람들이 모였다) | *les* gens se sont réunis》(3인칭 복수, 남성)(그 사람들이 모였다)》와 같은 문장에서의 주어인 G이다.[20] 동사 뒤에서 G는 부분을 나타내는 목적어가 될 수 있다(《il ramasse *de l'argent*(그는 돈을 모은다)》). 《il a mangé *le pain*(**Ac**)(그는 그 *빵*을 먹었다) | il a mangé *du pain*(**G**)(그는 *빵*을 먹었다)》. 야콥슨은 한계의 G로서 《toucher *le sol*(땅에 닿다)》(**G**)를 인용하고, 목표의 G로서 《vous vouliez *des libertés*(당신은 *자유*를 원했어요)》[**G**, *svoboda*[21](자유)]를 인용한다. 마지막으로 《부정》의 야릇한 G에 대한 예로 《발화 상황에서 사물의 부재》를 가리키는 《je ne lis pas *de journaux*(나는 *신문*을 읽지 않는다)》[**G**, *gazet*[22](*신문*)]를 들 수 있다(p. 257).

델브뤼크처럼 동사 보어의(곧 부사적) G에서 명사 보어의 G를 분리하는 것은 잘못된 것이다. 왜냐하면 피한정 명사는 G로 표지된 명사의 외연을 제한하기 때문이다. 예를 들어 《un verre **d'**eau(한 잔**의** 물)》, 《une partie **de** la maison(집**의** 일부)》가 그렇다. 아니면—결국 동일한 것으로 귀착되는 G는 《la beauté *de la dame*(*부인의* 아름다움)》, 《la destruction *de l'armée*(*군대의* 파괴)》에서처럼 G가 피한정 명사의 속성을 추상화한다(p. 258). 역으로, 《une

---

19 *Ogurcov* !(G). *Ogurcov*는 огурéц(오이)의 속격 복수〈각주〉.

20 *L'udej sobralos'*(*Людей собралось'*)(사람들이 모였다) | *L'udi sobralis'*(*Люди собрал ись'*)(그 사람들이 모였다). *otveta*(**G**) *ne prišlo* 《답이 없었다 il ne vint pas *de réponse*》 | *otvet ne prišel* 《답이 오지 않았다 *la réponse* ne vint pas》 사이에도 동일한 대립이 있다 〈각주〉.

21 свобóда(*자유*)의 속격 복수〈역주〉.

22 газéта(*신문*)의 속격 복수〈역주〉.

dame *de beauté*(아름다운 여인)»에서처럼 G가 갖는 특성에서 추상화되는 것
은 소지자이거나, «des victimes *de la destruction*(파괴의 피해자)»에서처럼
사행(事行)에서 추상화되는 것은 동작주 또는 피동작주이다(p. 259).

부사적 용법과 명사 보어의 용법의 모든 구분이 인위적이지만, 그렇다고
해도 G가 «자신의 의미적 특성을 가장 완전하고 명확하게 보여주는» 것은
명사 보어의 용법에서. G는 아무런 동사적 뉘앙스가 없는 명사와의 관계
를 확립할 수 있는 유일한 격이다.[23]

마지막으로, 전치사적 용법에서 G는 다른 의미를 나타내지 않는다. 그것
은 여기에서도 사물의 전부 또는 일부가 제외되었음을 나타낸다. 다음은
모두 러시아어에서 다양한 전치사를 수반한 G로 표지된 것들이 프랑스어로
옮겨진 예이다.

> (하나 l'un) «우리들 중의 *de nous*» (부분적)
>
> «강을 따라 *le long de la rivièe*» (경계)
>
> «영광을 위하여 *pour la gloire*» (목표)
>
> «강에서 오는 *en venant du fleuve*» (분리)
>
> «걱정 없이 *sans soucis*» (부정)

---

23 뒤이어 야콥슨은 대부분의 계열체에서 유정물에 대한 G와 Ac의 놀라운 형식적 혼란을
검토한다(p. 259-260) (반면에 N과 Ac는 무정물에서 혼동된다). «boire *le vin*(Ac)(그 와인
을 마시다) | boire *du vin*(G)(와인을 마시다)»의 대립에서 시작하여, 그는 부분적 용법은
유정물에 대해서는 거의 생각할 수 없다는 것을 강조한다. 그래서 그는 G | Ac의 형식적인
대립을 없앤다(실제로 이 관점에서 Ac는 일반화되었지만 G는 아니라는 것이 더 잘 이해될
수 있다)〈각주〉.

3) 도구격(I)과 여격(D)

«외연»의 제 관계와는 무관하게, I와 D는 각각 N 및 Ac와 상관관계에 있다(위의 도식 참조). Ac와 마찬가지로 D는 행위로 무언가가 달성되었음을 나타낸다. N과 마찬가지로 I는 행위에 의해 달성되는 것에 대해, 활동에 대해, 그리고 활동에 참여하는 것에 대해 아무것도 나타내지 않는다.

이들 두 쌍의 차이점은 I와 D가 부차적이고 주변 격(*Randkasus*)[24]이라면, N과 Ac는 중심 격(*Vollkasus*)이라는 것이다. 그래서 D나 I의 부재가 발화의 결함으로 느껴지지 않는다.

우리는 세 가지 종류의 I를 구별할 수 있다.

a) I는 어떤 «행위의 조건»(동작주, 원인, 도구)이라도 나타낸다.
   예. «commander des esclaves(노예를 지배하다)», «partir à la guerre(전쟁
   터로 떠나다)»(«mit Krieg gehen(전쟁에 동참하다)»), «aller par les
   bois(숲을 지나가다)» 등.[25]

b) I는 제한을 나타낼 수 있다.

c) I는 비필수적 활동, 곧 우연한 일시적인 특성을 나타낸다.
   «il est ici *comme juge*(그는 판사로 여기 있다)» (I) /
   «ils sont Grecs(그들은 그리스인이다)» (N).

---

24 주변 격(Randkasus)의 용어는 그 주변성이 입증되는 발화의 중심이 존재함을 의미한다. 그러나 이 중심은 표현이 되지 않을 수 있다. 예를 들어 헌납식에서 «아무개에게 *À Unteb*»(D)라는 봉헌의 글에서 그렇다〈각주〉.

25 (이후 Jean Haudry가 연구한) 이중어(二重語: 같은 어원에서 갈린 두 말)가 있다. «lancer *des pierres*(돌을 던지다)»(I/Ac), «dire *de dures paroles*(가혹한 말을 말하다)»(I/Ac)의 이탤릭체 부분이 I와 Ac의 의미를 모두 갖는다. I=사물의 부수적인 역할 / Ac=행동은 사물을 향한다〈각주〉.

야콥슨은 이 유형에다 ...«comme un faucon(매처럼)»과 같은 비교의 I를 결부시킨다. 그러나 이처럼 매우 다양한(그리고 문체적으로 개발된) 표현 이상으로, I는 그 자체로 «주변적 위치» 외에는 다른 아무것도 나타내지 않는다. 따라서 문맥 없이 I를 이해하는 것은 불가능하다. 예를 들어 *žandarmom*[26]은 «comme un gendarme(헌병처럼)», «comme gendarme(헌병으로서)», «par un gendarme(헌병에 의해)», «(etre nommé) gandarme[헌병으로 (임명된)]»을 의미할 수 있다.

마찬가지로 전치사와 더불어 I는 자신이 발화의 중심과 갖는 관계의 느슨함에 적합한 «접촉이 없는 관계»(«avec(...와 함께), sur(... 위에), sous(...의 아래에) ...)[27]에 적용된다.

I는 중심 격 중에서 N과 똑같은 무표적 위치를 주변 격에서 가지고 있지만, 여격(D)은 Ac처럼 행위의 영향을 받는다는 사실을 나타낸다. 그러나 D(주변격)는 야콥슨에 따르면 «사물의 존재는 행위와 독립적인 반면 Ac는 행위에 내부적이거나 외부적일 수 있음»을 나타낸다. 우리가 «j'appends *telle langue*(나는 *이러이러한 언어*를 배운다)»(D로 표지됨)라고 말하면 이 언어는 공부와는 별개로 제시된다. 그러나 «j'apprends *ma leçon*(나는 *내* 학과 공부를 한다)»(Ac로 표지됨)에서 학과는 반드시 공부와 관련이 있다. D는 «pour le malade cela alla mieux(그 환자에게는 이것이 더 좋았다)»에서처럼 상황의 수혜자를 가리키거나, «porter pour vous(당신을 위해서 들어주다)», 다시 말해서 «vous devez porter(당신이 들어야 한다)»에서처럼 지시의 수신자를 가리킨다. D가 다른 격들과 가장 분명하게 대립되고(«je donne un livre *à mon frère*(나는 *내*

---

26 *жандáрм*(*헌병*)의 도구격(I) 단수〈역주〉.
27 이에 해당하는 러시아어 전치사는 '*s*(...에서), *nad*(위에), *pod*(아래에)'이다〈각주〉.

동생에게 책 한 권을 준다)»), 가장 대체 불가능한 것은 D가 수신자를 타동사로 나타낼 때이다. 마찬가지로 «도구»의 보어는 다른 표현법으로 바꿀 수 없는 I의 유일한 용법이다.

4) 위치격(L)

G와 마찬가지로, L은 D 및 Ac와는 달리 사물이 행위의 영향을 받는지의 여부와는 무관하다. 실제로 «juger *sur quelque chose*(L)(*무언가에 대해서 판단하다*)»(행위에 영향을 받은 사물)라고 말하고, «le *monstre à trois têtes*(L)(*머리가 셋인 괴물*)»(사물이 닿았는지 여부는 언급되지 않는다)이라고 말한다. L은 반드시 전치사에 의해 유도된다. 이는 «주변 격»으로서의 그 지위를 확인해준다. 그러나 G와 마찬가지로 L은 사물이 모든 자신의 외연으로 표현되지는 않지만, 지배어의 외연은 완전하다는 것을 나타낸다(p. 276). «récits de guerre, sur la guerre(L)(전쟁 이야기, 전쟁에 대한 이야기)»이라고 말한다. 왜냐하면 전쟁이 여기서 부분적으로만 고려되기 때문이다. 마찬가지로 «le coussin *sur le sofa*(L)(*소파 위의 쿠션*)»이라고 말한다. 왜냐하면 오직 소파의 표면만이 관련되기 때문이다. 다음 발화 a)는 b)와 대립된다.

> *a)* « les papiers sont dans le tiroir(서류가 서랍에 있어요)» (v + **L**)
>
> *b)* «des papers ont été mis *dans le titoir*(*서류는 서랍에 넣어졌다*)» (v + **Ac**)

b)에서 대상은 시간상 완전히 구분되지 않는다(p. 276). 서류는 서랍에 없었다. 그 후에 거기에 그것들을 넣었다.

같은 방식으로 전치사 *pri*[28]«en presence de(~의 앞에서)»와 함께 L은 외연의 제한, 축소를 나타낸다. 그 예로 *skazal*[29] *pri žene*[30] «그는 그 여자 앞에서,

그 여자가 들을 수 있는 범위 내에서[*in Hörweite*(*가청거리에서*)] 말했다»를 들 수 있다. L은 사건이 일어나는 제한된 영역을 가리킨다.[31]

유표적 격인 L은 따라서 다음과 같이 대립된다.

- L은 상대적인 외연 격으로서 왼쪽 두 열에 위치한 모든 격(N I Ac D)과 대립된다.
- L은 주변 격으로서 첫 번째 줄의 모든 격(N Ac G)과 대립된다. 따라서 L은 절대적으로 무표적 격인 N과 완전한 대립을 이룬다.

5) 두 번째 G와 두 번째 L(G II, L II).

러시아어에는 많은 무정물 명사의 경우 G와 L의 이중 형태가 있는데, 야콥슨은 그것들이 부여받은 다양한 해석이 별로 만족스럽지 않다고 생각한다. 그의 견해로는 G II와 L II가 G I 및 L I에 비해 유표적이다(p. 278). G II와 L II은 실제로 사물이 발화 내에서 게슈탈트, 곧 «형태»로서가 아니라 게슈탈텐데스*Gestaltendes*(형성하는 것), 곧 «정보 제보자» 또는 *zu Gestaltendes*[형성되는 것(to be designed)]의 어떤 것으로서 기능한다는 것을 알린다. 따라서 우리는 그것들을 형성 격(*Gastaltungskasus*)이라 지칭할 것이다. 그렇기 때문에 «un petit verre de cognac(작은 코냑 잔)»(G II) / «d'ordeur de cognac(코냑 향기)»(G I)가 대립된다. G와 L의 기능은 «contenir(포함하다)», «être contenu (포함되어 있다)»의 개념으로 제한된다.[32]

---

28 *при*(*근접*)은 '…의 곁에서, …의 옆에서, …에 인접하여'를 뜻한다〈역주〉.

29 *сказáть*(*말하다*)의 남성 단수 과거 직설법 완료〈역주〉.

30 *женá*(*여자, 부인*)의 여격 단수/ *женá*의 전치사 단수〈역주〉.

31 마찬가지로, «une table à trois pieds(3개의 다리가 있는 탁자)»(L = 정량적 제한)와 «une table avec trois pieds(3개의 다리를 가진 탁자)»(S + I)도 대립된다〈각주〉.

32 일부 명사의 경우, 그것들이 더 이상 포함하고 있는 것으로 간주될 수 없도록 하기 위해서

더 뒤에서(p. 283) 야콥슨은 또 한편으로 형상(*Gestaltung*)의 대립이 소수의 명사에만 영향을 미치며, 일반적으로는 그것이 사용되지 않는 경향이 있다고 분명하게 말한다.

II. 야콥슨의 체계에 대한 고찰

우리는 위에서 프라그 학파의 이론과의 합치를 고려하여 야콥슨의 학설에 대한 가능한 한 충실한 요약을 의도적으로 제시했다. 우리는 단지 그의 구상을 가볍게 줄이고—드물게—수정했을 뿐이다.[33]

그의 논문의 장점과 관심은 격이 조직되는 체계와 그 체계 안에서 격들의 위치가 갖는 역할(따라서 그것들의 대립이 갖는 역할)에 따라 격들이 자신들의 가치를 부여받는다는 것을 밝히려고 매우 의식적으로 노력했다는 것이다. 모든 구조주의 언어학자들은 이러한 원칙들에 동의한다. 그러나 상기 원칙들을 적용하여 얻은 결과가 옐름슬레우에서 드 그루트(De Groot) 또는 쿠리우오비치에 이르기까지 상당히 다르다는 것은 잘 알려져 있다. 공통되는 일반적 학설에도 불구하고 이러한 차이는 다음과 같은 몇 가지 원인에서 기인한다. 즉 《체계》에서 의미론적 사실과 통사론적 사실에 대해 어떤 위치를 부여할 것인가? 《격 체계》는 무엇을 의미하는가? 《체계》의 개념 자체는 어떻게 정의할 것인가? 이 마지막 논점에 대해서 수많은 소홀함과 성급하거

부가 형용사를 동반하는 것으로 족하다. 예를 들어 *iz lesu* (**G II**) «de la forêt(숲에서부터)»라고 말하지만, *iz temnogo lesa* (**G I**) «어두운 숲에서부터»라고 말한다〈각주〉.

33 그에 반해, 우리는 그의 연구의 마지막 부분(「격의 융합 *Synkretismus der Kasus*」, p. 283 이하)을 완전히 배제했다. 왜냐하면 이 부분은 상대적으로 예외적인 것이기 때문이다. 적절한 고찰에도 불구하고 저자는 실제로 융합 현상을 깊이 파고들지 못했다〈각주〉.

나 잘못된 주장을 지적하는 것은 어렵지 않다.

1) I의 《주된 의미》는 무정물 도구를 가리키는 것이다(p. 273). 이것은 사실 다른 표현법으로 바뀔 수 없는 I의 유일한 용법이다. 예를 들어, *letit*[34] *sokolom*[35] 《il vole *comme un faucon*(그것은 매처럼 난다)》와 같은 《비교》의 I는 (프랑스 어 문장과 정확히 일치하는) *letit kak*[36]*sokol*와 같은 N으로 대체될 수 있다.

그러나 《le cerf a été blessé *d'une flèche*(사슴이 *화살*에 상처를 입었다)》에서 의 무정물 도구격(I)이 《*une flèche* a blessé le cerf(*화살이* 사슴을 상처입혔다)》에서의 N으로 바꾸어질 수 없다는 것을 어떻게 단언할 수 있을까?

여기서 사실의 단순화, 곧 그것들의 도식화는 처음에 제시된 전체 표에서 I에다 다음과 같은 사각형 속에 있는 자신의 짝들과의 최대 대립을 보장하는 경향이 있다.

$$N \sim Ac$$
$$\wr \quad \wr$$
$$I \sim D$$

여기서 기하학적 순수성은 유정물/무정물 범주들이 '유정물=N D / 무정물=Ac I'와 서로 완전히 교차할 것을 요구한다.

2) 동일한 유정물/무정물의 대립은 동일한 도식이 제안하는 방식을 Ac와 D 사이에서 사용하는 것과는 거리가 멀다. 우리는 프랑스어와 같이 러시아어로 《je vous salue(나는 당신에게 인사합니다)》(유정물 목적어와 함께), 《j'envoie une lettre/un émissaire(나는 편지를/밀사를 보낸다)》라고 말한다. 반대로 야콥

---

34 *летéть*(*날다, 날아가다*)의 2인칭 단수 명령법 미완료〈역주〉.

35 *сóкол*(*매*)의 도구격 단수〈역주〉.

36 *сравн*(*처럼, 같이, 마치, ~와 같이, ~처럼*)〈역주〉.

슨 자신이 인용한 예 $k^{37}lesu^{38}$(숲에: 러시아어)(D)(«zum Wald(숲에): 독일어»)는 무정물 D를 제공한다.[39]

3) I가, N과 마찬가지로, 적극적으로 활동에 참여하는 행위에 의해 사물에 도달하는지의 여부에 대한 질문에는 설명이 없다고 한다(p. 261). 이것은 야콥슨의 독특한 예들을 고려할 때 인정하기가 매우 어렵다. 예를 들면 *strana upravl'ajets'a ministrami*[40]«국가는 장관들에 의해 통치된다(le pays est gouverné par des ministres)»가 그렇다. 이것은 유령 내각인 것일까? 우리는 «동작주, 원인, 도구»를 가리키는 264쪽에 인용된 «조건»의 I에 대해 동일한 이의를 제기할 것이다.

도출해야 할 유쾌하지 않은 결론은 I가 차지하는 칸(이 칸은 N과는 같은 열에 있지만, 사물이 사행[41]을 통해서 영향을 받는다는 것을 알려주는 2번째 열의 격인 AC D와는 대립 관계에 있다)에 I를 삽입해야 할 필요성이 그것이 부여받는 기괴한 특성의 주된 근거라는 것이다.

4) L은, G와 같이 사물의 «외연»을 고려하고, 바로 이 점에서 N Ac I D와 대립되는 격인 외연 격으로 정의된다(p. 276). 그것은 또한 D 및 I와 같이 주변 격이므로 N Ac G와 대립된다. 따라서 L로 표지된 사물은 그것의 전체 외연으로 표현되지 않는다. 그것은 소파의 표면만이 고려되는 «le

---

37 전치사 k는 '(운동·이동의 방향) …에, …을 향해', '(어디로부터 어디까지) …에', '(추상적인 것에 대하여) …에'를 뜻한다〈역주〉.

38 *лес*(숲, 수풀)의 여격 단수〈역주〉.

39 더욱이 야콥슨이 «무정물» 대상에 대해 말할 때, 우리는 그가 그것들이 모두 중립적이지 않다는 사실을 무시한다는 인상을 받는다. 그것은 어림도 없다[*kniga*(책: 러시아어) 여성형 «책», p. 253, 254]〈각주〉.

40 이를 러시아어 글자로 바꾸면 'страна управл'аец'а министрами(장관이 통치하는 국가)'가 된다〈역주〉.

41 '사행(事行, procès)'이란 동사가 나타내는 동작, 상태, 상태의 변화를 총괄하는 개념이다〈역주〉.

coussin est sur le sofa(쿠션이 소파 위에 있다)»에서조차도 받아들이기가 어렵다. 그러나 다음의 대립은 어떻게 생각하는가?

> *a)* «les papiers sont *dans le tiroir*(서류가 *서랍에* 있다)» (v + L)
>
> *b)* «les papers ont été mis *dans le tiroir*(서류가 *서랍에* 넣어졌다)» (v + Ac)

야콥슨은 L이 사물의 «시간적 경계»를 표현한다고 생각한다. Ac로 된 표현법에는 경계가 없다. 즉 서류는 서랍에 없었고, 그 후에 누군가가 거기에 넣었다.

그런데 시간적으로 경계 지어진 것은 언어적 과정이다. a)에서는 «sont(있다)»이 경계 지어지지 않은 과정을 표현한다는 것이 더 당연하게 지지를 받을 것이다. 이에 반해 b)에서는 «ont été mis(넣어졌다)»는 필연적으로 경계 지어진 과정을 표현한다. 왜냐하면 출발점이 최소한 나타나 있기 때문이다. 따라서 개념들에 대한 «제한»을 검토하면 야콥슨과는 반대되는 결과에 이르게 된다. 그리고 또 한편으로는 어떤 자격으로 이번에는 동사 항들의 경계를 오직 격 표지를 가지고 있을 뿐인 명사 항들의 «경계»로 대체하는가? 그리고 «dans le titoir(서랍에)»라는 구의 시간적 경계는 무엇을 의미할 수 있는가?

이런 다소 환상적인 분석 덕에 L은 초기 도식의 경제성에 가장 적합한 칸을 차지할 수 있다. «주변» 격은 두 번째 줄에 있다. 그러나 빈자리가 G 앞에 있기 때문에 L은 G와 외연 격의 특성을 공유해야 한다.

작성해야 할—보다 정확히 말해 언어학자의 머릿속에 이미 존재하는—도표가 기술의 방향을 결정하는 것처럼 보이는데, 이 기술에는 으레 변형과 절단이 따른다.

5) 계속 L에 관한 것으로, L은 외연 격(Umfangskasus)로서 특히 외연의 제

한을 표현해야 한다. 276쪽의 다음 예를 보자. *skazal pri žene* «er sagte in Gegenwart (in Hörweite) der Frau[그는 (가청 범위 내에서) 그 여자 앞에서 말했다]». L은 여기서 사행(事行)의 «가청도(청취할 수 있음)»가 제한되는 영역을 가리킨다.

그러나 우리가 «범위 축소»의 관점을 유지한다면, 한 번 언급된 개념에 무엇을 보충, 확장, 추가한다고 해서 정확성에 의한 제한, 곧 «한정»이 되지는 않을 것이다. 명사 *course*(*달리기*)를 예를 들어 보자. 고립되어 있을 때 그것은 모든 확장에서 «courir(*달리다*)»의 개념을 불러일으킨다(라틴어 비인칭 수동형인 *curritur*에 대해서도 똑같이 말할 것이다). «course à pied(경보, 달리기)» 와 같이 거의 형용사적인 첨가는 개념의 범위를 제한한다. «Pierre court(삐에르가 달린다)», 또는 «X court *dans les bois / le soir / avec un ami*(X가 *숲에서/ 저녁에/ 친구와 함께* 달린다)» 등에서도 마찬가지이다. «한정»의 특성은 발화의 모든 구성요소에 속한다. 따라서 그것은 L의 특별한 특징일 수 없다. *skazal pri žene*에서의 L은 *mne skazal* «il m'a dit(그가 나에게 말했다)»에서의 D 그 이상도 그 이하도 아니다.

6) 야콥슨에 따르면 *ne čitaju gazet* «je ne lis pas de *journaux*(나는 신문을 읽지 않는다)»와 같은 유형의 부정적 표현에서 L은 그 사물의 최대 한계를 표현할 것이다. 부정은 참여도 영을 함축한다. 따라서 여기서는 G의 외연 격의 가치가 완전히 표현될 수 있다. 그러나 논리적으로 참여도 영이 극도로 낮은 수준으로 «경계 획정»에 통합된다면 어떤 이유로 극도로 높은 수준, 다시 말해서 전체적 참여는 거기서 제외되는가? 그런데 러시아어는 여기에 «il boit *le vin*(그는 그 포도주를 마신다)»와 같이 Ac를 사용한다. 따라서 우리는 도식적인 대칭에 큰 손상을 입으며 G와 A는 외연 격/관계 격으로서 대립되는 것이 아니라 그것들이 함축하는 참여도에 의해 대립된다고 주장할 수 있다. 이 참여도는 Ac의 경우는 전체적일 것이고(«il boit *le vin*(그는 그 포도주

를 마신다)»), G의 경우는 부분적이거나 전무일 것이다(«il boit *du vin*(그는 포도주를 마신다)»).

7) 야콥슨 연구의 주요 결함은 통사론적 불충분이다. 제안된 체계는 실행 가능하지 않다. 왜냐하면 그것이 문장의 틀 안에 사실들을 배치하지 않기 때문이다. 이 문장이라는 용어는 우연히 입 밖에 나왔을 뿐이다. 그러나 문장의 틀은 최대 통사적 구성으로 사전에 정해져 있지 않으나, 그 구성요소들의 통사적 관계가 필연적으로 실행되는 곳에서는 영향력을 가진다. 야콥슨은 매우 자주 통합적 요소를 잊어버린다. 특히 동사는 가장 자주 무시된다. 예를 들어 우리는 중심 격(특히 N Ac)과 주변 격(예를 들어 I D) 사이의 구별은 확실히 인정할 수 있다(p. 263). 게다가 이것은 새로운 것이 아니다. 전자는 발화의 중심을 구성하고, 후자는 그 주변에 위치한다.

그러나 우리는 이 구조 규칙을 위반하고 도식의 아름다운 질서를 훼손하는 «불규칙»을 «묵살해서»는 안 된다. 예를 들어 발화에서 D의 부재는 빈틈, «결함», 통사적 «구멍»으로 전혀 느껴지지 않는다고 단언할 수 없다. 테니에르[42]와 그의 후계자들이 보여주는 것처럼 D는 필수적인 «행위자(actant)»일 수 있다. 우리가 알고 있듯이 특정 동사(«je me trouve...(나는 ...에 있다)», «J'habite(나는 거주한다)») 뒤에 꼭 필요한 매우 «주변적인» 지위의 보어들도 있다.

G를 분석할 때 야콥슨은 이 G를 Ac의 도식인 ¦를 연상시키는 •┈┈로 나타낸다. 그런데 G는 Ac와 마찬가지로 두 항 사이의 관계를 설정한다. 이 두 번째 항이 표시되지 않는 이유는 무엇인가? Ac는 그것이 «종속적»이고

---

[42] 테니에르(Lucien Tesnière, 1893~1954)는 프랑스 언어학자로 스트라스부르크 대학(1924~1937)과 몽펠리에(1937년 이후) 대학 언어학과 교수를 역임했다. 그는 자신의 저서 『구조 통사론의 제 요소 *Éléments de syntaxe structurale*』(1959)를 통해 동사 중심의 의존문법, 곧 결합가(valence) 이론을 발전시켰다〈역주〉.

동사에 종속적이라는 것을 나타내기 때문에, 이 특별한 특성을 지적하지 않는 이유는 무엇인가? 반대로 G는 자신을 나타내는 점선의 반대쪽 끝에 명사나 동사를 가질 수 있다. 그러나 정확히 명사만 있을 수 있다는 것, 그것은 Ac의 영향력을 넘어서고 따라서 G를 구체적으로 구별 짓는 것이다. 연쇄의 끝에 있는 항들의 성격—야콥슨은 이를 나타내고 있지 않다—은 «품사», 즉 통사적 자격 묶음으로 구별되는 단위인 통사적 존재를 말한다. 격 표지가 신호를 보내는 데 도움이 되는 이러한 적성을 탐색하는 대신 야콥슨은 의미를 추구한다. 다시 말해서 그는 얼마만큼의 의미를 위해 통사론을 포기한다.

그가 G의 두 점 사이의 모든 계층을 거부하는 것은 동일한 생각에서이다. 몇몇 N+G 구가 문법적으로 역이 성립할 수 있다는 것은 사실이다(«le maître de l'esclave(노예의 주인)»/ «l'esclave du maître(주인의 노예)»). 그러나 이런 안심이 되는 검증에 만족하기 위해서는 몇몇 불합리를 가볍게 여겨야 한다(«le chien du voisin(이웃의 개)»/«?le voisin du chien(개의 이웃)», «le livre de l'élève(학생의 책)»/«?l'élève du livre(책의 학생)»). 무엇보다도 그룹 N-G와 문장 N-Verb-Ac의 동등성과 같은 중요한 통사적 요소는 무시해야 한다. «d'expédition du paquet(소포의 발송)»이 «X expédie le paquet(X가 소포를 발송한다)»의 명사화라면, 야콥슨의 분석에 따르면 이 동사 문장에서 «de paquet(소포)»가 «종속적»이라는 것은 의심의 여지가 없다. 이것은 «X expédie(X가 발송하다)»와 관련해서 종속적 계층적 위치를 함축하고 있다. 이 계층적 관계가 명사구에서 어떻게 사라졌을 수 있을까?

통사론적 설명의 부족은 유사-설명적 미덕을 가진 의미론적 개념의 과도한 사용으로 이어진다. 동사 보어의 G와 명사 보어의 G가 같은 수준에서 취급되어야 한다는 것을 잠정적으로 인정하자. 따라서 사행(事行)에서 사물의 참여에 대한 «제한»은 prosit'[43] deneg[44](G) «demander de l'argent(돈을 요구하다)»에서 분명하게 나타난다. 그러나 똑같은 stakan[45] vody[46] «un verre d'eau(한 잔의 물)»을 설명하기 위해서는 몇 가지 묘기가 요구되지 않는가! 여기서 G는 정상적이다. 왜냐하면 그릇이 내용물의 외연을 제한하기 때문이다. (그런데 «?une nappe d'eau(한 면의 물)», «?une trombe d'eau(한 소용돌이의 물)»이 가능한가?). «축소»는 «la destruction de l'armée(군대의 패배)»(*razgrom armii*)의 경우 «추상»으로 바뀐다. 즉 여기서 우리는 필연적으로 다른 특성들을 가지고 있는 전술한 군대의 특성을 «추상화할» 수 있었을 것이다. 이는 «제한»을 함축한다. 그리고 내가 «l'armée de la destruction(파괴의 군대)»라고 말하면, 내가 추상화하고 경계를 설정하고 등등 하는 것은 특성을 «가지고 있는 것»이다.

다시 말하지만, L에 대해 위에서 말했듯이 모든 문법적 결정은 원하는 경우 정확하게 하고, 명확하게 하고, 논리적으로 제한하는 효과가 있다. 그러한 일반적인 속성은 유일한 G를 특징짓는 데 사용할 수 없다. 더욱이 자신의 의미론적 추진력에 대해 야콥슨은 이상한 착오를 범한다. 즉 «vous vouliez des libertés(당신은 자유를 원했습니다)»(p. 257)에서 복수형 G인 *svobod*(자유)는 «목표의» G로 설명된다. «최종의» 의미효과는 동사에 있고 *svobod*는 평범한 부분적 대상이라는 것이 훨씬 더 분명해 보인다.[47] «Pour la gloire(영광을 위하여)»(*같은 책*) [*Dl'a slavy*(*영광을 위하여*), 전치사+G] 또한 목표의 G가 될 것이다.

이 연구의 상당한 부분인 N의 분석에서도 의미론적인 유혹이 느껴진다. 순전히 «명명할» 수 있거나 기타 등등을 할 수 있는 유일한 격인, N «격-제로»

---

43 *просить*(청하다, 요구하다)의 3인칭 단수 현재 직설법 미완료〈역주〉.
44 *деньги*(돈)의 속격〈역주〉.
45 *стакан*는 남성명사로 '잔, 컵'을 뜻한다〈역주〉.
46 *воды*(물)을 뜻한다〈역주〉.
47 «추구하는 목표»가 «참여의 한계»와 특권적인 관계가 있다고 가정할 것〈각주〉.

에 대한 흥미로운 전개 후, 왜 N이 《행위의 대상이 되는 것》을 표시하는 발화를, 즉 그것은 Ac와 합류하는 용법을 지나치게 신경쓰는가(p. 253)? 이것이 의미적 일탈이라고 부를 수 있는 것이다. 왜냐하면 이러한 관찰에서 N의 특징적인 용법은 결과적으로 동작주를 나타내는 것이기 때문이다. 그렇게 함으로써 우리는 전체 구절이 그 요소들의 어휘적 가치와 함께 반영되는 의미를 위해 명사-동사의 근본적인 관계(더 일반적으로는 명사-술어의 관계)를 잊어버린다. 이 결함은 야콥슨의 몇몇 문장 분석에서 매우 잘 드러난다. 즉, *l'udi sobralis'* 《les gens se sont reunis(사람들이 모였다)》에서 아주 뚜렷하게 나타나는 동사의 일치는 강조할만한 가치가 있다.

통사론에 대한 경시는 Ac의 연구에서도 나타난다. 저자는 두 가지 종류의 지배, 곧 강한 지배/약한 지배를 구별한다(《강한-약한 지배》). 이것으로는 충분하지 않다. 《약한》 지배의 경우, 동사와 명사 사이의 특정 어휘 수렴의 중요성을 보여주는 것은 순간이었다. 즉 《vivre une année(1년을 살다)》에서 의소(意素) 자질 《지속》은 두 구성요소에 공통적이다. 이는 마치 《marcher 10 verstes(10노리를 걷다)》에서 의소 자질 《공간》이 두 구성요소에 공통적인 것과 같다. 그러나 무슨 자격으로 근원적인 구문적 대립이 갈라놓는 소위 말하는 두 종류의 Ac를 동일한 깃발 아래 모을 것인가? 《강한 지배》의 Ac(《X frappe Y(X가 Y를 때린다)》)가 수동 변형을 통해서 구별되는데-야콥슨은 이 본질적인 특성을 언급조차 하지 않는다-, 그것이 《약한 지배》와 함께 하는 것은 불가능하다. 이들 두 가지 《종류의 지배》의 통사적 불일치는 같은 문장에서 《강한》 Ac와 《약한》 Ac가 매우 잘 공존한다는 것을 우리가 깨달을 때 명백하게 드러난다(야콥슨은 이것을 알아차렸으나 결론을 끌어내지는 않았다). (《Il a habité cette maison cent ans(그는 이 집에서 백 년을 살았다)》). 반면에 두 《강한》 Ac의 공기(共起)는 완전히 배제된다.

이 혼란은 매우 충격적이다. 그리고 야콥슨이 이런 식으로 이질적인 두 통사적 존재를 묶음으로써 기표의 단일성에 직면하여 기의의 단일성을 규정하기 위한 가장 편리한 조건을 자의적으로 만들었다고 우리는 생각하지 않을 수 없다.

우리가 본 것처럼 《지배》, 《의존》의 개념은 여기저기에 나타난다. 그러나 그것들이 고찰의 중심에 있는 것은 아니다. 연구자의 관심을 사로잡는 것은 의미의 연구이다.

아마도 이러한 통사적 불신과 의미론적 특징의 오용은 '기호=기표+기의'라는 소쉬르의 정의에 대한 남용적인 해석과 관련이 있을 것이다. 야콥슨은 기호의 통일성을 회복하기 위해 기의를 단지 형태론에 재통합하는 것을 자신의 과제로 삼았다(p. 241, 287). 그래서 그는 옐름슬레우 스타일의 기본 의미가 아니라 특별한 용법을 초월하는 전체 의미를 분리하려고 노력한다. 언어학자를 기다리는 악순환의 위험이 여기에 있다. 우리는—아주 정당하게—체계에서 각각의 위치에 따라 가치(즉, 전체 의미)를 정의하기를 원한다고 주장한다. 그러나 실제로 우리는 이들 의미를 먼저 분리한 다음 조직한다. 우리는 체계에서 가치로 가는가, 아니면 가치에서 체계로 가는가?

게다가 어떤 《체계》가 문제가 되는가? 분명히 문장에서 명사들이 보이는 관계의 체계가 문제이다. 그런데,

1) 야콥슨은 문장을 무시한다.

2) 그는 이상야릇한 원칙적인 이유로(p. 244, 245, 287) 전치사와 어순을 고려하는 것을 강력하게 거부한다. 그 결과 그는 실증주의적 원자론을 거부하고 단어를 떼 내어 다루는 또 다른 종류의 원자론으로 되돌아간다. 이 주요한 사실은 곧바로 모든 그의 시도를 실격시켜버리기에 충분하다. 다른 한편으로 우리는 러시아어의 6격(안일한 G II 및 L II 포함)이 명백한 산술적 이유로 인해 상당히 단순한 이항 대립 놀이에 적합할 수 있다는 것을 잘 안다. 반면에 어순과 수많은 전치사를 고려한다면 문제의 자료는 훨씬 더

복잡할 것이다.

우리는 또한 다음 점들에 대해 두 가지 관찰을 하고자 한다.

1) 격 표지들은 모두 동일한 통사적 틀에 들어가는가?
2) 공시적 체계가 단일적일 수 있는가?

첫 번째 점에 대해서 야콥슨은 모든 굴절 어미가 격의 전체 의미를 반영하는 것처럼 조작한다. 이를 위해서 «의미작용»이 발화에서 명사의 삽입을 보장해야 한다는 것을 명확하게 해야 한다. 그러나 G의 예에서 볼 수 있듯이 상황은 그렇게 분명하지 않다. 우리는 *l'udej* «des gens(사람들의: of people)»을 어휘소 *l'ud*-와 격 표지 -*ej*로 분석할 것이다. 이때 격 표지 -*ej*는 N *l'ud-i* «des gens(사람들: the people)» 등과의 대립을 통해서 G를 명확하게 나타낸다. 명사 보어의 용법에서 — 야콥슨에 따르면 가장 전형적이다. -*ej*는 구의 다른 명사와의 관계를 나타낸다[예를 들어 *l'opinion des gens(사람들의 의견)*]. 이 관계가 확장의 제한을 본질적으로 함축하건 (야콥슨이 그것을 원하는 것처럼) 아니건 그것은 어쨌든 관계로서 존재한다. 이것은 보다 정확하게는 «gens(사람들)»과 또 다른 단어 «opinion(의견)»을 하나로 묶는 외향적인 관계이다.

이번에는 G라는 형식이 «주어»로 기능하는 *l'udej sobralos'* «il s'est rassemblé des gens(사람들이 모였다)»와 같은 문장에 대해 우리는 동일한 분석을 할 수 있는가? 야콥슨은 그렇다고 생각하고, 더 이상 고집하지 않고 «확장 제한»으로 이 «des gens(사람들의)»을 반복해서 설명한다. 그러나 «*l'opinion des gens*(사람들의 의견)»의 경우 «제한»(제한이 있다면)은 «의견»이라는 개념에 관한 것이다. 우리는 이 의견이 예를 들어, «*l'opinion de spécialistes*(전문가의 의견)»이나 «*l'opinion du gouvernement*(정부의 의견)»이 아니라, 어떤 사람들의 별로 정교화되지 않은 것으로 추정되는 의견이라는 것을 명확히 한다. 반면에 «il s'est rassemblé des gens(사람들이 모였다)»에서 제한은 G로 표지된 명사와 관련된 단어가 아니라 «사람»이라는 개념 자체에 있다. 어미 -*ej*는 더 이상 여기서 어휘소 *l'ud*-와 문맥의 관계를 나타내지 않고 이 어휘소의 개념에 특정한 양태, 이를테면 정량화의 양태(«비교적 적은 수의 몇몇 사람들»)를 나타낸다. 따라서 어미 -*ej*에 의해 지탱되는 관계는 더 이상 외부로 향하지 않고 구심적으로, 곧 그것이 연결되는 어휘소로 향한다. 따라서 복수 G로 표지된 두 개의 *udej* 형식 사이에는 통사적 용법의 측면에서 깊은 이질성이 있다. 해결책이 무엇이든 간에[48] 심각한 혼란─이 혼란은 무모한 추상화에 의해 해소되지 못한다─없이는 이토록 다른 기능을 나타내는 두 가지 현상을 동일한 차원에서 다룰 수는 없을 것이다.[49]

마지막으로─두 번째와 마지막 관찰─야콥슨의 모든 설명은 현대 언어사실 전체가 단일 체계로 구성되어 있다고 가정한다. 우리는 선험적으로 반대로 주어진 범주에 대해 여러 체계가 공존할 가능성이 매우 높다고 평가한다. 예를 들어 문장에서 명사의 기능에 대해 우리는 명사 범주에는 명사, 대명사, 부정사 등이 포함된다는 것을 인정한다. *Jean donne du pain aux oiseaux(장이 새들에게 빵을 준다)*라는 평범한 문장이 있다 하자. 이 문장의 보어들을 대용적 대명사로 대체하면 *Jean leur en donne(장이 그들에게 그것을 준다)*가 된다. 라틴어 어순은 두 번째 문장에서는 대체로 유지되는 데 반해, 첫 번째 문장에서는 반대로─적절한 방식으로─광범위하게 변경된다.

---

48 우리는 능력 부족으로 *udej sobralos'*에 대한 분석을 제안할 수 없다. 명사 항 *ud*-(그것의 어간으로 축소됨)와 동사 항 *sobralos'* 사이에 주체적 관계가 있다고 여기고 싶을 수도 있다. *l'ud*-의 비굴절적 특성이 동사의 중성 단수를 정당화할 수 있는가? 어떤 경우에도 형태소 -*ej*는 단 하나의 명사 어간에만 삽입되지 어떠한 외부적인 연결도 맡지 않는다〈각주〉.

49 상인이 *ogurcov!* (G) «des cornichons!(오이!)»(p. 256)라고 외치는 것에 대한 야콥슨의 설명은 같은 비판을 불러일으킨다. «부분격» G의 용법을 목적어로 보는 것도 재검토해야 한다. 여기서 객체적 관계를 뒷받침하는 것이 정말로 G로 표지된 어미인가?〈각주〉.

게다가, 하나(또는 여러 개)의 《현재 쓰이는》 체계들에, 즉 고려된 시점에 필연적으로 모델 역할을 하는 체계들에 《활력》이 없는 초기 체계의 잔여물－때때로 상당히 많은 잔여물－이 보태어진다. 이들 잔여물은 종종 정해진 의미적 조건들에 존재하고 확실히 고정되는 경향이 있지만 때로는 매우 일반적이다. 이러한 잔여물은 단독으로 공시적 구조를 형성하는 《현재 쓰이는》 체계와 나란히 놓일 수 없다. 동시대에 존재하는 것과 공시적 구조에 속하는 것은 먼저 구별되어야 할 두 가지의 다른 것이다. 생존 상태에서 실제로 구조화된 사실과 체계 (또는 체계의 잔해) 사이에 필요한 분류를 하지 못하면, 우리는 때로는 훼손되고 때로는 곡예적이고 종종 설득력이 없는 매우 인위적인 설명을 구성할 위험이 있다.

야콥슨의 이론은 공시적이기보다는 솔직히 《동시대적》－이 신조어의 위험을 무릅쓸 수 있다면－이다. 이것이 그가 자신의 도식에 따라 모든 사실을 정렬하는 데 그토록 어려움을 겪는 이유이다. 이처럼 Ac는 종속관계를 나타내고 전형적으로 동사의 주어인 N과 특히 대립된다. 그러나 Ac가 그리스어나 고트어에서 부정사의 주어이지 않는가? 야콥슨은 249쪽의 주석에서 그것을 신속하게 없애버린다.

또 다른 예: Ac가 《어떤 행동의 대상》을 가리킨다면(p. 252)[50] 어떻게 *na stol*(대격 Ac) 《auf den Tisch(책상 위에서)》 / *na stole*(위치격 L) 《auf dem Tisch(책상 위에서)》의 대립을 설명할 것인가? 책상은 이 두 발화에서 모두 《행동 대상》이 아닌가? 《《~을 향한 방향》의 의미가 그 안에 나타난다》(p. 248)는 야콥슨의 정당화는 진짜 요술이다. Ac만이 《~을 향한 방향》을 나타낼 수 있다는 것을 인정하는 것은 그것에 할당된 전체 의미를 망칠 것이다.

통사적이기보다 훨씬 더 의미적이며, 쓸데없이 《전체주의적》이고, 그 형

---

50   이는 많은 I에 적합할 수 있는 정의이다〈각주〉.

태에 있어서 매우 정교한 이원주의를 염두에 두고 있지만 근본적으로 순진하고 불충분한 야콥슨의 논문은 거의 쓸모가 없지만 그럴듯한 엄격함의 시행착오를 옹호하는 구조주의에 대한 선택의 증거로 남아 있다.

드 그루트에 대한 주석

격에 대한 자신의 저작(1956, 참고문헌 참조)에서 드 그루트(A.W. De Groot)는 프라그 학파의 구조주의를 표방한다. 그에게 있어서 야콥슨의 논문은 《새로운 시대를 연다》. 그의 체계는 엄격한 이원주의의 표에 요약되어 있다. 즉, 격의 의미가 없는 N은 다른 모든 격과 대립된다. 《태도》를 나타내는 V의 경우 《지시관계》의 의미를 가진 네 개의 다른 격과 대립된다. 그다음으로 G(사물 대 사물의 관계)는 세 개의 다른 격(사행 대 사물의 관계)과 대립된다. 그다음으로 Ac(비특정 관계)는 Ab 및 D(특정 관계)와 대립된다. 마지막으로 Ab(무정물인 원인)는 D(이해관계가 있는 사람)와 대립된다. 이 학설은 N의 주어-기능[rex uenit(왕이 도착했다)에서 rex는 더구나 기능이 지정되지 않은 -t와 대립된다!]을 무시한다. 기표와 기의의 절대적인 동형성을 공언하는 드 그루트는 다른 계열체가 있는 만큼의 다른 통사적 구성이 있다고 믿는다. 단수에서 consul(집정관)은 다섯 개의 항을 가진 통사 체계에 속하지만 복수에서 consules(집정관들)는 단지 세 개의 항을 가진 체계에 속한다. 그러나 저자는 이 많은 상이한 구문들을 세밀히 분석하는 것을 포기했고, Seruus(노예)에 토대를 둔 자신의 연구에서 seruo Ab와 seruo D를 구별[51]하는 것을 잊어버린다.

---

[51] Seruus(노예)에서 Ab와 D의 형태가 seruo로 동일하지만 드 그루트는 이들을 구별하지 않았다는 것이다〈역주〉.

제7장 ─── 예지 쿠리우오비치의 라틴어 격 처리:
구조주의의 겉모습을 하고 있는 고대 이론

쿠리우오비치[1]는 현대 언어학의 변천에서 중요한 위치를 차지한다. 인도-유럽어의 재건에 기여한 것으로 알려진 그는 19세기로부터 물려받은 이론, 특히 델브뤼크로부터 물려받은 이론을 구조주의 원리에 맞추려고 노력했다. 그는 1949년 논문(참조. 참고문헌)[2]과 1964년의 저서인 『인도유럽어의 굴절 범주 The Inflectional Categories of Indo-European』의 한 장(179-206쪽)에서 주로 격을 다루었다. 우리가 검토하려는 것은 훨씬 더 최근에 발표한 이 마지막 논술이다.

I. 쿠리우오비치 학설의 윤곽

옐름슬레우, 야콥슨, 드 그루트와 마찬가지로 쿠리우오비치는 격 체계의

---

1   예지 쿠리우오비치(Jerzy Kuryłowicz, 1895~1978)는 우크라이나에서 태어난 폴란드인으로 인도-유럽 언어를 공부한 역사 언어학자이자 구조주의자이다〈역주〉.

2   이 책의 참고문헌에 실린 다음 논문을 말한다.
쿠리우오비치(J. Kuryłowicz), 「격 분류의 문제 Le problème du classement des cas」, 『폴란드 언어학회 회보 Bulletin de la Société polonaise de Linguistique』, 9, 1949, 20-43〈역주〉.

매우 단순하고 매우 《명료한》 도식을 제시하고자 했다. 그러나 그가 제시하는 결과와 그가 설정하는 범주의 내용은 사뭇 다르다.

근본적으로 인도-유럽의 격은 쿠리우오비치에 따르면 《문법적》 격(N, Ac, G)과 《구체적》 격(I, L, Ab)의 두 그룹으로 나뉜다. 이들 격은 통사적 기능과 의미적 기능이라는 두 가지 기능을 담당한다. 통사적 기능은 《문법적》 격의 경우 일차적, 곧 기본적이라면 《구체적》 격의 경우는 이차적, 곧 보조적이다. 의미적 기능은 그 반대로 《구체적》 격의 경우 일차적이라면 《문법적》 격의 경우는 이차적이다. 이는 아래 도식과 같이 나타낼 수 있는 균형 잡힌 방식이다.

D는 어떻게 되는가? 쿠리우오비치는 이 질문에 당황한다. 1949년 논문에서 그는 그것을 《구체적》 격에 포함시킨다. 1964년 저술에서는 그것이 우리가 나중에 살펴보겠지만 일종의 L이 된다.

쿠리우오비치가 《문법적》 격과 《구체적》 격 사이에 가정한 이분법은 아렌스[3]가 1852년부터 격에 대한 《위치주의》 개념의 지지자와 《통사적》 가치의 지지자 사이의 갈등을 해결하기 위해 제정한 이분법(《논리적》 격/《주제적》 격)을 정확히 다시 취한 것이다.[4] 그러나 쿠리우오비치의 기법은 이들 두

---

3 아렌스(H.L. Ahrens, 1809~1881)는 19세기 독일의 고전 그리스어를 연구한 문헌학자이다. 그의 주요한 저작으로는 고전 그리스 시대의 아이올어(Aeolic) 및 도리아어(Doric) 방언에 대해 연구한 『그리스어의 방언에 대하여 De Graecae Linguae Dialectis』(1839~1843)와 호머와 그리스 서정 시인의 방언에 대해 연구한 『그리스인의 목가적 유적 Bucolicorum Graecorum Reliquiae』(1855~1859)이 있다〈역주〉.

4 19세기 위치주의와 반위치주의에 대해서는 Ⅳ장과 Ⅴ장 참조〈각주〉.

그룹의 격을 대칭적으로 위치시키는 데 있다. 각 그룹은 전체적으로 동일한 «통사적» 및 «의미적» 기능을 담당하지만 그들의 위계는 뒤바뀐다(«문법적» 격의 «통사적» 일차 기능은 «구체적» 격의 이차 기능이 되고, 전자의 «의미적» 이차 기능은 후자의 일차 기능이 된다).

II. 문법적 격

1) 통사적 용법에서

우리는 다음 두 가지 이유로 N, Ac, G를 «문법적» 격(다시 말해서 무엇보다도 먼저 통사적 기능을 가진 격)이라 부를 수 있다.

A) 문법적 격의 통사적 용법에서 결합하고 있는 단위의 어휘적 내용은 상관없다.
따라서 명사가 주어일 때[5] 발화 구성요소들의 의미적 특징으로 인해 그것이 논리적으로 다음과 같이 나타나는 것은 전혀 중요하지 않다.

> 동작주: «Paul lance une pierre(폴이 돌을 던진다)».
> 피동작주: «Paul est blessé d'une pierre(폴이 돌에 다쳤다)», 등.

«동작주», «피동작주», 더 나아가 «수신자» 또는 «도구»의 개념은 발화의

---

5 우리는 몇몇 유보조항을 요구하는 쿠리우오비치의 용어를 존중한다. 우리는 명사를 «주어»로 지정하는 것보다 주격의 관계에 대해 말하는 것을 더 선호한다〈각주〉.

의미에서 추론된다. 이들 개념은 실제로 명사 항(«폴 Paul», «돌 une pierre»)과 동사 사이의 (통사적) 관계, 곧 모든 격에서 안정적으로 유지되는 관계와는 아무 상관이 없다.

마찬가지로, 쿠리우오비치에 따르면 Ac는 모든 의미적 조정에서 벗어난다. 그는 목적보어를 유사하게 지배할 수 있도록 허용하는 소위 «타동적인» 동사에는 공통적인 의미적 특성이 없다고 말한다.

B) «문법적» 격은 변형에 적합하다. *Miles occidit*[6] *hostem*[7](*군인이 적을 죽인다*)이 *A*[8] *milite*[9] *occiditur*[10] *hostis*(*적이 군인에 의해 죽임을 당한다*)와 같다는 것은 분명하다. 여기서 수동 변형을 통해 명사구는 다음과 같이 변화된다.

Ac → N

N → *ab*와 함께 하는 Ab

그러나 이 두 번째 이유가 유효한 것은 주로 G의 경우이다. 예를 들어 *occisio*[11] *hostium*[12](*적들의 살육*)이라는 구는 우리가 전통적으로 «객체의» G [*hostes*[13] *occiduntur*[14](*적들이 살육당한다*), 즉 *X occidunt*[15] *hostes*[16](*X가 적들을 살*

---

6   *occidō*(*죽이다. 살육하다*)의 3인칭 단수 현재 능동 직설법〈역주〉.

7   *hostis*(*원수, 적*)의 대격 단수〈역주〉.

8   [전치사] '~에 의해서'를 뜻한다〈역주〉.

9   *mīles*(*군인*)의 탈격 단수〈역주〉.

10   *occidō*(*죽이다. 살육하다*)의 3인칭 단수 현재 수동 직설법〈역주〉.

11   [명사] '죽임, 살육, 살해'를 뜻한다〈역주〉.

12   *hostis*(*원수, 적*)의 속격 복수〈역주〉.

13   *hostis*(*원수, 적*)의 주격 복수〈역주〉.

14   *occidō*(*죽이다. 살육하다*)의 3인칭 복수 현재 수동 직설법〈역주〉.

15   *occidō*(*죽이다. 살육하다*)의 3인칭 복수 현재 능동 직설법〈역주〉.

육한다)] 또는 《주체의》 G [즉 *hostes occidunt X(적들이 X를 살육한다)*]에 대해서
말하는 *hostes occiduntur(적들이 살육당한다)* 또는 *hostes occidunt(적들이 살육
한다)*의 명사화를 나타낸다.

2) 《문법적》 격(N, Ac, G)의 《이차적》 용법은 본래 《의미적》이다.

그러나 쿠리우오비치는 N에 대해 이와 관련하여 아무 말도 하지 않는다.
따라서 그것은 순전히 통사론적인 것으로 간주되어야 하는가? (초기 도식의
대칭을 변질시킬 수 있는 특수화).[17]

Ac의 경우 (목적어 Ac와 달리) 명확한 의미 조건에 연결된 용법들은 《이차
적인 것》으로 간주된다. 예를 들면 《목표》, 《확장》, 《동족목적어》라 일컬어
지는 Ac들이 그렇다. 실제로 *eo*[18] *Romam(나는 로마에 간다)*은 동사에 《움직
임》이라는 어휘 자질을 요구하고, 명사에는 《장소》라는 자질을 요구한다는
것을 쉽게 알 수 있다. 동시에 *regnauit*[19] *decem annos*[20]*(그는 10년 동안 통치했
다)*에는 《기간》이라는 이중적 자질이 분명히 있다. 그리고 *uitam*[21] *uiuere*[22]
*(그가 삶을 살다)*는 이들 두 개념의 완벽한 동의성을 보여준다.

---

16 *hostis(원수, 적)*의 대격 복수〈역주〉.
17 쿠리우오비치, 『인도-유럽어의 굴절 범주 *The inflectional Categories of Indo-European*』
    (1964, p. 197): 역사적으로, 쿠리우오비치에 따르면 V는 N의 이차적 용법일 수 있다. 왜냐
    하면 N은 나중에 일차적 기능에서 자신을 구별짓기 위하여 단수로 격표지되기 때문이다.
    따라서 V는 차별화에 앞서 구형인 N V를 나타낼 것이다. 이 모든 것은 매우 가설적이며
    어쨌든 격에 대한 공시적 설명과는 다르다〈각주〉.
18 '나는 간다'를 뜻한다〈역주〉.
19 *rēgnō(통치하다, 다스리다, 지배하다)*의 3인칭 단수 완료 능동 직설법〈역주〉.
20 *annus(해, 년)*의 대격 복수〈역주〉.
21 *vīta(삶, 생존, 목숨)*의 대격 단수〈역주〉.
22 *vīvō(살다)*의 현재 능동 부정사〈역주〉.

G의 이차적(의미적) 용법의 경우 쿠리우오비치는 부분격 G를 제외하고는 특정한 어휘 문맥의 존재를 더 이상 내세우지 않는다. 예컨대 *amphora*[23] *uini*[24](와인 한 병)는 *amphora*에서 제한된 수량의 생각을 표현한다. 그러나 *liber puer*(자유로운 소년)는 *ludus pueri*[25](소년의 놀이)에서 유추하여 설명된다 [여기서 G는 *puer ludit*[26](소년이 논다)의 명사화의 결과일 수 있다. 따라서 이는 G의 일차적인 통사적 용법이다]. 한편 생략을 통해 《불만》의 G 등이 설명된다. 예컨 대 *accusare*[27] *proditionis*[28](모반을 고발하다)는 *accusare crimine*[29] *proditionis* (모반의 죄를 고발하다)를 나타낸다. 이 후자의 문장을 통해 우리는 주어(또는 목적어)로 바로 환원시킬 수 있는 명사 보어의 G 또는 이전 항목의 유추에 근거한 명사 보어의 G로 돌아가게 된다.

3) 《문법적》 격에 대한 이러한 분석의 검토

원칙적으로 통사적 자료와 어휘적 특성을 신중하게 구분하는 데 반대할 것은 아무것도 없다. 그러나 쿠리우오비치가 실행한 것 같은 그러한 구별은 공격할 수 없는가?

N은 순전히 통사적인 것으로(즉, 어떤 어휘 제약도 없는 《주어》로) 암묵적으로 제시된다. 우리는 옐름슬레우가 N의 다른 가능한 위치들(술어, 속사)에 가장 큰 중요성을 부여했음을 기억한다. 드 그루트에게 있어서 N의 주어

---

23 [여성형 명사] '병·단지·항아리'를 뜻한다〈역주〉.

24 [형용사] *ūnus*(하나(의), 한)의 여격 단수〈역주〉.

25 *puer*(소년)의 속격 단수〈역주〉.

26 *lūdō*(놀다, 유희하다)의 3인칭 단수 현재 능동 직설법〈역주〉.

27 *accūsō*(고발하다, 고소하다)의 현재 능동 부정사〈역주〉.

28 *prōditiō*(반역, 배신)의 속격 단수〈역주〉.

29 *crīmen*(죄, 위반 혐의)의 탈격 단수〈역주〉.

기능은-거의-묵과된다. 이러한 아주 중요한 불일치는 쿠리우오비치가 '제목, 비문, 특정 동격 등'과 같은 N의 순전히 «명칭적인» 용법을 어떻게 설명하는지를 궁금해하게 한다(그리고 또한 동사와 동일한 조건에서 N이 갖는 호출 형식의 용법에 대해서도 어떻게 설명하는지 궁금해하기는 마찬가지이다). 쿠리우오비치와 같은 방향으로 가면서 우리는 «주어»가 아닌 이들 N은 항상 매우 일정한 조건에서 사용된다는 점을 강조할 수 있을 것이다. 예를 들면 제목과 비문(碑文)에서의 완벽한 고립, 동격에서의 주변적인 통사적 위치, 부름말과 감탄문에서의 아주 명확한 운율적 자질의 존재 등에서의 N의 사용이다. 그러나 이 용법들을 위해 선택된 것이 다른 격이 아니라 정확히 N인 이유를 설명해야 한다.

Ac의 «이차적» 용법에 대한 검토 후에도 같은 결론이 필요하다. 즉 *regnauit decem annos*(10년 동안 통치했다)에서 Ac가 «기간의 Ac»로만 불리는 것은 연관된 두 항에 이 어휘적 특성이 존재하기 때문인 것은 확실하다. 언어가, 모든 격 중에서, 무의미한 일차적 기능이 «기간», «이동의 목표»와 같은 의미적 맥락에서 나타나기 위해 타동사의 목적보어가 되는 격을 선택하는 것은 어찌 된 일인가? «목적어의» 통사적 기능과 목표 또는 확장의 의미효과 사이에 공통된 어떤 것이 없다면 우리는 이 선택이 어떻게 가능한지 알 수 없다.

더욱이 어휘 환경이 문법적 격의 이차적(의미적) 용법을 결정하는 요인이라면 동일한 어휘 맥락이 다른 격을 있는 그대로 받아들인다는 것을 이해하기 어렵다. 우리가 *aduenire*[30] *Romam*[31](로마를 도착하다)과 *aduenire Romā*(로마에 도착하다)를 비교할 때 차이가 나는 것은 격뿐이다. *currere in urbe*(도

---

30 *adveniō*(도착하다)의 현재 능동 부정사〈역주〉.

31 *Rōma*(로마)의 대격〈역주〉.

시에서 달리다)과 *currere in urbem*(*도시로 달리다*)에서도 마찬가지다. 따라서 격은 상당히 정확한 의미를 지니고 있는 것이다. 그리고 어휘 환경이 격과 호환되어야 하는 경우 그것은 《결정적》이지 않다. 왜냐하면 어휘 환경은 여러 격을 받아들이기 때문이다.

요컨대, 우리는 문법적 격의 이차적 용법과 관련하여 쿠리우오비치가 확인하고 이름을 붙이기는 했지만 분석하지 않은 것에 대해서 비난할 수 있다. 이들 《이차적》 용법은 실제로 그것 자체로 연구되지 않을 뿐만 아니라 격의 이차적 기능과 일차적 기능을 연결하는 관계는 매우 다양하다. 그 불균형은 다음 표에서 드러난다.[32]

문법적 격	F1	F2(^{1})
N	주어	F2에 대해서는 아무것도 없음
Ac	목적어	어휘적 요인과 연결되어 있음
G	주어의 명사화	《부분격》은 어휘적 요인과 연결되어 있음 《소속》, 《동사 보어》 등은 유추나 생략에 의해 설명됨
	(^{1}) F1 = 일차적 기능, F2 = 이차적 기능.	

격의 《문법적》 성격에 대한 두 번째 기준은 우리가 살펴본 것처럼 변형을 거치는 다음과 같은 능력이다.

A) N과 Ac는 다음처럼 수동 변형에서 연관되어 있다.

1) *Miles occidit hostem*(*병사가 적군을 죽인다*)

---

32   다음 도식은 쿠리우오비치, 『인도-유럽어의 굴절 범주』(1964)의 설명에 따른 것이다〈역주〉.

→ 2) *A milite occiditur hostis*(적군이 군인에 의해 죽임을 당한다)

N 주어 → 동작주 (*ab* + Ab)

능동 타동사 → 수동 동사

Ac 목적어 → N 주어

쿠리우오비치에 따르면 여기에는 어떠한 의미적 조건도 필요하지 않다. 그러나 우리는 1)의 N이 2)에서 *ab*를 가진 Ab로 대치되는 것을 본다. 모든 의미적 조건에서 자유로운 문법적 격은 일차적 기능이 단지 의미적일 뿐인 《구체적》 격으로 대체된다.

더 나아가 다음 3)과 그 능동 대응형인 4)를 대조해보자.

3) *hostis occiditur*(적들이 살해된다)

4) *(X) occidit hostem*[(X)가 적을 죽인다]

우리는 여기서 명사-주어 + 수동 동사 = 능동 타동사 + 목적어라는 것을 인정하지 않을 수 없다. 모든 《부대적인》[33] 수동형들은 아주 분명한 의미적 특징, 곧 그것들을 부대적인 수동형으로써 구별짓게 하고, 사행이 적용되는 《사물》인 《주어》를 내포하는 (그리고 물론, 대개는 불분명한 채로 내버려져 있지만 《동작주》를 내포하는) 의미적 특징을 공통적으로 가지고 있다는 것은 분명하다. 3)에서의 N 주어와 수동 동사 사이의 관계는 4)에서의 능동 타동사와 Ac 목적보어 사이에 존재하는 관계를 재현하므로 이 후자는 반드시 의미를

---

33 플로베르(Pierre Flobert)의 용어에 따르면 라틴어의 이태(異態)동사(verbes déponents: 라틴어에서 수동형으로 능동의 의미를 나타내는 동사)에 해당한다〈각주〉.

가지고 있는 것이어야 한다. 따라서 쿠리우오비치가 주장하는 것처럼 타동사를 «타동적인 것»으로 표시할 «의미적으로 공통적인 것이 타동사에는 아무것도 없다»고 주장하는 것은 매우 잘못된 것이다. 따라서 지어진 건물의 기초 자체가 무너진다. 목적어와 그것을 지배하는 타동사가 특별한 의미를 가진다는 것은 의심할 여지가 없다. 우리는 연결된 단위의 의미와는 독립적으로 제 관계가 작동하는 순전히 통사적인 영역에 있지 않다.

G를 «문법적» 격 중 하나로 분류하기 위해 내세운 이유는 훨씬 더 눈에 띄게 빈약하다. G는 *metus hostium*(*적들의 두려움*)에서 통사적 용법(일차적 기능)이 된다. 왜냐하면 이 명사구는 *hostes metuunt*[34](*그 적들이 두려워하다*) [*hostes metuuntur*[35](*적들은 그들이 두려워지다*)]라는 문장으로 변환될 수 있기 때문이다.[36] 제안된 학설의 단점은 *nauis hostium*(*적들의 배*)과 같은 이차적 용법에 대한 설명을 제시하기 위해 유추에 근거한 비현실적인 과정을 사용한다는 것이다. 방법의 측면에서 더 심각한 반박 논거가 나타난다. 즉 명사 보어의 G는 «동사의 추상성»을 결정할 때는 문장의 주어나 목적어를 지속적으로 나타내는 것과는 거리가 멀다.[37] *usus librorum*[38](*책들의 사용*)에서 G는 *utimur*[39] *libris*[40](*우리는 책들을 사용한다*)의 Ab를 나타낸다. *confidentia scapularum*[41] (*어깨의 자신감*)(플라우투스)[42]에서 그가(곧 플라우투스가) 어순을 바꾸어놓는 것

---

34 *metuō*(*두려워하다*)의 3인칭 복수 현재 능동 직설법〈역주〉.

35 *metuō*(*두려워하다*)의 3인칭 복수 현재 수동 직설법〈역주〉.

36 *hostes*는 *hostis*(*적*)의 주격 복수형과 대격 복수형을 모두 나타낸다〈역주〉.

37 쿠리우오비치는 수동 변형의 용법 덕에 모든 것을 주어의 용법으로 귀착시키는 다소 헛된 우아함을 보인다. 즉 *metus hostium*(*적들의 두려움*)에서 개념 «*hostes*(*적들이*)»는 *metuunt* (*두려워하다*) 또는 *metuuntur*(*두려워지다*)의 주어이다〈각주〉.

38 *liber*(*책*)의 속격 복수〈역주〉.

39 *ūtor*(*사용하다*)의 1인칭 복수 현재 능동 직설법〈역주〉.

40 *liber*(*책*)의 탈격 복수 혹은 여격 복수〈역주〉.

41 *scapula*(*어깨*)의 속격 복수〈역주〉.

은 D이다[*confido*[43] *scapulis*[44](*나는 어깨를 믿는다*)]. 그리고 시인이 *cursores*[45] *pelagi*[46](*대양의 질주자*)라고 쓸 때 명사화된 것은 바로 동사 보어의 전치사구이다. 따라서 동사구로의 변환이 가능한 용법만을 통사적이라고 부르는 것을 수용하더라도 G의 정의는 쿠리우오비치가 축소한 《주어의》 다양성을 훨씬 넘어선다는 것을 알 수 있다.

더 나아가, 우리는 제 기능의 구별을 위한 변형 기준의 타당성 자체에 대해서 의문을 제기할 수 있다. 변형의 가능성은 말 그대로, 같은 정보에 대해 명사를 사용하는가 혹은 동사를 사용하는가에 따라 관계의 형식적 표현이 달라진다는 것을 의미한다. *enfant*(*아이*), *jeu*(*놀이*), *terrain*(*땅, 터*)의 세 개념이 있다 하자. *Jeu*(*놀이*)는 *jouer*(*놀다*)로 표현된다. 이에 따라 *l'enfant joue sur le terrain*(*아이는 들판에서 논다*)이 가능하다. 따라서 다음 두 명사화가 가능하다. 즉 *le jeu de l'enfant*(*아이의 놀이*)와 *le terrain de jeu*(*놀이터*)가 가능하다[게다가 또 *terrain de jeu de l'enfant*(*아이의 놀이터*)도 된다]. 이 모든 것은 매우 분명하다. 그러나 (몇몇 가능한 경우에) G로 표지된 명사+명사 그룹이 명사+동사 그룹으로 변형될 수 있기 때문에 G를 《통사적》 격으로 정의하는 것은 구에 대한 동사 표현의 우위성을 가정하는 것이다. 이는 입증되어야 할 사항이다.

쿠리우오비치의 《문법적》 격의 하위 집합 구성은 더 많은 비판을 불러온다. 우리는 G에 대한 그의 설명이 얼마나 불충분한지 보았다. 즉 그의 설명은 틀에 박힌 사고로 얼룩져 있고, 자신이 언급조차 하지 않은 선결문제 요구의

---

42 티투스 마키우스 **플라우투스**(Titus Maccius Plautus/Plaute, BC 254~184)는 로마의 유명한 희극 작가이다〈역주〉.

43 *confidare*(*믿다, 신뢰하다*)의 1인칭 단수 현재 직설법〈역주〉.

44 *scapula*(*어깨*)의 탈격 혹은 여격 복수〈역주〉.

45 *cursor*(*달음박질하는 사람, 경주자*)의 주격 혹은 대격 복수〈역주〉.

46 *pelagus*(*바다, 대양*)의 탈격 혹은 여격 단수〈역주〉.

오류[47]에 기반을 두고 있으며, 급하게 전개되는 유추, 기괴한 의미적 속박 [*amphora uini*(와인 한 병)] 혹은 생략의 설득력 없는 사용으로 혼잡하다. 충분히 정교하지 못함은 기본적인 통사 관계에 대한 철저한 정의가 없다는 데에서도 드러난다. 우리는 그것을 타동사의 목적보어인 Ac에서 보았다. N의 경우 쿠리우오비치는 명사가 동사의 《주어》가 되기 위해 어떠한 어휘 조건도 필요하지 않다는 것을 아주 정확하게 지적한다. 이 지적은 정확하다. 그러나 우리는 그것을 더한층 연구하지 않고 통사 체계의 초석인 주어-관계의 문턱에 머물러 있어서는 안 된다.

더욱이 저자는 변형을 확립하기 위해 문장의 개념을 사용하지만 격의 작용이 실행되는 이 통사적 거시 체계를 정확히 정의하지는 않는다.

우리는 또한 일차적 기능에서 동일한 형태의 이차적 기능으로의 이행을 허용하는 것이 무엇인지 알지 못한다. 일차 기능/이차 기능의 이분법은 근본적인 것으로 제시된다. 하지만 이 이분법은 근본적일 수 없다.

마지막으로 《문법적》 격의 첫 번째 하위 집합의 구성은 두 번째 하위 집합의 구성원이 통사적(Ab 및 D)이 아니라는 것을 함축한다. 이것은 바로 쿠리우오비치가 《문법적》 격의 《일차적》 기능에 대해 주장하는 것이지만, 우리가 앞으로 보게 되듯이 쉽게 반론을 제기할 수 있는 것이다.

47　선결문제 요구의 오류(先決問題要求의 誤謬, pétition de principe, 영어로는 'Begging the question' 또는 'Equal to the question'이라 함)는 증명을 요하는 사항을 전제 속에 채용하는 오류로 논점을 미리 진실로 가정하는 말을 쓰고 있는 오류를 말한다. 이를 달리 '선결문제 요구의 허위'라고도 하며 '논점선취의 오류(論点先取의 誤謬)'라고도 한다〈역주〉.

III. 《구체적》 격의 부분집합

《구체적》[48] 격은 다음처럼 마름모꼴로 편리하게 나타낼 수 있다.

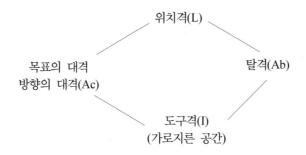

이들 격은 《문법적》 격과는 반대로 먼저 《의미적 기능》(《일차적》 기능)을 담당하고 부차적으로 통사적 기능을 담당하기 때문에 《구체적》 격이라고 한다.

이들 네 가지 격의 의미적 내용이 보다 정확하게는 공간적 특성에 관한 것임을 명확하게 해야 한다(우리는 여기서 학교문법의 네 가지 유명한 《장소 문제》를 인정하게 된다).

1) 관찰: 마름모꼴의 규칙성은 몇몇 조정이 이루어져야만 얻을 수 있다.

A) 첫째, Ac 정점(《방향의 대격》)[49]과 아주 대칭인 Ab 정점은 상당히 이론의 여지가 있다. 그 이유는 제안된 도식이 인도-유럽어의 격을 대상으로 하기

---

48 아무리 인용 부호 안이라도 이 형용어구는 모든 의미가 정의상 추상적인 언어 기술에서 금지되어야 한다〈각주〉.

49 방향의 대격(latif)이란 향격(allatif), 탈격(ablatif) 따위를 포함하는 장소격을 말한다〈역주〉.

때문이다. 그리고 이 단계에서 Ab는 어간의 굴절을 위해서만 존재했다.

B) 다음으로, 우리는 D를 식별하지 못한다. 사람들은 우리에게 D는 특정한 조건, 즉 D로 표지된 명사는 사람의 이름을 가리켜야 한다는 조건에 연결돼 있으므로 이 D가 L의 갈래일 뿐이라고 설명할 수 있다. 이 L-D 연관의 토대는 표지 -ei/-i의 형식적 유사성이다. 확실히 그러하기는 하지만 의미는 어떤가? D는 의미적으로 Ac에 매우 가깝기 때문에 우리가 알고 있듯이 Ac와 경쟁하다 마침내 여러 언어에서 ad+Ac (그리스어 eis+Ac) 유형의 표현에 의해 제거된다. 게다가 D의 용법이 «사람의 이름»이라는 특성에 의해 조건화된다고 어떻게 단언할 수 있는가? 베다어와 라틴어에서 잘 입증된 «어말의» D는 무엇보다도 «추상 동사»와 함께 사용된다.

C) 방향의 대격(Ac latif)은 다른 «구체적» 격과는 다른 지위를 가지고 있다. 방향의 대격은 형식적으로는 목적어 Ac와 동일하다. 그것은 여기서 «이차적» (의미적) 기능이 없는 Ac로 나타나는 반면, 다른 모든 «구체적» 격들은 «문법적» 격과는 전형적으로 다르다. 따라서 이들 «구체적» 격은 이차적인 통사적 기능을 갖는 반면 방향의 대격은 그 기능이 없다(왜냐하면 통사적 기능은 그것의 일차적 기능이기 때문이다). 바로 이 점에서 체계에는 중요한 불일치 요소가 있는데, 쿠리우오비치는 이것에 대해 자세히 설명하지 않고 있다.

2) «구체적» 격의 이차적 용법

A) «이형태»의 개념

«구체적» 격의 이차적 용법은 «통사적»이다. 우리는 그 예를 urbe[50] potiri[51] (도시를 점령하다), alicui[52] oboedire[53](누군가에게 복종하다)에서 볼 수 있다.

여기서 Ab 또는 D는 모든 의미적 내용이 비어있고 단순한 의존의 표지가 된다. *Urbe potiri*는 *urbem*[54] *capere*[55](도시를 점령하다)(p. 193) 외 다른 의미 는 없다. Ab의 표지는 (통사적 목적어의) Ac 표지의 《이형태》가 된다.

이 체계적이고 실용적인 분류를 통해서 많은 난처한 용법들을 추가 설명 없이 분류할 수 있게 된다. 그러나 이형태의 개념이 여기에 정말 관련이 있는가? 이형태는 정확히 동일한 기의(의미)를 지닌 다른 기표(형태)들을 말 한다. 예를 들어 우리는 *lege-(re)*, *legi-(mus)* 및 *legē-(bam)*가 세 번째 활용의 미완료 어간의 이형태들이라고 생각할 수 있다. 마찬가지로 *-am*, *-um*, *-em*은 《Ac》 형태소의 이형태들이라고 인정될 수 있다. 이 모든 격에서 기표들 사이 의 불일치가 어떠하든 간에 (때로는 엄청나다. 복수형 Ab인 *-īs/-ibus*가 그렇다), 기의들(곧 어휘 내용이나 단어에 할당된 기능 등의 의미)은 완전히 동일하게 유지된 다. 이는 정말 하나밖에 없는 기의와 상응하는 다른 형태들[allo-morphes(이-형 태들)]의 문제이다. *utitur*[56] *libro* (Ab)(그는 책을 사용한다)와 *adhibet*[57] *librum*[58] (Ac)(그는 책을 사용한다)의 경우에도 정말 그런가?

Ac의 통사적 용법에 대한 기준 중 쿠리우오비치는 우리가 살펴본 것처럼 수동 변형의 중요성을 강조했다. 그런데 이것은 D나 G로 표지될 때와 같이 Ab로 표지된 《목적어》와는 전적으로 불가능하다. 따라서 Ab의 기의 — 곧

---

50 *urbs*(도시)의 탈격 단수〈역주〉.
51 *potior*(차지하다, 점령하다)의 현재 능동 부정사〈역주〉.
52 *aliquis*(누가, 누군가)의 여격 단수〈역주〉.
53 *oboediō*(복종하다)의 현재 능동 부정사〈역주〉.
54 *urbs*(도시)의 대격 단수〈역주〉.
55 *capiō*(차지하다, 점령하다)의 현재 능동 부정사〈역주〉.
56 *ūtor*(사용하다)의 3인칭 단수 현재 능동 직설법〈역주〉.
57 *adhibeō*(사용하다, 이용하다)의 3인칭 단수 현재 능동 직설법〈역주〉.
58 *liber*(책)의 대격 단수〈역주〉.

목적어의 Ac와 동일한 통사적 관계를 담당하기 위해 여기에 있어야 할 Ab의 기의─는 일차적 기능에서 Ac의 기의와 일치하지 않는다. 그러므로 우리는 《이형태》에 대해 말할 수 없다.

B) 《구체적》 격에서 《문법적》 격으로의 이행

우리는 또한 일차적 기능에서 이차적 기능으로의 이행에서 《구체적》 격의 어미가 어떻게 《자신의 의미를 적절하게 비울 수》 있었는지 자문하게 된다. (더구나 이러한 +(있음 표지) → ∅(없음 표지)로의 변화는 Ac의 경우는 반대이다.) 여기에는 저자가 잘못 결정된 조건에서 작동하는 모호한 과정을 내세운다는 인상이 있다.

쿠리우오비치는 《구체적》 격의 이들 《이차적》 용법의 경우에 대해 몇몇 중요한 요소를 간과하는 것 같다. 그는 《방향 대격》 Ac가 상당히 명확한 맥락적 특징(목표, 기간…)과 연관되어 있다는 것을 확실히 보여준다.[59] 그렇다면 *ire*[60] *Romam*[61](로마를 가다)에는 왜 이 분석을 유보하는가? *carere*[62] *aliqua re*[63](어떤 것이 부족하다)에서 의미적 특성인 《부재(不在)》(박탈)가 동사에 크게 영향을 미친다는 것 또한 분명하다. *uti*[64] *gladio*[65](소검을 사용하다)의 동사에서 《도구적》 특성도 마찬가지이다. 그리고 *parcere*[66] *alicui*[67](누군가를

---

59 그러나 이는 이들 용법을 위해 선택되는 것이 정확히 AC인 이유에 대한 질문을 깊이 파고 드는 것을 잊음으로써이다〈각주〉.

60 *eō*(가다)의 현재 능동 부정사〈역주〉.

61 *Rōma*(로마)의 대격〈역주〉.

62 *careō*(없다, 결여되어 있다)의 현재 능동 부정사〈역주〉.

63 *aliqua re*는 '어떤 것(any thing)'을 뜻한다〈역주〉.

64 *ūtor*(사용하다)의 현재 능동 부정사〈역주〉.

65 *gladius*(소검)의 여격 혹은 탈격 단수〈역주〉.

66 *parcō*(용서하다)의 현재 능동 부정사〈역주〉.

67 *aliquis*(누가, 누군가)의 여격 단수〈역주〉.

용서하다)에서는 이 D(이른바 호감의 D)와 동사에 존재하는 «누군가에 대한 태도»의 특성 사이에 다소의 유사성이 있음이 분명하다.

이들 동사의 어휘 내용(사전 용어에 따르면 «타동사 + Ab/D»)과 쿠리우오비치에 의해 «일차적»인 것으로 기술된 용법과 합치하는 격에서 인식되는 의미 사이에는 많은 일치의 예가 있다. 그러므로 격이 자신의 의미를 비우고 (순전히 통사적인) 목적어 Ac의 «이형태»가 되었다고 주장하는 것은 무모하다. 우리의 생각으로는 이러한 소위 이차적이고 통사적인 용법은 소위 일차적이고 의미적인 용법에서 근본적으로 떼어놓을 수 없다는 것이다.

C) «의미적» 용법은 비통사적인가?

대략 이전 질문의 반대인 또 다른 질문: 이들 구체적 격의 일차적인 의미적 용법은 단지 의미적이기만 한 걸까, 다시 말해서 통사적 기능의 실현과는 무관한가?[68] 의미, 아니 보다 정확히 말해 가능한 의미의 전체 범위가 Ab에 연결되어 있다는 것은 의심의 여지가 없다. 그만큼 이 격의 자유(*licentia*)는 컸다. 그러나 의미의 관점에서 우리가 이 격에서 인지하는 뉘앙스가 무엇이든지 간에 이것은 그래도 역시 통사적 기능, 테니에르의 용어를 따르면 «상황어»의 기능을 맡는다―아니 우리가 보기에는 그 기능을 우선적으로 맡는다. 이것이 사실이라면, 우리가 확인하려고 시도하려는 것처럼 쿠리우오비치가 의미적(비통사적) 용법과 통사적(비의미적) 용법 사이에서 확립한 이분법은 더 이상 동일한 기반을 갖지 않는다.[69]

키케로의 *Imp. Cn. Pomp.*[70](14쪽)에서 발췌한 다음 문장을 보자: *Asia*

---

68 «구체적» Ac는 문법적 Ac의 이차적 용법이라는 이 불편한 제한과 항상 함께한다〈각주〉.

69 우리는 여기서 *utor libro*(책을 *사용하다*) 유형을 무시한다. 왜냐하면 그것이 쿠리우오비치의 «이차적» 용법 중 하나인데다 우리는 «일차적» 용법을 염두에 두고 있을 뿐만 아니라, 또한 통계적으로 매우 드물기 때문이다―이는 저자가 간과한 중요한 사실이다〈각주〉.

ubertate[71] *agrorum*[72] *omnes*[73] *terras*[74] *superat*[75](*아시아는 땅의 풍요성에서 모든 땅을 능가한다*). 이 문장의 «주어»와 «목적어»의 위치는 *Asia*(*아시아*)와 *omnes terras*(*모든 땅*)가 명확하게 차지하고 있기 때문에, Ab로 표지된 구 *ubertate agrorum*(*땅의 풍요성*)은 문장의 통사적 순서에서 «상황어»라는 주변적인 기능으로 축소된다. 이 상황어는 의미적 해석을 받아들이게 되는데, 그 결과는 의미 자질의 전체 묶음, 즉 자신의 의미 자질과 맥락상의 다른 단위들의 의미 자질에 의해 제어된다. 여기서 우리는 분명 «원인»이나 «수단»을 고려하여 결정할 것이다.

같은 책(16쪽): *equitatus*[76] *perbreui*[77] *tempore*[78] *uectigal*[79] *aufert*[80](*기병대가 아주 짧은 시간에 징수금을 가져간다*)에서 *perbreui tempore*(*아주 짧은 시간*)는 통사적으로는 상황어의 위치이고 의미적으로는 «작전에 필요한 시간» [*tempore*의 어휘적 내용과 *auferre*[81] *uectigal*(*징수금을 가져가다*)에 의해 함축된 «행위»를 반영하는 해석]을 나타낸다.

동일한 방식으로 우리는 *같은 책*(12쪽)에 있는 *regno*[82] *est expulsus*[83](*왕좌*

---

70 *De Imperio Cn. Pompei*는 *Pro Lege Manilia*로도 알려진 것으로 기원전 66년 로마의 대중 집회 앞에서 키케로(Cicero, 106~43 **b . c .**)가 행한 연설문이다〈역주〉.

71 *ūbertās*(풍요성, 생산력)의 탈격 단수〈역주〉.

72 *ager*(땅, 전답)의 속격 복수〈역주〉.

73 [형용사] *omnis*(모든, 전체의)의 굴절형〈역주〉.

74 *terra*(땅, 지구, 흙)의 대격 복수형〈역주〉.

75 *superō*(능가하다. 더 높이 있다)의 3인칭 단수 현재 능동 직설법〈역주〉.

76 *equitatus*는 '기병대, 기마대'를 뜻한다〈역주〉.

77 [형용사] *perbrevis*(매우 짧은)의 여격 단수〈역주〉.

78 *tempus*(시간)의 탈격 단수〈역주〉.

79 *vectigal*은 '수입, 세금, 징수금'을 뜻한다〈약주〉.

80 *auferō*(가져가다, 운반해 가다)의 3인칭 단수 현재 능동 직설법〈역주〉.

81 *auferō*(가져가다, 운반해 가다)의 현재 능동 부정사〈역주〉.

82 *rēgnum*(왕)의 탈격 남성 단수〈역주〉.

에서 추방되었다)의 Ab를 다음과 같이 해석할 수 있다: 1) 상황어, 2) 《진정한 탈격》으로서 동작 동사와 《장소》의 의소(意素)로 표지된 명사와의 결합에 의해 제어되는 의미효과. [그러나 *vi*[84]*est expulsus*(*권력에서 추방되다*)는 동일한 통사 구조를 가지고도 방법-수단의 탈격으로 이해된다.]

같은 책 (16쪽): *publicani*[85] *magno*[86] *periculo*[87] *familias*[88] *in salinis*[89] *habent*[90](*세리들은 염전에 있는[염전에 일하는] 식솔들을 커다란 위험에 처해 두고 있다*)에서 두 줄의 구 *magno periculo*(*커다란 위험*)에 대한 분석은 그것을 다음과 같이 정의한다. 1) 상황어로서(통사적), 2) 《병존하는 상황》으로서(Ab 의 의미적 느슨함, 곧 의미적 자유(*licentia*)를 매우 드러내는 표현으로서이다. 이 자유 는 많은 어휘적 요인의 간섭 외에 다른 원인이 없기 때문이다.) 그것을 정의한다. 이것들은 우리가 다음 Ab의 구들을 《위치격, 시기의 탈격》으로 이해하게 하는 똑같은 어휘적 요소이다.

같은 책 (9쪽): *bellum* terra marique(*바다와 육지에서 전쟁*) (*gerebatur*).[91]
(전쟁은 바다와 육지를 통해 벌어졌다)

같은 책 (7쪽): *macula*[92] Mithridatico bello[93] superiore[94] *concepta*.[95]

83　[분사] *expulsus*는 '쫓겨난, 추방된'을 뜻한다〈역주〉.

84　*vīs*(*힘, 권력*)의 단수 탈격〈역주〉.

85　*pūblicānus*(*세리, 징세원*)의 주격 복수〈역주〉.

86　[형용사] *magnus*(*큰, 막대한, 많은*)의 탈격 단수〈역주〉.

87　*perīculum*(*위험, 위난*)의 탈격 단수〈역주〉.

88　*familia*(*한 집안 권속으로서의 노예 무리*)의 대격 복수〈역주〉.

89　*salīna*(*염전, 제염소*)의 여격 혹은 탈격 복수〈역주〉.

90　*habeō*(*지키다, 유지하다*)의 3인칭 복수 현재 능동 직설법〈역주〉.

91　*gerō*(*수행하다, 나르다*) 3인칭 단수 미완료 수동 직설법〈역주〉.

92　[여성형 명사] '얼룩, 오점, 오명'을 뜻한다〈역주〉.

93　[자동사] '전쟁하다, 싸우다'를 뜻한다〈역주〉.

그러나 Ab 구에 부여될 특별한 의미의 결정을 위한 문맥적인 의미적 특징의 이 엄청난 중요성은 Ab 구가 먼저, 《주어》와 《목적어》의 기능을 배제하는 것이 근본적인 속성인 어떤 통사적 위치를 차지한다는 사실을 어떤 경우에도 잊어버리게 해서는 안 된다(그렇지만, 여기서 그것의 D와의 대립에 대해서는 아무 말도 하지 않고 있다).

그럼에도 불구하고 탈격의 의미적 유연성은 모든 모호성을 피할 수 있는 수준은 아니다. 따라서 전치사를 사용한다. 키케로가 *같은 책*(3쪽)에서 *ex*[96] *hoc*[97] *loco*[98](*여기에 두다*)(*dicere*)[99]라고 쓸 때 Ab로 표지된 구의 두 구성요소는 다음과 같이 분석될 수 있다.

	1) 통사적	2) 의미적
Ex(~*에서, ~에게서, ~부터*)	(주변적인) 상황사	엄밀한 의미에서 탈격([1])
Hoc loco(*여기에 두다*)	(주변적인) 상황사	엄밀한 의미에서 탈격([1])

([1]) 우리는 반례의 수를 고려하여 일부가 *ab*와의 대립을 통해 *ex*에 부여하는 《이중 한계의 결과》 값을 적절한 것으로 받아들이지 않는다.

---

94 [형용사] *superior*(*이전의, 더 먼저의*)의 탈격 여성 단수〈역주〉.

95 [분사] *conceptus*(*받아들임, 수용*)의 주격 여성 단수〈역주〉.

96 [전치사] '〔넓은 의미의 출발점〕에서(부터), (어디를) 출발하여'를 뜻한다〈역주〉.

97 [부사] 'to this place(여기에, 여기로)'를 뜻한다〈역주〉.

98 [동사] '놓다, 두다'를 뜻한다〈역주〉.

99 *dīcō*(*말하다*)의 현재 능동 부정사〈역주〉.

우리는 *hoc loco*(*여기에 두다*)만이 《위치격》으로 이해될 수 있었을 것이라는 것을 알 수 있다. 《탈격》의 의미를 채택하도록 강요하는 것은 *ex*이다. 통사적 역할은 전치사와 격에 의해 공동으로 이들 구에서 표시된다. 의미적 내용 또한 전치사에 의해 훨씬 더 정확한 방식으로 표시된다. 이러한 중복 상황에서 관용 용법을 통해 가장 덜 중요한 표지들이 무시될 수 있었다는 것이 이해된다. 이를 통해 폼페이의 몇몇 낙서의 낙서꾼은 아래에서처럼 전치사 *cum*의 존재에 의해서만 통사적 위치가 표시되는 *cum*[100] *sodales*[101] (*동무들과 함께*)를 쓸 수 있었다.

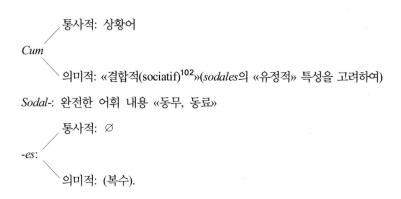

라틴어의 Ab는 물론 상황적 용법에 대한 독점권을 가지고 있지 않다. 언어가 Ab/Ac/D 사이를 구분하는 것은 그 자체로 놀라운 것이 아니다. 라틴어가 헝가리어처럼 만들어졌다면 약 15개의 격이 상황적 관계의 의미 표현을 공유할 것이다(그리고 라틴어가 옐름슬레우가 기술한 코카사스어와 같은 그런 언어와 닮았다면 약 40개의 격을 공유할 것이다). 중요한 것은 무엇보다도 먼저

---

100 [전치사] 〔상대방과의 관계 표시〕 '와[과], 와 더불어'를 뜻함〈역주〉.
101 *sodālis*(*동무, 친구, 동료*)의 대격 복수〈역주〉.
102 *sociatif*(*결합적*)는 라틴어 *sociatio*(*결합, 연합*)에서 온 파생어〈역주〉.

Ab에서 이것의 문장 내 위치를 반영하는 통사적 기능을 인식하는 것이다. 융합은 다른 언어학자들을 사로잡았듯이 쿠리우오비치를 크게 사로잡았다. 그 자신만의 것인 폭넓은 통시적 관점에서 그는 어떤 근본적으로 유리한 조건이 서로 구분된 인도-유럽어의 3가지 격, 곧 L, I 그리고 Ab의 혼동을 허용했는지를 자문해 볼 수 있었을 것이다. 우리의 생각으로는 그것들의 공통된 통사적 기능이 그것들의 융합을 쉽게 만들었다고 본다.

결론

쿠리우오비치의 결점-그의 세대의 많은 구조주의자들에게 공통적인 결점-은 사실을 더 잘 정리하기 위해 그것들을 단순화한 것이다(이는 아주 실제적인 복잡성으로 이어진다). 우리는-다음 도식과 같은-폴란드인 대가의 겉보기에는 매우 단순한 체계가 작동하지 않는다는 것을 보았다.

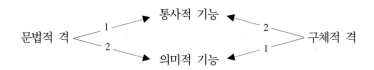

D는 L과는 유일한 역사적 친족 관계로 축소된 채, 외부에 남아 있다.

몇몇 《통사적》 용법과 몇몇 《의미적》 용법이 동일한 격으로 수렴하는 이유는 나타나지 않는다. 마지막으로-그런데 이것이 가장 덜 중요한 불만이 아니다-《일차적》 용법에서 통사적 기능이 없는 《구체적》 격의 개념 자체는 문법적 기괴성이라는 의미를 가진다.

우리는 마지막으로 쿠리우오비치의 구조적 해결책이 근본적으로 그다지 공시적이지 않으며 역사적 편견에 완전히 사로잡혀 있다고 말할 수 있다.

Ab의 《일차적 기능》 하에서 의미효과만을 인식함으로써 그는 먼저 라틴어의 Ab를 통해서 인도-유럽어의 I, L 및 Ab를 보고, 또한 문법적 설명 대신에 이 X선 도식에 만족해하는 19세기의 비교주의자들의 계보에 속해 있다.

쿠리우오비치는 또한 보이는 것 이상으로 19세기 초기의 위치주의 이론가들의 계열에 속해 있다. 『인도-유럽어의 굴절 범주 The inflectional Categories of Indo-European』의 격에 할당된 장의 끝에서 (201쪽 이하) 그는 인도-유럽어, 심지어 인도-유럽어 이전 언어의 재구성에 대한 향수에 사로잡혀 있다. 그래서 우리는 《모든 사격(斜格)과 대격조차도 공간적 관계의 표현으로 귀결된다》는 것과 목표의 Ac(《구체적》 격)가 이 격의 《본래 기능》을 잘 나타낼 수 있다는 것을 이해하게 된다. 요컨대 그는 우리에게 모든 《기능》이 의미적인 문장 구성 단계를 제공한다. 의미적 기능이 통사적 기능(명사를 동사나 다른 명사에 종속시키는 등)에 의해 《뒤로 밀려나고 완전히 덮이게 된》 것은 나중에야 비로소 밝혀졌다.

우리는 그러한 통제할 수 없는 가설의 편이 되기를 원하지 않는다. 확실한 것은 쿠리우오비치가 가정한 《원래의》 의미는 그에게 있어서는 통사적 기능에 의해서 그다지 《가려지지》 않았다는 것이다. 그 이유는 그가 가정한 《원래의》 의미가 소위 말하는 《구체적》 격의 모든 영역을 사전에 미리 정해두었기 때문이다.

구조주의적 외관의 어휘와 현대화된 설명을 통해 쿠리우오비치는 본질적으로 문장에 대한 통사적 기술의 지지자들과 위치주의적 정신의 지지자들 사이에서 아렌스(H.L. Ahrens)의 오래된 조정 이론을 답습한다.

제8장 ── 루시앙 테니에르의 독일 계승자들에게 있어서의 행위 구조

테니에르[1]와 그의 독일 계승자들과 마찬가지로 하인츠 하프[2]는 라틴어 문 장의 «행위적 기능»의 분석에 거대한 저서를 할애한다. 그는 또한 프랑스어 와 그리스어에 자신의 방법을 적용한 시론뿐만 아니라 여러 교육 관련 저작 을 출판한다.[3]

---

1   테니에르(Lucien Tesnière, 1893~1954)는 프랑스 언어학자로 스트라스부르그대학(1924~ 1937)과 몽펠리에대학(1937년 이후) 언어학과 교수를 역임했다. 그는 자신의 저서 『구조 통사론의 제 요소 Éléments de syntaxe structurale』(1959)를 통해 동사 중심의 의존문법, 곧 결합가(valence) 이론을 발전시켰다〈역주〉.

2   하프(Heinz Happ, 1931~2014)는 독일의 고전 문헌학자이다. 그는 프랑크푸르트 대학과 튀빙겐 대학에서 라틴어와 그리스어를 공부했고, 1973년부터는 라틴어에 대한 종속문법의 주창자로 등장하여 라틴어 학교문법의 발전을 크게 진전시켰다. 저서로는 『라틴어 의존문 법의 기본질문 Grundfragen einer Dependenzgrammatik des Lateinischen』(Vandenhoeck & Ruprecht, 괴팅겐, 1976), 『의존문법과 라틴어 강의 Dependenz-Grammatik und Latein-Unterricht』(Ulrich Dönnges와 공저)(Vandenhoeck & Ruprecht, 괴팅겐, 1977) 등이 있다 〈역주〉.

3   참고문헌에서 하프의 저작 목록을 볼 것. 이 장은 학술지 『고전 연구 Les Etudes classiques』 (1977)에서의 그의 논문과 특히 기본 저술인 『의존문법의 기본질문 Grundfragen einer Dependenz-Grammatik』(1976)에 의거할 것이다〈각주〉.

Ⅰ. 하프의 의존이론 개관

문법 전통에 대한 비판

하프에 따르면, 문법 전통은-교육에서 나타나는 것처럼-몇 가지 심각한 결함을 묵인하고 있다. 그것은 여러 통사적 기능을 정의하지 않고 그것들의 목록도 만들지 않았다. 그것은 같은 통사적 위치를 차지할 수 있는 다른 형태들의 계열체를 소홀히 한다. 그것은 격에 대해서 말하고, 그런 다음 다른 장에서 예를 들어 《목적어 기능》이라는 항목으로 함께 모으지 않고 부정법에 대해서, 그리고 부정법절에 대해서 말한다.[4] 한편, 실제로는 평범한 《문법 분석》이 동사에서 시작됨에도 불구하고 문법 전통은 《주어》에다 목적어의 위치와 상황 보어의 위치보다 계층적으로 우월한 특권적 위치를 부여한다. 그러나 테니에르가 되풀이해서 말했듯이 《주어》는 다른 것들과 같은 행위자이며 그것들과 같은 층위에 있다.

우리는 주어+동사로 구성된 《최소 문장》에서 추론하며,[5] 나머지 다른 기능들은 이 기본 핵심에 추가된 확장일 뿐이다. 그렇지만 *Jaques ressemble*(자크는 닮았다)와 같은 문장은 비문법적이다. 이른바 추가[예를 들어 *à son père*(자신의 아버지를)]가 여기서 필수적이다. 따라서 최소 문장에는 하나의 유형이 아니라 여러 유형이 있다. 상용 문법은 기능이 아닌 격에서 출발한다. 그러나 예를 들어 Ac를 목적어의 격으로서 정의하면 상용 문법은 이 《목적어》 기능을 G, D, Ab가 맡을 때는 물론이고, 더 나아가 완전히 묵과되고

4 　이러한 분산은 학교 교과서에서도 하프가 말하는 것보다 작아야 한다. 《기능주의》의 저작들은 통사적 기능이 그 자체의 《형태론》을, 다시 말해서 동일한 《위치》에 대해 다른 형태들의 계열체를 갖는다는 점을 오래전부터 지적해 왔다〈각주〉.

5 　참조. 마르티네(A. Martinet)의 분석〈각주〉.

있던 《전치사의 목적어》가 맡을 때는 매우 난처해진다. 전통 문법은 《목적어》와 《상황어》를 구별하지만, 목적어를 의미적으로만, 곧 문장의 의미에 필요한 것으로만 정의한다. 그러나 통사적 차원과 의미적 차원을 명확하게 구분하는 것이 좋다.[6] 의미적 접근의 위험은 거의 모든 구성요소가 《의미에 필요하다》는 것이 증명될 수 있다는 것이다. 따라서 목적보어와 상황 보어를 완전하게 구별할 수 있는 확실한 기준을 마련할 필요가 있다.

정확한 통합관계와 명확한 계열관계를 확립하기 위해 통사적 분석과 의미적 분석 간의 모든 혼란을 피하기를 바라면서[7] 하프는 다음과 같이 제안한다.

- 동사에서 시작해 모든 기능을 기술할 것.
- 기능과－다양할 수 있는－기능의 실현을 명확하게 구별할 것.
- 기능을 그 의미적 필요성이 아니라 통사적 필요성에 따라 분류할 것. 따라서 우리는 우리가 연구하는 언어에서 문장 구조의 목록을 작성하는 데 성공해야 한다.

라틴어의 동사와 통사적 기능

테니에르의 이론을 채택한 하프는 다음 두 그룹을 구분한다.

- 《행위자》[8]: 동사의 결합가에 의해 《요구되고》, 《동사의 구조적 면에서

---

6   『고전 연구 Les Etudes classiques』(1977), p. 341, n. 8; p. 344, n. 23〈각주〉.
7   『고전 연구 Les Etudes classiques』(1977), p. 345〈각주〉.
8   "행위자(actant)는 다른 모든 결정과 무관하게 **행위를 수행하거나 겪는 사람**으로 이해될 수 있다. 이 용어를 차용한 테니에르의 말에 의하면, 《행위자는 어떤 능력과 어떤 방식으로든, 단순한 들러리로서나 가장 수동적인 방식으로라도 사행(事行)에 참여하는 존재 또는 사물이다》. 이러한 관점에서 행위자는 모든 의미론적 및/또는 이념적 특성의 부여에 앞서

예측된»[9] 것이다.

- 《상황어》: 동사의 결합가에 의해 요구되지 않으며, 그 존재 여부가 통사
적으로는 상관이 없다.

1) 행위자(A)

테니에르의 행위자[주어(N sj), 목적어(Ac), 여격(D)]에 하프는 G, D, Ab로
표지된 목적어와 전치사의 목적어(그리고 특별한 지위를 가지고 있는 《부사어》)
를 추가한다.

행위자(A)는 필수적이거나 선택적이다. 필수적 A는 발화에서 나타나 있어
야 한다 [*occidit Roscius(로스키우스가 죽인다)[10]는 Ac로 표지된 목적어 없이는
비문법적이다]. 선택적 A는 발화에서 없을 수 있다[senatui[11] parebis[12](너는 원로
원에 복종할 것이다)/parebis(너는 복종할 것이다)].

따라서 A를 필수적인 것으로 판별하게 하는 것은 문장의 축소 테스트이
다. 선택적 A는 우리가 나중에 볼 다른 절차에 속한다.

엄격하게 형식적인 성격의 통사 단위 유형을 가리킨다.”(『기호학. 언어이론의 합리적인 사
전 Semiotique. Dictionnaire raisonné de la théorie du langage』(éds. by A.J. Greimas &
J. Courtès, Hachette, 1979, p. 3) 참조〈역주〉.

9   우리는 **보족어(Ergänzung)**와 **자유로운 지시(freie Angabe)**에 대해 말하는 하프의 용어를
프랑스어로 나타낸다. 테니에르 이론의 라틴어 적용에 관해서는 『문헌학 잡지 Rev. de
Philologie』(52, 1978, fasc. I, p. 106-111)에 수록된 기로(Charles Guiraud), 「라틴어에 적용
된 결합가 이론 La théorie de la valence appliquée au latin」 참조〈각주〉.

10 occido(죽다, 죽이다)의 3인칭 단수 현재 능동 직설법. 그런데 occido 동사는 자동사, 타동
사로 모두 쓰이는 동사이므로 본문 내용과는 달리 occidit Roscius(로스키우스가 죽다)처럼
자동사로 해석될 때는 문법적인 문장이 된다〈역주〉.

11 senātus(원로원)의 여격 단수〈역주〉.

12 pāreō(순종하다, 복종하다)의 2인칭 단수 미래 능동 직설법〈역주〉.

2) 상황어(C)

상황어의 주변적 특성, 곧 문장에서 그것들을 분리할 수 있는 가능성은 우리가 아래 § II.에서 그 사용법을 볼 *facere*(*하다*)와 같은 대동사의 사용에 의해 드러난다.

라틴어 통사적 기능의 통합체와 계열체

하프는 다음과 같이 구별할 것을 제안한다.

1) 행위자

A1 = N으로 표지된 «주어»

A2 = G로 표지된 목적어(G로 표지된 몇몇 동사 보어)

A3 = D로 표지된 목적어: *parcere*[13] *alicui*[14](*누군가에게 관대하다*)

A4 = Ac로 표지된 목적어: *dare*[15] *alicui* (A3) *librum*[16] (A4)(*책을 누군가에게 맡기다*).

그는 위의 것들에다 목적어의 질을 강조하면서 다음을 추가한다.

A5 = Ab로 표지된 목적어: *utor libro*(*이 책을 사용하다*), *filium*[17] *uita*[18]

---

13   [자동사, 타동사] *parcō*(*용서하다, 사(赦)하다*)의 현재 능동 부정사⟨역주⟩.

14   [대명사] *aliquis*(*누가, 누군가*)의 여격 남성 단수⟨역주⟩.

15   *dō*(*주다, 맡기다, 부탁하다*)의 현재 능동 부정사⟨역주⟩.

16   *liber*(*책*)의 대격 단수⟨역주⟩.

17   *filius*(*아들*)의 대격 단수⟨역주⟩.

18   *uita*는 '*생명, 목숨*'을 뜻한다⟨역주⟩.

priuauit[19](아들에게서 목숨을 *빼앗았다*)

A6 = 전치사의 목적어, 이는 특히 전치사가 불변이라는 사실에 의해 인식될 수 있다[프랑스어에서 *influer* sur(~에 대해 영향을 미치다), *se passionner pour*(~에 열광하다), de[20] *iniuriis*[21] *questus*[22] *est*(그는 불의에 대해 원망하였다), *hoc*[23] *ad*[24] *humanitatem*[25] *pertinet*[26](이것은 인간성에 관계된다) 등]. 다른 표현법(특히 Ac만 유일하게)과의 경쟁에 관계없이 이 A6는 «Ac로 표지된 목적어와 똑같은 자격의 목적어»[27]이다.

A7 = 목적어는 아니지만 «부사적 행위자»이다. 이것은 장소 표시를 제공하며 [*in urbe commorari*[28](도시에서 머무르다), *ad castra peruenire*[29](병영에 도착하다)], 라틴어에서 장소 부사[*ibi*(거기에), *illuc*...(저곳으로)]로 대치 가능하다. 이 후자의 특징으로 이것은 전치사의 목적어인 A6과 구별된다. 다른 차이는 A7에 선행되는 전치사는 변화하며 고정되어 있지 않다. [우리는 프랑스어에서 *le livre se trouve sur/ sous/ à côté de/ près de/ ... la table*(책이 탁자 위에/ 아래에/ 옆에/ 가까이에 ...있다)라고 말할 수 있다.]

---

19 *prīvō*(빼앗다)의 3인칭 단수 완료 능동 직설법〈역주〉.
20 [전치사] '…에 대하여, …에 관하여'를 뜻한다〈역주〉.
21 *iniūria*(불의, 부정, 인권침해, 위법행위)의 여격 혹은 탈격 복수〈역주〉.
22 *questus*(한탄, 불평)의 탈격 단수〈역주〉.
23 [지시대명사] *hic*(이, 이 사람, 이 여자, 이것)의 주격 중성 단수〈역주〉.
24 [전치사] '[제한·관점·관계·비교] 관해서는, 로 말하면, 에 있어서, 에 대해서'를 뜻한다〈역주〉.
25 *hūmānitas*(인간성)의 대격 단수〈역주〉.
26 *pertineō*(관계되다, 상관되다)의 3인칭 현재 능동 직설법〈역주〉.
27 『고전 연구 *Les Etudes classiques*』(1977), p. 351〈각주〉.
28 *commoror*(머물다, 체류하다, 지체하다)의 현재 능동 부정사〈역주〉.
29 *perveniō*(마침내 이르다, 다다르다, 도착하다, 도달하다)의 현재 능동 부정사〈역주〉.

이 A7은 생략할 수 없기 때문에 C(상황어)가 아니다[*le livre se trouve(*그 책이 있다)]. 따라서 그것은 동사 결합가의 정의에서 A(행위자)에 속한다.

2) 상황어

a) A7이 아닌 부사구들은 단 하나의 기능을 담당하는가 아니면 여러 개의 기능을 담당하는가? 이 문제는 해결되지 않았다.

b) 《자유》 여격으로는 예를 들어 수혜의 여격이 있다. 실제로 *aras*[30] *tibi*[31] (*너는 너 좋으라고 밭을 가는 것이다*)는 *aras et id*[32] *facis*[33] *tibi*(*네가 밭을 갈고 그것은 너 좋자고 하는 짓이다*)로 풀이될 수 있다.[34]

3) 통합체와 계열체

통사적 기능(통사적 위치)은 A1에서 A7 및 C들까지 가로축으로 정렬될 수 있다. 각 기능에 의해 세로 목록은 그 기능의 일련의 다양한 실현을 제공한다. 예를 들어 A4(Ac로 표지된 목적어)의 경우 다음과 같은 세로 목록을 들 수 있다.

명사구(Groupe nominal)
대명사(Pronom)
부정법(Infinitif)
부정법절(Proposition infinitive)
종속절(Proposition subordonnée)

---

30 *arō*(*밭갈다, 경작하다, 농사짓다*)의 2인칭 단수 현재 능동 직설법〈역주〉.
31 [대명사] *tū*(*너*)의 여격으로 '너에게'를 뜻한다〈역주〉.
32 [대명사] *is*(*그것, 그, 그 사람[여자]*)의 대격 중성〈역주〉.
33 *faciō*(*하다, 만들다, 생산하다*)의 2인칭 단수 현재 능동 직설법〈역주〉.
34 하프가 검증을 추후로 미루는 다른 구들은 C들 중에 자리할 것이다〈각주〉.

《문형》, 그리고 의존문법의 가능성

A와 C의 목록이 작성되고 그것들의 결합 가능성 및 각 기능에 제공된 계열체의 선택이 설정되면 상당수의 《문형》이 얻어진다. 하프는 행위자의 기능(파악하기 더 어려운 C들의 《결합》은 제쳐놓음)으로 제한하고, 키케로의 800개 문장으로 구성된 무작위 말뭉치를 기반으로 하여 약 90개의 표본 문형을 제안한다. 이것들은 도식으로 축소할 수 있는 전형적인 문장들이다. 즉 '동사 + A1/2/3/4/5/6/7'은 실제로 언어의 통사적 뼈대를 나타낸다. 그러나 90가지의 다른 결합이라는 이 수치는 너무 많아서 심층적인 분석을 할 수 없다. 따라서 저자는 빈도가 1% 미만인 모든 문형을 제거한다. 그래서 22개의 문형만 남는다.[35] 여기에 이러한 문형들을 나열하는 것은 지루할 것이다. 더구나 그것들을 상상하기란 상당히 쉽다. 한 계열체의 모든 형태(이것을 하프는 《실현》이라고 부른다)가 이론적으로 동등함에도 불구하고, 하프는 일부가, 예를 들어 《주어》나 《목적어》의 종속절은 드물다고 지적한다. 2개의 결합가로 된 문형, 특히 A1-A4 문형(주어 + 대격 목적어)이 우세하다. 결국, 완전한 의미를 갖는 동사는 6개의 결합가에 따라 나뉜다. 계사와 조동사는 별도의 항목에 배치된다. 그리고 그것들의 결합가는 일정하다고들 우리에게 말한다.[36]

하프는 이 분석을 통해 라틴어 문장의 구조(더 정확하게는 행위자 구조이다. 왜냐하면 C는 자체적으로 검토되지 않기 때문이다)가 무엇인지를 전체적으로 파악할 수 있다고 주장한다. 관계절이나 《문장》 부사[peut-être(아마도), *sûrement*

---

35 하프는 실제로 『고전 연구 *Les Etudes classiques*』(1977, p. 356-357)에서 14개의 문형만 열거한다. 그러나 『라틴어 의존문법에 대한 기본질문, *Grundfragen einer Dependenz-Grammatik des Lateinischen*』(1976, p. 477-480)에서는 23개를 열거한다〈각주〉.

36 이 결합가에 대해서 하프는 《이 용어를 사용할 수 있다면》이라고 분명하게 말한다〈각주〉.

(확실히)...]와 같이 동사에 의존하지 않는 것은 탐구 영역의 밖에 남아 있는 것이 사실이다. 어순은 배제되고 의미 구조는 무시된다.[37]

그러나 저자가 쉽게 인정하는 이러한 제한에도 불구하고 의존 분석은 지극히 중요하다. 왜냐하면 이 분석을 통해 구문의 중심 부분, 동사와 그 동사의 조연자(*Mitspielers*)인 행위자들과의 관계에 도달하기 때문이다.

II. 기본 테스트의 타당성: «*facere*(*하다*)»

동사의 «결합가»는 정해진 통사적 위치가 채워질 것을 요구한다. 이 기능들은 동사의 «구조적 면»에 나타나 있다. 그것들은 행위자 A가 맡는다. 그러나 실제로는 — 하프가 말한 것처럼 — «구체적인» 문장에서 이러이러한 A를 식별함으로써만 이 핵심 결합가에 접근할 수 있다. 따라서 오류 없이 A들을 인식할 수 있도록 하는 절차, 다시 말해서 A들을 결합가에 연결되지 않은 요소인 C들과 확실하게 구별하는 절차가 근본적으로 정말 중요하다.

그러나 하프의 경우 이러한 문장 요소들의 분포에 대한 결정적인 기준은 *facere*(*하다*) 테스트(프랑스어의 *faire*(*하다*)와 독일어의 *machen*(*하다*)도 마찬가지이다)[38]에서의 그것들의 반응이다. *Facere*는 «대동사», 곧 의미가 거의 담겨 있지 않은[39] 일종의 동사의 조응소로 간주될 수 있기 때문에 우리는 어떤

37　이 목록에 다른 많은 누락된 것들이 추가되어야 한다. 역설적으로 동사 자체는 가장 단순한 의미(시제나 양태도 없는 의미)로만 고려되고, 단정문으로만 고려되고 있다. 예를 들어 «목적어» 종속절의 경우 그 통사 구조로 볼 때 이들 종속절은 계열체 A4 등에 배치되는 것으로 제한될 수 없다〈각주〉.

38　라틴어의 *facere*, 프랑스어의 *faire*(*하다*), 독일어의 *machen*(*하다*)은 모두 영어의 *do*(*하다*)에 상응하는 대동사로 쓰일 수 있다〈역주〉.

39　Dönnges-Happ, 『의존문법과 라틴어 강의 *Dependenz Grammatik und Latein-Unterricht*』

동사도 그것으로 대치할 수 있다. 우리는 *et id facit*(그리고 그것을 한다)를 삽입한 후 문장이 문법적으로 남아있으면 분리된 요소는 C라는 것을 위에서 보았다. 문장이 비문법적이 되면 그것은 A이다. *Il boit le soir*(그는 밤에 마신다) / *Il boit une bière*(그는 맥주를 마신다) [*Il boit et il le fait le soir*(그는 마시고 그것을 밤에 한다)] / **Il boit et il le fait une bière*(*그는 마시고 그것을 맥주를 한다*)]의 대립에서 보이는 이 테스트의 놀라운 증거는 다른 경우에서는 훨씬 더 논쟁의 여지가 있다. 이러한 사실은—당장에는 하프의 방식에 충실하지만—*facere*가 정확히 의미상 비어있는 대동사가 아니며, 이 테스트가 처음부터 결함이 있음을 시사한다.

우리는 A와 C를 구분하는 방법을 이해하기 위해 하프가 의존하는 전형적인 예를 증거로 삼을 것이다.[40] *Athenis*[41] *diu*[42] *mansit*[43](그는 아테네에서 오랫동안 머물렀다)라는 문장을 예로 들어보자. *Athenis*를 제거하면서 *Diu mansit*라고 말할 수 있다. 그러나 이 낱말은 A이지 C가 아니다. 왜냐하면 다음과 같이 말할 수 없기 때문이다.

*Diu mansit et id fecit[44] *Athenis.*
(**그는 오랫동안 머물렀고 그것을 아테네에서 했다*).

따라서 *Athenis*는 A7으로 표시된다(위치격과 탈격-위치격이 부사적 결합가인

(1977, p. 25): «*machen*(하다)은 여기서 의미가 없다.»〈각주〉.

40 하프, 『의존문법의 기본질문 *Grundfragen einer Dependenz-Grammatik*』(1976, p. 186)〈각주〉.

41 *Athēnae*(아테네)의 여격/탈격/위치격〈역주〉.

42 [부사] '오랫동안'을 뜻한다〈역주〉.

43 *maneō*(머무르다, 묵다, 체류하다)의 3인칭 단수 완료 능동 직설법〈역주〉.

44 *faciō*(하다, 만들다, 낳다)의 3인칭 단수 완료 능동 직설법〈역주〉.

A7의 계열체에 들어가기 때문이다).

거부된 이 문장은 참으로 의외다. 그러나 그것은 통사적인 이유 때문인가, 아니면 의미적인 이유, 곧 *facere*가 어떤 의미를 담고 있기 때문인가? 우리는 *manere*(머무르다)가 «정적인» 특성을 포함하고 있다면 *facere*(하다)는 오히려 «동적임»을 알 수 있다. 예를 들어 *facere*(하다)를 수동형에 배치하여 ─여기서 *facere*(하다)는 간단한 사건을 표현할 수 있다─ 그것의 동적인 부담을 줄이려고 애쓰면 우리가 생각하기에 그 결과는 다음 예와 같이 한층 덜 충격적이다(비록 이 표현법이 추천할만하지 않다고 할지라도): *Diu mansit, quod*[45] *factum*[46] *est Athenis*(그는 오랫동안 머물렀다. 무슨 사건이 아테네에서 있는가). 그러므로 우리는 *Athenis*가 동사의 결합가와 너무 묶여 있어서 우리가 그것을 동사 결합가에서 분리할 수 없다고 양심적으로 단언할 수 있는가?

처음부터 «통사적 층위와 의미적 층위»를 섞지 않으려고 아주 많은 궁리를 한 하프가 *facere*의 테스트에 있어서는 특정한 의미 내용에 사로잡힌 게 아닌가 우려된다.

뿐만 아니라 독자들은 다음과 같은 분석을 보고(p. 206) 놀란다.

> *Athenis*[47] *capitis*[48] *damnatus*[49] *est*(아테네에서 사형선고를 받았다).
> *Capitis damnatus est et id fecit*[50] *Athenis*(사형이 선고되었고 그것을 아테네에서 행했다).

---

45 [의문 대명사] *qui*(어느, 무슨)의 주격 중성 단수〈역주〉.
46 [명사] *factum*은 '사건, 사실, 행위'를 뜻한다〈역주〉.
47 *Athēnae*(아테네)의 여격/탈격/위치격〈역주〉.
48 *caput*(머리)의 속격 단수〈역주〉.
49 [과거분사] '유죄 판결[선고]받은, 단죄된'〈역주〉.
50 *faciō*(하다, 만들다)의 3인칭 단수 완료 능동 직설법〈역주〉.

따라서 *Athenis*는 *facere*(*하다*)로 분리될 수 있으므로 여기서는 C가 된다. 나는 여기서 두 번째 문장이 우스꽝스럽게 보인다는 것을 인정한다. 반면에 이 문장은 *quod factum est*(*무슨 일이 일어났나?*)나 *quod euenit*[51](*무슨 일이냐?*) 와 더불어는 확실히 문법적인데, 그것은 능동태에서 *facere*의 의미적 부담을 없앴을 것이기 때문이다.

A인가 C인가의 결정을 주저하는 것은 결국 테스트의 불확실성을 드러낸다. 이는 *facere*가 실제로는 어휘적 내용이 없는 《대동사》가 아니라는 사실과 관련이 있다. 더욱이 *de*에 의해 도입된 전치사 행위자들(A6)에 대해 하프는 이 문제가 전혀 해결되지 않았으므로 새로이 그것을 다루어야 한다는 것을 인식한다(p. 213 부록).

의미적 함정은 하프(p. 359)의 다음과 같은 다른 예에서도 아주 분명하다. 다음 문장을 보자.

> *arbor stat*[52] *in horto*[53](*나무가 정원에 서 있다*).

다음과 같이 말하는 것은 분명 터무니없다.

> **arbor stat et id facit in horto*(*나무가 서 있고 그것을 정원에서 한다*).

따라서 우리는 *in horto*를 A7으로 간주한다. 반면에 이 동일한 구절은 *ancilla laborat in horto*(*하녀가 정원에서 일을 하고 있다*)에서는 C일 것이다. 왜냐하면 이 문장은 *et id facit*로 분리될 수 있기 때문이다.

---

51   *ēveniō*(*일어나다, 나타나다*)의 3인칭 단수 현재 능동 직설법〈역주〉.
52   *stō*(*서 있다, 서다*)의 3인칭 단수 현재 능동 직설법〈역주〉.
53   *hortus*(*정원, 동산*)의 탈격 혹은 여격 단수〈역주〉.

그러나 통사적이기를 원하는 이 결정은 *arbor*(나무)와 *ancilla*(하녀)를 구별하는 무정물/유정물의 대립만을 반영한다.

일종의 의미적 오용의 결과인 유사한 혼동이 『의존문법의 기본 질문 *Grundfragen einer Dependenz-Grammatik*』(1976)에 상당히 많다. 따라서 《어딘가에 있다》의 의미를 가진 *esse*(존재, 유(有))에 대해 하프는 자신이 *esse*의 《번역》을 통해 장소 보어인 A7을 필요로 했다는 것을 주목하지 않고 A1-A7 구조를 정한다. 《détourner *de*(~을 갈라놓다)》(따라서 *ab* 또는 *de*가 동반되는 보어)로 번역된 *deducere*[54](~로부터 벗어나게 하다)(p. 217)에는 똑같은 선결문제 요구의 오류가 있다. 이 보어 *unde*(어디로부터, 어디서부터)가 임의적으로 추가되고, 우리가 A1-A4-A7 결합가의 도식을 정할 권리가 없다는 증거는 우리가 《amener *à* la compassion(동정심을 불러일으키다)》로 번역될 *ad misericordiam*[55] *deducere*(동정심이 들게 하다) (키케로, 『연설가에 대하여 *De Oratore*』, 2, 189)라고 말할 수 있다는 것이다.[56]

facere 테스트가 A에서 분리하여 결과적으로 제외할 수 있는 요소 중에는 《자유 여격》, 특히 유명한 수혜와 피해(*commodi et incommodi*)의 여격이 있다. 예를 들어 *aras*[57]*tibi*[58](너는 너 좋으라고 밭을 가는 것이다)에서 수혜 여격은 C이다. 왜냐하면 우리는 *aras et id*[59] *facis*[60] *tibi*(네가 밭을 갈고 그것은 너

---

54 *dēdūcō*(끌어 내리다, 데리고 가다, 이끌다)의 현재 능동 부정사〈역주〉.

55 *misericordia*(동정(심), 측은히 여기는 마음)의 대격 단수〈역주〉.

56 *deducere aliquem*, 《faire cortège à quelqu'un(누군가를 수행하다)》를 어떻게 해야 하는가? 많은 추론이 있는가? 더구나 테니에르의 독일 제자들도 A7의 이 문제에 대해 의견이 나뉜다(Heringer에게는 목적어이고 Busse(부세)에게는 C이다)〈각주〉.

57 *arō*(경작하다, 밭갈다, 경작하다, 농사짓다)의 2인칭 단수 현재 능동 직설법〈역주〉.

58 [대명사] *tū*(너)의 여격으로 '너에게'를 뜻한다〈역주〉.

59 [대명사] *is*(그것, 그, 그 사람[여자])의 대격 중성〈역주〉.

60 *faciō*(하다, 만들다, 생산하다)의 2인칭 단수 현재 능동 직설법〈역주〉.

좋자고 하는 짓이다)라고 말할 수 있기 때문이다. 반대로 *huic rei*[61] *student*[62] (*그들은 이 일에 몰두하다*)에서 보어는 *facere*에 의해 분리될 수 없다. 이것은 필수적 A3(D로 표지된 목적어)이다.[63]

이 대립의 투명성은 다른 예들에 의해서 빠르게 흔들린다. 예를 들어 *praeesse*[64]*«주재하다, 책임을 맡다»*는 필수적인 A1+A3 도식을 요구하는 것으로 제시된다. *praeesse sacerdotio*[65](*사제단을 지휘하다, 사제의 직책을 맡다*)가 그 예이다. 그러나 *praeesse*는 절대 용법으로도 존재한다. *in qua*(*prouincia*) *tu triennium praefuisti*(*너는 어디*(*지방*)*에 3년간 있었느냐*)(키케로, *Orationes in Verrem* 2, 3, 80)가 그 예이다. 이 예는 여기서 *praeesse*는 *in qua*가 있기 때문에 절대 용법이 아니라고 문제를 제기하는 하프의 반론에서 벗어나지 못했다.[66] 그러나 문제는 더 정확하게 *in qua*가 여기서 A3(D로 표지된 목적어) 의 *«실현»*인지를 알아보는 것이다. 아니면 우리는 더 이상 *praeesse*를 필수 적인 A1+A3 결합가의 부류에 속하는 것으로 제시할 수 없다! 더욱이 본보기 예인 *praeesse sacerdotio*의 경우에서조차 저자의 분석은 의심스럽다. *praeesse*에 *«지배적인 위치에 있다»*라는 그 자체의 의미가 주어지면, D인 *sacerdotio*는 더 이상 *«결합가와 결속되어»* 있지 않다. 우리는 *«그것이 지배 적인 위치에 있다 – 사제단의 직무 수행을 위해 행해지는 것»*이라고 주석을 달 수 있다. 반면에 우리가 동사(곧 *praeesse*)를 *«présider à*(*주재하다, 책임을*

---

61 *huic*는 '이'를 뜻하고, *rei*은 '일, 사물, 상황'을 뜻한다〈역주〉.

62 *studeō*(*몰두하다, 열중하다, 뒤쫓아 다니다*)의 3인칭 복수 현재 능동 직설법〈역주〉.

63 이는 논쟁의 여지가 있는 결정이다. 모든 사전에는 *studere*[*studeō*의 현재 능동 부정사]의 절대 용법이 실려있다. 더구나 *Studeō*(*노력하다, 공부하다*)는 「동사 목록 *Verbliste*」(p. 564) 에 없다〈각주〉.

64 *praesum*(*지휘하다, 감독하다, 관리하다, 다스리다, 통치하다*)의 현재 능동 부정사〈역주〉.

65 *sacerdōtium*(*사제직, 사제단*)의 여격 혹은 탈격 단수〈역주〉.

66 하프, 『의존문법의 기본질문 *Grundfragen einer Dependenz-Grammatik*』(1976, p. 497, n. 55)〈각주〉.

맡다»로 번역하여 보어를 기대한다면 *sacerdotio*가 «결합가와 결속된 것»으로 느껴지리라는 것은 이미 확실하다.

분석의 불확실성 — 따라서 A와 C 사이에 근본적이어야 할 구별이 허술하고 종종 논쟁의 여지가 있는 특성 — 은 *prouidere*[67]와 같은 동사에서도 볼 수 있다. 이 동사는 A1+A4(A4는 Ac 또는 부정사절일 수 있다)로 매우 불충분하게 기술되어 있다(p. 563). 그러나 주석 168은 *prouidere*가 (채택된 말뭉치 밖에서) D와도 나타난다는 것을 보여준다. 그러므로 우리는 *prouidere* A1+A4와 *prouidere* A1+A3을 구별해야 한다. 우리는 *prouidere*가 일반적으로 *de*[*de*[68] *re*[69] *frumentaria*[70] *prouidere*(밀 사정[보급]을 과장하다)]로도 구성된다는 것을 추가할 수 있다. 여기서 A6를 식별해야 하는가? 그리고 A4와는 어떤 차이를 인지해야 하는가? (왜냐하면 — 이것은 하프의 원리이다 — 의미의 차이에 구조(또는 구문)의 차이가 일치해야 하기 때문이다). 그러나 가장 심각한 반론은 소위 이들 A(A3, A6)가 C로 간주될 수 있다는 것이다. 그 점에 관하여는 *prouidere*에다 «미리 준비하다»라는 정확한 의미를 제공하는 것으로 충분하다. 이것이 «밀의 공급에 관하여» 이루어지건 아니면 «누군가의 구원을 위해»(*prouidere saluti alicuius*) 이루어지건, 무슨 중요성이 있는가?

facere 테스트의 우연한 적용으로 인해 *adferre*[71]는 선택적인 A1+A4+A3 도식(p. 539), 즉 X *adfert*[72] *aliquid*[73] (*alicui*)[74](X가 (누군가에게) 무엇을 가져오

---

67 *prōvideō*(준비하다, 예견하다, 예측하다, 대비하다)의 현재 능동 부정사〈역주〉.

68 [전치사] '~의, ~에 관한, ~에 대한'을 뜻한다〈역주〉.

69 *rēs*(것, 일, 사물, 관련된 것)의 탈격 단수〈역주〉.

70 [형용사] *frumentaria*는 *frūmentārius*(곡식[밀]의, 곡식[밀]에 관한, 양곡의)의 대격 중성 복수〈역주〉.

71 *adferō*(가져오다[가다], 가져다 주다)의 현재 능동 부정사〈역주〉.

72 *adferō*의 3인칭 단수 현재 능동 직설법〈역주〉.

73 [대명사] *aliquis*(누가, 누군가, 어떤 것, 무엇)의 대격 단수〈역주〉.

다)에 해당하는 도식을 할당받는다. 그러나 우리는 또한 *ad*[75] *aliquem*[76](*누군 가에 대해서*) 또는 *ad romam*(*로마에 대해서*)을 찾아낸다. 여기서 A(A3, A7)에 대해 말할 것인가 아니면 C에 대해 말할 것인가? 그것은 중요하지 않다고 우리는 말할 것이다. 아마도, 그러나 아주 자주 있는 이러한 망설임은 문장을 통사적 문장 위치의 《조합》으로 정의하는 학설에 매우 심각한 결과를 가져온 다. 그 이유는 당연히 우리가 동일한 《위치》에 있는 다른 A들을 혼동할 수 없기 때문이다.

하프는 더 나아가 *facere* 테스트가 어떤 경우에는 효과가 없다는 것을 인정한다. 예를 들어 *Caesari*[77] *ad pedes*[78] *se proiecerunt*[79](*그들은 카이사르의 발에 자신을 내던졌다*)(p. 411)에 쓰인 《공감적》 여격 D의 경우를 들 수 있다. 저자는 이 D가 G[*Caesaris*[80] *pedes*(*카이사르의 발*)] 또는 소유사와 대체될 수 있다는 것을 지적한다. 이 D는 (필수적인 A와는 달리) 제거될 수 있다. 이것 또한 *facere* 테스트에서 다루기 어렵다[*Ad pedes se proiecerunt et id fecerunt*[81] *Caesari*(*그들은 발에 자신을 던졌고 그것을 카이사르를 했다*)]. 그 이유는 바로 이 D가 동사 이외의 다른 구성요소에 의존하기 때문이다.

저자가 자신의 최고 테스트를 체계적으로 사용하는 데 직면한 당혹감을 보여주는 이러한 분석은 우리가 보기에 완전히 잘못된 것 같다. 물론 우리가

---

74   *aliquis*(*누가, 누군가, 어떤 것, 무엇*)의 여격 단수〈역주〉.
75   [전치사] *ad*(〔제한·관점·관계·비교〕 관해서는, 로 말하면, 에 있어서, 에 대해서; 에 비해서 [비하면])을 뜻한다〈역주〉.
76   *aliquis*의 대격 단수〈역주〉.
77   *Caesar*(*카이사르*)의 여격 단수〈역주〉.
78   *pēs*(*발*)의 탈격 단수〈역주〉.
79   *prōiciō*(=*projicio*)(*앞으로 던지다, 내던지다*)의 3인칭 복수 완료 능동 직설법. *se projicio*(*앞 드리다, 쓰러지다, 드러눕다, 뛰어들다*)〈역주〉.
80   *Caesar*(*카이사르*)의 속격 단수〈역주〉.
81   *faciō*(*하다, 만들다*)의 3인칭 복수 완료 능동 직설법〈역주〉.

말하는 '발'은 '카이사르의 발'이다. 지시대상의 측면에서 이것은 의심의 여지가 없다. 그러나 그렇다고 해서 우리가 *Caesaris pedes*(카이사르의 발) 또는 *pedes eius*[82](그의 발)로 주석을 달 수 있다는 것은 거의 받아들일 수 없다. 이는 언어 외적인 등가성을 위해 통사적 차이를 지우는 것이다. 여기서 *Caesari*가 *Caesaris*와 완전히 대체 가능하다고 말하는 것은 이 D에 순전히 명사 보어의 의존성을 편리하게 보장하기 위하여 —«la bague à Jules(쥘 소유의 반지/쥘의 반지)»처럼 —«des pieds à César(카이사르 소유의 발/카이사르의 발)»을 이해하도록 하는 것이다. 이것은 아주 단순히 잘못된 해석이다. 왜냐하면 여기서 D는 어떤 태도를 취하는 것과 관련된 이 인물을 가리키기 때문이다. 따라서 그것은 동사의 직접적 지배를 받는다. 더욱이 —우리가 *facere*의 어휘 내용을 비우려고 한다면 —이 «공감적» 여격 D와 «수혜의» 여격 D를 분리하는 것이 불가능해 보이지 않는다.

Ad pedes se proiecerunt(그들이 발에 자신을 내던졌다), *quod factum est* (*euenit*)[83] *Caesari*[그런 일이 카이사르에게 (일어났다)](실제 문장에서는 *Caesari*의 중요한 초기 위치를 없애는 주석).[84]

III. 필수적 행위자의 생략

의존문법에서 문장은 «결합가»라는 동사의 속성에 의해 그 조직이 제어되는 정해진 수의 통사적 위치를 포함하고 있다. 따라서 A와 A가 아닌 것을

---

82 [대명사] *isis*(그의, 그녀의 그것의)의 속격 단수〈역주〉.

83 *ēveniō*(일어나다, 나타나다)의 3인칭 단수 현재 혹은 완료 능동 직설법〈역주〉.

84 『의존문법의 기본질문 *Grundfragen einer Dependenz-Grammatik*』(1976, p. 407, n. 159)에서 하프는 자신이 그다지 확신하지 못했던 이 점에 대해 «새로운 연구»를 요구한다〈각주〉.

분리하는 *facere* 테스트가 중요하다. 왜냐하면 이 테스트를 통해 《정해진 동사 결합가》인 것 및 결합가의 반영인 것과, 결합가에 대해 전혀 중요하지 않은 C[*freie Angaben*(자유로운 진술)]의 은폐물을 구별할 수 있기 때문이다. 문장은 결정면이 자신을 구성하는 물질의 화학식을 시각적으로 보여주는 결정체와 같다. A는 이 입체의 결정면들이다. 그 공식은 동사의 결합가에 있다.[85]

여기서 의존문법은 매우 큰 장애물을 만난다. 즉 A는 없을 수 있고, 이 결정체는 자신의 결정면을 갖지 못한다(또는 적어도 그것들 중 일부를 갖지 못한다). 이 부재는 다음 두 가지 방식으로 나타난다.

1) 필수적 A(부정적 삭제 테스트)가 생략되는 경우도 있다. 우리는 《필수적 행위자의 생략》에 대해 언급할 것이다.

2) 다른 구성요소들은 생략될 수 있지만(긍정적 삭제 테스트) *facere* 테스트는 작동하지 않는다. 따라서 이것은 C가 아니다. 이것은 *선택적* A이다. 따라서 올바른 결합가 공식은 행위자가 선택적인지의 여부를 나타낸다. 예를 들어 하프의 경우 *caedere*[86] *uirgis*[87] *hominem*[88](*막대기로 사람을 때리다*)은 A1+A4+(A5)를 나타내며, 이 마지막 A는 그에게 있어서 생략 가능하지만 *facere* 테스트로 분리할 수 없다.[89] 반면에 *uti*[90]는 두 개의 필수적 A인 A1 A5를 갖는 동사에 속하지만, A5는 표현되지 않는 경우가 있다.[91]

---

85 《결합가(valence)》는 알다시피 테니에르가 화학에서 빌린 용어이다〈각주〉.
86 *caedō*(*베다, 쪼개다, 후려치다, 때리다*)의 현재 능동 부정사〈역주〉.
87 *virga*(*연한가지, 잔가지*)의 탈격 복수〈역주〉.
88 *homō*(*사람, 인간*)의 대격 단수〈역주〉.
89 같은 책, p. 541〈각주〉.
90 *ūtor*(···*을 사용하다, 쓰다, 이용하다*)의 현재 능동 부정사〈역주〉.
91 같은 책, p. 440〈각주〉.

필수적 A의 생략은 문맥 밖에서 고려된다면 매우 놀랍지만, 분명하게 식별 가능하고 설명될 수 있는 현상이기 때문에 실제적인 어려움은 야기하지 않는다. 생략은 우리가 목록을 작성했던 문맥상의 명확한 조건들에 의해서 가능해진다. 공식 V+A1+A4의 문장이 공식 V+A1에 따라 주어진 문맥에 나타나면 V+A1이 V+A1+A4 조합의 변이형임을 유지하는 것이 정당화된다. 따라서 V+A1는 동사 결합가의 정의와는 아무런 관계가 없다.

이 모든 것은 공격의 여지가 없는 것처럼 보인다. 게다가 이러한 생략의 조건 중 몇 가지는 오래전부터 눈에 띄었다. 그러나 의존문법의 독창성은 그것에 대한 완전한 목록을 제공하는 경향이 있다.[92] 생략을 허용하는 문맥적 조건 중에 우리는 다음과 같은 것을 넣을 수 있다.

- 부정법 절(p. 247; 440). 예: *quae*[93] *qui*[94] *uellet*[95](*그가 원하는 것들*) (scil.: *defendere*[96] (*adulescentiae*)[97] *excusatione*[98] *defenderet*[99](*그들은 그 사람이라면 청소년의 해명을 지지할 것이다*)(키케로, *Cael*., 43).
- *si*[100]에 의한 종속절: *commorari*[101]는 A1+A7을 요구하는 반면, 키케로,

---

92 하프는 이 목록을 여러 번 제공한다. 『의존문법의 기본질문 *Grundfragen einer Dependenz-Grammatik*』(1976, p. 440-441 및 p. 241 이하 참조)〈각주〉.

93 [대명사] *qui*(*막연하게*) *어떤, 무슨, 특정되지 않은, 모(某)*]의 주격 복수〈역주〉.

94 [관계대명사] '단수 주격'을 뜻한다〈역주〉.

95 *volō*(*원하다, …하고 싶다, 좋아하다*)의 3인칭 단수 미완료 능동 가정법〈역주〉.

96 이는 다음 3가지 활용형을 나타낸다〈역주〉.
1. *dēfendō*(*방어하다, 지키다, 변호하다, 지지하다*)의 3인칭 복수 완료 능동 직설법.
2. *dēfendō*의 2인칭 단수 미래 수동 직설법.
3. *dēfendō*의 현재 능동 부정사.

97 1. *adulēscentia*(*청년시대, 청춘, 청소년*)의 주격 복수.
2. *adulēscentia*의 속격 혹은 여격 단수〈역주〉

98 *excūsātio*(*변명, 해명, 핑계*)의 탈격 단수〈역주〉.

99 *dēfendō*(*방어하다, 지키다, 변호하다, 지지하다*)의 3인칭 복수 미래 능동 직설법〈역주〉.

Phil., I, 7은 다음과 같이 쓰고 있다: ... *si essem*[102] *commoratus*[103](*만약 내가 억류되었다면*).[104]

— 다른 종속절들: 하프는 여기서 약간의 망설임을 보인다. 그는 확실성보다는 자신의 «인상»을 나타낸다.

— 비교: *quemadmodum*[105] *est*(*그것은 어때요*) 등과 함께.

— 삽입구(예를 들면 동사 *opinor*[106]의 용법).

— 직접화법 또는 간접화법.[107]

— 대답: 예를 들면 보어 없는 *opinor, credo*.[108]

— 조응적 대답.[109] 라틴어는 «*Habuitne*[110] *rem?*[111](*그는 물건을 가지고 있습니까?*) - *Habuit*[112](*그는 가지고 있습니다*).»와 같이 말하는 반면, 프랑스어는 «*As-tu le livre?*(*너는 그 책 가지고 있니?*) *Je l'ai*(*저는 그것을 가지*

---

100 '조건, 가정'을 나타내는 접속사〈역주〉.

101 *commoror*(*머물다, 체류하다, 지체하다*)의 현재 능동 부정사〈역주〉.

102 *sum*(*이다, 있다*)의 1인칭 단수 미완료 능동 가정법〈역주〉.

103 [분사] '정지된, 지연된, 구금된'을 뜻한다〈역주〉.

104 많은 구절에서 생략은 대체할 명사의 맥락에서 근접성으로 명확하게 설명된다. *Phil.*의 이 예에서는 그렇지 않은 것 같다. 여기에는 약간의 설명이 필요하다. 즉 어떠한 설명도 없고, *commorari*가 프랑스어의 *rester*(*머물다*)와 같이 절대적으로 사용될 수 있는 것이 아니라면, 이 경우에는 그것은 더 이상 2가의 동사로 분류될 수 없다〈각주〉.

105 [의문사] '어떻게? 어떤 방법으로?'를 뜻한다〈역주〉.

106 [동사] '생각하다, 믿다, 짐작하다, 상상하다'를 뜻한다〈역주〉.

107 예(p. 251): *dicam*(*나는 말할 것이다*): «*Hunc ipsum consulere non putarem*(*나는 이 사람 자신이 생각하는 것을 깊이 생각하지 않았다*)»(*Phil.*, 7, 5). 우리는 여기서 생략에 대해 말할 수 있는가? 목적보어의 위치를 차지하는 것은 전체 «직접화법»이다〈각주〉.

108 [동사] '믿다, 신뢰하다'를 뜻한다〈역주〉.

109 조응적 대답은 실제로 이전의 다채로움과 동일한 «텍스트 조건»을 나타낸다〈각주〉.

110 '-*ne*'는 의문형 어미이다〈역주〉.

111 *rēs*(*것, 일, 사물, 물건*)의 대격 단수〈역주〉.

112 *habeō*(*가지다, 소유하다*)의 3인칭 단수 완료 능동 직설법〈역주〉.

고 *있어요*).»와 같이 말한다.

- 《조응적 생략》, 예: *suscepi*[113] *causam,*[114] *Torquate, suscepi*(*우리가 소송을 당했어, 토르콰투스, 우리가 당했어*) (Cic., *Sull.*, 20).

- 연속 동사: 예: *ut*[115] *aut*[116] *metuant,*[117] *aut contemnant,*[118] *aut oderint,*[119] *aut ament*[120](*저자들이 두려워하거나 경멸하거나 미워하거나 사랑하거나 상관없이...*) (Cic., *Imp. Cn. Pomp.*, 43) [*contemno*(*경멸하다*)는 실제로 『동사 목록 *Verbliste*』(p. 556 이하 참조)에서 일반적으로 2가 동사로 간주된다).

- 《전보》 화법: 키케로가 동사(*abdicō*)의 규칙적인 3개의 결합가에 일치하는 *consules*[121] *se abdicauerunt*[122] *ab*[123] *officio*[124](*집정관들이 직책에서 스스로 사임했다*)라고 하는 대신에 간략하게 *abdicauerunt*(*nat. d.*, 2, 11)라고 말할 때 그는 두 A의 생략을 실행한다.

- 인용문 (《동사 *opinor*는 ...을 의미한다》).

- 마지막 단락은 불확실한 경우들, 특히 명령형과—이에 대해서 우리는 재론할 것이다—부사를 통합하고 있다.[125]

---

113 *suscipiō*(*받아들다, 받다, 인정하다*)의 1인칭 복수 완료 능동 직설법〈역주〉.
114 *causa*(*사건, 소송, 다툼*)의 대격 단수〈역주〉.
115 [부사] '…와 같이, 같은 모양으로'를 뜻한다〈역주〉.
116 [접속사] '…든지[거나] 혹은, 또는, 아니면'을 뜻한다〈역주〉.
117 *metuō*(*무서워하다, 두려워하다, 망설이다*)의 3인칭 복수 현재 능동 가정법〈역주〉.
118 *contemnō*(*경멸하다, 업신여기다*)의 3인칭 복수 현재 능동 가정법〈역주〉.
119 *ōdī*(*미워하다, 싫어하다*)의 3인칭 복수 미완료 능동 가정법〈역주〉.
120 *amō*(*사랑하다*)의 3인칭 복수 현재 능동 가정법〈역주〉.
121 *cōnsul*(*집정관*)의 주격 복수〈역주〉.
122 *abdicō*(*사퇴하다, 사임하다*)의 3인칭 복수 완료 능동태 직설법〈역주〉.
123 [전치사] '~에서'를 뜻한다〈역주〉.
124 *officium*(*직책, 직무, 할일*)의 여격 단수〈역주〉.
125 이 《불확실성》에 의해 제기되는 것은 문장에서 부사의 지위에 대한 모든 문제이다〈각주〉.

위에 열거된 문맥적 조건들이 생략을 선호한다는 것은 만족스럽게 규명된 사실은 아니지만 꽤 잘 알려진 사실이다. 이런 경우 대부분은 상황과 주변 발화의 내용에 따라 보완할 용어가 정해진다고 우리는 대략적으로 말할 수 있다. 그 개념은 대화자의 정신 속에 매우 잘 자리 잡고 있어서 우리는 쉽게 그것을 피해 넘어갈 수 없다. 그러나 하프에 의해 이전 것들과 뒤섞인 소위 다른 «문맥적» 조건들은 특별히 고려할 가치가 있다. 그는 우리가 본 것처럼 명령법이 이러한 조건들에 포함되어서는 안 되는 것인지 궁금해한다. 드레슬러의 이전 연구를 사용하여[126] 그는 동명사, 부정사 그리고 현재분사를 생략의 «문맥적 조건»으로 거리낌 없이 제시한다.

예: *difficultate*[127] *ulciscendi*[128] *leniri*[129] *potest*[130](그는 원수를 갚는 어려움에서 벗어날 수 있다)(이것은 *ulciscor*[131]가 본래 최소한 2가 동사임을 함축한다).[132] *uis*[133] *paenitendi*[134](후회되는 마음)(Tusc., 4, 37), *commorandi*[135]... *deuersorium*[136] *non habitandi*[137](거주하지 않는 숙소에 머물다)(C.M., 84) (*commorari*[138]는 두 개

---

126 윌리엄 드레슬러(W. Dressler), 「라틴어로 격 구문을 어떻게 기술할 것인가? Comment décrire la syntaxe des cas en latin?」, 『고대의 문헌학, 문학 그리고 역사 저널 Revue de Philologie, de Littérature et d'Histoire anciennes』(3ᵉ série, 44, 1970, 25-36)〈각주〉.

127 *difficultās*(어려움, 곤난, 곤경, 난관)의 탈격 단수〈역주〉.

128 [분사] *ulciscendus*(복수하는 것, which is to be avenged)의 속격 단수〈역주〉.

129 *lēniō*(진정시키다, 달래다, 경감시키다, 완화하다)의 현재 수동 부정사〈역주〉.

130 *possum*(할 수 있다, 있을 수 있다, 가능하다)의 3인칭 단수 현재 능동 직설법〈역주〉.

131 [동사] '원수를 갚다, 복수하다'를 뜻한다〈역주〉.

132 참조. p. 243, n. 387〈각주〉.

133 [명사] '힘, 용기, 정력, 능력, 재능'을 뜻한다〈역주〉.

134 [분사] *paenitendus*(후회되는 것, 유감스러운 것)의 속격 단수〈역주〉.

135 *commoror*(머물다, 체류하다, 지체하다)의 속격 동명사〈역주〉.

136 *deversorium*(여관, 숙박소)〈역주〉.

137 [분사] *habitandus*(거주하게 되는 것)의 속격 단수〈역주〉.

의 결합가를 갖는다) 등도 마찬가지다.[139]

부정사의 경우: *ne*[140] *quis*[141] *te*[142] *inuitum*[143] *polliceri*[144] *cogat*[145](*아무도
그대를 억지로 공약하게 강요해서는 안 될 일이오*)(*Orationes in Verrem*, 2, 2, 148)
에서 *polliceri*는 필수적인 A4와 결합하는 3가 동사이다.[146]

현재분사의 경우: *hortante*[147] *et iubente*[148] *Vercingetorige*(*Vercingetorige*의
격려와 명령으로)(*Caes.*, B.G., 7, 26, I)에서, *hortari*[149]와 *iubeo*[150]는 2가 동사이
다.[151]

이 마지막 세 개 또는 네 개[152]의 《문맥적 조건》이 요구하는 중요한 관찰의
결과는 그것들이 문맥적이지 않다는 것이다. 예를 들어 여러 주절+관계절
(또는 비교의 종속절)은 문맥의 정보를 나타낸다. 동사에서 부정사로, 동명사
로, 분사로의 전환은 단지 계열체의 변화일 뿐이다. 우리가 동사의 결합가를

---

138 [동사] *commoror*의 현재 능동 부정사〈역주〉.

139 다른 예들: *Brut.*, 239; *Ligar.*, 31〈각주〉.

140 [부사] '아니'〈역주〉.

141 [대명사] '아무, 어떤 누구, 누가, 누군가; 어떤 것, 무엇'〈역주〉.

142 [인칭대명사] '너를, 너로'〈역주〉.

143 [형용사] *invītus*(*싫은 마음으로 하는, 억지로 하는, 본의 아닌*)의 주격 단수〈역주〉.

144 *polliceor*(*약속하다, 허락하다, 보증하다*)의 현재 능동 부정사〈역주〉.

145 *cōgō*(*강제하다, 강요하다, 억지로 하게 하다*)의 3인칭 단수 현재 능동 가정법〈역주〉.

146 참조. 하프, 『의존문법의 기본질문』(1976, p. 440, p. 244, n. 395; p. 245, n. 399)〈각주〉.

147 [분사] *hortāns*(*격려의, 힘을 북돋아 주는, 열심히 권하는*)의 탈격 단수(〈역주〉.

148 [분사] *iubēns*(*명령하는, 지휘하는*)의 탈격 단수〈역주〉.

149 *hortor*(*권고[권유]하다, …하도록 격려하다, 고무하다*)의 현재 능동 부정사〈역주〉.

150 [동사] '명령하다'〈역주〉.

151 *Hortari*와 *iubeo*는 하프가 p. 246, n. 403에서 인식하고 있듯이 모든 식별 가능한 제약 밖에
서 절대적으로 사용된다. 이 질문은 그에게 충분히 준비되지 않은 듯했고, 그는 더 많은
연구가 필요하다고 생각했다(p. 246, n. 405)〈각주〉.

152 저자가 주저하는 명령법을 포함시킨다면 네 가지이다〈각주〉.

정의하려고 할 때 무슨 권리로 상당수의 동사 형태를 제거할 수 있는가? 그렇지 않으면 동사의 어휘적 의미―이것이 A들 조합의 근거를 제공한다― 가 동사 계열체 내에서 단일하지 않다는 것을 보여주어야 할 것이다.

곰곰이 생각해보면 이 자의적인 차별은 결합가 이론 전체에 심각한 타격을 준다. 우리가 결합가를 정립하고자 할 때 동사의 비인칭적 형태를 배제한다는 것은 동사 단독이 아니라 동사+주어(A1)의 통합체에서 지속적으로 조작되었음을 인식하는 것이다. 따라서 «최소 문장»의 절차를 거부하는 의존 문법은 실제로, 그리고 모든 경우에 매우 평범한 최소의 어법(그렇지 않으면 문장)인 '명사 주어+동사'를 기반으로 하고 있다. 따라서 주어(A1)는 (테니에르가 반복해서 말하듯이) 더 이상 다른 행위자들과 같은 통사적 계층 구조에서 «다른 A들과 같은 행위자»는 아니지만, 그것은 다른 A들의 틀로 사용되는 문장을 구성하기 위해 동사를 줄곧 동반하는 특권적인 기능을 맡고 있다.

그 결과 테니에르에 의해 세워지고 그의 독일 계승자들에 의해 복원된 결합가의 체계는 파괴되지는 않았지만 훼손되어 있다. 이 불가피한 결론의 중요성은 필수적 A의 생략 가능성 조건에 대해 표명될 수 있는 모든 상세한 비판을 무색하게 한다.[153]

---

153 가장 심각한 결함은 부사에 대한 연구가 부족하다는 것이다. 몇 가지 설명은 그다지 설득력이 없다. 이에 대해 상기 «전보» 문장의 예와 «연속 동사»의 예를 참조할 것. 일반적으로 우리는 하프, 『의존문법의 기본질문』(1976)에 대한 볼켄슈타인(Bolkenstein)의 서평(*Kratylos*, 1976(1977), p. 140)에서의 다음과 같은 비평을 받아들인다. 즉, 여기서 의미적 요소가 통사적 규칙(동사의 결합가 공식에 포함되어 있음)보다 더 강력하다는 사실은 «결합가»의 본질 자체에 있어서 매우 중요하다.

의미적 맥락의 결정적 성격을 나타내는 데 적합한 다른 생략의 경우들은 하프의 목록에 통합되지 않았다. 그는 예를 들어 234쪽에서 Die Henne legt(«la poule pond(암탉이 낳는다)»)가 «legt Eier(알을 낳다)»를 의미한다는 것을 지적한다. 그러나 그는 «비문법적인» 문장을 얻고 싶지 않다면 Eier 이외의 다른 것을 추가할 수 없다고 말한다. 우리는 실제로 터무니없거나 비현실적인 문장을 얻지만, 그것이 비문법적이지는 않다(«La poule pond des écus(암탉이 은화를 낳는다)»). 같은 독일어 동사 legen이 «양계»의 의미적 맥락에서는 «(알

IV. 선택적 행위자

삭제 테스트를 따르지 않는 《필수적 A》-그러나 이들 A는 생략 가능하지만 우리가 정확하다고 선언할 수 있는 조건에서만 생략 가능하다-외에 《선택적 A》가 있다. 이들 선택적 A는 전자의 필수적 A와 함께 A가 되는 것, 즉 동사의 결합가에 의해 요구되는 A와 연결된다는 공통점이 있다. 그러나 《선택적인 것들》은 자유롭게, 다시 말해서 식별 가능한 모든 문맥적 조건 밖으로 없어질 수 있다. 그것들은 C(*자유로운 진술*)와 이런 공통적인 특성을 가지고 있지만, 이들 C는 *facere* 테스트에 긍정적으로 호응한다. 반면 A들은, 선택적 A들까지도 이 *facere* 《대동사》에 의해 동사에서 분리되는 것을 용인하지 않는다.

겉보기에는 단순한 이 학설은 《동사와 한 몸을 이루고 있는》 A라는 개념과, 무엇을 통해 그 《결합가》의 독창성을 정확히 정의할 것을 요구하지 않는, 곧 나타났다 사라졌다하는 자유로운 결합가의 개념 사이의 깊은 모순을 다루고 있다.[154]

먼저, 이들 선택적 A의 위치를 A마다 알아보도록 하자. A2(《속격 목적어》)는 결코 선택적일 수 없다(p. 228). (2가 동사의) 예로 *Graeciae obliuiscitur*[155] (*그는 그리스를 잊는다*)를 들 수 있다.[156] 그러나 저자 자신은 *egere*[157]를 A1+

을) 낳다》를 의미하지만, 다른 맥락에서는 《놓다, 위치시키다(placer, poser)》를 의미한다고 말할 수 있다〈각주〉.

154 조엘 타민(Joëlle Tamine)도 하프의 몇몇 논문에 대한 분석적 연구[Joëlle Tamine, 「결합가 이론에 대해여 A propos de la theorie valencielle」, 『문법 정보 *L'information grammaticale*』 (2, 1979, p. 61-65)]에서 이러한 견해를 표하고 있다〈각주〉.

155 *oblīvīscor*(*잊어버리다, 망각하다*)의 3인칭 단수 현재 능동 직설법〈역주〉.

156 결합가 목록에서(p. 497), 하프는 《gehören *zu*(무엇의 한 부분이다, 무엇에 속하다)》, 《Sache sein *von*(~의 것이다)》의 의미에서 *esse*(~이다)만을 A1+A2로 등록한다. 이 번역은 동사와 더 큰 구의 혼동에 대해 위에서 살펴본 관찰을 불러들인다〈각주〉.

(A2)로 정의한다(p. 518). 당연히, 시소러스(사전)를 한번 훑어보는 것만으로도 확신할 수 있다(키케로: *egebat*[158]«그는 궁핍했다»).

3가 동사의 경우 그는 *facere tanti*[159] *aliquid*[160](*이와 같은 무엇인가를 하다*)만 취한다(p. 534).[161] *accusare*[162] *aliquem*[163] *auaritiae*[164](*누군가를 탐욕에 대해 비난하다*), *pecuniae*[165] *publicae*[166] *condemnatus*[167] *est*(*공금 횡령으로 유죄 판결을 받았다*)와 같은 표현의 『동사 목록 *Verbliste*』에 아무것도 나타나지 않는다는 것은 거의 받아들이기 어렵다.[168]

A3(«여격 목적어»): 문헌학적 작업에서도 똑같은 가벼움이 D의 검토에서 나타난다. 예를 들면(p. 497) *assidere*[169](*배석하다*)는 A1+A3(필수적이다!)로 표시된다. 반면에 저자 자신은 문맥적 제약이 없는 절대 용법의 존재(n. 52)를 깨닫는다[참조. «être juge dans un tribunal(법정의 판사이다)»의 의미인 *cum*[170]... *tres*[171] *adsedissent*[172](*셋이 배석하고 있었다*)(*Orationes in Verrem*, 2, 3, 30)]. *in*

---

157 *egeō*(*없다, 결핍하다, 아쉽다, 필요하다*)의 현재 능동 부정사〈역주〉.

158 *egeō*의 3인칭 단수 미완료 능동 직설법〈역주〉.

159 [형용사] *tantus*(*이렇게 큰, 이렇게 많은, 이와 같은*)의 속격 단수〈역주〉.

160 [대명사] *aliquis*(*어떤 것, 무엇, 무엇인가, 누가, 누군가*)의 대격 단수〈역주〉.

161 그러나 어디서 «더 정확한 연구가 필요한지»를 그는 명시한다, 같은 책, N. 313〈각주〉.

162 *accūsō*(*나무라다, 비난하다, 문제삼다, 소송을 제기하다*)의 현재 능동 부정사〈역주〉.

163 [대명사] *aliquis*의 남성 대격 단수〈역주〉.

164 *avāritia*(*탐욕, 강한 욕심*)의 속격 혹은 여격 단수〈역주〉.

165 *pecūnia*(*돈, 금전*)의 여격 단수〈역주〉.

166 *pūblica*(*공공*)의 속격 단수〈역주〉.

167 *condemnō*(*유죄를 선언하다, 판결하다 등*)의 분사로서 '유죄를 선고받은, 고발된, 기소된'의 뜻을 갖는다〈역주〉.

168 이러한 유감스러운 간극은 나중에 살펴보겠지만 무작위로 구축된 말뭉치의 위험성을 보여준다〈각주〉.

169 *assideō*(*옆에 앉다, 배석하다*)의 현재 능동 부정사〈역주〉.

170 [전치사] '*와 함께, …하게, …롭게, 가지고, …를 들여서*'를 뜻한다〈역주〉.

171 [수사] '*셋, 3*'〈역주〉.

carcere[173] *mater adsidebat*[174](*모친이 감옥에서 보살피고 있었다*), *in Tiburti cum adsedissemus*[175](*우리가 티부르에 주둔하고 있을 때*)와 같은 문장들은 장소 보어가 있기 때문에 절대 용법을 내포하지 않는다고 한다.[176] 우리는 이들 낱말이 무엇을 의미하는지 궁금하다. 즉 *adsideo*(*배석하다*)가 자신의 결합가 에 따라 필수적 A3를 요구한다면 어떤 조작으로 전치사의 보어가 A3의 자 리를 대신할까?

5개의 A1+A3 동사 앞에 하프는 A1+(A3) 동사 10개를 기록한다(p. 518 이하 참고). 그러나 이 후자들 중에는 *deesse*[177](*없다*)가 있는데, 이를 위해 제공된 두 개의 예에는 D가 없다. 무슨 자격으로 이 부재의 D를 결합가 A, 심지어 선택적 A로 만들 수 있는가?

A4: 104개의 A1+A4 동사의 경우 하프는 40개의 A1+(A4) 동사만을 열거 한다. (이는 적은 비율로 보이며, «정해진 동사 결합가(valenzgebunden)» A의 개념 을 선호하는 데 적합해 보인다.)

A5: 2가 동사의 경우 3개의 A1+A5 및 3개의 A1+(A5)가 있다.[178]

A6와 A7: 결합가의 목록에는 A6과 A7이 섞여 있기 때문에 여기서 숫자 로 수량화하는 것은 불가능하다. 그것들의 불확실성을 보여주기 위해서는 몇몇 자료를 주워 모으는 것으로 충분하다. 그렇기 때문에 A6의 구조의 경우 «A»라는 지위의 배당이 논쟁의 여지가 있는 경우가 많다. 그리고 우리는 놀라운 상황을 관찰한다. *Sentire*[179]는 («*생각하다*»의 의미에서, p. 211 및 466)

---

172 *adsideō/assideō*(*옆에 앉(아 있)다, 배석하다*)의 3인칭 복수 과거완료 능동 가정법〈역주〉.
173 *carcer*(*감옥, 교도소*)의 탈격 단수〈역주〉.
174 *adsideō/assideō*(*옆에 앉(아 있)다, 배석하다*)의 3인칭 단수 미완료 능동 직설법〈역주〉.
175 *adsideō/assideō*(*옆에 앉(아 있)다, 배석하다*)의 1인칭 복수 과거완료 능동 가정법〈역주〉.
176 이는 앞에서의 *praeesse*(*주재하다*)와 같은 «설명»이다〈각주〉.
177 *dēsum*(없다, 모자라다, 부족하다)의 현재 능동 부정사〈역주〉.
178 하프, 『의존문법의 기본질문』(1976, p. 514 & p. 526)〈각주〉.

A1+(A6)로 분류된다. 이 경우 그것은 *de*를 요구한다. 그러나 저자는 564쪽에서 그것이 정의된 제약을 제외하면 *de* 없이 한 번 사용된다고 지적한다. 그렇다면 왜 그것에 (A6)를 부여하는가? *Certare*[180]는 두 개의 전치사 *cum*, *de*가 있는[*certare cum aliquo de aliqua re*(어떤 주제에 대하여 누구와 논쟁하다)] 공식 A1+(A6)+(A6)과 일치한다(같은 책). 이 분석은 방법상 첫 번째 반대에 부딪힌다. 즉 어떻게 동일한 통사적 위치 (A6)가 병치 혹은 등치가 되지 않는 두 개의 구에 의해 차지될 수 있는가? 실제로 또 다른 반론이 있다. 즉 키케로에 대한 메르게트[181]의 『소형 사전 *Handlexicon*』은 *in Bruti salute*[182] *certatur*[183](브루트스의 안전을 위해 싸우다)를 제안하는데 이 문장에 *in*이 들어 있다(*de*가 아니다. 그렇지만 A6의 특성은 A7과는 달리, 단 하나의 전치사와만 기능하는 것이다!). 한편 *certabant*[184] *quis*[185] *eorum*[186] ... *gubernaret*[187](그들 중에 누가 통솔할 것인가를 두고 다투고 있었다)(*Off.*, I, 87)는 어떻게 할 것인가? 따라서 이 (A6)에 대해 계열체 *de*/ *in*/ 간접 의문문...을 작성하는 것이 필요하다.[188]

cogitare[189] 동사는 다음 두 기호를 포함한다.

---

179 *sentiō*(느끼다, 경험하여 알다, 생각하다, 판단하다) 현재 능동 부정사〈역주〉.

180 *certō*(싸우다, 경쟁하다, 논쟁하다)의 현재 능동 부정사〈역주〉.

181 메르게트(Hugo Merguet, 1841~1911)는 카이사르와 키케로의 저작물에 대한 소형 사전으로 잘 알려진 독일의 고전 문헌학자이자 교육자이다〈역주〉.

182 *salūs*(건강, 안녕, 평안)의 탈격 단수〈역주〉.

183 *certō*(싸우다, 경쟁하다, 논쟁하다)의 3인칭 단수 현재 수동 직설법〈역주〉.

184 *certō*(싸우다, 경쟁하다, 논쟁하다)의 3인칭 복수 미완료 능동 직설법〈역주〉.

185 [의문 대명사] '누구, 누가?, 어떤 사람?, 무엇?'을 뜻한다〈역주〉.

186 [대명사] *is*(그, 그 사람[여자], 그것)의 속격 남성 복수〈역주〉.

187 *gubernō*(지도하다, 통치하다, 관리하다, 지배하다)의 3인칭 단수 미완료 능동 가정법〈역주〉.

188 그러나 *facere* 테스트는 다음과 같은 경우에는 작동하지 않는다. 즉 *in iudiciis de aequitate certatur*(그들은 정의에 대한 판단에서 투쟁한다) [= *in iudiciis certatur, quod fit de aequitate*(법정에서 투쟁하고, 형평성으로 행한다)]〈각주〉.

$$\begin{cases} cogitare \ 1: «{\sim}을 \ 생각하다»: A1 + A6 \ (de). \\ cogitare \ 2: «{\sim}에 \ 대해서 \ 어떤 \ 것을 \ 생각하다)»: A1 + (A4) \ (Ac) + (A6) \\ \qquad (de). \end{cases}$$

여기서도 상대적으로 드물지만 확실하게 입증된 절대 용법이 간과된다. 한편 우리는 유명한 *Scipionem cogitabam*[190](*나는 스키피오를 생각한다*)으로 무엇을 할 것인가? 이것은 그 문장의 Ac와 함께 *cogitare* 2에 속한다. 그런데 이 *Scipionem*은 오히려 *de Scipione*(*스키피오에 대하여*)를 의미한다. 제일 먼저 나온 사전은 하프가 2가의 *cogitare*와 3가의 *cogitare* 사이에서 실제로 사용하는 이분법은 (그가 반복적으로 말하는 것처럼 다른 의미들이 다른 구조와 결합된다는 것이 사실이라면) 근거가 없다는 것을 보여준다.[191]

숙고할 가치가 있는 또 다른 점이 있다. 하프 자신의 자료(p. 211)에 따르면, 2가 동사의 A6의 거의 전부는 선택적이다. 3가 동사의 경우 비율이 26/1에 달한다(p. 212). 마지막으로 4가 동사의 경우 모든 A6는 선택적이다.[192] (선택적 용법의 우위는 D와 같은 몇몇 «순수한» 격에도 관찰된다.)[193] 그렇다면 이들 A6(그리고 이들 A3)를 «목적어»로 생각할 충분한 근거가 있는가? 하프는 어쨌든 그것을 믿는다.

결론적으로, 이처럼 취약한 해결책을 피하고 이러한 선택적 A와 관련된

---

189 *cōgitō*(*생각하다, 상상하다, … 할 생각이다*)의 현재 능동 부정사⟨역주⟩.

190 *cōgitō*(*생각하다, 상상하다, … 할 생각이다*)의 1인칭 단수 미완료 능동 직설법⟨역주⟩.

191 여기서 다시 하프는 자신의 번역에 동사를 따르도록 되어 있는 보어의 '실마리'를 포함한다 ⟨각주⟩.

192 p. 212: 이러한 진술에 대한 진정한 해석은 추가 자료에서 확인한 후에만 시도할 수 있다 ⟨각주⟩.

193 우리는 극히 적은 수의 A2(G로 표지된 목적어)로 인해 이것을 매우 신중하게 고려해야 한다는 것을 기꺼이 부언한다⟨각주⟩.

문제가 결합가 이론의 틀 내에서 해결되기는 아직 요원하다는 것을 분명히 깨닫는 것이 현명할 것이다.[194] 그래서 의존성(혹은 종속성)의 원리를 채택한 다양한 연구자들이 다른 해결책을 제안한다. 하프는 《선택적 A», 헤링거[195]는 《생략», 마르부르크 작업그룹(Arbeitsgruppe de Marburg)은 《텍스트에서의 선택적 A»를 제안한다. 그리고 언어 자료에 빛을 줄 수 있는 것은 다음과 같은 184쪽의 도식의 명확성이 아니다.

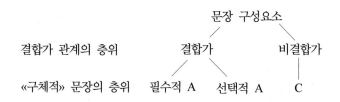

게다가 하프의 다소 인위적인 설명은 과학적이지는 않지만 교육적인 고정 관념과 일치한다. 그의 생각으로는(p. 332) 선택적 A는 《교육을 위해서는 필수 불가결한 범주»이다.[196]

V. 주어와 목적어

A) 주어

부사 결합가 A7 이외에 모든 A는 《주어»(A1) 또는 《목적어»(A2에서 A6까지)로 불린다. 그러나 우리는 반복적으로 A1이 전혀 특권을 누리지 못한다는

---

194 하프는 스스로 그렇게 말했지만, 주해(n. 73, p. 331)라는 우회적인 방법을 사용한다〈각주〉.
195 헤링거(Hans Jürgen Heringer, 1939~)는 독일의 언어학자이다〈역주〉.
196 같은 책, p. 449〈각주〉.

것-곧 테니에르의 독단적 견해-을 들었다.[197] 그런데 사실은, 가치의 정의를 위해 동사의 비인칭적 형태를 제쳐두고 하프는 그가 연구하는 모든 문장들이 A1을 포함하고 있다는 것을 암묵적으로 가정한다.[198] 이것이 바로 A가 동사만큼 필수적이라는 것이다. 왜냐하면 동사는 A1 없이는 결코 나타나지 않기 때문이다.

말하자면 의존문법에 대한 나쁜 인식이 있다. 즉 이 A는 《다른 것들과 마찬가지로》 은밀히 《주어》라는 세례명을 받는다는 것이다. 우리는 통사론을 심사숙고하여 구상하므로 여기에서 《주어》의 독창성을 분석하여 명사와 동사를 동시에 나타나게 하는 관계가 무엇인지 말해야 할 것이다.[199]

따라서 《주어》를 다른 A들의 층위에 위치시키는 것은 불가능하다. 그러므로 하프가 이러한 귀속의 타당성을 증명하지도 않고 A1을 모든 A 중에서 구별하는 명칭을 부여하면서, 형편없는 논거로 그것을 과소평가하는 것은 놀라운 일이 아니다. 예를 들어, 우리는 놀랍게도 주어가 라틴어에서 생략 가능하다는 것을 알게 될 것이다. 그것이 필수적인 것이 아니라면 공기(共起)의 기준은 더 이상 적용되지 않으며, 《주어》는 동사와의 상호의존의 상황이 아니라 의존의 상황에 있다(문맥상 p. 111). 하프가 《라틴어에서 주어가 표현되지 않는 경우가 자주 있다》(p. 110)라고 쓸 수 있는 것은 그가, 형태소를 고려하지 않고 낱말(또는 낱말군)에서 자신의 분석을 멈춘 테니에르와 같은 오류를 범하는 것이다. 예를 들면 222쪽의 *Aufugit*[200](*그가 도망친다*)에서 주

---

197 테니에르와 그의 아류는 문장을 《주어》와 《술어》로 분석하는 것을 《논리적》으로 거부한다 (하프는 꽤 자주 단순히 《동사》로 남아있어야 하는 것을 《술어》라고 부르는 것을 잊었지만). 같은 이유로 형태론적인 라벨(GN/GV)에도 불구하고 미국 구조주의자들의 이원론도 거부된다〈각주〉.

198 우연히도 하프의 《무작위》 자료에는 《기상(氣象)》 동사가 포함되어 있지 않다!〈각주〉.

199 예를 들어, 이 명사가 대명사로 대치되는지 여부는 여기서 중요하지 않다〈각주〉.

200 *aufugiō*(도망치다, 달아나다)의 3인칭 단수 현재 능동 직설법〈역주〉.

어가 Ø인 것은 동사 이외의 다른 단어를 볼 수 없기 때문이다. (그렇다면 이 경우에도 Ø 주어가 있는 *aufugis*,[201] *aufugimus*[202]가 *aufugit*이 아닌 다른 것으로 이해되는 것은 어찌된 일인가? 그러나 계열체들에 열중하면서 하프는 A1의 계열체에서 인칭 활용어미를 잊어버렸다!)[203]

B) 목적어

A2-6는 «목적어» A이다. 이 A들은 결합가에 묶여 있으므로 선택적이기는 하지만 (그것들 중 일부는 거의 항상 선택적이다!) *facere*의 삽입으로 분리될 수 없다. 그러나 이들이 갖는 목적어의 공통적 특성을 어떻게 이해할 것인가? 문장에서 주어진 통사적 위치는 오직 하나의 구성요소에 의해서만 점유될 수 있다는 것이 통사론의 기본 원리로 상정된다면, 어떻게 하나의 동사가 2, 3, 4, 5 «목적어»를 가질 수 있겠는가?

다음과 같은 평범한 문장이 있다 하자. 즉 *Marcus mandat*[204] *aliquid*[205] *memoriae*[206](*마르쿠스는 기억해야 할 것을 마음에 새긴다*). 여기서 *mandare*[207]는 필수적인 세 개의 A를 가진 3가 동사이기 때문에, 그것의 «구조적 도식»은 A1+A2+A3이다. 이들 «목적어»는 기능적으로 A1과도, 그들 간에서도

---

201 *aufugiō*(*도망치다, 달아나다*)의 2인칭 단수 현재 능동 직설법⟨역주⟩.

202 *aufugiō*(*도망치다, 달아나다*)의 1인칭 복수 현재 능동 직설법⟨역주⟩.

203 U. Dönnges & Happ은 『라틴어와 그리스어 강의에서 의존문법의 적용, *Zur Anwendung der Dependenz-Grammatik auf den Latein und Griechisch-Unterricht*』(1977, p. 93)에서 *omnes nocte dormiunt*를 다음과 같이 분석한다. 즉 «Ils dorment la nuit, et tous le font(*그들은 밤에 잠을 자고 모두 그것을 한다*)». 따라서 *omnes*는 «freie Angabe(*자유로운 진술*)»이다(상황적)! 어떤 주어가 이러한 처리에 저항하겠는가?⟨각주⟩.

204 *mandō*((마음에) *새기다, 간직하다*)의 3인칭 단수 현재 능동 직설법⟨역주⟩.

205 [대명사] *aliquis*(*누군가*)의 중성 대격 단수⟨역주⟩.

206 *memoria*(*기억, 기억력/회상*)의 여격 단수⟨역주⟩.

207 *mandō*의 현재 능동 부정사⟨역주⟩.

구별되지 않는다는 것이 관찰된다. 적어도 하프는 그것에 대해 아무 말도 하지 않는다.

번호 2, 3, 4, 5, 6의 배열을 가능케 하는 유일한 기준은 어미의 성격, 전치사의 존재 가능성과 같은 명사구의 **형태뿐**이다. 하프는 동일한 계열체에 속하는 모든 형식적 실현의 평등을 주장하지만 실제로는 명사 어미변화의 형식적 기준에 따라 자신의 《목적어들》을 분류한다. 이것은 불가피하게 다른 기능에 대한 지식을 조금도 향상시키지 않는다. 왜냐하면 이들 다른 기능은 같은 문장에 공존하기 때문이다. 따라서 저자의 고된 노력은 우리를 본래 통사적 분석의 문턱에다 남겨둔다.

이 결함에 대한 매우 명확한 지표는 전통적인 《목적보어》의 연구에 의해 제공된다. 능동 동사의 목적어가 수동태에서 같은 동사의 주어가 될 수 있다 (예외를 제외하고)는 것은 고대 이래로 당연히 반복되었다. 이것은 분명 평범한 사실이지만 중요한 통사적 기준을 제공한다. 그런데 이 《수동 변형》[208]은 《전치사의 목적어》 A6에 대해 《이것이 Ac와 동일한 자격을 갖는 목적어다》라고 쓰기까지 한 하프에 의해 거의 전적으로 무시된다![209] 만약 그가 Ac A4의 특권적인 지위(전통적인 《목적어》의 지위)를 인식한다면, 정말이지 그는 네 개의 다른 《목적어》로는 무엇을 했을까?

다른 어려움 중에서 다섯 개 《목적어》의 **동등한** 권리는 순전히 수적 자료에 부딪혀 실패한다. 요컨대 A1+A4 조합은 동사의 40%를 차지한다. 한편, 3-결합가, 4-결합가, 5-결합가 공식에서 A4는 (거의) 항상 존재한다. 이 공식들은 사실상 A1+A4 핵과 다른 핵의 조합이다. 따라서 A4의 위치는 엄청나

---

208 이 수동 변형은 『의존문법의 기본질문』(1976, p. 357 & p. 394-395)에서 *Fritz mange des gateaux*(Fritz는 케이크를 먹는다)와 *Fritz mange toute la journée*(Fritz는 하루 종일 먹는다)를 구별하는 방법으로만 언급된다〈각주〉.

209 『고전 연구 *Les Etudes classiques*』(1977, 45, p. 351)〈각주〉.

며, 다른 《목적어들》의 위치와는 비교도 안 된다. 494쪽과 그 이하의 《동사 결합가 목록》에서 제공하는 예들을 수치로 요약하면 우리는 하프가 설정한 결합가 도식의 4분의 3이 A1+A4를 포함한다는 것을 확인할 수 있다.[210]

따라서 Ac 《A4》 목적어가 압도적으로 우세하다. (그러므로 《직접 목적어》를 사용하여 《최소 문장》에 대해 추론할 때 우리는 진실에서 그리 멀지 않다.) 우리가 A4와 다른 《목적어들》(예를 들어 A2)의 **동등한 권리**가 상당히 잘못된 것이라고 생각한다면 그것(Ac 《A4》 목적어)은 더욱 우세하다. G로 표지된 목적어는 우리가 잘 알다시피 드물다. 게다가 선사시대 때부터[211] 라틴어에는 G, D, Ab로 표지된 《목적어》를 이 Ac로 표지된 목적어(또는 전치사 보어)로 대치하는 경향이 있다.[212] 따라서 멸종 위기에 처한 범주와 대격 목적어의 역동적인 범주에 대해 동일한 권리를 인정하는 것은 상당히 이론의 여지가 있는 것이다.

사실은 하프가 형식적으로 다른 다섯 개 목적어의 **동등한 권리**를 경솔하게 선언하지 않도록 했어야 했다. 그러나 무엇보다도 그는 이 다양한 보어들의 통사적 기능을 구별하려고 노력했어야 했고, 《기능-목적어》의 통사적 성격에 대한 질문을 했어야 했다.

---

210 우리는 두 쪽을 차지할 추가의 지루한 세부 사항을 제공하지 않는다! 정확한 수치는 총 335개 구문 중 A1+A4로 된 구문은 241개이다〈각주〉.

211 참조. 원래 《자동사》로 주어진 **이태 동사**(라틴어에서 수동형으로 능동의 의미를 나타내는 동사)의 경우〈각주〉.

212 참조. *memini rei / rem / de re.*〈각주〉.

VI. 결론

독일 의존문법 학파가 달성한 상당한 연구는 궁극적으로 범위가 제한적이
다. 하프가 라틴어로 행한 세세한 적용은 설득력이 없다. 자료를 문헌학적으
로 정교화하는 작업이 체계의 결속성에 의문을 제기하는 심각한 결함으로
가득 차 있는 것이 사실이다.[213] 800개 동사의 «무작위» 자료－200개 동사의
표본이 이미 동일한 결과를 제공하므로 충분하다고 여겨지는 자료－는 실제
로는 충분하지 않다. 283개의 다른 동사 중 177개의 동사는 단 한 번만 인용
된다는 사실이 그 증거이다! 반대로 90회 출현하는 *esse*(~이다)와 43회 출현
하는 *posse*(할 수 있다)는 지나치게 큰 자리를 차지한다. 게다가 저자는 자신
의 정보를 완전하게 만들기 위해 사전과 어휘집에 끊임없이 의존해야 했다.
역으로 그가 (조사된 90개 중에서) 23개의 전형적인 구문만을 근거로 추론한
다는 사실은 당혹감을 남긴다!

테스트의 사용, 특히 *facere* 테스트의 사용은 우리가 보았듯이 많은 비판
에 노출된다. 또한 하프는 구성요소의 몇몇 유형, 특히 «술어적 구성요소들»
앞에서 매우 당황한다. 이들 술어적 구성요소는 그것들이 다음과 같이 주격
(N)으로 된 경우를 제외하고는: *Galli laeti*[214] *in castra*[215] *pergunt*[216]: ... *et
id faciunt*[217] *laeti*!(갈리아인들은 즐겁게 캠프로 행진한다. ...그리고 그것을 즐겁게
한다) *facere* 테스트에 해당하지 않는다. 그러나 *esse*(이다), 상황 보어로의

---

213 참조. 세르바(Guy Serbat), 「절대 탈격 L'ablatif absolu」, 『라틴어 연구 저널 *Rev. Et. Lat.*』
(56, 1978(1979), p. 109-114)〈각주〉.
214 [형용사] *laetus*(기쁜, 즐거운, 유쾌한, 만족해 하는)의 주격 복수〈역주〉.
215 [명사] '병영, 군막, 행군, 진군'〈역주〉.
216 *pergō*(계속해서 하다, 계속 가다, 직행하다, 전진하다)의 3인칭 복수 현재 능동 직설법〈역
주〉.
217 *faciō*(하다, 만들다, 생산하다)의 3인칭 복수 현재 능동 직설법〈역주〉.

변형, 제거와 같은 다른 테스트들이 있다. 그러나 이 세 가지 테스트 중 어느 것도 발췌된 모든 문장에 유효하지 않다. 마지막으로 술부(*praedicatiuum*)는 동사 이외의 다른 구성원과의 특권적인 관계에도 불구하고 어떤 경우에는 결합가와 연결된 분절체로 간주된다(p. 299). 이 매우 모호한 원칙적 입장은 결정이 구체적인 경우에 이루어져야 할 때 잠정적 경험주의를 허용한다. 그리고 우리는 두 개의 A1(주어-속사) 또는 두 개의 A4(목적어-속사)를 가진 도식의 부활을 본다. 이 기호적 표기는 현상의 이해에 아무런 기여도 하지 않는다.

하프의 학설상의 절충주의는 여러 연구자에 의해서 언급되었다.[218] 그것은 『의존문법의 기본질문』의 몇몇 구절에서 분명히 드러난다.[219] 테니에르의 경우 동사+행위자의 관계는 세로 화살표로 표시되어 명사를 계층 구조의 최상위인 동사에 의존하게 했다. 하프는 이 도식을 수정하여, 행위의 화살표에 두 개의 점, 즉 동사를 향한 점과 행위자를 향한 점을 부여한다. 따라서 우리는 더 이상 의존성이 아니라 상호의존성을 갖게 된다. 그렇다면 왜 《의존(종속)문법》에 대해 이야기하는가?

테니에르의 모든 결점으로 고통받는 의존문법 학파는 실제로는 모순된 입장을 채택하고, 스승이 엄격하게 유지하기를 바랐던 통사론적 영역에 머물지 않음으로써 그 결점들을 악화시켰다.

---

218 특히, 타민(J. Tamine), 『문법 정보 *L'information grammaticale*』(2, 1979, p. 62)〈각주〉.
219 참조. 세르바(Guy Serbat), 「절대 탈격 L'ablatif absolu」, 『라틴어 연구 저널 *Rev. Et. Lat.*』 (56, 1978(1979), p. 107-108). 하프, 『의존문법의 기본질문』(1976, p. 100, 107)〈각주〉.

제9장 ── 《기능주의》 통사론: 앙드레 마르티네와 그의 학파

마르티네[1]는 기능주의 통사론의 창시자이자 가장 뛰어난 이론가이다. 외국어에 대한 많은 기술에 앞장섰던 기능주의 통사론은 언어이론에서 중요한 위치를 차지한다. 기능주의 통사론은 소쉬르의 학설에서 비롯된 한 가지 방법론으로 나타난 후, 프라그 학파의 음운론을 통해서 풍부해졌다. 기능주의 통사론은 미국의 분포주의자와 생성주의자 모두와 경쟁한다.

진정한 언어적 구문을 구성하기 위해 마르티네는 순수한 문법적 요소 이외의 요소, 특히 상황적 요소를 포함하는 모든 발화(énoncé)를 초기의 기술에서 제외한다. 연구할 발화는 그 자체로 완전한 의미를 갖는 것, 예를 들면 이야기에서 가져온 문장이다. 구문 분석은 이러한 문장 내에서 《최소 발화》와 이 최소 발화의 《확장》을 구별하는 것에 기반한다.

프랑스어의 가장 일상적인 문장 유형에서 동사문,[2] 곧 더 복잡한 발화에서 축소 불가능한 핵인 최소 발화는 주어와 술어라는 두 항목으로 구성된다. 세 항목도 아니고 네 항목도 아니고 두 항목이다. 왜냐하면 (우리가 곧 생각할)

1 　마르티네(André Martinet, 1908~1999)는 일반언어학, 통시음운론, 기능 언어학의 발전에 방대한 업적을 남긴 프랑스의 언어학자이다〈역주〉.
2 　우리는 《명사문》이라 불리는 비동사적 술어 문장의 더 복잡한 경우를 잠시 옆으로 제쳐둔다〈각주〉.

목적어와 귀속 보어는 몇몇 발화에서만 나타나고, 모든 일반적인 발화에서는 지속적으로 나타나지 않기 때문이다.[3] (그리고 어쨌든 그것들의 삭제는 첫 두 항목의 관계를 변화시키지는 않는다.)

실제로 상당히 마음에 드는 예를 하나 들어보자. *Les mouettes reviendront en automne sur les bords du lac* (*갈매기는 가을에 호숫가로 돌아올 것이다*). 남아 있는 발화의 유효성을 손상시키지 않고 지워질 수 있는 *en automne*(*가을에*)와 *sur les bords du lac*(*호숫가로*)은 《확장》이다. *les mouettes reviendront* (*갈매기는 돌아올 것이다*)은 주어 *mouettes*와 술어 *reviedront*으로 이루어진 술어적 핵을 구성한다.[4]

술어

술어는 문장에서 《다른 요소들이 그 주위를 맴돌고 (자신과의 관계를 통해서) 각 요소의 기능이 표시되는 요소》이다.[5] 그것은 《중심 요소》이다.[6] 그것 자체는 어떤 기능도 맡지 않는다. 왜냐하면 엄밀하게 말해서 기능이란 기호소[7]가 관계되는 핵과 그 기호소를 이 핵에 연결시키는 관계라는 《두 요소의 산물》이기 때문이다. 그러므로 자신의 유일한 역할이 술어를 제공하는 데 있는 동사는 기호소를 그 기능에 따라 세우는 마무디앙의 목록에는 없다.

3　참조. 마르티네, 『언어와 기능 *Langue et fonction*』(1969, p. 64). 마무디앙(M. Mahmoudian), 『프랑스어 교육을 위하여 *Pour enseigner le français*』(1976, p. 83)〈각주〉.

4　마무디앙, 같은 책, p. 149〈각주〉.

5　마르티네, 같은 책, p. 59〈각주〉.

6　마무디앙, 같은 책, p. 145〈각주〉.

7　'기호소(monème)'('단소'라고 번역되기도 함)는 마르티네의 기능주의 언어학의 용어로 '의미를 가진 최소 언어 단위'를 가리킨다. 따라서 그것은 우리가 흔히 형태소(morphème)라 부르는 것과 일치한다〈역주〉.

(따라서 명사는 «복수 관계적(plurirelationnel)»이며 «복수 핵(plurinucléaire)»이다.) 이는 매우 일관성이 있다. 왜냐하면 최소 발화(그리고 문장)의 모든 요소가 의존하는 핵인 동사 술어가 그 자체는 어떤 «핵»에도 의존하지 않기 때문이다. 이 핵이 없으면 기능이 없을 수 있다.[8] 따라서 기능주의자들은 이 점에서 테니에르의 이론에 동조하여 기능 피라미드의 정점에 동사를 둔다.

마르티네 자신은 실제로 더 미묘한 차이를 고려하지만 때로는 약간 혼란 스럽다. 우리는 아래 인용에서[9] 제한적 의미를 가진 용어나 표현[«être tenté de(~라 여기고 싶어지다)», «nous pourrions(우리는 할 수 있을 것이다)», «guère(1. 거의 …이 없다, 2. 이제 거의 ...않다)», «convention(관례)»]의 수를 지나가는 말로 지적할 것이다. 즉 «우리는 «기능»을 경험 요소와 경험 전체 사이의 관계에 대한 언어적 대응물로 정의하고 싶어질 수 있다. 그래서 우리는 주변적 요소 중 어느 하나의 경우 기능에 대해 말할 수 있지만 술어적 핵의 경우는 거의 기능에 대해 말할 수 없다. 이때 술어적 기능은 실제 기능이 아니기 때문이다. 그러나 이것은 결국 관례의 문제이다.» 그럼에도 불구하고 저자는 뒷부분[10]에서 (프랑스어를 포함한) 수많은 언어에서 기호소의 한 부류(동사)는 «단 하나의 기능, 즉 술어적 기능»만을 가진다고 주장한다.[11] 우리는 이 장의 끝

---

8   참조. 마르티네, 『언어학, 알파벳순 가이드 *La linguistique, guide alphabétique*』(1969, p. 114)〈각주〉.

9   마르티네, 『언어와 기능 *Langue et fonction*』(P. 65). 참조. 『언어학, 알파벳순 가이드 *La linguistique, guide alphabétique*』(p. 19)〈각주〉.

10   같은 책, p. 82〈각주〉.

11   마르티네가 술어의 모든 기능을 부정하려 했던 «유혹»(p. 65)은 64쪽(이곳에서 «술어 기능» 이 언급된다)과 65쪽(이곳에서 술어의 «능동과 수동의 기능»에 대해 언급된다)에서 부인된다. 저자가 65쪽에서 «특별한 유형으로 술어의 기능을 옆으로 제쳐두기로» 결정한 것은 사실이다. 우리는 79쪽에서 언급된 내용을 이해하지 못한다는 것을 인정한다. 즉 «현대 언어학에서 이 용어를 유지하려면 우리는 그 자체로서 상황 밖에서 완전한 발화를 구성할 수 있는 단일기호소의 분절체에 이 용어를 사용할 수 있어야 한다». 실수 혹은 생략이 있는 가? 우리는 어떤 경우에도 «술어»라는 용어 자체를 사용할 때 신중해야 한다〈각주〉.

부분에서-술어 개념 자체의 유효성은 제쳐두면서-기능주의 분석이 몇 가지 모호함과 어려움을 다루고 있음을 보게 될 것이다.

기능은 경험 요소와 경험 전체 사이의 관계에 대한 언어적 대응물로 정의될 수 있을 것이라는 위에서 인용된 마르티네의 문장은 «검토할 만한 가치가 있다». 그것의 보편성에도 불구하고 그것은 우리 주제와 매우 밀접하게 관련되어 있다. 예를 들어, 사건에 대한 전체적인 인식이나 동일한 사건의 상상적 표현은 «경험의 집합»으로 정의되거나 더 정확하게는 정신적 이미지의 집합 혹은 기의의 집합으로 정의될 수 있다. 기능은 부분적 기의와 전체 기의 사이의 관계에 대한 언어적 대응물이 될 것이다.

마르티네가 운용한 예를 다시 들어보자. 전체 기의로 «portail(정면 현관)»+«jardinier(정원사)»+«action d'ouvrir(여는 행위)»의 예가 있다. 이들 세 개의 기의 중 하나와 기의 전체와의 관계는 «언어적 대응물», 곧 기능에 반영되어야 한다. 유감스럽게도-비록 우리가 «le jardinier ouvre la porte(정원사가 문을 연다)»라는 상식에 의해 바로 지시된 문장에 해당하는 의미만 유지할지라도-이 전체 의미의 «언어적 대응물»은 다음과 같이 매우 다양하다.

> 1) *le jardinier ouvre la porte*(*정원사가 문을 연다*).
> 2) *la porte est ouverte par le jardinier*(*문이 정원사에 의해 열린다*) [다음의 변형들과 함께이다. 즉, *le jardinier, il ouvre la porte*(*정원사, 그가 문을 연다*), *la porte, le jardinier l'ouvre*(*문, 정원사가 그것을 연다*) 등등].
> 3) *l'ouverture de la porte par le jardinier*(*정원사에 의한 문의 열림*)

필모어(Ch.J. Fillmore)처럼 다양한 «표면» 구조 아래에 무형의 «심층 행위자»와 «심층 목적어»를 내세우지 않는 한, 우리는 경험의 요소들과 전체 경험의 관계에 일치하는 언어적 대응물이 확실히 하나도(단 하나도) 없다는 점에 주목한다. 우리가 말할 수 있는 것은 이 《경험》이 문장(1, 2와 이것들의 변이형)으로 표현될 때, 이들 문장은 먼저 주어-술어 그룹을 포함한다는 것과, 《경험 요소들》의 의미적 관계와 언어에 의해 부과된 통사 구조 사이에는 이질성이 있다는 것이다. 기능(그 자체로 대단한 의미를 지님)에 따라 연결된 어휘 단위의 망을 통해 언어는 《경험》의 정신적인 모호함을 대략적으로 그리고 여러 가지 가능한 방식으로 표현한다.

여기에는 문자 그대로의 언어적 분석 대신에 그 자체로 유동적인 의미적 분석을 대용할 위험, 즉 《주어-기능의 기의》와 관련하여 발생하는 위험이 있다.

모든 기능의 핵이지만 그 자체는 모든 기능보다 위에 있는 동사에 부여된 탁월한 위치 또한 비판을 받을 만하다. 사실－조작하기에 더 편리한 최소 문장에서－《주어》는 술어와의 관계에 의해서만 그리고 이 술어의 존재 덕분에 존재하고 기능한다면, 반대로 술어는 오직 주어 덕분에 존재한다. 주어의 핵을 향한 의존은 또한 핵에서 주어로도 작용한다. 그게 아니면 더 이상 상호적 관계는 없다. 동등하게 필수적인 A와 B 두 항목에서 첫 번째 A가 B와 관련이 있는 기능을 담당한다면, 그것들을 연결하는 사슬의 다른 끝에 있는 B가 어떻게 기능을 박탈당할 수 있겠는가? 따라서 술어 기능에 대해 말하는 것은 단순한 《관례》의 문제가 아니다. 그것은 동일한 것처럼 보이기조차 하지만 주어-기능의 반대이다. 왜냐하면 《기능》(또는 더 명확하게는 《관계》)을 말하는 것은 두 항목 사이의 연결을 의미하는 것이기 때문이다. 마르티네는 《기능들》과 기능들의 지주(支柱)인 항목들 사이의 혼동으로 미끄러져 들어가는 것 같아 보인다. 우리가 다음과 같이 최소 발화를 나타낸다면

$$A \leftrightarrow B$$

기능은 ↔이지, A도 B도 아니다. 그러나 이 관계에 들어가는 A와 B는 둘 중 어느 것도 《기능》에 대해 이질적인 것으로 간주될 수 없으며, A에 대해 참인 것은 또한 반대 방향에서 B에 대해서도 참이다.

따라서, 관례에 따라 분석의 대상으로 취해진 최소 동사문에서 주어-기능과 술어 기능은 단일 관계의 양면으로 나타난다.

기능주의 학파의 지지자들은 (프랑스어에서 가장 흔한 문장 유형의 경우) 동사가 술어가 될 수밖에 없다는 점을 서로 다투어 강조한다. 우리는 이 저자들이 자주 쓰는 것처럼, 동사가 술어의 《기능》이라고 감히 말하지 않는다. 왜냐하면 정확히 술어의 특성은 기능이 없다는 것이다. 그렇지만 부정사, 분사(라틴어에서는 동사적 형용사)가 명사 또는 형용사의 역할이라는 완전히 다른 기능을 수행하는 경우가 많다는 것은 잘 알려져 있다. 따라서, 동사의 고유한 《확장》을 인정하면서, 정상적으로 《술어》인 것은 오직 인칭의 **형태**를 띤 동사라는 것을 명확하게 해야 한다. 이 관찰은 자명한 것 같다. 왜냐하면 우리가 결론에서 찾는 것을 전제에서 주의를 기울이지 않고 이미 명확히 했기 때문이다. 테니에르와 그의 제자들이 모든 행위자(또는 상황어)가 동사에만 의존한다고 믿으면서도 그들이 계속해서 (인칭법으로 된 동사의 형태로) 주어+동사로 이루어진 첫 번째 구를 상정하는 것은 유사한 소홀함에서 비롯된 것이다.[12]

《주어》

우리가 두 개의 항으로 된 최소 발화를 끌어냈을 때 《주어》는 이 최소 발화의 존재에서조차 필수 불가결한 항들 중의 하나이며 다른 하나는 (동사)

---

12   참조 제8장〈각주〉.

술어이다. (두 항 이상의 최소 발화의 경우 문제는 더 단순하지 않다.) 그래서 우리는 《주어》가 명령문과 《명사》문[13]이라 불리는 문장들은 차치하고라도 모든 발화의 구성에서 필수적이라고[14] 단언할 수 있다. 이 필요성에 의해 주어는 항상 필수적이지는 않은 목적어와 구별된다. 우리는 주어가 술어와 《한 몸이 된다》고 말할 것이다. 그것들은 둘 다 주어 ⇄ 술어[15]와 같이 상호 함축 관계에 있다. 왜냐하면 최소 발화 *Paul travaille*(폴은 일한다)에서 그것을 단독으로 나타내기 위하여 *Paul*도, *travaille*도 따로 떼어놓을 수 없기 때문이다.

더욱이 기능주의의 분석에 따르면 동사의 필수 불가결한 특성으로 인해 주어에는 동사와의 계층적 동등성이 부여되지 않는다. 주어는 동사 술어와의 관계에서 종속적 위치에 있다. 이 종속에 대해 어떤 단서를 제공할 수 있는가? 먼저 주어의 기능으로 나타나는 항들은 다른 기능을 수행하는 것이 가능하다 [*Paul traville*(폴은 일한다)/ *je vois Paul*(나는 폴을 본다)/ *je me promène avec Paul*(나는 폴과 산책을 한다)]. 반대로 동사는 술어만 가능하다.[16] 마르티네는 《주어는 최소 발화의 일부일 뿐이기 때문에 보어와 다르다》고 쓰고 있다.[17] 요컨대 주어는 술어에 종속된다. 왜냐하면 그것은 최소 발화에서 수행하는 기능으로 엄격하게 전문화되지 않기 때문이다. 그것은 몇몇 문맥적 조건에서 가능한 기능일 뿐이며, 필수적인 기능이 아닌 배타적인 역할을

---

13 마무디앙(M. Mahmoudian), 『프랑스어 교육을 위하여 *Pour enseigner le français*』(1976, p. 150)〈각주〉.

14 같은 책, p. 147〈각주〉.

15 같은 책, p. 157. 프랑수아(Frédéric François), 「언어의 기술 La description linguistique」, in 『언어 *Le Langage*』, 쁠레야드 백과사전(Encycl. de la Pléiade)(파리, 1968, p. 261): 《여기에 상호적인 영향이 있다.》〈각주〉.

16 마르티네, 『언어와 기능 *Langue et fonction*』(P. 65). 마무디앙(M. Mahmoudian), 『프랑스어 교육을 위하여 *Pour enseigner le français*』(p. 157). 프랑수아(Frédéric François), 「언어의 기술 La description linguistique」, 『언어 *Le Langage*』(1968, p. 262)〈각주〉.

17 같은 책, p. 79〈각주〉.

가질 뿐이다. 그러나 발화 *Paul traveille*(폴은 *일한다*)에서 *Paul*(폴)의 사실상 복수 관계적 성격에서 그(곧 폴)의 종속적 지위라는 결론을 이끌어낼 권리가 정말로 우리에게 있는가? 이것은 정확한 발화를 판단하기 위해 다른 발화들에서 가능한 관계를 가져오는 것이 아닌가?

주어의 역할을 폄하하는 경향이 있는 다른 주장도 제기된다. 예를 들어 주어와 동사의 일치(더구나 이것은 종종 귀에 둔감하기도 하다)는 중복 현상일 뿐이다. 그것은 주어-기능을 수반하는 다른 요소들 중 한 요소이지만, 그 단독으로는 식별이 거의 허용되지 않는다.[18] 의미적 기준(주어=행위의 동작주/피동작주)은 부적절하다. 그리고 의문문[qui est-ce qui(누가)... ?] 테스트가 모든 경우에 유효한 것은 아니다.[19] 더욱이 주어는 프랑스어에서 가장 자주 사용되는 발화 유형에서만 필수적이다. 그것은 명사 술어 문장에서도 명령문에서도 필요하지 않다.[20] 주어가 있는 곳에서 그것의 통사적 역할은 동사 술어를 《현동화하는 것》이다.[21] 《따라서 우리는 주어를 특권적이고 필요한 현동소로 간주할 수 있으며, 그 확장은 장소, 시간의 세부 사항을 제공하며 단지 가능성 있는 현동소일 뿐이다》.[22]

《현동화》가 《발화를 현실에 고정시키는 데》 있다면 이 《고정시키기》를

---

18 마무디앙, 『프랑스어 교육을 위하여 *Pour enseigner le français*』(p. 158-159)〈각주〉.

19 우리는 여기서 《주어》를 식별하기 위한 학교 교육의 기준이 많은 경우에 문제가 된다는 것을 안다. 이러한 기준이 충분하지 않고 때로는 잘못되기까지 하기 때문에 주어를 술어에 연결하는 연결의 본질에 대한 의문이 생기는 것이다〈각주〉.

20 마무디앙, 『프랑스어 교육을 위하여 *Pour enseigner le français*』(p. 159)〈각주〉.

21 같은 책, p. 160〈각주〉.

22 마르티네의 제자들은 스승보다 한 걸음 더 나아간 것 같다. 즉 마르티네는 『언어와 기능』(p. 79)에서 《주어를 동사 술어의 현동소로서 간주하는 것은 관례일 뿐이다》라고 쓰고 있다. 프랑수아(F. François) 또한 「언어의 기술 La description linguistique」(p. 262)에서 《어느 정도 분명하게 주어는 술어의 추상적 가치에서 특정 상황에서의 적용으로 이행을 허용하는 기능을 갖는다.》라고 하면서 약간의 신중함을 보인다〈각주〉.

어떻게 판단할 것인가? *On courait hier à Longchamp(우리는 어제 롱샹에서 달렸다)*보다 *Des courses avaient lieu hier à Longchamp(경주는 어제 롱샹에서 열렸다)*라고 말한다면 «course(경주)»의 개념은 실제로 무엇에 더 잘 고정되는가? 그리고 기상(氣象)의 비인칭 동사[*il pleuvait(*비가 오고 있었다)]의 «주어»는 어떤 고정시키기를 잘 실현할 수 있는가? 주어-기능의 경우에 현동화의 개념은 매우 자의적일 위험이 있는 의미적 해석의 영역에 속한다. 우리는 어떤 경우에도 현실과의 관계에 대한 이러한 인식에서 통사적 정의로 어떻게 넘어가는지를 모른다. 여기서 기능주의는 근본적인 분석에서 «상황»에 해당하는 모든 것을 제거한다는 원칙들 중 하나와 모순되는 것 같다.

통사적 불충분성은 «주어-기능의 기의»를 연구할 때도 나타난다.[23] 어떤 경우에는 의미가 «동작주»가 될 것이라고 우리에게 말한다. 예를 들어 다음 문장의 경우이다.

Quels livres lisent les enfants? (*아이들은 어떤 책을 읽나요?*)

사실상 애매모호한 이 문장에서 *enfants(아이들)*을 주어로 식별하게 하는 것은 의미인 «동작주»이다. (우리는 오히려 동사 *lisent(읽다)*가 의미적으로 인간 유정물 주어를 함축하고 있다고 생각할 것이며, 이것이 *quels livres(어떤 책)*를 배제시킨다.) 알아보기 쉬운 다른 맥락에서는 «주어-기능의 기의»는 «피동작주»가 될 것이다. 다른 곳에서는 한층 «판단하기 어렵다»[*Le moteur tourne(*모터가 돈다)]. 요컨대, 기의의 다양성은 그것이 주어의 의미적 정의를 제공하는 것을 막을 정도이다. 그리고 프레데릭 프랑수아는 «"주어"가 항을 지니고

---

23 예를 들어, 마무디앙, 『프랑스어 교육을 위하여 *Pour enseigner le français*』(p. 77, p. 165 이하 참조)〈각주〉.

있는 만큼 다른 의미를 지닌 항을 사용하는 것이 바람직한지» 자문한다.[24]

그런 식으로 추론하기 위해 우리는 예를 들어 주어를 «행동을 하는 사람»으로 정의하는 데 국한된 학설을 한 번 더 부적격한 것으로 간주한다. 그러나 유명한 주어-기능에 대해서는 아무것도 언급되지 않는다. 우리는 다음의 두 가지 이질적인 것을 심각하게 혼동하기조차 한다.

a) 청자가 두 항 A와 B의 비교에서 이끌어낼 수 있는 의미적 추론(매우 다양함) :

1. *Les enfants lisent*(*아이들이 읽는다*) (따라서 그들은 «동작주»이다).
2. *Les enfants souffrent*(*아이들이 고통을 당한다*) (따라서 그들은 «피동작주»이다).

b) 단독으로 «기능»이라는 이름을 가질 만한 A와 B 사이에 성립된 고유한 관계.[25]

*a)*에 따라 작동할 때 A와 B의 어휘적 내용은 결정적인 영향력을 행사하여 통사적 관계를 모호하게 하고, 사람들은 기능을 위하여 발화 전체의 의미적 특징을 과도하게 바꾼다. *b)*에 따라 작동할 때 사람들은 두 항 사이에 일어나는 것만을 고려하기 위하여 어휘 내용을 빼고 생각한다. 그리고 이러한 이유로 동일한 관계(이 관계는 주어-기능 또는 다른 방식으로 불린다)가 2에서와 같이 1에서도 존재할 수 있다. 그것의 기능적인 «기의»는 동일하게 유지된다.[26]

---

24 프랑수아(Frédéric Fraçois), 「언어의 기술 La description linguistique」(p. 261)⟨각주⟩.

25 참조. 마르티네, 『언어학, 알파벳순 가이드 La linguistique, guide alphabétique』(p. 19)⟨각주⟩.

26 명사문은 주어를 포함하지 않는다는 주장[마무디앙, 『프랑스어 교육을 위하여 Pour enseigner le français』(p. 150, p. 159)]은 검증할 필요가 있으며, 부정사절과 절대 분사의 경우(p. 164)도 마찬가지이다⟨각주⟩.

목적어

주어-기능이 (동사문에서) 《어디서나 항상 필수적인》[27] 반면 목적어는 없을 수도 있다. 의심할 여지 없이 목적어는 모든 경우에 《지울 수 있는》 것은 아니다. 예를 들어 *il met son chapeau*(그는 모자를 쓴다)에서 그렇고, 다음 예에서처럼 두 개의 확장이 있는 경우에도 그렇다 : *Il met sa voiture au garage*(그는 차고에 차를 둔다).

그러나 그것이 항구적으로 필수적이 아닌 이상 우리는 그것을 발화의 기본 구성요소가 아닌 하나의 《확장》으로 간주한다.[28] 다른 저자는 세 기호소로 된 최소 발화를 고려하는 것은 무용하다고 분명하게 말한다. 그 이유는 세 번째 기호소가 첫 두 기호소의 관계를 전혀 바꾸지 않기 때문이다.[29]

《목적어 기능의 기의》는 《주어》보다 설명이 명확하지 않다. 어떤 혼동에 의해 손상되면 그것은 약간의 의미론적 일탈을 일으키고 전통적인 정의로 돌아갈 수도 있다. 목적어는 주어가 한 행위의 《영향을 받는가》? (따라서 목적어에 대한 주어의 동사에 의해 《이행되는》 행위)? 이것은 《전통적》 관점이다. 그런데 이 정의는 많은 예외가 있지만 많은 수의 발화를 분석하는 데 적합하다고 말한다.[30] 왜냐하면 우리는 *il parcourt la rue*(그는 거리를 걷는다)에서도, *je sens le vent dans mes cheveux*(나는 머리카락에 스치는 바람을 느낀다)에서도 행위의 이행에 대해 말할 수 없을 것이기 때문이다. 한편 우리는 《자율성이 주어진》[31] 어구가 《동일한 유형의 경험을 설명한다》는 것을 확인

---

27   마무디앙, 『프랑스어 교육을 위하여 *Pour enseigner le français*』(p. 151)〈각주〉
28   같은 책, p. 167〈각주〉.
29   프랑수아(Frédéric François), 「언어의 기술 La description linguistique」, 『언어 *Le Langage*』, 뿔레야드 백과사전(Encycl. de la Pléiade)(파리, 1968, p. 262)〈각주〉.
30   마무디앙, 『프랑스어 교육을 위하여 *Pour enseigner le français*』(p. 173)〈각주〉.
31   다시 말해, 여기서는 《상황적》이다〈각주〉.

한다. 즉 *il marche dans la rue*(그는 거리에서 걷는다)는 *il parcourt la rue*(그는 거리를 걷는다)와 같은 것을 나타낸다.

목적어는 동사를 《상세히 설명하는》 데, 곧 동사의 잠재적 의미적 특징을 현동화하는 데 크게 기여한다(그러나 다른 구성요소도 동일한 역할을 할 수 있다). 예를 들면 *il boit de l'eau*(그는 물을 마신다)는 절대적 용법인 *il boit*(그는 마신다)에 의해 암시되는 *il est alcoolique*(그는 알코올 중독자이다)의 의미를 배제한다. *il creuse le trou*(그는 구멍을 판다)와 *il creuse le sol*(그는 땅을 판다) 사이에 《실행된 목적어》와 《영향을 받은 목적어》를 구별해야 하는가?[32] 사실, 우리는 인지된 의미적 특성이 동사에 속하는지 아니면 《목적어》의 기능을 갖는 실사에 속하는지 알지 못한다.

다음으로 해석이 확실히 섬세한 몇 가지 예를 제시하면서 [*respirer la santé*(건강미가 넘쳐 흐르다), *faire une bonne épouse*(좋은 아내가 되다) 등], 마무디앙은 목적어와 함께 우리가 《통사론과 의미론의 경계 영역》에 있다는 결론을 내린다. 그야 물론이지만, 언어에서 우리는 이러한 간섭으로부터 어디에서 보호받을 수 있는가?

비록 목적어들이 (또는 자율적인 어구들조차도) 필수적일(지울 수 없을) 수 있을지라도 최소 표준 발화를 두 개의 항으로 결정하는 것은 자의적이다. *il met*(그는 쓴다)를 *il met son chapeau*(그는 모자를 쓴다)의 최소 발화로 받아들이는 것은 기능주의 학파에 의해서 표방된 사실주의에 대한 우려와 모순된다. 그것은 또한 개별적으로 발음할 수 있는 발화[33]라는 최소 발화에 주어진 정의와도 모순된다. 더욱이, 어떤 최소 발화에서 목적어를 잘라서 제외하

---

32 같은 책, p. 174〈각주〉.

33 마무디앙, 『프랑스어 교육을 위하여 *Pour enseigner le français*』(p. 153): 최소 발화는 1) 확장가능하고, 2) 개별적으로 발음 가능하며, 3) 표식의 기능이 있으며, 4) 문맥 독립적이며, 5) 상황 독립적이다〈각주〉.

는 것은 우리가 보았듯이 목적어의 통사적 정의에 이르는 데 별로 도움이 되지 않는다.

이러한 관점에서 동일한 유형의 경험이 목적어와 마찬가지로 «자율성이 주어진 어구»에 의해서도 표현된다는 것은 통사적 영향력이 전혀 없다는 것을 말한다. [더구나 선택된 예에서 *il marche dans*(그는 ...*에서 걷는다*)를 *il parcourt*(그는 ...*를 걷는다*)로 대체하듯이 몇 가지 요소가 변경되었다.]

우리가 «실행된» 목적어나 «영향을 받은» 목적어의 의미적 특징이 동사에 속하는지 아니면 실사 목적어에 속하는지 궁금해하는 것이 일반적이다. 그것이 고유한 것으로서 어느 것에도 속하지 않는다면? 그것이 – 상식적 추론의 수준에서 – 다음 두 요소의 결합에 기인한다면:

1. 두 어휘 내용의 접촉 («파는(creuser) 행위» / «구멍» 또는 «땅»)
2. 이들 두 항 사이에 설정된 대상과의 관계.

두 항 중에 어느 항과 문제의 의미효과를 관련시키는 것이 적절한지 자문해 보는 것은 관련 있는 항들(항들 중의 하나)에 유리하도록 목적격 관계의 역할을 무시하거나 적어도 흐리게 하는 것과 같다. 그리고 그러한 자문은 결과적으로 관계 외적인 요소들(즉, 연관된 항의 어휘적 특징들)의 반영일 뿐인 것을 관계로 간주하는 것이다. 그래서 주어와 마찬가지로 목적어에 대해 기능주의는 전통적인 의미적 «정의»를 실제로 청산하지 못하고 있다. «동작주»가 주어 기능의 (가능한, 잦은) 기의로 제시되었던 것과 마찬가지로 «피동작주»의 명칭도 목적어로 다시 나타난다.[34] *Les enfants lisent des livres*(아이

---

34 『언어학, 알파벳순 가이드 *La linguistique, guide alphabétique*』(p. 19): 여기서 목적어에 해당하는 «관계(의) 유형»은 «피동작주»로 제시된다〈각주〉.

들은 *책을 읽는다*)와 같은 맥락에서 «피동작주»는 목적어의 의미적 특징이라고 한다.[35] 우리의 생각으로는 «피동작주»의 특성은 *lisent*(*읽다*)-*livres*(*책들*)의 관계와는 무관하다. 그것은 두 개념-이들의 통사적 관계가 무엇이든 간에-사이에 성립될 수 있는 관계에 대한 해석, 더욱이 매우 합리적인 해석에서 비롯된다. 그것은 동일한 «피동작주» *livres*(*책들*)가 들어가는 다른 구조 [*des livres sont lus*(*책들이 읽힌다*), *la lecture des livres*(*책 읽기*)]에 의해 입증된다.

통사적 자율성

한 언어의 기호소-또는 구-는 다음과 같이 분류된다.

- 자율 기호소
- 기능 기호소(기능 표지)
- 의존 기호소[36]

그리고 마르티네는 이 삼분법의 중요성을 강조한다.[37]

«의존» 기호소는 그 자체로 문장에서 자신의 기능을 나타내지 않는다. 예를 들어 *livre*(*책*)는 여러 다른 통사적 위치를 차지할 수 있다.

반대로, «자율» 기호소는 «발화의 나머지와 단 한 가지 유형의 관계만»을 유지한다.[38] 그 이유는 그것들의 기능 표시가 «의미의 일부»[39]이기 때문이

---

35 마무디앙, 『프랑스어 교육을 위하여 *Pour enseigner le français*』(p. 174)〈각주〉.

36 마르티네, 『언어와 기능 *Langue et fonction*』(p. 60). 『언어학, 알파벳순 가이드 *La linguistique, guide alphabétique*』(p. 114)〈각주〉.

37 『언어와 기능 *Langue et fonction*』(p. 73)〈각주〉.

38 같은 책, p. 81〈각주〉.

39 프랑수아(Frédéric François), 「언어의 기술 La description linguistique」, in 『언어 *Le*

다. 그래서 그것들은 *Il est venu hier*(*그가 어제 왔다*)=*hier il est venu*(*어제 그가 왔다*)[40]와 같이 발화의 의미가 바뀌는 것 없이 이동할 수 있다.[41] 마지막으로 《기능》 기호소들, 예를 들어 전치사들은 구의 기능에 대한 명확한 표시를 제공함으로써 구가 《자율적이 되게》한다(마무디앙).

이러한 정의에 따르면, *pater uidet*[42] *puerum*[43](*아버지가 어린 아들을 본다*)과 같은 라틴어 문장은 3개의 자율적인 분절체로 구성된 것으로 간주되며, 그들 각각은 자신의 기능을 명확하게 나타낸다.

이같이 제안된 분류는 몇 가지 유보 사항을 제기한다. 즉 우리가 라틴어에 대한 관찰을 일반화하면 우리는 —*puerum*(*어린 아들을*)을 《자율적이 되게 하는》 것으로 여겨지는—대격 어미가 일률적이지 않다는 점에 유의해야 한다(우리는 이 격표지가 다의적이라는 것을 알고 있다!). 정확한 기능(목적어)이 *puerum*에 부여된다면 그것은 의심할 여지없이 그것이 Ac에 속하기 때문이지만, 한편으로 그 어간의 어휘 내용과 문맥의 어휘적 및 문법적 가치에 비추어볼 때 그것이 목적어-기능을 맡을 수 있기 때문이다. 다른 동사(의미상 《se déplacer(이동하다)》)와 대격(Ac)으로 표지된 *mille passus*(*일천 보*)를 보면, 해당 구는 덜 《자율적인》 것이 아니라 《기능》이 완전히 다르다. 따라서 우리

Langage』(p. 256)〈각주〉.

40   하기야 자율적 구(기호소)의 《이동 가능성》은 상당히 어려운 문제들을 제기한다. 이 점에 대해서는 프랑수아, 「언어의 기술 La description linguistique」(p. 257)을 참조할 것. 저자들은 이동 가능성이 자율성에 대한 확실한 기준이지만 이동 불가능성이 비자율성(즉 《의존성》)의 특정 증거가 아니라는 결론을 내리는 것 같다. 그러나 Hubert Maës가 정확하게 지적한 것처럼[「통사적 자율성에 관해」, 『통사론 연구 Recherches en syntaxe』 총서(파리, Asiatèque, 1977, p. 137-138)] 기능주의의 영감을 담은 여러 저작들은 마르티네의 다소 성급한 정의에 입각하면서까지 자율성과 이동 가능성을 혼동한다〈각주〉.

41   프랑수아, 「언어의 기술 La description linguistique」(p. 59)〈각주〉.

42   *videō*(*보다*)의 3인칭 단수 현재 능동 직설법〈역주〉.

43   *puer*(*소년, 아이, 어린 아들*)의 대격 단수〈역주〉.

는 Ac로 표지된 구의 기능이 해당 구의 의미에서 직접적으로 (그리고 오로지) 생긴다고 단순하게 주장할 수 없다. 마찬가지로 주격(N) *pater*는 문맥이 오직 예를 들어 속사의 역할이나 동격의 역할을 금지하기 때문에 《주어》 기능만을 맡는다. 그렇지만 기능을 정의하기 위하여 문맥, 어휘적 내용 등을 고려하는 것은 그것이 구 외적인 어떤 제약을 받는다는 것이고, 구가 통사론적 자율성을 갖는 것을 거부한다는 것이다.

프랑스어에서 기능주의자들이 먼저 자율적 기호소의 예로서 선택하는 것은 *hier*(어제)와 같은 부사들이다. 그들은 문장에서 부사에 할당된 자리가 없으며, 그것들의 의미에 따라 단 하나의 기능에 할당되는 것 같다고 강조한다. 그렇지만 *hier*(어제)와 같은 기호소조차도 자율성의 개념을 잘 설명하지 못한다. 부사의 《이동 가능성》은 완전하지 않다. 우리는 다음과 같이 말하지 않는다.

*X a hier répondu à Y(**X*는 *Y*에게 어제 답했다).

반면에 다음과 같이 말할 수 있다.

X a vite répondu à Y(*X*는 *Y*에게 재빨리 대답했다).

마지막으로 《기능》은 《의미》에서 바로 생기지 않는다. 왜냐하면 *hier*는 다음과 같이 주어, 목적어, 명사의 보어의 역할을 할 수 있기 때문이다 : *hier a été une belle journeé*(어제는 아름다운 하루였다), *oublie hier, pense à demain*(어제를 잊고 내일을 생각하라), *la journeé d'hier*(어제 하루)...

한편 이러한 부사적 기호소들은 《자율》 범주의 유일한 구성원이 아니다. 여기에는 또한 다음과 같은 많은 구들이 포함되어야 할 것이다 : *le jour*(낮),

la nuit(밤), *l'été*(여름), *dimacnche*(일요일)(시간 표시)와 또한 *huit jours*(8일), *cinq kilimètres*(5 킬로미터), *dix francs*(10프랑) 등등. 마르티네는 예를 들어 몰타어는 《장소의》 전치사 없이 지명을 사용한다고(《*Je suis Malte*(나는 몰타에 있다)》) 지적한다. 그리고 프랑스어도 마찬가지로 다음과 같이 말한다 : *habiter rue Blanche*(블랑슈 가에 살다).[44]

우리는 정말 이 모든 구가, 그 의미에 따라, 발화와 《단 한 가지 유형의 관계만을 유지하도록》 되어있다고 주장할 수 있는가? 물론 그렇지 않다. 예컨대, *ceci coûte dix francs*(이건 10프랑이야) 외에 우리는 *j'ai perdu dix francs*(난 10프랑을 잃었어)이나 *dix francs ne sont pas une grande somme*(10프랑은 큰 액수는 아니야)라고 말할 수 있다. 우리는 소위 자율적이라 일컬어지는 이 구를 다음과 같이 《자율화할》 수조차 있다. 즉 *avec dix francs que peut-on acheter?*(10프랑으로 뭘 살 수 있을까?)

구가 기능주의적 의미에서 자율적으로 보일 때, 즉 그 의미가 구에 그 기능을 부과할 때 청자(독자)가 삭제를 통해 일종의 부정적인 선택을 했다는 점에 주의해야 한다. *Paul a acheté ce sylo dix francs*(폴은 이 팬을 10프랑에 샀다)에서 전통적으로 《가격의 상황 보어》라고 불리는 기능이 다음 두 가지 이유로 *dix francs*(10프랑)에 부여되었다.

- 첫 번째이면서 가장 좋지 못한 이유는 그 기능이 어휘 내용에 놀랄 만큼 《잘 맞는다》는 것이다.
- 두 번째 이유(실제로는 유일하게 좋은 이유)는 일차적인 통사적 기능이 이미 이 문장에서 자리를 차지하고 있기 때문이라는 것이다.

---

44 H. Maës(같은 책, p. 140)에 따르면, 일본어에는 기능 표지가 없는 구가 많이 있지만, 이들 구가 발화에서 그 위치로 기능을 표시하지 않는다(각주).

의미와 기능 사이에 확립된 연결이 통사론적 관심이 전혀 없는 것처럼 보이기까지 한다. 《금전적 가치》의 개념은 (비록 그 개념이 이러한 보어 유형의 전통적, 의미적인 명칭에서 채택되기는 하지만) 통사론에서 완전히 이질적이다. 문장 구성에서 중요한 것은 *dix francs*(10프랑)이 《주어》, 동사, 《목적어》로 이루어진 핵심의 외부에 있다는 것이다.

따라서 통사적 자율성의 개념은 우리에게 거의 쓸모가 없는 것 같다.[45] 우리가 구를 《자율적인 것》으로 인식한다고 생각할 때마다 우리는 그것을 생각하지 않고 의미와는 완전히 무관한 요소들을 고려한다. 더욱이, 이 개념은 언어에 따라 발화의 매우 다른 요소들에, 예를 들어 프랑스어에서는 주어와 목적어를 제외한 많은 상황어에, 그러나 라틴어에서는 주어와 목적어에도 적용되기 때문에 일반언어학에서 어떤 범위를 가질 수 있는가?

몇몇 다른 질문에 대한 개요: 명사문

기능주의 학설의 많은 다른 장은ㅡ그것들은 우리의 주제와 직접적으로 관련이 있지만 우리는 그것들을 피상적으로 다룰 수밖에 없다ㅡ면밀히 검토할 가치가 있다. 예를 들면 마무디앙이 설명하는 명사문 이론이 그렇다.[46] 그는 다음 두 종류를 구별한다.

1) 《현동소》가 있는 명사문, 즉 *c'est*(그것은 … 이다), *voici*(여기 …이 있다,

---

45 뤼베(N. Ruwet)가 『생성 문법 입문 *Introduction à la grammaire générale*』(p. 103)에서 정확하게 관찰한 바와 같이 자율성의 이론으로 *J'ai reçu un livre de Pierre*(나는 피에르의 책을 받았다/나는 피에르에게서 책을 받았다)의 중의성을 설명하는 것은 불가능하다〈각주〉.

46 마무디앙(M. Mahmoudian), 『프랑스어 교육을 위하여 *Pour enseigner le français*』(p. 147-150)〈각주〉.

이것이 …이다), *il y a*(…이 있다), *il faut*(~해야 한다) 등으로 도입된 것.

2) «현동소»가 없는 명사문: *inutile de chercher*(찾으려 애써도 소용이 없이), *charmants ces enfants*(매력적인 이 아이들)...

첫 번째 유형에서 그는 «현동소»를 «명사 술어를 가진 일정한 유형의 발화 구성에 필요한 다소 관용화된 요소들의 제한된 부류»로 정의한다(으레 선결문제 요구의 오류가 따르는 정의). 관찰할 수 있는 놀라운 사실은 시간의 양태사들−다른 곳에서는 동사 술어에 묶여있다−이 현동소에 속한다는 것이다[*il y avait*(…이 있었다), *il y a eu*(…이 있었다)[47]]. 더구나 놀라운 사실은 이들 여러 가지 현동소들은 동의어가 아니라는 것이고, 따라서 그것들은 «현동화»의 기능 외에 다른 기능을 제시하며, 엄청나게 연속적으로 확장될 가능성이 있다는 것이다[*malgré l'interdiction, il y a eu hier à 18 heures devant l'ambassade une manifestation*(금지에도 불구하고 어제 18시에 대사관 앞에서 시위가 있었다)]. *voici, voilà*[48]를 제외하고 이 «현동소들»은 본질적으로 동사처럼 행태한다. 이 점에서 또다시 마르티네는 자신의 제자를 능가하지 못한다. 그는 당연히 다음 문장을 현동소(*il y avait*)+술어(*une manifestion*)로 된 구로 분석한다.[49]

il y avait une manifestation(시위가 있었다)

---

47 여기서 *il y avait*는 반과거(imparfait)로 과거에 있어서의 미완료된 행위나 상태의 지속을 니타낸다면, *il y a eu*는 복합과거(passé composé)로 현재와 연관성이 있는 과거의 완료된 사실을 나타낸다〈역주〉.

48 *voilà*는 '거기[저기]에 …이 있다, 그것은 …이다'를 뜻한다〈역주〉.

49 『언어와 기능 *Langue et fonction*』(p. 57)〈각주〉.

그러나 그는 다른 사람들이 *manifestation(시위)*에서 《주어》를 볼 수 있고 *il y avait*에서 《술어》를 볼 수 있음을 지적하는 것을 간과하지 않는다. 우리는 그가 언급하는 일부 외국어(캄보디아어)가 간략하게 《existence de(~의 존재)》+《manifestation(시위)》(다시 말해서 《il y a (une) manifestation(시위가 있다)》)을 의미하기 위해 *manifestation(시위)*이라고 말한다면, 그것들은 명시적으로 《manifestation(시위)》으로 발화된 것의 존재를 암묵적으로 술어적으로만 서술하게 한다는 것을 기꺼이 덧붙일 것이다.

현동소가 없는 명사문(또는 오히려 비동사문)에 대해 마무디앙은 《최소 발화의 구조가 (여기에서) 매우 복잡하다》는 것을 인정한다. 우리가 처음부터 술어의 《주어》가 없다는 것[*charmants, ces enfants(귀염이군, 이 아이들*)과 같은 평범한 문장의 경우는 받아들이기 힘들다]을, 또는 술어는 《그 주위에 발화가 조직되는》 요소라는 것을 임의로 가정하지 않는다면, 이 최소 발화의 구조는 덜 불투명하지 않을까? (《주어》가 다음 예처럼 확장과 종속어들로 무겁게 가득 찬 발화는 어떻게 설명해야 할까? *Finies, vacances merveilleuses en montagne avec ses amis que..., qui... et qui...(끝났네, ...하는, ...하는 ...하는 친구와 함께 보낸 산에서의 이 멋진 휴가*)).

등위와 동격

우리는 물론 등위를 동일한 지위를 가진 둘 또는 여러 개의 단위 사이에 확립된 관계로 정의할 수 있다.[50] 그 단위들은 계층적으로 동일한 층위에 있다. 어느 쪽도 다른 것의 존재를 함축하지 않는다. 그것들의 성격은 삭제 테스트를 통해 확인된다.

---

50 마무디앙, 『프랑스어 교육을 위하여 *Pour enseigner le français*』(p. 218)〈각주〉.

따라서 마무디앙이 *Louis, roi de France...*(루이, 프랑스 왕...)를 등위로 연결된 구로 기술할 때 이를 허용하는 것은 어렵다. 형식적으로 *Louis*는 지울 수 없다[→ **Roi de France régna au dix-septième siècle*(프랑스왕 17세기에 통치했다)]. 여기서 제로 등위로 설명할 수 없는 것은, 제로 등위[*J'aime les pommes, les poires, les prunes*(나는 사과, 배, 자두를 좋아한다)]는 명시적 등위로 대체될 수 있는데, 이러한 대체가 **Louis et roi de France...*에서는 불가능하다.[51] 등위로 연결된 두 개의 구(따라서 주어) 뒤에 있는 단수 동사의 일치가 또한 문제가 된다.

이러한 관찰은 저자가 예를 들어 명사와 많이 언급된 《다시 받음》의 대명사[*Lui, il chante*(그, 그가 노래한다).] 사이의 관계를 같은 방식으로 설명하지 않는다면 상당히 주변적이 될 것이다. 구어 프랑스어에서 이 표현이 차지하는 상당한 위치를 고려할 때, 명사 기능의 분석에서 오류로 보이는 것이 무엇인지 주목하는 것이 중요하다. 등위가 있는 경우 그것이 가능한 수정 없이 반드시 제로라는 것을 먼저 살펴보자. 그런 다음 두 항 중 하나를 삭제하는 것은 물론 가능하지만 다음과 같이 낱말의 형태나 순서에서 병렬적인 변화 없이는 불가능하다.

    I. *Lui, il me voit*(그, 그는 나를 본다).

    I' *Lui me voit*(그는 나를 본다).

    I'' *Il me voit*(그는 나를 본다).

그러나

---

51 여기서 제로 등위가 《지시대상의 동일성》(같은 책, p. 219)으로 설명된다면, 우리는 반례인 *X... est un savant et un homme de coeur*(X는 학자이자 인정이 많은 사람이다)를 주목하게 된다〈각주〉.

2. *Lui, je le vois*(그, 나는 그를 본다).

2' **Lui je vois*(그 나는 본다).

2" *Je le vois*(나는 그를 본다).

마지막으로 이러한 《다시 받음》의 구성은 외치(extraposition)라는 더 넓은 문제와 분리하여 연구될 수 없다. 여기서 연관된 두 항은 다음 예에서 보듯이 단순히 지우거나 대체할 수 없다는 것이 매우 분명하다.

> I . *Mes parents, je leur doit tout*(내 부모님, 나는 그들에게 모든 것을 빚지고 있다).
>
> I '. **Mes parents je dois tout*(*내 부모님에게 나는 모든 것을 빚지고 있다).

후자의 경우 가장 주목할 만한 것은 아마도 *mes parents*(내 부모님)과 함께 하는 《기능 기호소》가 전혀 없다는 점이다. 이는 분석을 완전히 다른 방향으로 향하게 할 것이다.

그러나 마무디앙은 오직 형용사만이 붙혀질 수 있다(곧 삽입될 수 있다)고 전제한 뒤 동격을 떠올리게 하는 어떤 개념에도 호소하기를 거부한다.

결론

기능주의는 완전하지는 않더라도 상당히 사용이 편리한 정교한 학설로 스스로를 드러내 보이는 장점이 있다. 그것은 몇몇 구조주의 원칙, 즉 언어의 이중 분절, 담화의 선조성, 기능과 의미효과의 구별, 단일성에 대한 구조의 우위 등을 당연히 강조한다. 우리가 마무디앙(p. 80과 이하 참조)에서 프랑스어에 대해 볼 수 있듯이 그가 《단위 부류》(옛날의 《품사》)에 대한 더 정확한 정의를 제공한다는 것은 확실하다.

그러나 기능주의 기술의 틀이 제한적이고 매우 편협하다는 것이 관찰되었다. 기능주의 기술은 그것이 특정 유형의 표준 발화인 인칭동사 문장에서 멀어지자마자 분명치 않게 된다. 언어학적 현상을 단순화하는 개념은 발화행위(특히 지시소)와 관련된 모든 것을 배제시킨다. 운율적 특성의 직접 관련성은 인식되지 않는다. 그것들은 마지못해 보고될 뿐인 것처럼 보인다.[52]

통사적 기능 자체는 충분하지 않다. 문장의 구조적 도식은 결국 동일한 선결문제 요구의 오류를 가지고 있는 테니에르의 도식 – 테니에르의 엄격함을 뺀 도식 – 이다(우리는 동사만으로 시작한다고 생각하지만, 부주의로 주어와 함께 동사를 배치한다). 기능주의는 때때로 《기능》과 이 기능을 담당하는 항(*terme*)을 혼동하고, 더 자주 혼동에 이르게 한다. 따라서 기능주의는 주어 《동작주》와 목적어 《피동작주》와 같은 의미론적이고 통사론적이 아닌 매우 오래된 정의로 빠져든다. 그러나 그가 경계하고 있다고 주장하는 기능과 어휘적 기의 사이의 혼동은 《통사적 자율성》의 개념과 함께 표출된다. 즉 여기서 《기능》은 구의 《의미》에 의해서 부과되기 때문이다. 우리는 그러한 자율성의 기준과 그 존재 자체가 얼마나 취약한지 보았다. 동일한 비통사적 방식으로 기능주의는 예를 들어 *il arrive demain*(그는 내일 도착한다)와 같은 특정 발화의 의미가 《그 구성 요소의 합계》[53]에 지나지 않는다고 주장할 수 있게 된다.

이러한 관점은 이 구성 요소들 사이에 위치하며 《문장》에서 그것들을 공고히 하는 모든 관계의 사라짐을 가정한다. 의미적이고 자의성으로 얼룩진 동일한 태도가 《현동소》의 개념을 사용하는 용법에도 나타난다.

---

52 예를 들어 마무디앙, 『프랑스어 교육을 위하여 *Pour enseigner le français*』(p. 179, 199, 201, 206)를 볼 것〈각주〉.

53 마무디앙, 『프랑스어 교육을 위하여 *Pour enseigner le français*』(p. 77)〈각주〉.

우리는 《기능주의》 통사론이 기능을 거의 고려하지 않는다는 사실에 놀랄 수도 있다. 이것은 이 학파가 언어가 근본적으로 기능을, 곧 의사소통의 기능을 갖는다는 것을 확언하면서 미국 행동주의자들에 대항하기 위해 처음으로 《기능주의자》라는 칭호를 주장했다는 사실을 잊어버리는 일일 것이다.

제10장 ─── 생성주의:
필모어의 《격을 위한 격》

1968년에 발표된 이 논술[1]에서 촘스키주의 영향하의 언어학자인 필모어[2]는 《심층구조》(p. 88)의 가장 깊은 층위(*deepest level*), 다시 말해서 격이나 유사 격 관계의 기저에 있는 보편적인 총체에 도달하기 위해 변형생성문법의 통상적인 절차를 수정할 계획을 품는다. 왜냐하면 그에게 있어서 격 관계는 심층구조(p. 2)의 《기본 항》을 구성하기 때문이다.

필모어의 고찰을 위치시키기 위해 우리는 연속적으로 다음과 같은 것을 알아볼 것이다.

1) 이전 설명에 대해서 그가 표명한 비판.
2) 문장과 심층구조의 격에 대한 일반적인 개념.
3) 심층구조에서 표층구조의 실현으로 넘어가기 위해 그가 제안하는 절차.

---

1   「격을 위한 격 *The case for cases*」은 필모어가 1667년 4월 텍사스 대학에서 주관한 「언어 이론의 보편성 *Les universaux dans la théorie linguistique*」에 대한 《심포지엄》 때 발표한 주제였다. 그런 다음 이 논술은 E. Bach & R.T. Harms에 의해 논집 『언어이론의 보편성 *Universals in Linguistic Theory*』(New York, 1968, p. 1-88) 속에 출판되었다〈각주〉.

2   필모어(Charles. J. Fillmore, 1929~2014)는 미국의 언어학자로 캘리포니아 대학교(버클리)의 언어학 교수였다. 그는 구문 및 어휘 의미론의 영역에 여러 저술을 남겼다〈역주〉.

Ⅰ. 이전 설명에 대한 필모어의 비판

A) 이전의 모든 이론은 N에 대한 연구를 소홀히 했다. 알다시피 고대의 문법
학자들은 N은 그 자체가 격(*ptōsis*)이 아니라고 생각했다. 20세기의 초에 뮐
러[3]는 Ac(대격)에 대해서는 170쪽을 썼지만 N(주격)에 대해서는 단 한 쪽만
썼다.[4] 왜냐하면 《문장의 주어》의 개념이 논평을 요하지 않을 정도로 상당히
명료하다고 여겨졌기 때문이다.[5] 그렇지만 명사(N)와 동사 간 관계의 의미적
내용은 매우 다양하다. 원칙적으로 동작주인 명사/ 피동작주인 명사/ 수혜자
인 명사/ 영향을 받는 사람인 명사/ 이해관계가 있는 사람인 명사/ 더 나아가
심성적 명사에 대해 말하지 못할 아무런 이유가 없다.[6]

B) 이전의 이론들은 격 연구에 사용된 기준의 큰 혼란으로 특징지어진다.
분류는 때로는 통사적 기반에 따라 이루어진다. 예를 들어 우리가 명사 보어
G를 형용사 보어 G 및 동사 보어 G와 구분할 때 그렇다. 그 기준들은 우리가
라틴어 Ab를 Ab/ I/ L로 나눌 때는 역사적 의미를 갖는다. 한편 그것들은
의미적이지만, 그것들의 조작에서 우리는 때때로 격 형식과 연결된 의미와

---

3   뮐러(C.F.W. Müller, 1830~1903)는 독일의 고전 문헌학자이다. 뮐러의 연구는 라틴어 문
     법, 운율, 문체에 집중되어 있다. 무엇보다도 그는 키케로(Cicero, 106~43 BC), 프라우투스
     (Plautus, 254~184 BC) 및 플리니우스(Gaius Plinius Caecilius Secundus/Pliny Younger,
     61~113 AD)에 관한 단행본과 비평판을 출판했다. 그의 저술은 20세기 이래 변함없이 재인
     쇄되고 있다〈역주〉.
4   뮐러, 『라틴어의 주격과 대격의 통사론 *Syntax des N und Acc. im Lateinischen*』(Leipzig,
     1908). [Fillmore(1968, p. 6)에 의해 인용됨]〈각주〉.
5   N은 19세기의 문법가들에 의해 거의 검토되지 않은 것이 사실이다. 그러나 그것은 고전
     시대의 스콜라 철학자들과 문법학자-철학자들 사이에서 큰 자리를 차지했다〈각주〉.
6   여러 구조주의자들(예를 들어 야콥슨)은 이러한 의미적 다양성을 아주 잘 인식하였다. 그러
     나 그들은 명사-동사 관계에서 비롯된 의미효과는 이 관계의 통사적 성격을 문제삼지 않는
     다는 점을 고려하여 다른 결론을 내렸다〈각주〉.

문맥으로 인한 의미를 혼동한다(p. 7).[7] G에 대한 자신의 연구에서 준-생성주의적 접근 방식이 존경받는 벤브니스트 자신은 *risus pueri*(아이의 웃음)(p. 8, n. 8)에서 출발해 유추에 근거한 확장으로 *liber pueri*(아이의 책)을 설명할 때 통시적 설명의 도움을 청한다. 동사[*risus*(웃음)][8]로 실현될 수 있는 것과는 별개로 추상적인 실체를 찾는 것이 좋을 것이다.[9]

C) 각 격에 대한 기본 의미(*Grundbedeutung*)의 식별을 기반으로 격 체계를 구축하는 것은 불가능하다. 필모어에 따르면 위치주의자들의 견해는 이제 신뢰를 잃었다. 더욱이 피상적인 현상을 의미론적으로 특징짓고자 할 때 우리는 «불확실성»과 «순환 논리적 특성»에 우리 자신을 노출시킨다.

D) 생성문법은 격 형식들(이들 격 형식은 어미, 전치사, 후치사 등으로 표시된다, p. 20)의 선택이 함축하는 통사적 관계가 «순수하게 이론적»이거나 «체계적으로 분류되어» 있다는 것을 인정한다. 그것들이 «순수하게 이론적»이라는 것은 그것들이 직접적인 명명으로 표현될 수 있을 때를 말한다[예를 들어 «주어» = GN(명사구)과 이것을 직접 지배하는 문장 사이의 관계, «목적어» = GN(명사구)과 이것을 직접 지배하는 GV(동사구) 사이의 관계]. 그것들이 «체계적으로 분류되어» 있다는 것은 GN의 관계가 «방법, 확장, 상황, 동작주» 등과 같은 유사-범주화의 표지(*label*)를 통해서 표현될 때를 말한다.

필모어는 생성문법에서 «체계적으로 분류된» 관계로 표현될 수 없는 표층

---

7   필모어는 도중에 드 그루트(De Groot)를 비판한다〈각주〉.

8   *risus*는 다음과 같이 분사와 명사로서의 용법을 갖는다.

      1. [분사] laughed at(비웃음을 당한), ridiculed(조롱당한), having been ridiculed(비웃음을 당하여).

      2. [명사] laughter(웃음, 웃음소리), laughing(웃기, 웃음)〈역주〉.

9   우리는 아래에서 필모어가 어떻게 G의 문제를 다루는지 볼 것이다〈각주〉.

«주어»는 의미론적 가치가 없다는 전통적인 관점에 반대한다. 따라서 «표층 주어»의 생성을 위한 규칙 체계를 문법에 추가하는 것이 좋을 것이다(p. 17).

II. 문장과 격에 대한 필모어의 일반적인 견해

이러한 비판은 문장과 격에 대한 개인적인 이해를 함축하고 있다. 촘스키와 달리 필모어는 문장에 대해 다음 도식을 제안한다.

(GN은 수적으로 정해지지 않았지만 최소한 1과 같다.)[10] GN은 동사가 아닌 절과의 관계(격)를 유지한다. 이 관계들은 «체계적으로 분류되어» 있다. 이것은 가장 깊은 층위의 구조이다(필모어는 특히 21, 31, 52쪽에서 그것을 강조한다).

문장의 유형을 결정하고 특히 동사의 선택을 이끄는 것은 «격»의 배열이다. 필모어는 주어진 격이 주어진 문장에서 한 번만 존재한다는 것을 규칙으

---

10 우리는 촘스키의 경우 문장이 다음과 같이 표시된다는 것을 알고 있다〈각주〉.

로 정한다. 따라서 한 문장이 표층구조에서 외형상 동일한 여러 가지 격 형태를 나타낸다는 것은, 그것이 여러 개의 심층구조(예를 들어 이중 대격)를 반영하기 때문이다.[11]

저자는 생성문법의 전통적인 개념을 수정하여 격 체계를 심층구조의 개념적 틀(*conceptual framework*)로 만든다. 그는 또한 예스페르센[12]처럼 격 형태소가 있는 언어로 «격» 개념의 사용을 제한하는 편향된 이론가들에 반대하는 것은 말할 필요도 없다. 격 개념은 아마도 보편적이고 생득적이다(p. 24). 우리는 지금부터 그것들 중에서 다음의 것들을 구별할 수 있다.

- 행위격 (A): 동사로 표현된 행위로 유정적인 주동자
- 도구격 (I): 동사로 표현된 행위나 상태에 인과적으로 관련된 무생물
- 여격 (D): 행위나 상태의 영향을 받는 유정물
- 사역격 (F): 행위나 상태의 결과로 생기는 대상이나 존재
- 위치격 (L): 상태나 행위의 공간적 위치나 방향[13]
- 목적격 (O): 이것은 의미적으로 가장 중성적인 격이다. 동사로 표현되는 행위나 상태에서 그것의 역할은 동사 자체의 의미적 해석과 동일시된다. (그것을 «직접목적어»는 물론 Ac라 불리는 표층의 격과 혼동해서도 안 된다.)

---

11 이 규칙은 다음 예와 같은 «상황적» 관계에 대해서는 유지하기 어려울 것 같다. 즉, «Il est arrivé l'an dernier, le 25 mai, à 15 heures(그는 지난해 5월 25일 15시에 도착했다).»〈각주〉.

12 예스페르센(O. Jespersen, 1860~1943), 『문법 철학 *Philosophy of Grammar*』(1924, p. 186) 〈각주〉.

13 L(위치격)은 있지만 «latif(방향의 대격)»(=방향격)은 없다. 이 대립은 완전히 표면적인 것으로 동사의 성격에 의해 결정된다. 영어는 이동이 있는 동사 뒤에는 전치사 *to*를 사용하고, 이동이 없는 동사 뒤에는 전치사 *at*을 사용한다[*to the store*(가게로) // *at the store*(가게에(서))]〈각주〉.

필모어는 《물론 다른 격들을 추가해야 할 것》(p. 25)이라는 말을 조심스럽게 반복한다. 실제로 우리는 《수혜격(bénéfactif)》(B)(p. 32)과 《동반격(comitatif)》(p. 82)의 모습을 본다. 그는 *X est Y*라는 문장 유형을 설명하기 위하여 《하나 또는 두 개의 새로운 격 범주》를 찾아낼 생각을 하고(p. 84), 《여러 다른》 격을 고려한다(p. 32).

저자가 직면한 주요한 문제는 격에 따라 문장에 연결된 동사와 GN 간의 관계이다. 동사의 선택은 격 환경, 즉 격틀(*case-frame*)에 의해 결정된다. 예를 들어 *open*은 다음과 같이 정해진 틀에 들어갈 수 있다.

$$
open + \text{A}
$$

$$
- + \text{AO}
$$

$$
- + \text{Oi}
$$

$$
- + \text{AOi}
$$

*kill*의 경우 우리는 D(i ◊ A)(괄호는 선택적인 격을 나타낸다. 선택적인 두 격의 괄호가 겹치면 그중 하나는 필수적이다)를 갖게 된다. *run*은 격틀 A에 포함될 수 있다. *give*는 격틀 AOD에 포함될 수 있다.

필모어는 동사가 가지고 있는 의미적 특성 때문에 동사가 어느 정확한 격틀에 포함되었다고 명확하게 말하지 않는다. 그러나 그는 때로는 유정물 주어를 《요구하는》 동사에 대해 이야기한다[예: murder(살해하다), 《assassiner (암살하다)》]. 다른 곳에서(p. 28) 그는 표층구조에서 주어 또는 목적어가 되어야 하는 GN의 선택과 같은 문장의 몇몇 변형적 특성으로 동사를 정의한다. 또는 각 격 요소에 대한 전치사의 선택으로 동사를 정의한다. 이 모든 것은 상당히 모호하고 너무 빠르다. 제기되는 문제는 동사 또는 격틀 중에서 무엇이 우선권을 가지고 있는지 아는 것이다. 테니에르는 동사를 선택했다. 필모

어는 자신의 문장 개념에 얽매여 격틀의 우선권을 주장한다.[14]

III. 표층구조로의 전환

심층구조에서 표층구조로의 전환은 다음과 같은 다양한 메커니즘의 작용을 통해 이루어진다. 즉 격표지, 어떤 특정 요소를 동사 자체에 기록(예: 수동태), 주어화, 목적어화, 어순, 명사화.

격표지(또는 경우에 따라서는 전치사, 후치사)는 의미적 내용이 있든 없든 필모어가 K로 나타내는 기저 요소의 실현이다. 따라서 모든 «명사구»(GN)는 K+GN으로 표기되어야 한다(p. 33).

A) 주어의 선택

1) 상승(promotion)

문장이 A(행위격)를 포함하고 있으면 주어는 이 A가 된다. 그렇지 않으면 그것은 I(도구격) 또는 O(목적격)가 된다.

다음의 표층 문장이 있다 하자.

the door opened(문이 열렸다).

이 문장은 다음과 같은 심층구조로 나타난다.

---

[14] 필모어(p. 30-32)가 제공한 몇 가지 설명으로는 요약적으로 종지부를 찍은 이 질문을 명확히 하기에는 충분하지 않다〈각주〉.

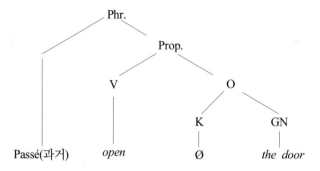

A인 *by John*을 심층구조에 추가하면 표층구조는 *John opened the door*가 된다. 이 표층구조에서 A인 *by John*은 *by*의 삭제와 문두로의 이동을 통해 《주어》가 된다.

마찬가지로 다음 문장은

    John gave the books to my brother(존이 나의 형에게 책들을 주었다).

다음의 심층구조를 나타낸다.

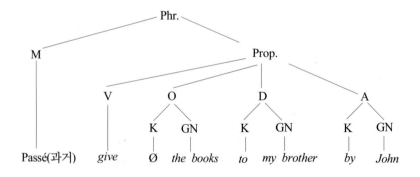

*by John*이 《주어》의 지위로 상승하면 K = *by*가 삭제된다.

이것은 주어의 정상적인 선택이다. 선택이 《정상적》이 아닌 경우 동사는 수동형이 되어 이 상황을 《기록한다》. 즉 동사는 *given*이라는 특별한 형태를 취하고, *be*는 M(Modality, 양태)에 병합된다.

따라서 O(∅ *the books*)가 《주어》로 상승하면 다음과 같은 결과가 나타나거나,

The books	were	given	to my brother	by John
O	(양태=과거+be)	(V=give+수동형)	D	A

또는 다음과 같은 결과가 나타난다.

My brother	was	given	etc.
D	M(양태)=과거+be		

2) 반복

또 다른 방식은 구성요소의 반복으로 주어를 만드는 것이다(p. 41). 다음과 같은 표층구조의 문장이 있다 하자.

It is true that John likes Mary(존이 메리를 좋아하는 것은 사실이다).

이 문장은 다음과 같은 심층구조로 나타난다.

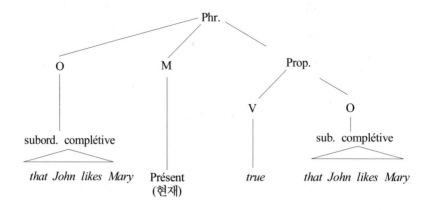

이 심층구조에서 두 개의 반복 요소 중 하나가 삭제될 수 있다. 두 번째 것을 삭제하면 다음과 같이 된다.

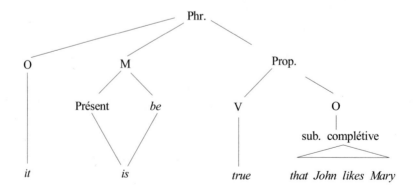

첫 번째 것의 삭제는 다음처럼 조응소 *it*의 도입으로 이어진다.

B) 표층의 **직접목적어**는 주어와 마찬가지로 기저의 격 구별이 (격표지가 없는) 단순한 형태로 중화한 결과이다. 이 형태는 문장에 이미 《주어》가 있으면 《목적보어》라 불린다. 다음 예들을 보자.

1) *John smeared paint on the wall*(존은 벽에 페인트를 칠했다).
2) *John smeared the wall with paint*(존은 페인트로 벽을 칠했다).

필모어는 *paint*(페인트)가 I라고 생각한다. (따라서 그것은 심층구조에서 *with paint*로 쓰인다). *wall*(벽)은 L(= *on the wall*)이다. 목적어화는 《목적어》로 선택된 GN의 격표지를 지우고 그것을 동사의 오른쪽으로 이동시키는 것이다. 마찬가지로 격틀 DI를 가지고 우리는 다음을 얻는다.

― *present something to somebody*(누군가에게 무언가를 선물하다).
― *present somebody with something*(누군가에게 무언가를 선물하다).

C) 심층의 격 구별을 없애고 문장을 **명사화**하면 속격이 생성된다(p. 49 이하 참조).
다음의 표층 표현을 보자.

John's books(존의 책들).

이 표현은 다음과 같은 심층구조로 나타낼 수 있다.

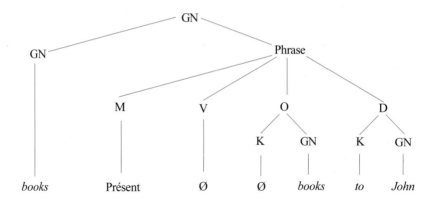

표층구조로의 전환은 반복된 GN인 *books*를 지우고 시제와 빈 동사를 삭제하여 이루어진다.

우리는 표층의 속격이 되도록 되어 있는 GN이 심층구조에서는 여격(D)임을 관찰한다. 이것은 독일어 *dem Vater sein Haus*(그의 아버지의 집)와 같은 표현에서 유지되는 형태이다. 그러나 영어에서는 *to John* → *John's*와 같이 G로의 변환이 일어난다.

G의 가장 어려운 용법들, 즉 벤브니스트와 쿠리우오비치가 동사의 추상성에서 유추하여 《설명한》 용법들을 단번에 비판하는 데는 확실히 저자의 우아함이 묻어난다. 동사의 추상성에 관해서[*amor Dei*(신의 사랑)] 우리는 필모어의 관점에 따라 A [*deus amat*(신이 사랑한다)]나 D [*X amat deum* (*X*가 신을 사랑한다)]에서 시작한다.

IV. 필모어의 이론에 대한 관찰

모호한 정의들

필모어의 **논술**에는 «être=be»와 «avoir=have» 사이의 관계, 언어유형론 등과 같은 다양한 질문에 대한 몇 가지 흥미로운 통찰이 포함되어 있다. 우리는 그의 격 이론의 요점을 파악하기 위해 그것들은 옆으로 제쳐둘 것이다.

우리는 필모어가 한 구상의 불충분한 엄격성으로 인해 그의 격 이론을 읽는 데 거북스럽다. 동사에 대해 언급한 생각들은 여전히 모호하다. 끊임없이 앞에서 언급한 내용을 반복한다. 전개는 매우 들쑥날쑥 한다. 문법은 때로는 위성에서의 지구처럼, 때로는 현미경 사진처럼 보인다.

격의 내용은 정확하게 정의되지 않는다. 행위격 A는 «유정물 주동자»이다(p. 24). 그러나 저자는 이 기능이 무생물에 의해 수행되는 문장은 제쳐둔다고 선수를 친다(n. 31). 그러면 추상적 개념은 어떻게 할 것인가? [*Le courage exige une âme ferme*(용기는 확고한 영혼을 필요로 한다).] D와 O의 구분은 명확하지 않다. 필모어 자신은 O를 무정물로 제한하는 것을 주저한다(p. 25). O가 (표층구조에 속하는) «직접 목적어»도 아니고 «대격»도 아닌 경우 그는 심층의 정의를 K라 부른다. 이것은 우리가 보았듯이 매우 일관성이 없다. 필모어의 당혹스러움은 다음과 같은 영어 체계에 대한 그의 분석에서 분명하다(p. 32). 즉 A = *by*, I = *by*(또는 문장에 이미 A가 포함된 경우는 *with*), OF = ∅, B(수혜격) = *for*, D = *to*. 그러나 그는 다른 전치사들에 대해서는 매우 회피적이다. 따라서 그는 장소와 시간의 전치사에 대해 다음과 같이 지적하는 것에 만족한다.

1) 전치사들은 자신들과 관련이 있는 명사에 의해서 선택될 수 있다. 즉

on *the street*(거리에서)에 반해, at *the corner*(구석에서), on *Monday*(월요일에), in *the afternoon*(오후에).

2) 또는 전치사들은 의미적 내용을 가지고 있으며, 그것들의 선택은 어휘적 선택의 결과이다. 그러나 여기에는 예가 부족하다. «devant(앞에), derrière (뒤에), sur(위에), sous(아래에) 등»에 대한 새로운 K를 만들어내야만 하는가? 그리고 «Il regarde *de derrière* l'arbre(그가 *뒤에서* 나무를 바라본다)»를 위해서도 K를 만들어내야만 하는가? *tree*(나무)의 어휘적 내용에서 어떤 격을 얻을 수 있는가? (왜냐하면 우리는 *Chicago*에서는 L을 얻기 때문이다. *아래 참조*)

가장 유감스러운 인상은 «심층구조»의 최종 단계인 범주 K가 엄청나게 열린 범주로 남아있고, 더군다나 대부분의 그 구성원들에 대해 모호하다는 점이다.[15]

잘못된 분석

1) 필모어는 동일한 격을 나타내는 GN에 의해서만 등위 접속될 수 있는 규칙(p. 22)을 말한다. 다음 두 문장으로부터:

— *Jean brise la fenêtre*(장이 창문을 부순다).
— *Un caillou brise la fenêtre*(조약돌이 창문을 부순다).

---

15 때로는 명사가 K(또는 2개의 K 중에서 제한된 선택)를 부과하는 *것처럼 보인다*. 이것은 그 명사의 어휘적 내용 때문이다. 때로는 명사가 그러한 K를 선택해야 하는 정확한 이유를 제공하지 않는다. 따라서 어휘상의 이유로 *K homme*(격표지+*사람*)(여기서 K = A 또는 D이다)라고 쓰는 경향이 있는 *homme*(*사람*)는 «장소»나 «방법» 등 많은 구의 일원이 될 수 있다(각주).

우리는 다음과 같은 문장을 구성할 수 없다.

— *Jean et un caillou brisent la fenêtre(장과 조약돌이 창문을 부순다).

이러한 사실은 심층구조에서 Jean(장)은 A이고 caillou(조약돌)는 I라는 것을 잘 입증한다.
반면에 우리는 다음과 같이 잘 말한다고 이의를 제기할 수 있다.

Il agit pour le bien de son pays et par haine de la royauté(그는 조국의 이익을 위해 그리고 왕족에 대한 증오심으로 행동한다).

여기서 전통적인 분석은 (필모어의 체계에서 확실히 다른 K들로 표기되는) 목표의 보어와 원인의 보어를 구별한다. 마찬가지로 원인과 양보, 목표와 양보는 등위적으로 매우 잘 연결된다(parce que(~때문에)와 bien que(~에도 불구하고) 등).
필모어의 추론은 등위가 K의 일치 외의 다른 것을 요구한다는 것을 증명할 뿐이다. 그리고 예를 들어 인간 유정물(Jean)과 무정물(caillou)의 연합은 불합리한 효과를 낳는다는 것을 증명한다. 이것은 결코 Jean(또는 caillou)과 동사 사이의 **통사적 관계**가 정확히 동일하지 않다는 것을 증명하지 않는다. 동일한 통사적 관계를 때로는 행위 대 동작주의 관계, 때로는 행위 대 도구의 관계로 해석하게 하는 것은 선택된 항의 어휘 내용이다.

2) 다음처럼 수용할 수 없는 문장이 제기하는 문제는 다르다.

*Un marteau a brisé la vitre avec un burin(망치가 끌로 창유리를 부쉈다).

이 문장은 저자에 따르면 *marteau*(망치)와 *burin*(끌)은 모두 I(도구격)로 이해되기 때문에 받아들일 수 없다.

그렇지만 우리는 다음과 같이 말한다(p. 23).

La voiture a heurté l'arbre avec son pare-choc(차가 범퍼로 나무를 박았다).

그러나 여기서 필모어가 주목한 바와 같이 다음과 같이 말할 수 있다는 것을 잘 살펴보아야 한다.

le pare-choc de la voiture, etc.(차의 범퍼 등)

여기서 차가 범퍼의 《소유자》임이 분명하게 드러난다. 이 경우 주어는 다음과 같이 구성되어 있다.

− I (G로 표지된 I의 소유자와 함께)에 의해서, 혹은
− I의 소유자에 의해서.

그리고 이때 *avec*(~로)로 도입된 I는 소유 형용사의 형태로 소유자와의 관계를 나타낸다(*avec son pare-choc*).[16]

프랑스어 용법은 이 주장된 규칙과 모순된다. 우리는 다음과 같이 아주 잘 말한다.

---

16 '*avec* son *pare-choc*(범퍼로=그 범퍼로=자신의 범퍼로)'에서 I(도구격)는 *avec*(~로)로 도입되고 있고, 소유 형용사인 son을 통해 소유자인 *La voiture*(차)와의 관계(곧 공지시관계)를 나타내고 있다〈역주〉.

La voiture a heurté une souche avec *le pot d'échappement*(차가 머플러로 그루터기를 박았다.)는 *Jean a heurté l'arbre avec le coude*(장은 팔꿈치로 나무에 부딪쳤다.)처럼 아주 잘 말해진다.

Jean(장)과 *voiture*(차)의 K의 차이에도 불구하고 이 마지막 두 문장 사이에는 통사 구성상 어떠한 차이도 드러나지 않는다. *le marteau a brisé la vitre avec un burin*(망치가 끌로 창유리를 부쉈다)라는 문장이 허용되지 않는 것은 구조 때문이 아니라 단순히 그 불합리성 때문이다.

우리가 볼 수 있듯이, 필모어는 (표층의) 통사적 구상에-자의적인 해석의 여지가 없지 않은-GN의 (심층의) 어휘 내용을 반영하는 의미 값을 투영한다.

3) 필모어의 논술에는 요약적 견해와 성급한 분석이 없지 않다.

그는 예를 들어 *hear*를 OD의 격 순서와 연관시키고 *listen*을 OA의 격틀과 연관시켜 이 둘을 구별한다(p. 31). *listen to*는 어디에 넣을 것인가? 또한 *listen*을 위해서는 A에 의해 지정된 사람의 적극적인 참여가 필요하다. 그러나 이상하게도 이 사실은 A의 존재 때문이지 *listen*의 특별한 의미에 기인한 것이 아닐 것이다. 한편 *hear* 또한 예를 들어 《기도를 들어주다》[*Hear my prayer, o Lord!*(주여, 저의 기도를 들어주소서!)]의 의미일 때는 *listen*에서 인정되는 《적극적 참여》의 의미를 가질 수 있다. 어떻게 여기에 A를 필요로 하지 않는가? 우리는 저자가 동사나 격틀에 이러이러한 의미적 자질을 부여하는 것을 주저한다는 것을 직감한다. 그러나 전반적으로 그는 전자(곧 동사)에서 의미적 자질을 빼앗아 후자(곧 격틀)로 옮기는 경향이 있다.

동사 *open*은 O 또는 AO 격틀에 들어간다(p. 33-34). 격틀이 O만 고려하는 경우 이 O는 *the door opened*(문이 열렸다)와 같이 (표층의) 《주어》로 상승된다. 그러나 A인 *By John*을 삽입함으로써 바로 이것이 A의 격표지의 상실과 함께 문두로의 상승을 통해 《주어》가 되는 것이다. 그러나 이것은 일반적인 규칙인가, 아니면 특별한 규칙인가? 필모어는 그것에 대해 아무 말도 하지 않는다. 그러나 우리가 다른 격틀 AO(여기서 A는 《par Jean=by John》이고, O는 《le lièvre(산토끼)》, 《livre(책)》 등이다)를 제시한다면, 이 틀은 다음 예에서처럼 《tuer(죽이다)》, 《parcourir(대강 읽다/훑어보다)》 등과 같은 동사와 양립할 수 있다.

> *Jean tue le lièvre*(장이 산토끼를 죽인다).
> *Jean parcourt le livre*(장은 책을 대충대충 읽는다).

A의 삭제는 O가 《주어》의 위치를 차지하는 것을 허용해야만 할 것이다. 그러나 그렇지 않다.

> **le lièvre tue.*
> **le livre parcourt.*

필모어가 동사 《tuer(죽이다)》(*kill*)를 가지고 《목적어》를 D로 간주하면서 반론을 모면한 것은 사실이다(p. 28, 32)!

4) 모순

표층구조는 전적으로 심층구조에 의존한다. 표층구조는 각 언어에서 특별한 변형 규칙에 의해 표현되는 심층구조의 조정이다. 그러나 궁극적으로 보편적인 심층구조는 단 하나뿐이다.

그렇다면 동사의 분류와 선택을 가능하게 하는 요소 중에는 심층의 격틀(p. 27)뿐만 아니라 표층의 자료도 있다는 것을 어떻게 받아들일 것인가? 예를 들어 《주어》 또는 《목적어》와 같은 그러한 명사의 선택, 혹은 각 격 요소에 대한 전치사의 선택, 혹은 더 나아가 보어절(*that*/ ...-*ing* 등)이 뒤따르는 동사에 대한 특정 《보문소》의 선택과 같은 특별한 변형의 특성들이 있다.

이것들은 필모어(p. 28-29)에 의해 대충 언급된 요점들이다. 그런데 그는 자신이 표층구조와 심층구조 사이에 편리하게 설정한 상호 전환을 인식하지 못하는 것처럼 보인다.

5) 수동 변형

격틀이 다음과 같이 구성된 문장이 있다 하자.

A : *par Mary,*

L : *sur le nez,*

D : *à John.*

이 격틀은 동사 *pincer*(꼬집다)(p. 68)를 허용하며, 대략적으로 다음과 같은 것을 제공한다. 즉 *pincement*(꼬집기)－*sur le nez à John*(존의 코에)－*par Mary*(메리에 의해서) (여기서 *à John*은 우리가 알고 있듯이 G인 *de John*으로 변형 가능한 명사 보어의 D이다).

A가 《주어》로 선택되면, 그것은 다음처럼 자신의 격표지 K를 잃고 문두로 이동한다.

Mary pince le nez de John[17](메리는 존의 코를 꼬집는다).

---

17 우리는 또한 동일한 《격틀》에서 *Mary pince John sur le nez*(메리는 존의 코를 꼬집는다)를 끌어낼 수 있다. 여기서 심층의 D인 *John*은 표층의 《목적어》로 상승된다. 이 변형은 심층구조에서 명사 보어의 D라는 격표지 분류를 문제 삼는다(p. 73-74). 마찬가지로 이 변형은

L이 《주어》로 선택되면, 그것은 자연스레 자신의 K를 잃지만 동사는 다음처럼 《수동형》의 특성을 취해야 한다.

Le nez de John est pincé par Mary(존의 코가 메리에게 꼬집힌다).

이것은 여전히 실제 규칙의 문제인가 아니면 특별한 기술의 문제인가? 여러 구절에서 필모어의 예는 항상 L로 표시된 도시 이름(*Chicago*)을 포함하고 있다. 그러나 *Chicago*는 예를 들면 《주어》 또는 《목적어》로서 많은 문장에서 사용될 수 있다[*Chicago est une grand ville*(시카고는 큰 도시이다). *J'admire Chicago*(나는 시카고를 찬미한다) 등]. 그렇지만 우리는 그러한 상승에 필요한 변형을 상상할 수 없다.

6) 보어절과 조응소

우리는 필모어가 종속 보어절을 O로 간주하는 것을 본다. 의심할 여지없이 그는 원칙적으로 O와 목적보어를 동일시하는 것을 거부한다. 그러나 이 O는 표층의 《주어》로 상승할 수 있다. 한편, 반복의 절차로 두 개의 O 중 하나가 조응소로 대체될 때 필모어는 계속해서 보어절 《O》라는 라벨을 붙인다. 그는 보어절은 의미 해석의 역할로 축소되기 때문에 오직 조응소만이 완전한 통사적 역할을 한다는 사실을 전혀 고려하지 않는다. 이 조응소의 통사적 역할은 예를 들어 라틴어에서 상관관계 현상을 관찰했던 모든 사람들이 알고 있는 것처럼 매우 다양할 수 있다(참조. *id*(N)... *quod*; *id*(Ac)... *quod*; *propter hoc*... *quod*; *eo*(Ab)... *quod*[18] 등).

John est pincé sur le nez par Mary(존은 메리에게 코를 꼬집혔다.)에서와 같이 수동태 동사와 함께 *John*의 주어로의 상승을 문제 삼는다〈각주〉.

18 여기서 *quod*는 모두 접속사로 쓰이고 있다. 접속사로 *quod*는 '...(하)기 때문에, ...므로,

그러나 필모어는 조응소에서 자동사의 «주어» 역할이나 타동사의 «목적
어» 역할만을 인식한다(n. 38).

7) 반복 절차

표층 «주어»의 생성으로 이어지는 절차 중 하나는 두 항 중 하나를 삭제하
는 반복이다. 첫 번째 항이 삭제될 때 그것은 조응소로 대체된다. 이것은
다음 문장과 같은 다양한 형태로 위에서 설명된 변형이다.

It is true that John likes Mary(존이 메리를 좋아하는 것은 사실이다).

그러나−확고하지만−간략하게 표현된 이 과정은 몇 가지 상당한 어려움
에 직면한다. 예를 들어 42-44쪽에서 저자는 기상 동사는 격틀 L을 가지고
있다고 상정한다.[19] 격틀 L *studio*(따라서 심층구조에서는 *in the studio*을 주목
해야 한다)와 동사 *hot*을 예로 들어보자. 따라서 이들을 결합하는 문장은 다음
과 같은 심층구조를 갖게 된다.

…기에; …라는 이유로, …라고 하여'를 뜻한다. *quod*는 이유 표시에 있어서 실제적인 사실
에 대해서는 직설법으로 나타나고, 남의 주관적인 이유·의견·생각에 대해서는 가정법으로
나타난다. 가정법은 흔히 감정동사(v. afféctuum) 또는 찬미·축하·감사·책망·고발·단죄 따
위를 표시하는 동사의 이유·동기·내용을 드러내고, 주문에는 *eo, idcírco, proptérea, ob
eam causam[rem], eā de causā* 따위의 이유 지시의 부사어가 쓰이기도 한다〈역주〉.

19 «Il pleut(=It rains. 비가 오다).»에서 격틀 L은 어디에 있는가?〈각주〉.

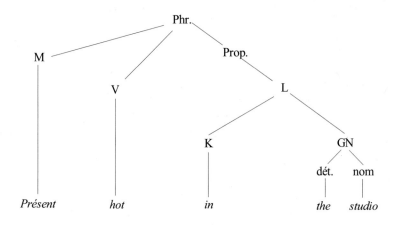

여기서 문두로 L을 이동하면 (그리고 K를 삭제하면) 다음 문장을 갖게 된다.

the studio is hot(스튜디오가 덥다).[20]

그러나 다음과 같이 L을 반복할 수도 있다.

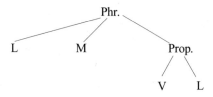

즉, 다음과 같다.

*in the studio is hot in the studio.

20 이 L의 «주어»로의 상승은 *nez de John*(존의 코)과는 달리(위 참조) 수동 변형을 야기하지 않는 것 같다〈각주〉.

첫 번째 L을 삭제하고 그것을 《대용형》 *it*로 바꾸면 마침내 다음과 같은 일반적인 문장이 된다.

it is hot in the studio(스튜디오가 덥다).

저자의 굉장한 확신은 *it*이 여기서 어떤 식으로든 *in the studio*의 《대용형》이 될 수 없다는 것이다!

의미 내용

필모어는 자신의 연구 말미(p. 88)에서 그가 의미적 고려에 의해 너무 동기화되었다는 비판을 받았다고 특기한다. 그는 그것을 부정하기는커녕 그것에 자부심을 느낀다. 왜냐하면 통사적 층위는 표층구조와 심층구조―이 심층구조는 그가 성취했다고 뽐내는 의미적인 구조이다―사이의 중간 층위일 뿐이며, 더구나 정확하게 위치시키기 어렵기 때문이다. 하지만 이 통사적 층위의 속성은 논란이 없는 것이 아니라 인간 언어의 본질보다 문법학자들의 방법론적 개입과 더 많이 관련이 있다고 그는 말한다.

언어의 모든 것은 궁극적으로 의미적(또는 심리적) 특성으로 이루어져 있으며, 우리가 이를 통해 통사적 기능에도 분명히 의미가 있다는 것을 이해한다면 누가 그것을 부정하겠는가? 그러나 우리는 의미 있는 단위를 다룰 때 빠르게 혼란스러워 한다. 그러나 필모어는 이 함정을 피하지 않는 것 같다.

우선 그가 명사에 대해 제안한 《체계적 표지 분류》는 《기능》의 계열체(하지만 불완전한 계열체)와 닮았다. 즉 그것은 《행위격》, 《목적격》, 《도구격》, 《여격》 등의 용어가 연상시키는 것이다. 그러나 각 표지는 명사의 어휘적 내용에 의해 아주 공개적으로 제어된다. *Chicago*(*시카고*)는 거듭 그 의미 때문에 위치격(*locatif*)의 범주에 속한다. 따라서 그것은 가장 깊은 층위에서 K+Chicago로서만 존재하며, 여기서 K는 장소의 전치사이다. *Il pleut à Chicago*(*시카고에 비가 내린다*)의 분석은 어렵지 않을 것이다. 《표층구조》의 이 문장은 동사(이 동사는 L과 양립될 수 있지만, 어느 것이 그렇지 않는가?)와 구 L의 병치에 불과하다. 그러나 이 심층의 L에서 목적어, 주어, 명사 보어, 속사 등의 표층적 용법으로의 이동을 설명하는 것은 곡예의 영역에 속한다. 마찬가지로 *caillou*(*조약돌*)의 표지(*label*) i는 자신의 어휘적 내용(곧 그것이 반영하는 경험)에 기인한다. 우리는 이 심층의 i에서 다음 예와 같은 표층의 상상할 수 있는 모든 위치를 끌어내기 위해 수많은 특별한 절차를 희생하면서 고군분투해야 할 것이다. 즉 *ce caillou est rond*(*이 조약돌은 둥글다*), *j'admire ce caillou*(*나는 이 조약돌에 감탄한다*), *le minéralogiste ne pense qu'aux cailloux*(*광물학자는 조약돌만 생각한다*) 등. 필모어가 위험을 감수하지 않는 조작(곧 실험)(《주어》를 제외하고)은 별로 경제적이지 않은 만큼이나 터무니없는 것이라고 판단된다. 그런데 우리는 추상적인 개념에 어떤 의미역 표지를 붙일 것인가? 조금이라도 표층구조로의 전환을 동기화하기 위해 심층의 《의미적 특징》을 증가시켜야 했을까? 필모어는 *homme*(*인간*)를 A와 D로 특징지을 때 이 길로 약간 들어선다. 그러나 실제로 필요한 것은 《의미적》 특성들이 매우 잘 갖추어진 묶음이다... 그러면 심층구조는 더 이상 아무것도 구조화하지 않는다.

훨씬 더 심각한 것은 (형태소의 의미가 음소의 변별성을 정당화하는 것처럼) 통사적 표현법을 동기화하는 것을 어떻든 열망한 필모어가 통사적 기능은 그것이 관계를 맺는 요소들의 어휘적 내용과는 독립적으로 그 자체의 의미를 갖는다는 것을 깨닫지 못했다는 것이다. 그렇지만 그는 자신이 연구하는 문장들의 유형에 항상 존재하는 전형적인 기본 《격》인 《주어》의 격에서 출발한다. 그러나 그는 주어를 《동작주》나 《피동작주》로 특징짓거나, 《관심

있는» 또는 «영향을 받는» 사람 등으로 규정한 이전의 문법가들, 심지어 현대의 문법가들을 책망하기는커녕 그들이 그들의 의미역 표지의 폭을 상상할 수 있는 모든 격, 즉 i, O, L 등에 넓히지 못한 점을 한마디로 유감스럽게 생각한다. 그는 표층의 외양에서 «심층의 위치격»이나 «심층의 목적격»을 찾아서 주어-기능을 모호하게 하는 «의미효과»를 증가시키고 있다. 그러나 «심층의» 격과 지나치게 연관된 이러한 의미효과는 대개 두(또는 여러) 어휘소의 조합의 산물을 나타낸다. 만약 우리가 *un caillou a cassé la vitre*(조약돌이 유리창을 깨뜨렸다)라고 말한다면 우리는 이 전체에서 해당 조약돌이 자발적으로 행동한 것이 아니라는 것을 잘 알고 그것이 도구로서 (불특정의) 어떤 행위자에 의해 던져졌다는 추론을 한다. 그러나 *le caillou roule sur la pente*(조약돌이 비탈을 굴러 내려간다)에서는 아무도 도구를 생각하지 않으며, 그것이 아무리 심층적이라 할지라도 그렇다. 동일인인 *Marc*이 *court*(달린다)와 관련되면 그것은 «동작주»이나, *souffre*(고통을 느끼다)와 관련되면 그것은 «피동작주»이고, *reçoit un cadeau*(선물을 받다)와 관련되면 그것은 «수혜자»이다. 이러한 연속적인 의미역 표지가 단지 어휘소 *Marc*가 아니라 *Marc*가 관련된 전체 발화 상황에 준거하여서만 정당화된다는 사실을 잊어버린다면 우리는 기꺼이 그를 마크-프로테우스(Marc-Proteus)[21]로 받아들일 것이다.

필모어를 추종하면 우리는 실제 의미적 덤불에서 길을 잃는다. 왜냐하면 우리는 어휘 단위 사이에 설정된 관계와 어휘에 크게 의존하는 의미효과를 끊임없이 혼돈하기 때문이다. 명사 N을 예로 들어보자. 즉 가장 평범한 N의 «의미»에 근거하여 필모어는 예를 들어 그것을 «도구격»으로 분류할 것이다. 그런 다음 그의 모든 노력은 이 주장된 i가 예를 들어 표층의 «주어»로

---

21 마크(Marc)와 여러 형태로 몸을 바꾸어가며 도망치는 것으로 유명한 그리스 신화의 해신(海神)인 프로테우스(Proteus)를 상징적으로 연결시키고 있다〈역주〉.

실현되는 방법을 보여주는 데 초점을 맞춘다(다시 한번, 그것은 표층구조의 다른 많은 위치에서 나타날 수 있으며, 저자는 그 위치들에 대해서 여전히 거의 명시적이지 않은 채로 남아있다). 그리고 필모어는 여전히 거기에 머물러 있다. 즉 통사론이 시작되는 바로 그 지점에 머물러 있다. N이 명사이고 V가 동사군인 경우 다음과 같이 도식화될 수 있는 자료에 대해 저자는 이러쿵저러쿵 흠을 잡을 것이다.

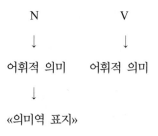

그는 N과 V로 시작해서 문장(또는 문장의 필요한 기본)을 만드는 것을 내버려 둔다. 즉, 다음과 같다.

$$N \leftrightarrow V$$

달리 말해서, 이는 이들 두 요소를 하나로 묶는 함축 관계이다. 어떤 의미적 적정성의 한계 내에서 이 통사적 관계는 다음에 의해서 생성되는, 부수적인 의미효과가 무엇이든 간에 동일하다.

1) 어휘소 N과 V의 공기에 의해서.
2) 그것들의 관계 맺음에 의해서.

필모어는 위치주의 격 이론이 오늘날 신뢰를 받지 못한다고 말한다(p. 9).[22] 그러나 이 이론의 가장 큰 결점은 《위치주의》라기보다는 문장의 전체 구성을 일정한 수의 의미로 축소시키는 데 있다. 그러한 관점에서 이 이론은 여러 기본 의미들(*Grundbedeutungen*)[또는 전체 의미들(*Gesamtbedeutungen*), 또는 기본 개념들(*Grundbegriffe*)]을 제공하는 학설들과 다르지 않다. 한층 더 체계적인 방식으로 필모어는 원칙적으로 모든 명사에 자신의 《심층격의 의미》을 지닌 《K》를 갖다 붙인다. 다른 사람들과 마찬가지로 그에게도 현상의 세계와 관련하여 일종의 초월성에 대한 탐구가 있다. 이 초월성은 전혀 중요하지 않은 높이에서보다는 오히려 깊이에서 자신의 영역을 찾는다.

그 과정에서 그는 성급한 체계화로 인해 많은 실수를 하게 된다. 그는 많은 필수적인 자료(동사 《être(=be, 있다, 존재하다, …이다)》가 있는 문장, 술어적 표현, 《동족》 목적어 등, p. 81 이하 참조)를 모호한 채로 내버려 두고 있다. 그러나 무엇보다도 그는 다른 사람들과 마찬가지로 본래의 통사적 현상을 돌보지 않는 통사론 연구자의 이 기이한 오류에 빠진다.

---

22 필모어의 책 이후 앤더슨(J.M. Anderson), 『격문법: 위치주의 이론을 향하여 *The grammar of case: Towards a localistic Theory*』(1971, Cambridge University Press)가 출간되었다〈각주〉.

결론

—

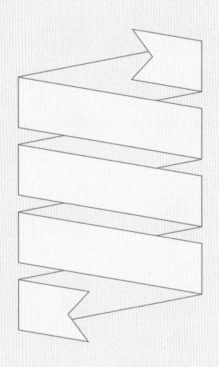

결론

격의 통사론-특히 라틴어에서의 격의 통사론-에 대한 고찰은 상당히 잘 알려진 자료를 기반으로 한다. 고대의 문법학자들은 이미 그것을 수집하였다. 16세기는 기술보다 사변에 더 많은 시간을 할애한 앞의 네 세기 이후 어떤 면에서는 (언어) 사실을 재발견하고, 그것에 대한 분석에 박차를 가하고, 참고문(곧 인용문)의 공시성을 명확하게 규명하는 고전 시대이다. 중세 이후로 우리는 명사와 형용사를 구별하는 법을 배웠다. 그러나 사람들은 프리스키안만큼 예를 들어 위치격의 존재를 무시한다. 지식은 19세기부터 비약적으로 발전한다. 역사와 비교는 문법의 일부가 된다.

하지만 자료에 대한 설명도 같은 방식으로 진행되었는가? 자료에 대한 설명은 고대인들에게 있어서는 종종 등한시되고, 그것을 개괄적으로 기술한 사람들에게 있어서는 일관성이 별로 없다. 자료에 대한 **설명**은 13세기에는 성공을 거두지만, 형이상학적 견해에 종속되어 있다. 즉 참으로 간주되는 스콜라적 가정은 그 진리를 자신으로부터 생기는 문법 규칙에 옮겨놓는다. 놀랍게도 고전적 이성주의는 사실들을 경시하지 않으면서, 상티우스와 랑슬로에서 중세 신학자들의 존재와 정신의 방식(*modi*)과 동일한 역할을 하는 논리적 도식에 사실들을 종속시킨다. 더욱이 매우 모호하게 정의된 이성(*Raison*)과 **자연**(*Nature*)이 언어의 현실을 지배한다. 그 결과 겉으로 보기에 부적절한 표현들이 규범이 되도록 하기 위해 생략을 과도하게 사용한다. 19세기는 그런 생산성이 전혀 없는 선험주의를 비난한다. 19세기는 사실로 회귀하고, 지금까지 본 적이 없는 일련의 확실한 자료들을 축적한다. 반면에 19세기에는 이론과 관련하여 («조어»의 신화를 완전히 몰아내지 않고) 극단적인 유보를 보이는 경우가 많다. 20세기는 자료에 대한 탐구를 계속하지만, 구조주의적 흐름의 작용을 통해 자료가 차지했던 모든 자리를 학설과 방법론의 문제에 내어준다. 역사주의에 반대하여 20세기는 언어 사실을 공시적으로 관찰할 필요성을 보여준다. 그리고 소쉬르의 가르침에서 영감을 받은 모든 이들에 의해 제안된 체계는 고전 라틴 시대의 격 구조에 대한 설명이 되기를 원한다.

여러 현대 학파들 사이의 근본적인 대립은 확실히 풍부한 성찰의 기회를 제공한다. 그러한 대립은 유익한 것으로 판명될 수 있는 다양한 관점을 열어준다. 그러한 대립으로 인해 우리는 또한 이론적 차원에서, 또는 말뭉치의 실제 구성에서나 격의 자료를 검토하는 방식에서 오류가 범해졌다는 가설을 세울 수 있다. 예를 들면 학설의 경우 한편으로 테니에르와 하프가, 다른 한편으로 필모어가 초기에는 명사와 동사의 관계에 대한 중요한 문제에 대해 상충되는 관점을 채택한다. 매우 일반적으로 통사론과 의미론 간의 문제는 계속 풀어야 할 문제로 남아있다. 때때로 기호의 단위라는 이름으로 행해진 각 격에 대한 단일한 기의의 연구[그것이 기본 의미(*Grundbedeutung*)의 문제이든, 전체 의미(*Gesamtbedeutung*)의 문제이든 혹은 기본 개념(*Grundbegriff*)의 문제이든 간에]는 우리를 선험적 이론으로 돌아가게 하지 않는가? 구조주의(촘스키주의를 포함해서)는 ─19세기로부터 물려받은 강력한 정보를 넘어서─ 스콜라 철학자와 고전적 이성주의자의 입장에 합류할 수 있었다. 여기저기서 전체적인 설명에 대한, 게다가 또 일부에게는 보편적인 설명에 대한 야망까지도 있었다. 우리 생각으로는 옐름슬레우가 말했듯이 이러한 «전체주의»는 막다른 골목에 이르게 한다. 아니 보다 정확히 말해 그것은 이미 우리를 막다른 골목으로 이끌었다.

우리의 생각으로는 이론적 오류라는 것은 다음처럼 덜 야심적으로 접근하는 것처럼 보이는 분야에서 심각한 결과를 초래한다. 공시적 설명을 위해 어떤 말뭉치를 고려해야만 하는가? 모든 구조주의적 흐름은 목표가 된 공시태에 속하는 모든 언어 사실, 즉 동시대의 모든 언어 사실에 응답한다. 그러나 우리는 동시에 존재하는 자료들이 모두 중요하다고 확신하는가? 그렇지 않은 경우 공시적으로 관여적인 사실들을 분류하도록 허용하는 것은 어떤 절차인가?

바닥에는 매우 불확실한 다른 점들이 있다. 예를 들면 이러한 굴절 언어의 경우 우리는 처음부터 자명한 것으로서, 격의 모든 기표에 통사적 기능을 모두 표현하는 모든 기의가 상응한다고 여긴다. 우리는 기의 범주의 단위가 형식적 절차의 단위와 일치하게 한다. 이 가정은 검증이 필요하다. 조사 결과에 따라, 받아들여진 여러 견해들이 재검토될 수 있을 것이다. 격의 분석이 전치사에 대한 통사적 연구와—명확히 설명되어야 할—비격적인 구에 대한 연구를 계속 소홀히 한다는 것 또한 놀랍다.

이 비판적인 목록을 길게 늘이지 않고, 이를테면 다음 두 가지 조건에서 진전이 확실히 가능하다.

  − 언어 자료에 대한 절대적인 존중;
  − 구조주의의 기본 개념에 대한 성찰.

이는 구조주의를 발전시키며 더 효과적으로 만들고, 특정한 형이상학의 함정을 피하는 것을 목표로 한다.

앞으로의 연구에서 우리는 위에서 개괄적으로 기술한 접근 방식에서 어떤 결과를 기대할 수 있는지를 보여주려고 노력할 것이다.

참고문헌

ARNAULT et LANGLOT, *Grammaire générale et raisonnée*, Paris, 1660 (Republications Paulet, 1969).

ARNAULT et NICOLE, *Logique*, Paris, 1662.

BACON (R.), *Summa grammatica*, ed. E. STEELE, Oxford, 1909, fasc. 15.

BARWICK (K.), Remmius Palaemon und die römische ars grammatica, *Philologus*, Supplement band XV, 2, Leipzig, 1992.

— *Probleme der stoischen Sprachlehre und Rhetorik*, Abhandlungen der sächsischen Akademie der Wissenschaften zu Leipzig, Philol.-hist. KL, Bd. 49, Hft. 3, Berlin, Akademie Verlag, 1957.

BAUM (R.), *Depenenz-Grammatik, Tesnières Modell der Sprchbeschreibung in wissenschaftsgeschichtlicher und kritischer Sicht* (=Beihefte sur Zeitschr. f. roman. Philologie), Tübingen, 1975.

BENNETT (Ch. E.), *Syntax of Early Latin, II: The cases*, Boston, 1914.

BENVENISTE (E.), Pour l'analyse des fonctions casuelle; le génitif latin, *Lingua*, *II*, 1962, 10-18 (= PLG I, 140-148).

— *Problèmes de linguistique générale*, I, II, Paris, 1966-1974.

BERNHARDI (A. F.), *Anfangsgründe der Sprachwissenschaft*, Berlin, 1805.

BLANCHÉ (R.), *La logique et son histoire*, Paris, 1970.

BLOOMPIELD (L.), *Le langage*, Paris, 1970 (éd. originale, 1933).

BOÈCE LE DANOIS, *Modi significandi*, éd. J. Pinborg et H. Roos, Copenhague, 1969(=CPDMA IV).

BRUGMANN (K.), *Grundriss der vergleichenden Grammatik der indo-germanischen Sprachen*, 2e éd., 4 vol., Strasbourg, 1897-1916.

— *Abrégé de gammaire comparée des langues indo-européennes*, trad. fanç., Paris, 1905.

BRUNOT (F.), *Histoire de la langue française*, Paris, nouv. éd., 1966.

BUSSE (W.), *Klasse-Transitivität-Valenz. Transitive Klassen des Verbs im Französischen* (= Internat. Bibliothek für allgem. Linguistik, hrg, von E. COSERIU, Bd. 36), München, 1974.

CALBOLI (G.), *La linguistica moderna e il latino; I casi*, Bologna, 1972.

CHEVALIER (J.- C.), *Histoire de la syntaxe*, Genève-Paris, 1968.

CHOMSKY (N.), De quelaues constantes de la théorie Linguistique, in *Problèmes du langage*, Paris, 1966, p. 14-21.

— *Structures syntaxiques*, Paris, 1969 (éd. originale, 1957).

— *Aspects de la théorie syntaxique*, Paris, 1971, (éd. originale, 1965).

— *Le lagage et le pensée*, Paris, 1970 (éd. originale, 1968).

— *La linguistique cartésienne*, Paris, 1969 (éd. originale, 1966).

COLLART (J.), Varron grammairien latin, *Publications de la Faculté de Lettres de Strasbourg*, fasc. 121, Paris, Les Belles-Lettres, 1954.

— Varron, *De lingua Latina*, liv. 5, éd. Paris, 1954.

Corpus Philosophorum Danicorum Medii Aevi (= CPDMA), Copenhague, cf. Boèce, Jean, Martin, Simon.

COSERIU (E.), *Sprache, Strukturen und Funktionen*, Tübingen, 1970.

DAHLMANN (H.), *Varro und die hellenistische Sprachtheorie*, Berlin, 1932.

— *Varro De lingua Latina Buch*, VIII, 1940.

De GROOT (A. W.), Les oppositions dans les systèmes de la syntaxe et des cas, in *Mélanges Bally*, Genève, 1930, 107-127.

— Classification of cases und uses of cases, in *For Roman Jakobson*, La Haye, 1956, 187-194.

— Classificaion of the uses of a case illustrated on the Genitive in Latin, in *Lingua*, 6, 1956, 8-65.

DELBRÜCK (B.), (= *Grundriss* de K. BRUGMANN, vol. 3 à 5)

De MAURO (T.), Accusativo, transitivo, intrasitivo, *Rendiconti dell'Aecademia dei Lincei. Cl. Sc. Mor.*, Ser, 8, 16, 1959, 233-258.

— Cf. Ferdinand de SAUSSURE.

DENYS LE THRACE, éd. G. UHLIG, cf. *Grammatici graeci*, I.

DESPAUTÈRE (J.-N.), *Syntaxis*, 5e éd., Paris, 1550.

DONZÉ (R.), *Grammaire générale et raisonnée de Port-Royal*, 2e éd., Berne, 1971.

DRESSLER (W.), Comment decrire la syntaxe des cas en latin?, *Revue de Philologie, de Littérature et d'Histoire anciennes*, 3e série, 44, 1970, 25-36.

DUCROT (O.) et TODOROV (Tzvetan), *Dictionnaire encyclopédique des sciences du langage*, Paris, Seuil, 1972.

ERASME, *De pueris statim ac liberaliter educandis*, trad. J.-C MARGOLIN, Paris, 1967.

ERNOUT (A.) et THOMAS (F.), *Syntaxe Latine*, 2e éd., Paris, 1953.

FILLMORE (Ch. J.) The case for case, in B*ach and Harms, Universals in Linguistic Theory*, 1968.

FONTAINE (J.), *Isidore de Séville et la culture classique dans l'Espagne wisigothique*, Paris, 1959 [Isidore et la grammaire (p. 1-210)].

FOURQUET (J.), et GRUNIG (Blanche), Valenz und Struktur, Beiträge zur Valenztheorie, in *Helbig, Beiträge zur Valenztheorie*, Halle, 1971, 11-16.

FOURQUET (J.), *Prolegomena zu einer deutschen Grammatik*, Dusseldorf, 1970.

FRANÇOIS (F.), La description Linguistique in *Le Langage* (Encycl, de la Pléiade, Paris, 1968).

GLINZ (H.), *Geschichte und Kritik der Lehre von den Satzgliedern in der deutschen Grammatik*, Bern, 1947.

GODEL (R.), Remarques sur des systèmes des cas, *Cahiers Ferdinand de Saussure, 13*, 1955, 23-44.

— *Les sources manuscrites du Cours de Linguistique générale de F. Saussure*, Genève, Paris, 1957.

GOETZ-SCHOELL (G.), *M. Terenti Varronis De Lingua Latina quae supersunt*, Leipzig, B. G. Teubner (Amsterdam, Hakkert, 1964).

GRABMANN (M.), Die geschichtliche Entwicklung der mittelalterlichen Sprachphilosophie und Sprachlogik, in *Mél. de Ghellink*, Gembloux, 1951.

Grammatici graeci, éd. UHLIG, R. SCHNEIDER, 5 vol. Leipzig, 1878 (= *Gr. Gr.*).

Grammatici latini, éd. H. KEIL, 8 vol., Leipzig, 1857-1870: reprod. Olms, 1961 (=*GLK*).

GRUNIG (B.), Les théories transformationnelles. Exposé critique, *La Linguistique*, *1-2*, 1965, 1-24; *2-1*, 1966, 31-101.

HAPP (H.), *Grundfragen einer Dependenz-Grammatik des Lateinischen*, Göttigen, 1976.

— Syntaxe latine et théorie de la valence, Essai d'adaptation au latin des théories de lucien Tesnière, in *Les Etudes classiques*, 45, 1977, 337-366.

— et U. DÖNNGES, *Dependenz Grammatik u. Latein-Unterricht*, Göttigen, 1977.

— *Zur Anwendung der Dependenz-Grammatik auf den Latein und Griechisch-Unterricht*, Heidelberg, Vier Aufsätze, 1977 (Gymnasium, Heft 8).

HARNOIS (G.), *Les théories du langage en France de 1660 à 1821*, Paris, 1929.

HARTUNG (J. A.), *Über die Casus, ihre Bildung und Bedeutung in der griechischen und lateinischen Sprache*, Erlangen, 1831.

HAUDRY (J.), Les emplois doubles du datif et la fonction de datif en indo-européen, in *BSL*, 63, 1968, 141-159.

— L'instrumental et la structure de la phrase simple en indo-européen, *ibid.*, 65, 1970, 44-84.

HAVERS (W.), *Untersuchungen sur Kasussyntax der indo-germanischen Sprachen*, Strasbourg, 1911.

HEGER (K.), *Valenz Diathese und Kasus. Zeitschrift für Romanische Philologie*, 82, 1966, 138-170.

HELBIG (G.), *Geschichte der neueren Sprachwissenschaft unter dem besonderen Aspekt der Grammatik-théorie*, Müchen, 1971.

— Zu einigen Spezialproblemen der Valenz-Theorie, *Deutsch als Fremdspache, 5*, 1971, 269-282 (Helbig, 1971).

— *Theorie der deutschen Syntax*, 2ᵉ éd., 1973.

HERINGER (H. J.), Wertigkeiten und nullwerige Verben im Deutschen, *Zeitschr. f. deutsch Sprache*, 23, 1967, 13-34.

— *Theorie der deutschen Syntax*, 2ᵉ éd., 1973.

HIRT (H.), *Indogermanische Grammatik*, Teil VI: *Syntax I: Syntaktische Verwendung der Kasus und der Berbalformen*, Heidelberg, 1934.

HJELMSLEV (L.), *La catégorie des cas* (Copenhague, 1935 et 1937), deux parties rééditées en I volume, Munich, 1972.

— *Le langage* (1963), trad. franç. Paris, 1966 (introd. de A. J. GREMAS).

HOFMANN (J. B.), *Lateinische Umagangsprache*, Heidelberg, 1926.

— et SZANTYR (A.), *Lateinische Syntax und Stilistik*, Müchen, 1965.

HUMBERT (J.), *Syntaxe grecque*, Paris, 1945.

JAKOBSON (R.), Beitrag zur allgemeinen Kasuslehre: Gesamtbedeutugen der russischen Kasus, in *Trav. du Cercle lingu. de Prague*, 6, 1936, 240-288.

JEAN LE DANOIS, *Summa grammatica*, éd. A. Otto, Copenhague, 1955 (=CPDMA I).

JOLIVET (J.), *Arts du langage et théologie chez Abélard*, Paris, 1969.

JOLY (A.), *La linguistique cartésienne, une erreur mémorable*, in A. JOLY et J. STEFANINI(1977), p. 165-199.

— et STEFANINI (J.), *La grammaire générale, des modistes aux idéologues*, Lille, 1977.

KEIL (H.), cf. *Grammatici latini*.

KELLY (L.-G.) La grammaire à la fin du Moyen Age et les universaux, in A. JOLY et J. STEFANINI(1977), p. 1-10.

KRETZMANN (N.), Transformationalism and the P. R. Grammar, in J. RIEUX, p. 176-195.

KÜHNER (R.), GERTH (B.), *Ausführliche Grammatik der griechischen Sprache, Satzlehre*, 1, Teil (I); 2. Teil (II). 4. Auflage. Unveränderter Nachdruck der 3. Auflage, Leverkusen, 1955.

KÜHNER (R.), STEGMANN (C.), *Ausführliche Grammatik der lateinischen Sprache, Satzlehre*, 1, Teil (I); 2. Teil (II). 3. Auflage. durchgeschen von A. THIERFELDER, Leverkusen, 1955.

KURYŁOWICZ (J.), Le problème du classement des cas, *Bulletin de la Société polonaise de Linguistique*, 9, 1949, 20-43 (=Esquisses linguistiques, Wroclaw-Krakov, 1960, 131-150).

— *The inflectional Categories of Indo-European*, Heidelberg, 1964.

LACNCEROT, cf. ARNAULT.

LACNCEROT, *Nouvelle méthode pour apprendre facilement la langue latine*, Paris,

1644 (10ᵉ éd., Paris, 1709).

LANDGRAF (G.), Der Dativus commodi und der Dativus finalis mit ihren Abarten, *Archiv für lat. Lexikogrphie u. Grammatik*, 8, 1907.

LEPSCHY (G. C.), *La linguistique structurale*, 2ᵉ éd., Paris (éd. italienne, Turin, 1966).

LEROY (M.), *Les grands courants de la linguistique moderne*, Bruxelles, 1963(2ᵉ éd., 1970).

LEUMANN (M.), cf. HOFMANN (J. B.).

LÖFSTEDT, *Philolog. Kommentar zur Perigrinatio Aetheriae*, Uppsala, 1911.

— *Spatlateinische Studien*, Uppsala, 1908.

— *Syntactica*, 2 vol. Lund, 1928 et 1933.

LYONS (J.), *Introcuction to theoretical Linguistics*, Cambridge, 1971.

MAHMOUDIAN (M.), *Pour enseigner le français*, Paris, 1976.

MAROUZEAU (J.), *La place du pronom personnel sujet en latin*, Paris, 1905.

— *La phrase à verbe être en latin*, Paris, 1910.

— *L'ordre des mots dans la phrase latine*, 2 vol., Paris, 1922-1938.

MARTIN LE DANOIS, *De modis significandi*, éd. H. Roos, Copenhague, 1961 (=CPDMA II).

MARTINET (A.), *La linguistique synchronique*, Paris, 1965.

— *Langue et fonction*, Paris, 1969 (en anglais Oxford, 1962).

— *La linguistique, guide alphabétique*, sous la direction d'A. M., Paris, 1969.

MEILLET (A.) *Aperçu d'une histoire de la langue greque*, 3ᵉ éd., Paris, 1930.

— *De quelques innovations de la déclinaison latine*, Paris, 1906.

— *Esquisse d'une histoire de la langue latine*, 2ᵉ éd., Paris, 1931.

— *Introduction à l'étude comparative des langues indo-européennes*, 8ᵉ éd., Paris, 1937.

— *Linguistique historique et linguistique générale*, 2 vol., Paris, 1921, 1935.

MICHELSEN (C.), *Philosophie der Grammatik I: Kasuslzhre der lateinischen Sprache vom kasual-lokalen Standpunkte aus.*, Bonn, 1843.

MIRAMBEL (A.), *Grammaire du grec moderne* (nouveau tirage), Paris, 1967.

MOUNIN (G.), *Histoire de la linguistique des origines au XXᵉ siècle*, Paris, 1967.

— *La linguistique des origines au XXe siècle*, Paris, 1972.

NORBERG (D.), *Beitrage zur spätlateinischen Syntax*, Uppsala, 1944.

PERROT (J.), Le fonctionnement du système des cas en latin, *Revue de Philologie*, 3e série, 40, 1966, 217-227.

PINBORG (J.), *Die Entwicklung der Sprachtheorie im Mittelalter*, Copenhague, 1967.

POHLENZ (M.), *Die Begrundung der abendländischen Sprachlehre durch die Stoa*, Nachrichten von der Gesellschaft der Wissenschatten zu Göttingen, Philol.-hist. Kk. Fcahgruppe 1. Altertumswissenschaft, N. F. Band III, Nr. 6, Göttingen, 1939, 151-198.

Port-Royal, cf. ARNAULT.

POTTIER (B.), *Systématique des éléments de relation. Etude de morphosyntaxe structurale romane*, Paris, 1962.

— *Linguistique générale, théorie et description*, Paris, 1974.

RIEUX (J;), et ROLLIN (B. E.), *The Port-Royal grammar*, La Haye, 1975.

ROBINS (R. H.), *A short history of Linguistics*, Londres, 1967.

RUBIO (L.), *Introduccion a la sintaxis estructural del latin. Vol. I: Casos y preposiciones*, Barcelona, 1966.

RUMPEL (Th.), *Die casuslehre, In besonderer Beziehung auf die griechische Sprache dargestellt*, Halle, 1945.

RUWET (N.), *Introduction à la grammaire générative*, Paris, Plon, 1968.

SANCTIUS (F. SANCHEZ DE LAS BROZAS), *Minerva seu de causis linguae latinae*, 1587 (éd. 1664, Amsterdam).

SAUSSURE (F. de), *Cours de linguistique générale*, éd. TULLIO DE MAURO, Paris, 1974.

SCAGLIONE (A.), *Ars grammatica* (=Janus Linguarum, 77, 1970).

SCALIGER (J. C.), *De causis lingua latinae*, Paris, 1540.

SCHERER (A. S.), *Handbuch der lateinischen Syntax*, Heidelberg, 1975.

SCHUMIT (R.), *Stoicorum grammatica*, Halle, 1839.

SCHWYZER (E.), *Griechische Grammatik*, 1 Band. 3e univeränderte Auflage, Munich, 1939.

SCIOPPIUS, *Grammatica philosophica* (Milan, 1628), éd. Amsterdam, 1664.

SERBAT (G.), L'ablatif absolu, in *REv. Et. Lat.,57*, 1979.

SIGER DE COURTRAI, *Summa modorum significandi*, éd. G. VALLERAND, Louvain, 1913.

SIMON LE DANOIS, *Domus grammatice*, éd. A. OTTO, Copenhague, 1963 (=CPDMA III).

SØRENSEN (H. CH.), Contribution à la discussion sur la théorie des cas, *Travaux de Cercle linguistique de Copenhague*, 5, 1949, 123-133.

STEFANINI (J.), cf. JOLY (A.).

STEINTHAL (H.), *Geschichte des Sprachwissenschaft bei den Griechen und Römern*, mit besonderer Rüchsicht auf die Logi1. Teil. 2e Auflage, 1890, 2. Teil. 2e Auflage, 1891.

SZANTYR (A.), cf. HOHMANN (J. B.).

TESNIÈRE (L.), *Eléments de syntaxe structurale*, 2e éd., préface de J. FOURQUET, Paris, 1965.

THOMAS D'ERFURT, *De modis significandi sive grammatica speculativa*, éd. G. L.BURSILL-HALL, Londres, 1972.

THUROT (C.), *Notices et extraits de divers manuscrits latins pour servir à l'étude des doctrines grammaticales au Moyen Age*, Paris, 1868.

TOURATIER (CH.), Quelques principes pour l'étude des cas (avec application à l'ablatif latin), in *Langages*, 50, 1978, 98-116.

TRAGLIA (A.), TERENZIO (M.), *Varrone De Lingua Latina*, Libro X, Introdusione, testo, traduzione, commento a cura di Antonio TRAGLA, Bari, 1956.

VARRON, cf. Götz, COLLART, TRAGLIA, DAHLMANN.

WACKERNAGEL (J.), Genitiv und Adjectiv, *Mélanges de Linguistiques off. à Ferdinand de Saussure*, Paris, 1908, 125-152.

— *Vorlesungen über Syntax*, Mit besonderer Berücksichtigung von griechisch, Lateinisch und Deutsch 1. Reihe, 2. Auflage, Basel, 1926.

WHITNEY (W. D.), *La vie du langage*, Paris, 1875.

WÜLLNER (Fr.), *Die Bedeutung der sprachlichen Casus und Modi Münster*, 1827.

찾아보기 —— 인물

지은이 **기 세르바**(Guy Serbat, 1918~2001)

기 세르바는 1918년 프랑스 아쟁(Agen)에서 태어난 라틴어 언어학자이다. 그는 보르도 대학을 졸업하고 캉(Caen) 대학과 낭테르(Nanterre) 대학에서의 조·부교수에 이어 소르 본 대학(파리 4대학) 라틴어 언어학 교수(1971~1985)로 재직하다 세상을 떠난 2001년까 지 명예교수로 있었다. 그가 남긴 저술로는『매개 접미사로 된 라틴어 명사 파생어 *Les dérivés nominaux latins à suffixe médiatif*』(1971년 발표한 박사논문, Belles-Lettres, 1975),『라틴어의 구조 *Les Structures du latin*』(Picard, 1975),『격과 기능 *Cas et fonctions*』(PUF, 1981),『라틴어 언어학과 일반 언어학 *Linguistique latine et linguistique générale*』(Peeters, 1988),『라틴어의 기본 문법: 라틴어의 격 용법 *Grammaire fondamentale du latin: l'emploi des cas en latin*』(1권)(Peeters, 1996) 등이 있다.

옮긴이 **김지은**

김지은은 경북대학교 문리과대학 불어불문학과에서 학사와 서울대학교 대학원 불어불 문학과에서 불어학 석사를 마친 후, 1987년 프랑스 엑스-마르세이유 1(Aix-Marseille 1)대학교 언어학과에 입학하여 DEA에 이어 1992년 말에 언어학 박사학위를 취득했다. 1994년부터 계명대학교 인문대학 프랑스어문학과 교수로 재직 중, 2011년 경북대학교 대학원 국어국문학과에서 국어학 박사학위를 취득했다. 현재 계명대학교 사범대학 국 어교육과 교수로 재직하고 있다.

저서와 역서
저서로는『프랑스어의 능격성』(계명대학교 출판부, 2005. 2005년 문화관광부 선정 우 수학술도서),『한·불 번역에서의 속격 명사구』(역락, 2020. 2021년 대한민국 학술원 우수학술도서)가 있고, 역서로는『프랑스 사회와 문화1』(샤를르 드바쉬 & 장마리 퐁티 에 저)(공역)(서울대학교 출판부, 2004),『기호학의 열쇠』(잔느 마르티네 저)(유로서적, 2006),『언어학의 이해를 위한 언어나라의 앨리스』(마리나 야겔로 저)(한국문화사, 2014),『이방인·시지포스 신화』(알베르 카뮈 저)(계명대학교 출판부, 2017),『거울나라 의 앨리스와 함께 하는 언어와 언어학의 탐구』(마리나 야겔로 저)(박이정, 2018),『원형 의미론-범주와 어휘 의미』(조르주 클레베르 저)(한국문화사, 2019) 등이 있다.